NO SE MATA LA VERDAD

El peligro de ser periodista en México

TÉMORIS GRECKO

NO SE MATA LA VERDAD

HarperCollins*México*

HarperCollins*México*

© 2020, HarperCollins México, S. A. de C. V.
Publicado por HarperCollins México
Insurgentes Sur No. 730, 2º piso.
03100, Ciudad de México.

© 2020, Témoris Grecko

Diseño de forros: Andrés Mario Ramírez Cuevas
Diseño de interiores: Ricardo Gallardo Sánchez

ISBN: 978-1-4002-4462-1

Primera edición: diciembre de 2022.

Contenido

El periodismo es una pasión insaciable que sólo puede digerirse y humani-
zarse por su confrontación descarnada con la realidad. Nadie que no la haya
padecido puede imaginarse esa servidumbre que se alimenta de las imprevi-
siones de la vida. Nadie que no lo haya vivido puede concebir siquiera lo que
es el pálpito sobrenatural de la noticia, el orgasmo de la primicia, la demoli-
ción moral del fracaso. Nadie que no haya nacido para eso y esté dispuesto a
vivir sólo para eso podría persistir en un oficio tan incomprensible y voraz,
cuya obra se acaba después de cada noticia, como si fuera para siempre, pero
que no concede un instante de paz mientras no vuelve a empezar con más
ardor que nunca en el minuto siguiente.

Gabriel García Márquez, *El mejor oficio del mundo*, 1996.

Creo que para ejercer el periodismo, ante todo, hay que ser un buen hombre,
o una buena mujer: buenos seres humanos. Las malas personas no pueden
ser buenos periodistas. Si se es una buena persona, se puede intentar comprender a los demás, sus intenciones, su fe, sus intereses, sus dificultades, sus
tragedias. Y convertirse, inmediatamente, desde el primer momento, en parte
de su destino. Es una cualidad que en psicología se denomina "empatía". Mediante la empatía, se puede comprender el carácter del propio interlocutor y
compartir de forma natural y sincera el destino y los problemas de los demás.

Ryszard Kapuściński, *Los cínicos no sirven para este oficio*, 2006.

We shall not cease from exploration
And the end of all our exploring
Will be to arrive where we started
And know the place for the first time.

T. S. Elliot, *The Little Gidding*, 1941.

El tipo de cínico que ha devaluado el periodismo es aquel que desprecia su oficio, que practica con resabio el silencio selectivo: callar lo que desequilibra el Estado de Cosas y defender a toda velocidad la inmovilidad. Este cínico profesional es un sepulturero. Cuando se impone, las redacciones son osarios de verdades incómodas que no vieron la luz. Su oficio no es el periodismo. Es el conformismo.

Algo muy diferente al cinismo es la autocrítica. El periodismo es un oficio de alguna forma sujeto al síndrome de Polícrates: un permanente estado de insatisfacción, incluso cuando deberías estar satisfecho. Puede haber gente que coleccione trofeos, y con talla xxl de ego, pero el hábitat natural del periodismo es la insatisfacción y la autocrítica.

Manuel Rivas, *El periodismo no es hermoso*, 2018.

Introducción

Esta noche nos sabemos al alcance de los asesinos. Nos hemos reunido en la casa de una colega. Se pierden los nervios, abundan los gritos. Hay fotógrafos, escritores y defensores de la libertad de expresión. Comprobamos que la Ciudad de México no protegió a los compañeros que asesinaron ayer en la colonia Narvarte; que ni los amigos, ni las organizaciones de apoyo, ni el llamado Mecanismo de Protección a Periodistas del gobierno federal, pudimos mantenerlos a salvo; que en México no es la ley quien tiene algo así como "un largo brazo", sino el crimen organizado que opera en las calles y desde las oficinas de los altos funcionarios y ejecutivos, y que cuando quiere ir por ti, simplemente va por ti.

Suponemos que esta vez cometieron un error. Una cosa es que los políticos y sus asociados criminales —que controlan estados como Veracruz— actúen allá, donde los policías y los fiscales siguen atentamente sus órdenes, donde el que protesta es desaparecido por los oficiales encargados de la seguridad.

No. Ahora sí se equivocaron. Al Jefe de Gobierno de la Ciudad de México, Miguel Ángel Mancera, y a sus subordinados, los consideramos unos corruptos, no tenemos dudas, pero en un nivel distinto: no pueden dejarse arrastrar tan bajo. Sentirán el llamado a hacer justicia, o la inconveniencia de ensuciarse con la mierda de otros, o por lo menos los impulsará su celo territorial y querrán hacer saber que en la capital de la República hay quien manda, que no pueden venir de otros lados a hacer lo que se les antoje.

Eso es lo que queremos pensar algunos. Otros nos tratan de hacer ver, con duras palabras y olvidando el respeto de colegas, de amigos, que no podemos ser tan ingenuos; no importan los dominios particulares, en este país impera un pacto de impunidad que no puede ser roto tan solo porque alguien traspasó sus límites.

No sé qué pensar de lo que nos dicen, de cómo nos lo dicen: ¿es cinismo, amargura, rendición? No puede ser así. No están en lo correcto. México, mi patria, está herida, muy lastimada, pero yo he visto lo que es un Estado fallido, en Libia, en Siria, en Somalia. No hemos llegado a eso, a la autodestrucción, al fin de la esperanza. ¿O estoy errado?

En todo caso, estamos todos en peligro. Se ha roto la virginidad imaginaria de nuestra ciudad. Lo que nos llena no es sólo indignación: también algo próximo al pánico. Los que no están peleando por la interpretación del crimen, por la valoración de su impacto, están llorando en los sillones. La bomba estalló en la casa común de fotógrafos, periodistas y activistas, en esta metrópolis que deja de ser refugio de perseguidos y faro de libertades.

El mensaje es muy claro. Nos han enviado un mensaje muy claro, con tanta claridad como sólo puede haber en la tinta grana de la sangre: nadie está a salvo. Ninguno de nosotros podrá evadirlos cuando decidan venir por nosotros. La impunidad es total. No hay quien nos proteja.

• • •

Es el 1 de agosto de 2015 y llevo 11 meses en México. No me sentía de regreso en el país, en el sentido de volver a establecerme aquí. Hace 50 semanas y tres días que pospongo mi retorno a Medio Oriente, a mi vida de reportero nómada, a mi sueño convertido en cotidianidad. Durante casi 14 años, he viajado a otras partes del mundo o residido en ellas, con varias visitas y sólo un par de estancias en mi país, que estuvieron lejos de hacerse permanentes porque siempre sentí la fuerte atracción que ejercían sobre mí otros rincones del planeta.

El 20 de agosto de 2014 volé de Londres a México, lastimado en el corazón: fueron 12 horas hundido en clase turista, en las que no me pude quitar de la mente el recuerdo de Jim Foley, amigo cercano de mis amigos cercanos, por quien dolorosamente sosteníamos una campaña pidiendo su libertad. En la noche previa, el grupo terrorista Estado Islámico había subido a internet un video en el que, en algún lugar de Siria, un *yijadi* británico le cortaba la cabeza. Lo habían vestido con un uniforme naranja de reo. Lo torturaron. Lo mataron. E hicieron de él un espectáculo. En honor a Dios, dicen ellos.

Volví a vivir lo que pudo habernos hecho correr la misma suerte. Por la mañana del 20 de enero de 2013, un grupo de combatientes nos interceptó en Alepo a mis colegas Balint Szlanko, Andoni Lubaki y a mí. Vendados y atados, nos transportaron a toda velocidad por la zona controlada por el Ejército Sirio Libre, sin ser detenidos o cuestionados por nadie. Nos introdujeron en un edificio, frente a la vista de civiles. Después de interrogarnos, nos arrojaron a una celda. Me habían roto las gafas y, miope con 10 dioptrías, me quedé prácticamente ciego: no sería capaz de anticipar los golpes, de detectar oportunidades, de ser útil si intentábamos escapar. Quedé incapacitado para defenderme. Me convertí en una carga para mis compañeros.

Intentamos descubrir quiénes eran los que nos tenían, si estaban con la revolución o eran *shabihas* del régimen de Bashar al Assad, o —todavía peor— si eran *yijadis* de Al Qaeda. Como nos negaron cualquier dato, exigimos que nos llevaran con el comandante, jeque o emir, o con quien tuviera alguna autoridad, para explicarle que habían cometido un error. Queríamos conocer de qué se nos acusaba o qué pretendían de nosotros, y quizá negociar nuestra liberación, antes de que fuera demasiado tarde.

A medianoche nos vendaron los ojos, nos ataron las manos y nos sacaron del lugar para subirnos a una camioneta, en la que viajamos sintiendo los fusiles presionando nuestras nucas, golpeándonos en cada salto. Quisimos creer que cumplirían nuestra petición, que hablaríamos con la persona indicada, y que empezaríamos así a poner las cosas en orden. Ya nos habían despojado de todo lo útil: dinero, cámaras, celulares, documentos, chamarras. Sólo valíamos como bolsas de carne parlantes.

Antes de hacernos bajar, nos ordenaron quitarnos los zapatos. Sentí el suelo helado del invierno en Levante, agua, piedrecillas entre mis dedos. Aunque incapaz de percibir los detalles, supe que no nos condujeron a una casa o un campamento; había oscuridad total y vacío, como el de una zona despoblada. Ahí no estaba el jeque. El vehículo arrancó. ¿Qué planeaban hacernos? Mis compañeros se mantenían en silencio total. Escuchamos que el vehículo se alejaba. Se detenía. Daba la vuelta. Y regresaba con velocidad. Pensé en las ejecuciones en México. En prisioneros inermes cosidos a balas desde coches en movimiento. Podía ocurrir lo mismo. O tal vez preferirían ahorrar la munición y pasar por encima de nosotros. Eso explicaría por qué no nos habían disparado tras obligarnos a descender. Economía militar.

Durante el encierro, además de pensar en Jim, tenía en la mente a otro periodista de Estados Unidos, Theo Padnos. A Theo lo había conocido en Beirut y juntos habíamos tratado de entrar en Siria por la carretera a Damasco, en noviembre de 2011; los oficiales de migración del presidente Assad —sin embargo— nos rechazaron. Un año después, Theo pasó por el cruce fronterizo de Al Bab, donde yo estaría más tarde; se adentró en la guerra y desapareció. Era el 2 de noviembre de 2012. Jim fue capturado 20 días después, el 22. En enero, nos capturaron a nosotros. Da para un pasatiempo matemático: 2 reporteros en los días 2 y 22, en el año 2012. Y nosotros, 2 meses más tarde, un día 20. Sólo faltaba que fuéramos 2.

Pero éramos tres y nos bendecía la suerte, una suerte que nunca seremos capaces de valorar con suficiencia. Para decirlo brevemente, nos salvó el provenir de naciones por las que Al Qaeda no tenía ningún interés. El grupo que nos retuvo vivía de la venta de rehenes que ofrecía luego a los *yijadis*. Mantener hombres armados en tiempos de guerra sale caro, todos ellos comen y tienen familias, las fuentes de ingreso escasean y en ese contexto la venta de rehenes es un buen negocio. Así, aunque nos ofrecieron a los *yijadis* lo que realmente interesaba a Al Qaeda eran los ciudadanos franceses, porque unas semanas atrás —cuando la organización estaba a punto de conquistar Mali— el presidente Sarkozy les echó a perder la jugada atacándolos con tanques y aviones. Provocó así la cólera del emir Ayman al Zawahiri, quien ordenó a sus hombres atrapar franceses donde quiera que los encontraran.

Como en los días anteriores habíamos trabajado con Camille —una joven francesa— la noticia llegó a ellos y pensaron al capturarnos que habían ganado la lotería. Fue una pena decepcionarlos. Aunque en algún momento Andoni tuvo que admitir que tenía nacionalidad española, insistió en que era vasco y nuestros captores no detectaron allí la oportunidad de negocio. Por lo que toca a Balint y a mí, resultamos simplemente de escaso valor: Al Qaeda no se interesó en comprarnos. ¿De qué podíamos servirles un húngaro, un vasco y un mexicano? Sólo para hacer un chiste.

Los secuestradores pudieron haber decidido que lo mejor era cerrar el asunto eliminando pistas comprometedoras, es decir, literalmente a nosotros. Afortunadamente nuestros amigos se movieron a gran velocidad. Les debemos la vida a ellos: a los periodistas sirios Nour Kelze y Hamid Khatib, al fotógrafo greco-chipriota Achilleas Zavallis, y al alemán Kai Wiedenhoefer. Fueron ellos quienes recorrieron los cuarteles de las milicias rebeldes (esperanzados todavía en que el presidente Obama les diera armas y dinero) y explotaron en nuestro favor ese gran inconveniente: el de una hipotética noticia donde una de las facciones de su revolución había asesinado a tres periodistas occidentales. Fue por ello que pudieron presionar efectivamente para conseguir nuestra liberación.

Mis vellos estaban ya erizados cuando el viento de la camioneta al pasar recorrió mi piel. No nos arrolló. Se fue, y ahí se acabó. ¡Se acabó! No lo podíamos creer. Tardamos en quitarnos las vendas, nos abrazamos; Andoni entonaba canciones vascas y yo no podía ver nada. Balint me tomó de la mano para guiarme, descubrió la luz de una casa y dijo: "¡Ahí nos van a ayudar!" No había nadie, pero hallamos otra en la que unos guerrilleros nos dejaron entrar. Me pusieron junto a un calentador de leña, y nos subieron más tarde a una camioneta que nos condujo al cuartel de la Liwa al Tawhid, la Brigada de la Unicidad. Ahí estaban Nour, Hamid, Achilleas y Kai, y nos llevaron a su refugio, donde nos alimentaron. No podía ser tan bello.

•••

El sobreviviente padece la culpa de su supervivencia. La embajada de México en Turquía tenía instrucciones de enviarme inmediatamente a México. Yo tenía que ir: Martín, mi tío, tan joven que más bien parecía mi hermano mayor, agonizaba en el hospital, víctima de cáncer y diabetes. Preguntaba por mí. Fue difícil explicarle a Alfonso Soto —el diplomático encargado de ayudarme— que no quería volver. Mi dinero, mi pasaporte, mi equipo, mi confianza: todo me lo habían quitado en Alepo. Mi trabajo era el de contar las guerras de África y de Medio Oriente: ¿cómo iba a retomar mi camino? Me imaginaba arrastrando mi derrota hasta la cama de Martín, mirando sus ojos de moribundo, llenando sus mejillas con mis lágrimas, contándole que me habían hecho pedazos, para después verlo morir.

No. No compartiría mi derrota con Martín porque no había sido derrotado, porque no me iba a rendir, por Theo y por Jim, por Martín y por mí. Con el amor de Isabel, Eileen, Catalina, Salvador y otros amigos que realizaron una colecta para reponer mi equipo, y con el apoyo de Rory Peck Trust, Valeria Berumen, Ricardo Bucio, José Miguel Calatayud y Peter Bouckaert, viajé hasta Egipto para recuperar mi carrera periodística, haciendo reportajes sobre el gobierno de los *Ikhwan* —los Hermanos Musulmanes— en vísperas del golpe militar.

Caminaba a la orilla del Nilo, en la isla de Zamalek, cuando supe de la muerte de Martín. Lloré dejando su espíritu fluir con la corriente, hacia el Mediterráneo. *Safari njema, rafiki wa dhati!*

•••

La ejecución de Jim le dio la vuelta al mundo en un instante. Yo estaba en Londres, en casa de mi amiga Gabriela Nieto, cuando me golpeó la noticia. Me negué a ver el video, a seguir el juego de Abu Bakr al Baghdadi, a sumarme al espectáculo. No conseguía procesar la información. Gaby me quería abrazar, o decir algo, o dejar solo: ¿qué podía hacer? Yo no acertaba a decirle lo que era mejor, porque tampoco lo sabía.

Había transcurrido un año y medio desde nuestra liberación. Otros amigos habían pasado por secuestros en Siria: Marc Marginedas por una parte, y por la otra Javier Espinosa y Ricard García Vilanova, en incidentes separados, desde septiembre de 2013 hasta marzo de 2014. Pero los habían soltado. Comenzó así un periodo en el que el trabajo para los periodistas extranjeros se hizo imposible en aquel país. Para entender la guerra teníamos que confiar en las versiones que ofrecían los bandos en conflicto, o atenernos a la información que proporcionaban sirios sin preparación periodística, y que corrían por ello peligro de muerte.

Jim ejecutado, y de Theo seguíamos sin saber nada. Con el paso de cada mes y de cada semana, las posibilidades de que siguiera con vida se reducían. Con esas heridas regresé a México, a la buena comida, a la música y el mezcal, a la bulla y el apapacho de mi gente, al sentido del humor, a los vivos colores latinos que contrastan con los tonos terrosos que predominan en las ciudades de Levante. Sí, ese privilegio que espera disfrutar el periodista extranjero: el de entrar al pozo y salir al gozo.

Es posible que sean también las fantasías que quiero creer. En los peores momentos, cuando caían las bombas alrededor de nosotros en Gaza o en Libia, pensé que yo era igual a mis compañeros, que confiaban en escapar de allí para retornar a la paz de sus países. Pronto comprendí —sin embargo— que un periodista mexicano sale de un conflicto en un país lejano, para volver al permanente conflicto en casa.

En el Frontline Club de Londres, en 2013, tuve la oportunidad de hacer el taller de primeros auxilios para campo de batalla RISC (Reporteros Instruidos para Salvar Colegas) al lado de su creador, el escritor y documentalista Sebastian Junger. El origen de tal curso es bien conocido: Tim Hetherington, amigo y camarógrafo de Sebastian, perdió la vida en Libia a consecuencia del estallido de una granada. Su muerte en esas circunstancias, así como la de Chris Hondros, pudieron haber sido evitadas si sus compañeros hubieran tenido conocimientos médicos básicos en aquel momento crítico.

Además de fundar RISC, la respuesta de Sebastian a esa tragedia fue la de abandonar el periodismo de conflicto y dar pie a un debate sobre esta especialidad, tras llegar a la conclusión de que los reporteros de riesgo tenemos una adicción enfermiza por la guerra, una suerte de "actitud suicida". En cierta forma da la impresión de que —incapaz de evitar en nosotros esa propensión autodestructiva— Sebastian se planteó apoyarnos con algo de medicina urgente, en un contexto de combate. Me consta que es un gran tipo, que tiene elementos y que en muchos casos puede tener razón, pero no en todos. Él llegó a sus conclusiones a partir de su propia vivencia de la tragedia; otros no lo han interpretado de la misma forma y —a pesar de secuestros, prisiones y heridas— han vuelto a escenarios duros, pues creen que es importante estar allí para contarlo.

En una charla con Sebastian, el novelista y veterano de guerra Elliot Ackerman señaló que quienes han pasado por una guerra la extrañan al regresar a casa, pues no pueden ya vivir sin esa intensidad, y se oponen a la expectativa de pasar el resto de su vida "en una terraza bebiendo cerveza Coors". El tema es sin duda importante, al menos en los Estados Unidos. En México no lo vemos así porque no se discute si hace falta cubrir el conflicto que desde hace décadas destruye a nuestro país. Aunque no experimentamos batallas del tipo que puede enfrentar a dos ejércitos en el mismo territorio nacional, la presión sin embargo es permanente, y la gente quisiera vivir sin ella.

En su documental *Which way is the frontline from here?* (¿Hacia dónde está el frente de batalla?), Sebastian no sólo le rinde tributo a Tim; también presenta su alegato contra el periodismo bélico, que resume en esta frase: "La verdad definitiva de la guerra no es que podrías morir. La verdad definitiva de la guerra es que tienes la garantía de que perderás a tus hermanos".

En agosto de 2014 pensaba quedarme en México sólo unas semanas. Un gran crimen —la desaparición de 43 estudiantes en septiembre— prolongó mi estancia. Pero fue con la masacre de la Narvarte que comprendí que no sólo me iba a quedar en México más tiempo de lo que pensaba, sino que había llegado la hora de refrendar mi compromiso con el país. Entendí también que los hermanos a los que se refiere Sebastian, en el caso mexicano, no sólo son los que te obsequió la vida mediante una camaradería profesional, sino los que te dio a través de una familia, de las amistades del barrio y de la escuela, bajo la forma de madres e hijas, abuelos y tíos, todos expuestos sistemáticamente a la violencia. Pues en el conflicto que vivimos los mexicanos es imposible o inútil preguntar hacia dónde está el frente de batalla. Un frente que no está hacia allá ni hacia acá, enorme pero también indefinido y difuso, donde no hay combatientes o enemigos claramente identificables, y la línea de fuego no constituye propiamente una línea, sino un campo de conflicto de dos millones de kilómetros cuadrados, dentro del cual vivimos todos.

• • •

El contexto político en el que encontré a mi país es parte fundamental de las historias que narra este libro. Durante 71 años, desde 1929 hasta 2000, México fue gobernado por el Partido Revolucionario Institucional (fundado como Partido Nacional Revolucionario, llamado después Partido de la Revolución Mexicana y finalmente PRI) mediante un sistema de partido hegemónico, en el que las demás organizaciones políticas constituían partidos satélites, y en el mejor de los casos una oposición testimonial, como la del Partido de Acción Nacional, o PAN.

El largo proceso de transición democrática permitió finalmente la alternancia con la victoria del PAN en 2000, aunque en realidad ese partido (socialmente conservador y económicamente liberal) representó tanto como el sistema priísta tradicional los intereses de una élite de empresarios multimillonarios, compañías trasnacionales e inversionistas extranjeros.

Además de la oposición de izquierda, constituida por el Partido de la Revolución Democrática (PRD), existían seis minipartidos —conocidos como "la chiquillada"— que profesaban ideologías laxas, difusas o de plano inexistentes, y que lograban subsistir mediante alianzas de conveniencia con los tres partidos mayores.

Lo que se conoce como "cultura política priísta" —desarrollada durante la larga dominación del PRI— se caracteriza por la toma de decisiones verticales y autoritarias, así como por las prácticas clientelares, la simulación y la corrupción en todos los niveles; son estas mismas características las que terminaron por prevalecer también en las demás agrupaciones políticas del país, grandes o pequeñas.

Tras dos sexenios panistas, en los que la violencia escaló a niveles nunca antes vistos, el PRI regresó al poder en diciembre de 2012, con la victoria de su candidato Enrique Peña Nieto. Con el propósito de impulsar una ambiciosa agenda de reformas, y de —presuntamente— modernizar a México, el nuevo mandatario convocó a todos los partidos a su integración en el llamado Pacto por México.

Cuando empecé a escribir este libro en agosto de 2015, casi a la mitad del mandato del presidente Peña Nieto, la oposición política estaba encabezada por Andrés Manuel López Obrador (AMLO), quien había sido jefe de Gobierno de la Ciudad de México entre el año 2000 y el 2005, y constituía la única persona que había sostenido un verdadero liderazgo nacional en las primeras décadas del presente siglo. La agenda política había estado señalada por la decisión del sistema de impedir su acceso al poder, y por su persistente apuesta para ganar la presidencia, con el apoyo de un gran segmento de la población.

López Obrador había sido candidato en 2006 y —según sus seguidores— sólo un fraude electoral había conseguido apartarlo de la presidencia en aquel año; las cifras oficiales lo colocaron sólo un 0.5% detrás de su principal oponente, el panista Felipe Calderón.

Durante el curso de la presidencia calderonista, se fraguó anticipadamente una operación para garantizar un relevo beneficioso para las élites en la siguiente elección presidencial de 2012, mediante la creación de la candidatura telegénica de Peña Nieto y la confección de una alianza informal y transpartidaria, en la que las televisoras tuvieron un papel central. Peña Nieto venció a López Obrador en 2012, pero no con los 15 puntos de ventaja que tenía al principio, sino tan solo con seis, según las cifras oficiales.

La figura de AMLO como líder de una enorme inconformidad permaneció intacta. El tabasqueño rechazó y denunció el apoyo que su partido, el PRD, le dio al presidente al sumarse al Pacto por México; encabezó la escisión de miles de militantes y formó el partido Movimiento de Regeneración Nacional (Morena), mediante el cual, en el momento de mi regreso a México, articulaba su nuevo desafío al sistema.

• • •

"En Culiacán, Sinaloa, México, es un peligro estar vivo y hacer periodismo es caminar sobre una invisible línea marcada por los malos que están en el narcotráfico y en el gobierno; un piso filoso y lleno de explosivos", dijo el periodista sinaloense Javier Valdez en Nueva York, en 2011, al aceptar el Premio Internacional de Libertad de Expresión. "Esto se vive en casi todo el país —continuó—, uno debe cuidarse de todo y de todos y no parece haber opciones ni salvación y muchas veces no hay a quien acudir".

En la versión dominante, promovida en México y en los Estados Unidos por las autoridades (y reproducida acríticamente por algunos periodistas, escritores y realizadores) vivimos una "guerra" en la que el Estado mexicano enfrenta a varios "cárteles del narcotráfico". Según este discurso, las organizaciones criminales son tan poderosas que resultan casi invencibles y nos someten a una dinámica belicista, en la que se establece como prioridad nacional el gasto ilimitado del gobierno para combatirlos, el despliegue de fuerzas policiacas y militares donde se requiera, y la aceptación de las consecuencias inevitables de esa política, como la tortura, el asesinato por error y la matanza sistemática, entre otras.

No empleo en este libro el término "cártel de las drogas" (excepto en los nombres de grupos que así se autodenominan) porque —en coincidencia con otros periodistas y académicos— me parece que no es el más adecuado para designar a organizaciones criminales que nunca han funcionado propiamente como cárteles, y que se dedican a muchas actividades además del contrabando ilegal de drogas. En el capítulo final explicaré por qué la mitología del narcotráfico es en realidad una operación discursiva, un artilugio narrativo que oculta la participación del Estado en ofensivas destinadas a despoblar territorios y neutralizar resistencias populares, con el propósito de facilitar el saqueo de recursos naturales y la explotación de mano de obra despojada de derechos.

Es importante dejar asentado que la violencia que padecemos en México dista mucho de ser una guerra convencional con batallones uniformados, tanques de combate y aviones de potencias extranjeras que tiran bombas. No se trata aquí de gobiernos que lanzan misiles Scud y armas químicas contra sus propios ciudadanos. Veracruz y Tamaulipas están muy lejos de ser Gaza o Siria.

No obstante, con cada año que pasa México ocupa sistemáticamente un lugar entre los cinco países donde más reporteros pierden la vida, como consecuencia del desempeño de su trabajo. Es una lista en la que suele estar acompañado de Siria, Afganistán, Somalia e Irak. Es decir, estamos en el vecindario de los Estados fallidos que —entre otras cosas— odian a los periodistas. Algunos aseguran, sin embargo, que México es distinto. Sin llegar al nivel de Suecia, tiene un entramado institucional sólido, leyes democráticas, y un presidente Peña Nieto que manifiesta su compromiso con la libertad de expresión y se dice amigo de la prensa.

Todavía más: en México hay organismos federales, especializados en protección de reporteros, que tienen una tasa de eficacia de 0.15%, según sus propias estadísticas. Esto es un indicador más del engaño que prevalece en el día a día: lo que dicen las autoridades tiene poco qué ver con lo que hacen. Peña Nieto y los gobernadores de los estados se llenan la boca al hablar de la defensa de la libertad de expresión, mientras se llenan las manos de sangre al permitir los ataques contra la prensa, cuando no la atacan ellos mismos directamente. Como ha dicho mi colega John Gibler: En México es más peligroso investigar un asesinato que cometerlo.

El 26 de septiembre de 2014, cuando cumplía yo cinco semanas de estar nuevamente en México, civiles armados, policías y militares formaron parte de una vasta operación para atacar a un grupo de estudiantes en Iguala, una ciudad importante del sureño estado de Guerrero. Mataron a seis personas, otra sufrió muerte cerebral, y 43 jóvenes más desaparecieron; es decir, fueron víctimas de lo que suele llamarse "desaparición forzada". Sumarme a las investigaciones periodísticas de lo que pasó, realizar un documental y escribir un libro al respecto, me llevaron a posponer una y otra vez mi retorno a Medio Oriente.

Ayer asesinaron a cinco personas en la colonia Narvarte. Hoy, a pocas horas de esos hechos, en esta noche de periodistas confundidos, sumidos en un ambiente de conflicto, desencuentro, indignación y pánico, pareciera como si un periodo de mi vida quedase sellado. Habré de mantenerme en mi patria.

Muchos colegas se han dado a la tarea de reconstruir la profesión en México. La creación de la Red de Periodistas de a Pie, en 2007, sentó un ejemplo organizativo que siguieron en muchos estados de la República, donde formaron redes regionales. El 7 de noviembre de 2014, las autoridades dieron su primera versión de lo ocurrido en Iguala. La llamaron "verdad histórica", pero era una mentira histórica. La confirmación de que el gobierno no tenía intenciones de buscar a los desaparecidos y resolver el crimen, sino de ocultar lo ocurrido y hacer valer el pacto de impunidad que es el pegamento del sistema, comunicadores de diversas áreas —prensa, fotografía, cine, novela, música— nos reunimos para buscar nuestro propio camino, y el 27 de ese mes fundamos el colectivo Ojos de Perro *vs.* la Impunidad.

En este momento, nuestro proyecto principal es recorrer este país, tan diverso en sus aspectos geográficos, sociales y culturales, como en la situación y el carácter de sus conflictos, con el objeto de conocer los sitios donde están atacando a los periodistas y de obtener los testimonios de quienes corren riesgos en el ejercicio de su profesión, de aquellos que han sido amenazados, agredidos o asesinados, y de sus familiares.

Mientras reúno los materiales para este libro, realizaremos nuestro segundo largometraje documental, *No se mata la verdad*, a fin de responder preguntas: ¿quiénes son los que matan reporteros, y por qué lo hacen? ¿Por qué no es posible llevarlos ante la justicia? ¿De qué sirve ser periodista si tus investigaciones no conmueven a México; si no ayudan a cambiar la vida de nadie; si la impunidad prevalece; si te van a matar, y después de que te maten, no va a pasar nada?

Debo anticipar que el libro que resulte de este proyecto —el que ahora está en tus manos— no será un triste recuento de fatalidades. Podrás conocer a periodistas caídos, su trabajo, sus vidas, los crímenes que se los llevaron y la falta de justicia. Pero también encontrarás mucha vida, color y fuerza en reporteras y reporteros que descubrirás por todo México. Si quienes perecieron tenían conciencia de los riesgos y decidieron enfrentarlos, honrando un profundo compromiso profesional con la sociedad, hay otros que ahora caminan sobre sus más brillantes huellas: mujeres —muchas mujeres— y hombres valientes que han escogido no rendirse y que cada día salen a investigar a pesar del peligro, para apuntar que la verdad le abre caminos a la luz aunque alguien la quiera apagar; mostrando que algunos pueden pensar que es posible matar la verdad, pero la verdad irá tras ellos.

Éste es, de hecho, un libro de resistencia.

Está dedicado a quienes murieron y a quienes siguen en la lucha, para vivir y contarla.

Ciudad de México, 1 de agosto de 2015

1

Vivir con miedo no es opción

Eran las siete y media de la tarde cuando vinieron por su marido. Las camionetas frenaron con estruendo, los ocupantes bajaron entre gritos. Corrieron asustados los nietos de María Ordóñez, que jugaban en la calle de tierra. Los siguieron al menos seis hombres. Otros quedaron afuera, haciendo guardia. En el rústico patio interior, junto al pozo del que obtienen agua, la abuela no pudo hacer más que abrazar a los pequeños. Los invasores entraron a la casa. Derribaron la única puerta interior, pero detrás de ella no había nadie. Se apoderaron de una *laptop*, de una *tablet*, de una cámara y de dos celulares: las herramientas de trabajo del reportero. Él dormía en el piso de arriba. El cansancio de un par de días de duro trabajo no permitió que el ruido alertara a Moisés Sánchez. Probablemente despertó al sentir los golpes, o acaso cuando lo arrastraban hacia afuera. Abrazar a los niños, fuerte: sólo eso pudo hacer María. Así miraron cómo se llevaban al abuelo.

María duerme ahora en el dormitorio que compartía con su esposo, el mismo de donde se lo arrancaron. Duerme sola y son las tres de la mañana. Yo descanso en el cuarto adjunto, aunque no logro cerrar los ojos. El temporal del norte ha llegado hasta Medellín de Bravo, un municipio conurbado con el puerto de Veracruz. Los golpes de la lluvia sacuden en el patio un gran árbol de mango. El mango bajo el que solía descansar Moisés, ahí donde tantas veces se sentó a leer para aliviarse un tanto del sol costeño. Hoy hacen guardia allí algunos agentes de la Policía Estatal; en dos posiciones protegidas por sacos de arena, a ocho metros del portón blanco de la casa, se encargan de la seguridad de la familia. O allí supongo que deberían estar: en esta madrugada de lluvia torrencial, no me resulta posible verlos. Lo que debo hacer es protegerme: en este espacio hay una cama, paredes desnudas de ladrillo con rebabas de cemento, y una protección de herrería en el marco de la ventana, pero no hay vidrios. El agua no penetra pero el viento sí, con fuerza.

Jorge, el hijo de Moisés, solía trepar ese mango hace dos décadas. Ahora los niños son sus hijos, Axel y Jorge, de siete y ocho años, respectivamente. Ellos sufrieron lo que miles de niños mexicanos han sufrido a través de los años, y lo que tantos otros sufren ahora: el rapto violento —frente a sus ojos— de alguien a quien aman.

Aguardo las últimas horas de la noche. Lo hago en la oscuridad, porque Moisés no alcanzó a poner electricidad en este piso, ni tampoco a resguardarlo con cristales, y es por eso que el viento oculta la respiración de María. Repaso mentalmente la escena del rapto: pienso en los niños y en los hombres, y en Moisés sometido y en María impotente. La bocina de una patrulla policiaca introduce de pronto un elemento de realidad, en la duermevela de horror con la que recibo la primera luz de la mañana. La noche ha pasado tan lenta y de pronto, estos primeros minutos se atropellan en un pestañeo. Hay que levantarse.

Después, descender: las escaleras, también en obra negra, desembocan en un pequeño cuarto que conduce por la izquierda al baño y por la derecha a la sala, donde además del televisor hay dos pantallas planas. En ellas se muestran las imágenes captadas por las cámaras de seguridad: cinco del Mecanismo de Protección a Periodistas —un órgano federal—, y tres de la Comisión Estatal de Atención a Periodistas. Tecnología, agentes de vigilancia y alambre de púas para disuadir la amenaza. Los asesinos rondan libremente. La familia se tiene que encerrar.

Áxel se encuentra solo en esa estancia. A través de la tela que cuelga en el umbral, a manera de puerta, puedo distinguir sus grandes ojos oscuros. Pero él no ha notado que estoy ahí. Es delgado y de baja estatura. A sus siete años ya vivió una dura experiencia. Ahora otro extraño —al que no espera porque no lo vio llegar en la noche— va a ingresar a su espacio.

—Hola, pequeño Áxel —me anuncio antes de mover el paño y entrar. El niño eleva los ojos. No se asusta. No confía.

—¿Quién eres tú?

—Un amigo de tu papá.

—¿Y de dónde sales?

—De arriba, dormí arriba.

Otra mirada le basta. Comparte:

—¿Sabías que hay dinosaurios que están hechos de agua y dinosaurios que están hechos de paja?

Se sienta a conversar, a averiguar. No pregunta sobre la profesión del periodista, lo sabe todo al respecto. También lo peor. Quiere oír de otros países. ¿Hay dinosaurios?

• • •

En octubre de 2014 México lidiaba con el efecto de tres grandes heridas: la noche de Iguala, en la que seis personas fueron asesinadas, y policías locales desaparecieron a 43 estudiantes; la matanza de Tlatlaya, en la que un pelotón de soldados masacró a 15 detenidos; y el escándalo de la "Casa Blanca", por el cual se supo que el Presidente de la República disfrutaba de una mansión de siete millones de dólares, propiedad de un constructor que había recibido contratos públicos multimillonarios. Aunque hubo dos asesinatos de periodistas durante ese mes, recibieron relativamente poca atención: el público escuchó cómo mataban a balazos al conductor Atilano Román en la cabina de la estación ABC, en la ciudad turística de Mazatlán, Sinaloa; y en ese mismo estado —en el pueblo de Ahome— encontraron el cuerpo torturado de Antonio Gamboa, director de la revista *Nueva Prensa*.[1]

La agresión contra Moisés Sánchez, el 2 de enero siguiente, también pudo haberse ahogado en el mar de la violencia nacional. Pero en este ataque sobresalía el privilegio de la esperanza. "Vivo se lo llevaron, vivo lo queremos": este viejo eslogan siempre rejuvenece en México. La desaparición de personas se ha convertido en un hecho cotidiano, en un país cuya cultura ancestral festeja la muerte natural de los seres humanos, pero no su abrupta desaparición. Porque sabemos hacer duelo y —laicos o religiosos— abrimos camino a nuestros muertos sin perder el vínculo emocional, el hilo familiar con el cual los traemos de regreso para recibir consejo y consuelo, o simplemente para comer y beber a gusto con ellos. Pero si alguien se nos va sin dejar huella, si se nos arrebata a un ser querido sin indicio ni señal de lo ocurrido, nos sentimos invadidos por una angustia incomparable, un dolor que no se va ni puede irse, una amargura sin reconciliación posible. La actividad, entonces, se hace frenética. Si no tenemos el cadáver es porque no está muerto, y si hay un resquicio para salvar su vida, entonces la acción se hace urgente y cada segundo debe ser aprovechado.

La policía tardó en reaccionar. No como siempre: peor. Les tomó dos horas llegar a la casa, a pesar de que unos testigos vieron a dos agentes en un carro patrulla estacionados en las cercanías, mientras los asesinos se alejaban. Jorge llamó a un amigo periodista para que lo ayudara a difundir los hechos, quizá la opinión pública pudiera presionar a las autoridades. Como no se sabía quién era Moisés, el gremio de periodistas tardaba en reaccionar.

[1] "Dan a conocer audio del momento de la agresión a Atilano Román", audio en UNO TV, 14 de octubre de 2014, https://www.unotv.com/noticias/estados/noroeste/dan-a-conocer-audio-del-momento-del-asesinato-de-atilano-roman-796958/ ; "Localizan sin vida a periodista en Sinaloa", nota de la redacción, *Animal Político*, 23 de octubre de 2014, http://www.animalpolitico.com/2014/10/noroeste/

Una usuaria de Twitter convocó a que nos reuniéramos en la Representación del Estado de Veracruz en la Ciudad de México, en una casona afrancesada de la calle de Marsella, para exigir mayor rapidez en la búsqueda. Las primeras horas son vitales y mientras más tiempo pase, las posibilidades de hallar con vida a la víctima se reducen. Varios secundamos el llamado. Llegué el primero, con tres cartulinas. Después arribó la convocante: siendo dos, mostramos nuestros letreros. Luego vinieron más. Fuimos tantos, finalmente, que tuvimos que tomar turnos: los paseantes observaban curiosos cómo seis reporteros realizábamos la protesta, mientras los restantes seis hacían las fotos, y luego intercambiábamos lugares para que ellos gritaran las consignas mientras nosotros nos encargábamos de retratarlos. División del trabajo.

Las autoridades del estado de Veracruz tenían otra visión del asunto: "No es periodista, es conductor de taxi", sentenció el gobernador Javier Duarte.[2] Para él, Moisés no merecía el tiempo de nadie, pero empezó a crecer la presión de los medios y de la opinión pública. Los reporteros veracruzanos se manifestaron en varias ciudades, cada vez en mayor número. El 8 de enero el Colectivo Voz Alterna —formado por periodistas xalapeños— planteó esa demanda, con carácter de urgente, en una sesión del Congreso del Estado. En una carta leída por el fotógrafo Rubén Espinosa, el colectivo exigió que el caso no fuera tratado por la fiscalía local, sino a nivel federal, para evitar que los sospechosos quedaran a cargo de la investigación. La prioridad de las autoridades, por su parte, era acallar el ruido descalificando la labor periodística de Moisés por el simple hecho de que era también taxista. Todo esto me lo hizo ver Leopoldo Maldonado, de la organización Article 19 y abogado de la familia de Moisés: "No se preocupaban primordialmente por su paradero, no se preocupaban por encontrarlo con vida".

• • •

Es difícil cuidar a los niños cuando el espanto se hace cotidiano. En las primeras semanas de incertidumbre, Jorge solía decirles a sus hijos que su abuelo regresaría pronto, que estaba ocupado por ahí, en el taxi. Pero así como Moisés solía llegar acongojado por las historias de abusos policiacos, por los asesinatos derivados de la extorsión, o por la violencia desatada en Medellín por la guerra entre cárteles locales, ahora él mismo era la noticia de la que todos hablaban.

---

[2] "Subestima Duarte labor de reportero levantado: 'Es conductor de taxi y activista vecinal', dice". Nota de Noé Zavaleta en *Proceso*, 3 de enero de 2015: http://www.proceso.com.mx/392100/subestima-duarte-labor-de-reportero-levantado-es-conductor-de-taxi-y-activista-vecinal-dice

Eso sucedió también en la escuela. El cuerpo de Moisés fue hallado el 24 de enero,[3] después de tres semanas de angustia, y aún pasaron algunos días antes de que Jorge pudiera confirmar que el cadáver era el de su padre y no el de un desconocido, usado solamente para cerrar el caso y archivarlo. El funeral se llevó a cabo el 6 de febrero en la casa construida por Moisés con sus propias manos. Sobre un ataúd gris metálico podían verse una cámara Minolta, una videocámara Sony y dos fotografías del reportero. No fue posible ya ocultarles su muerte a los pequeños.

Ni cómo lo mataron.

Áxel pedía:

—Déjame verlo, déjame.

—Espérate tantito, que está dormido.

—Es que mis amigos dicen que a mi abuelo lo hicieron cachitos.

• • •

¿Qué es indispensable para hacer periodismo? Moisés nos demostró que voluntad y poco más que eso. Hace unas semanas, un nuevo equipo se hizo cargo del proyecto televisivo de un gran diario. En la lista de peticiones que presentó a los dueños no hay *laptops*, cámaras, seguros de vida ni chalecos antibalas, sino coches de lujo y boletos de avión en clase ejecutiva. Le cuento lo anterior a Jorge, el hijo de Moisés, pero creo que le da igual. Tal vez ha escuchado tantas anécdotas de ese tipo que ya lo aburren. O acaso considera que las *laptops* y los chalecos son tan suntuarios como los coches caros. Que el periodismo no necesita tecnología de punta sino de pasión, compromiso y entrega. Y que ningún chaleco te va a salvar cuando vengan por ti.

A Moisés lo secuestraron, lo degollaron, lo partieron en pedazos y lo arrojaron por allí en bolsas negras de basura. Clemente Noé Rodríguez, agente de la Policía Intermunicipal y único detenido por el asesinato, explicó en su confesión videograbada los motivos de este sadismo: "Alborotaba el panal, nos dijeron, pero al principio no sabíamos que era periodista, pensábamos que sólo era un taxista. Fue a los dos días cuando nos enteramos en la prensa, y que además publicaba cosas que perjudicaban al Ayuntamiento".[4]

El "perjuicio" lo causaba a través de *La Unión*, un impreso en blanco y negro de 21 centímetros de alto y 14 de ancho. Es el tamaño media carta, que

---

[3] "Hallan el cuerpo del periodista Moisés Sánchez", nota de Univisión, 26 de enero de 2015, https://www.youtube.com/watch?v=AJYDl_W8u4o

[4] "Declara Clemente Noé Rodríguez con subtítulos". Video de la declaración subido el 25 de enero de 2015 (última visita: 15 de diciembre de 2017), https://www.youtube.com/watch?v=8RxJ1-sRmPs

parece pequeño entre los dedos meñique, medio y pulgar, porque Moisés reproducía los originales en fotocopiadora y doblaba las hojas por la mitad. A un costo de 20 centavos por página, producía unos mil ejemplares cada mes y a veces trimestralmente, para repartirlos gratuitamente a tantos habitantes del municipio como pudiera alcanzar. "En algún momento intentó meterle publicidad, pero no a mucha gente le interesó", recuerda su hijo, "nada más tuvo dos, tres anuncios, pero no salía para costearlo. Su intención no era obtener un ingreso sino informar".

Para tener ingresos, Moisés hizo muchos trabajos: vendedor de verduras, carnicero, taxista. Como autodidacta apasionado, dejó testimonios de su vida en algunos experimentos audiovisuales. Es el caso de un video muy sencillo en el que se grabó en contrapicada —con un techo de lámina como fondo y al lado de un viejo refrigerador— promoviendo su periódico. Moreno, de cabello entrecano, mediana estatura y complexión regular, Moisés aparece anunciando su periódico sin demasiado éxito: "La información de Medellín... las noticias que usted quiera ver, aquí". Se detiene a continuación para recordar algún hecho concreto qué referir, y toma aire: "Las noticias de las bodas colectivas del municipio... las noticias". Levemente entrecierra los ojos y sonríe, como si le causara gracia su bloqueo mental. "Las noticias sobre... deportes". Sonríe nuevamente, se queda en pausa y opta por terminar la prueba. Él era el director, el reportero, el publicista y el distribuidor de *La Unión*.

En años recientes, Jorge aprendió a diseñar publicaciones en computadora. Así pudo apoyar a su padre dándole una apariencia un poco más moderna al impreso. Antes de eso, durante casi dos décadas, Moisés lo había hecho todo como el viejo y dedicado artesano que era: cortando a tijera imágenes y columnas, y fijándolas con un pegamento en lápiz sobre la hoja que hacía de lienzo. Una tarjeta de presentación podía convertirse así en un anuncio. Un cabezal que utilizó para la edición del 3 de agosto de 1998 parece dibujado con bolígrafo: muestra a varias figuras humanas, hechas con cinco breves líneas y una bolita, que suben unos peldaños, y reza: "Semanario informativo La Unión... Nuestro lema: Ante todo la verdad, aunque le duela". Más adelante, utilizó tipografía informática para un titular más ambicioso: "Medios informativos LA UNIÓN... La voz de Medellín".

Trataba temas diversos. Concebía el periódico como un órgano comunitario que daba cuenta de todo lo que era o podía ser relevante para sus pobladores, como los eventos del ayuntamiento y los de las agrupaciones religiosas locales, ferias y encuentros deportivos. De haber sido sólo eso, de haberse quedado en ese registro periodístico, los sucesivos alcaldes y gobernadores no lo hubieran considerado un problema, ni un riesgo, ni un enemigo. Pero

Moisés decidió ser bastante más que eso. Caminos inundados, obras inconclusas, accidentes urbanos, abusos de autoridad, excesos policiacos. Moisés les dirigía cartas abiertas a los funcionarios para recordarles lo que no estaban haciendo, en dónde fallaban, los compromisos que incumplían. Hacía también la crónica de la violencia, de los asaltos, secuestros y asesinatos, e incluso señalaba a los policías municipales que "levantaban" ciudadanos para llevarlos a una cárcel clandestina, donde los torturaban hasta que los familiares pagaban un rescate. La de Moisés es una narrativa que no aparece cuando uno se asoma a los documentos oficiales: es sistemáticamente borrada para evitar problemas, cuidar negocios, guardar pactos inconfesables. El Secretariado Ejecutivo del Sistema Nacional de Seguridad Pública, por ejemplo, registra cero secuestros en este municipio en 2014.[5] Pero al investigar la muerte de Moisés, la Fiscalía estatal conoció de once.

Su padre, recuerda Jorge, decía que "vivimos con gobiernos que no han llegado al poder para trabajar, no han llegado para tener un municipio mejor, un Medellín mejor. Han llegado con la idea de saquear, de robar, de darle trabajo a su hermano, a su cuñado, a su yerno, a aquel que pagó su campaña, a aquel que los financió". Moisés, asegura su hijo, recibió una oferta de Omar Cruz, el alcalde de Medellín, de entregarle dinero periódicamente a cambio de inclinarse a su favor en *La Unión*... El periodista respondió: "No puede ser que me quieras dar 30 mil pesos mensuales para que hable bonito de ti y no puedes componer una lámpara, no puedes hacer banquetas, componer las calles".

Quienes dominan Medellín de Bravo gustan del silencio. Que las cosas se arreglen sin miradas ajenas. El Puerto de Veracruz y Boca del Río concentran las actividades económicas de la zona, y las empresas pagan impuestos que se quedan allí mismo. Medellín sólo sirve como ciudad dormitorio. Es allí donde viven los empleados, y los ingresos locales son pocos. Y de ellos, buena parte se pierde en las complicidades del poder.

Sin planeación ni control, el crecimiento metropolitano desconectó a Medellín del ámbito rural sin darle un carácter urbano. En el centro de la zona administrativa del mismo nombre, el edificio del ayuntamiento —levantado en los años setenta— contrasta con el templo sencillo edificado en 1524 por orden del conquistador español Hernán Cortés, el cual constituyó en su tiempo la segunda parroquia de la América continental. En este núcleo central habitan sólo tres mil de los 75 mil pobladores del municipio. El resto se divide entre comunidades pobres, con pésimos servicios públicos, y fraccionamien-

---

[5] Informe "Incidencia delictiva del fuero común 2014" del Sistema Nacional de Seguridad Pública, http://secretariadoejecutivo.gob.mx/docs/pdfs/estadisticas%20del%20fuero%20comun/Cieisp2014_092017.pdf

tos residenciales para una clase media que no puede pagar los precios de las zonas más cercanas a la costa.

Por lo que hace a la producción local, es un hecho que está en crisis. El mango, del cual Medellín el principal productor estatal, ha dejado de ser redituable y los dueños de la tierra han preferido ponerla a disposición de los desarrolladores inmobiliarios. A mano derecha de la calle de la familia de Moisés, se extiende un amplio terreno que proveyó toneladas de fruta en décadas anteriores, y que ahora se alquila para una escuela, o como espacio destinado a las guardias policiacas del estado. Su apariencia es de total descuido.

El medellinense típico es un migrante que llegó buscando vivienda barata en los humedales de la zona, como Moisés y María, que se mudaron desde el Puerto de Veracruz en 1989 —cuando Jorge tenía apenas cuatro años— para ocupar, con otros cientos de personas, un terreno en litigio. Eventualmente fueron reubicados con 350 familias en la localidad de El Tejar.

Dos décadas más tarde, las condiciones generales siguen siendo muy malas. Vías de tierra que se anegan con las lluvias y conviven con grandes pilas de basura. Sólo muy recientemente se empezaron a introducir redes de agua potable y drenaje. En cuanto al servicio de seguridad pública, resulta tan peligroso como la delincuencia.

En México los gobernadores, lo mismo que el presidente, son electos para periodos de seis años que llamamos "sexenios". Bajo la administración de Fidel Herrera (2004-2010), el grupo criminal conocido como Cártel de los Zetas se extendió por el estado. Sobre Herrera se hicieron tantas denuncias de complicidad con delincuentes que, en octubre de 2015, cuando fue designado cónsul de México en Barcelona, el ayuntamiento de esa ciudad y el grupo de residentes mexicanos Taula per Mèxic protestaron ante las autoridades españolas por haberle concedido el placet a un funcionario acusado de cometer graves crímenes. Herrera tuvo que dejar su cargo diplomático sólo 15 meses después de las acusaciones, mientras era investigado por la supuesta compra de medicamentos falsos para atender a niños que debían recibir quimioterapia.[6]

La organización de los Zetas impuso su poder en el espacio metropolitano conformado por el triángulo Veracruz-Boca del Río-Medellín. Se ocupó del narcotráfico y del robo de combustible, y emprendió actividades que lastimaron directamente a los habitantes, como el secuestro, el cobro de piso

[6] La protesta del ayuntamiento de Barcelona fue presentada por el vicealcalde Gerardo Pisarello. "Fidel Herrera dejó Barcelona como llegó: en el escándalo", reportaje de Alejandro Gutiérrez en *Proceso*, 9 de febrero de 2017, http://www.proceso.com.mx/473378/fidel-herrera-dejo-barcelona-llego-en-escandalo

y la extorsión.[7] La policía no sólo no intentó detener a los criminales, sino todo lo contrario: atacó también a los comerciantes, a los empleados y a los vecinos.

La transformación del escenario criminal coincidió con dos momentos clave de la política estatal: primero con la salida de Fidel Herrera, reemplazado por el nuevo gobernador Javier Duarte en 2010, y más tarde cuando el alcalde Omar Isleño fue sustituido asimismo por Omar Cruz en diciembre de 2013. Todos estos políticos pertenecían al Partido Revolucionario Institucional (el PRI, identificado con el color rojo), con excepción de Omar Cruz, del Partido Acción Nacional (PAN, asociado al color azul). No obstante, a Omar Cruz y a su grupo los conocían como los "panistas rojos", por su cercanía con el gobernador priísta Javier Duarte. Con estas transformaciones políticas se produjo también un nuevo equilibrio criminal: los Zetas pasaron a la defensiva frente al empuje del grupo llamado Cártel Jalisco Nueva Generación[8] y algunos sectores de la policía cambiaron igualmente de preferencias.

Además de publicar lo que ocurría en *La Unión...*, Moisés se esforzaba por colocar los asuntos locales ante la opinión pública estatal, actuando como fuente para periodistas de medios establecidos, a quienes mantenía al tanto de lo que ocurría en su municipio. Medellín es un hoyo negro: la mayor parte de los mexicanos no sabe que existe y cuando escuchan su nombre, piensan en la ciudad colombiana. Moisés era la única luz informativa. Contaba lo que no se debía contar.

La prensa estuvo bajo asedio durante el gobierno de Fidel Herrera, con cuatro periodistas asesinados en el curso de seis años; los estados de Chihuahua, Guerrero y Tamaulipas tuvieron sin embargo cifras bastante más altas en ese periodo. Seis meses después de que Javier Duarte asumió la gubernatura, Veracruz empezó a tomar la delantera a nivel nacional, al punto de acumularse en el sexenio un total de 17 periodistas muertos y tres desaparecidos.[9] Es decir, que se multiplicó en el estado cinco veces la ya de por sí mala estadística dejada por el ex gobernador Fidel Herrera. Esta tendencia se agudizó notablemente en la primavera de 2012: el 28 de abril mataron en su casa a Regina Martínez, corresponsal de un medio nacional, la revista *Proceso*;

---

[7] "Los Zetas mantienen presencia activa en 32 municipios de Veracruz", nota de Daniel Blancas en *La Crónica*, 5 de octubre de 2011, http://www.cronica.com.mx/notas/2012/609613.html

[8] "Duarte pactó con Zetas y luego con otro cártel", reportaje de Óscar Balderas y Nathaniel Janowitz en *Vice News*, 2 de junio de 2016, http://www.sinembargo.mx/02-06-2016/3049812

[9] "Periodistas asesinados en México". Informe de Article 19, en permanente actualización. "Periodistas desaparecidos en México". Informe de Article 19, difundido por Twitter el 16 de septiembre de 2017, https://articulo19.org/periodistasasesinados/, https://twitter.com/article-19mex/status/908829785610182656

cinco días después, el 3 de mayo, la mafia se llevó a cuatro de un golpe: tres reporteros y una trabajadora administrativa de la agencia Veracruz News.

Un joven periodista, Israel Hernández, fundador de la Red Veracruzana de Periodistas, me llevó al sitio donde hallaron los cuatro cuerpos desmembrados, en bolsas negras: los arrojaron a La Zamorana, un apestoso canal de aguas residuales que desemboca en el Golfo de México. No es un sitio remoto o aislado: ahí confluyen los tres municipios conurbados del Puerto de Veracruz, Boca del Río y Medellín, y se levantan las casas de un fraccionamiento de clase media llamado Las Vegas. "El hallazgo fue a plena luz del día. Los compañeros no se pudieron acercar a la zona porque (lo impedía) el personal de bomberos y de la Marina que rescató los cuerpos", detalló Israel. "Era un mensaje de que ellos tenían el reinado y que nada los detenía, y que tenían el poder de hacer lo que quisieran con quien fuera".

El décimo asesinado bajo el gobierno duartista fue Gregorio *Goyo* Jiménez, el 11 de febrero de 2014. Tras su secuestro, los periodistas nos movilizamos bajo el lema "Queremos vivo a Goyo". Encontraron su cuerpo, amontonado con otros cadáveres, en una fosa clandestina.

• • •

La unión de los colegas rescató el proyecto de Moisés. Reporteros y fotógrafos se ofrecieron como voluntarios y el material fue impreso con apoyo de la organización de defensa de la libertad de expresión Article 19. El 12 de febrero, sólo seis días después de enterrar a su padre, Jorge Sánchez lo revivió: el periódico *La Unión...*, en su nueva época, fue presentado en las oficinas de Cencos,[10] en la Ciudad de México, en formato tabloide y con una calidad que hubiera enorgullecido al fundador.

En el evento, el conocido periodista Javier Solórzano se dirigió a Jorge con estas palabras: "La batalla de Moisés es la batalla interminable, una batalla que nunca va a parar, en la que tú estás colocándote como un heredero". Hasta los días del crimen, este joven de 29 años era el tranquilo diseñador de una revista de estilo de vida, *GB Magazine*: GB por Gente Bonita. Semanas después, estaba tomando el periódico de denuncia ciudadana que le costó la vida a su creador. "Has sabido ser un digno hijo de tu padre", siguió Solórzano. "Eso es algo que todos tendríamos que ver: tú te podrías dedicar a otra cosa pero ahora el camino te está llevando. Quisiera valorar esto de que de repente

---

[10] Cencos: Centro Nacional de Comunicación Social, organización civil que presta servicios de comunicación a movimientos sociales.

pierdas a tu padre, pero en lugar de meterte a las covachas y los escondrijos, sales y das la cara".

"Estoy seguro de que todo este tiempo, a pesar de lo amargo del episodio que pudo haber vivido, él no se arrepintió de lo que hacía. A él nunca le pasó por la cabeza el arrepentirse, el decir 'me hubiera callado, silenciado mi voz y a lo mejor no estaría en esta situación'", sostuvo Jorge Sánchez en su turno. Lucía cabizbajo, desacostumbrado a hablar en público, y especialmente a ese amargo protagonismo que impone la desdicha. Presentaban aquel número, dijo, "para que su filosofía, su esfuerzo, todo lo que Moisés hizo no haya sido en vano. Porque si no, ellos ganan, aquellos que mandaron silenciarlo, aquellos a los que incomodó, aquellos que dieron la orden de callar una voz crítica. *La Unión*... debe continuar con vida porque esto no se puede repetir. No queremos escuchar que ha habido otro Moisés desaparecido en ninguna parte de México. No queremos escuchar que hay otro Moisés asesinado. *La Unión*... continuará, seguirá distribuyéndose, porque es nuestra manera de protestar, de decir que no nos dan miedo, no nos callarán".

●●●

Siento temor por el riesgo que corren, tristeza por su soledad y admiración por la valentía de estos veinteañeros: Rubén Espinosa documenta con su cámara cómo Jorge Sánchez, la reportera Arantxa Arcos y el fotógrafo Raziel Roldán caminan por las calles del centro de Xalapa, para repartir gratuitamente ejemplares del nuevo número de *La Unión*... Una edición que anuncia "El Medellín de Moisés", en su primera plana, y "Silencio forzado", en la contraportada. Se la ofrecen a cualquier persona: a los ciudadanos que se acercan a pedir ejemplares y también a los policías antimotines que los rechazan. Hay personas que se alejan con miedo: en Veracruz, todo lo que tenga que ver con víctimas puede convertirte en una de ellas.

Es 28 de abril de 2015, se cumplieron tres años del asesinato de Regina Martínez y el crimen no ha sido aclarado. Los jóvenes se unieron a dos centenares de comunicadores y activistas frente al Palacio de Gobierno, un edificio neoclásico de cantera rosa erigido en 1855, donde despacha el gobernador Javier Duarte. Con Rubén y otros periodistas locales, no fuimos muchos los que estuvimos haciendo fotografías pero, por lo estrecho de la columna, mantuvimos comunicación para no estropearnos las tomas. Jorge Sánchez caminaba al frente con un megáfono en la mano. La primera manta decía: "Basta ya de violencia en Veracruz", con un retrato en alto contraste de la periodista caída. "¡Regina vive!", gritaba un joven de camiseta blanca, que llevaba una barba crecida y bigote superior rasurado, al estilo salafista. "¡La lucha sigue!", responden Jorge y la multitud. "¡Goyo vive!" "¡Moisés vive!" "¡La lucha sigue!"

Pasarán solamente cinco días para el asesinato del periodista número 12 del sexenio de Duarte. Desaparecido el 3 de mayo, el cuerpo del reportero Armando Saldaña fue hallado al día siguiente en el estado de Oaxaca —apenas a 10 kilómetros de los límites con Veracruz— con cuatro orificios de bala y huellas de tortura.

Aunque Armando era veracruzano, trabajaba para medios veracruzanos y practicaba el periodismo en Veracruz, el fiscal de ese mismo estado puso en duda si el crimen había tenido que ver con Veracruz, si el secuestro y la muerte habían ocurrido en esa entidad y si lo habrían cometido veracruzanos. Para el fiscal Luis Ángel Bravo, el asunto era simple: el cuerpo no había aparecido en Veracruz. "Este hallazgo lamentable fue en Oaxaca", declaró, "y no encuentro razones para hacerla aquí (la investigación), ya que no hay absolutamente ninguna evidencia, ningún indicio, ninguna averiguación o expediente, que oriente a pensar que aquí se cometió algún hecho que a la postre haya producido algún efecto en el hallazgo de Armando Saldaña. Son hechos que competen a Oaxaca y a los que el estado de Veracruz es totalmente ajeno".[11]

Los comunicadores no tienen ninguna esperanza de ser oídos. ¿Cómo podrían tenerla, si el gobernador Duarte se ha empeñado en minimizar la violencia general, y en particular la dirigida hacia los reporteros? En octubre de 2014, en un recorrido por el World Trade Center de Boca del Río, aseguró que "he sido reconocido por el crecimiento, el desarrollo que hemos tenido en materia de seguridad", pues en Veracruz "antes se hablaba de balaceras, de asesinatos, de participación de la delincuencia organizada, y hoy hablamos de robos a negocios, de que se robaron un Frutsi (bebida azucarada) y unos Pingüinos (pastelillos) en un Oxxo".

"El Sabueso", un proyecto de verificación de hechos del portal *Animal Político*, le otorgó a ese alegato su calificación de "Ridículo", ya que en ese estado —sólo durante 2014— se cometieron casi 2 mil robos a negocios, más de 5 mil robos de vehículos y 3 mil a casa habitación. "Para ponerlo en palabras del gobernador, en Veracruz se roban más autos que Frutsis y Pingüinos", ironizó la publicación. Además, según el mismo sitio web, ese año Veracruz sufrió 512 homicidios, casi tantos como todos los que reportó Ca-

[11] "Mientras Veracruz y Oaxaca 'se echan la bolita', SIP condena asesinato de periodista", nota de Manu Ureste en *Animal Político*, 6 de mayo de 2015, http://www.animalpolitico.com/2015/05/veracruz-le-pasa-la-bolita-a-oaxaca-no-investigara-asesinato-del-periodista-armando-saldana/

nadá, con 569. Hasta octubre de 2014 Veracruz fue el tercer estado con mayor número de secuestros, con 142 a lo largo del año, un 42% de incremento sobre 2013.[12]

"¡Ahí están, ahí están los que matan la verdad!", corean los inconformes frente a la oficina de Duarte. Jorge sostiene un cartel negro sobre el que destaca, en color rojo sangre, el contorno del estado de Veracruz, y la leyenda en letras blancas "Fiscalía de la IMPUNIDAD". Detrás, una joven levanta la cartulina blanca sobre la que ha escrito: "No les creemos". Las imágenes de Regina son acompañadas por las de Moisés, el más reciente miembro del panteón periodístico veracruzano.

Regina indagó sobre la corrupción de alcaldes, candidatos y funcionarios, muertes extrañas, fraudes y supuestos suicidios, e incluso se atrevió a tocar al Ejército mexicano, al sacar a la luz pública el caso de la anciana indígena Ernestina Ascencio Rosario, violada tumultuariamente y asesinada por militares en 2007. El caso ganó resonancia nacional cuando la renombrada conductora de radio Carmen Aristegui retomó la historia, a partir de la investigación de la reportera originaria del poblado serrano de Rafael de Lucio.

A sus 48 años, Regina fue torturada y estrangulada en su casa de Xalapa. Los fiscales de Duarte aseguraron que los responsables fueron un prostituto analfabeta seropositivo, José Hernández, quien habría enamorado a la periodista, y su amigo, Jorge Hernández (sin relación familiar). Ella los habría invitado a su casa a beber cerveza, y ellos habrían aprovechado para matarla y robarle una *laptop*, un televisor de pantalla plana, dos teléfonos celulares y una cámara fotográfica. En respuesta a quienes testificaron que Regina era una persona reservada y que ese comportamiento no correspondía al suyo, la fiscalía argumentó que la víctima se habría transformado, puesto que algunos cosméticos y perfumes hallados allí constituyeron "un agente externo" que la hizo comportarse de una forma "más entusiasta". Del supuesto amante no se sabe nada. Las conclusiones se basan en lo declarado por el único detenido —Jorge Hernández, sentenciado a 38 años de prisión—, que después denunció que "los que me agarraron me metieron toques (eléctricos), me vendaron los ojos, me echaron agua por la nariz y me dijeron que me iban a matar y también a mi mamá", para obligarlo a aprenderse y repetir una versión de los hechos que avalara la versión de las autoridades.[13]

---

[12] "¿Sólo se roban frutsis y pingüinos en Veracruz?" Verificación de Omar Sánchez de Tagle en *Animal Político*, 9 de febrero de 2015, http://www.animalpolitico.com/elsabueso/el-sabueso-solo-se-roban-frutsis-y-pinguinos-en-veracruz/

[13] "Tres años de impunidad". Nota de la redacción en *Proceso*, 25 de abril de 2015, http://www.proceso.com.mx/402339/tres-anos-de-impunidad

"No les creemos y se lo hicimos saber", expresó la revista *Proceso* en un artículo editorial. La frase se convirtió en consigna y acompañó la fase final de la protesta. Puesto que la pequeña plaza frente al Palacio de Gobierno se llama Sebastián Lerdo de Tejada —en honor a un presidente del siglo XIX—, los periodistas decidieron ponerle un nuevo nombre: el de su compañera asesinada. "Como no se ha hecho justicia, nosotros queremos seguirla recordando y de manera simbólica denominamos hoy a esta plaza que comúnmente se llama Plaza Lerdo, como Plaza Regina", leyó la periodista Norma Trujillo. El fotógrafo Rubén Espinosa colocó la placa metálica que consumaba el acto.

• • •

Jorge no es un visitante asiduo de cementerios. A la tumba de Moisés sólo ha venido en cuatro ocasiones: al prepararla; en el entierro; con su hijo Áxel; y esta mañana del 30 de abril, cuando súbitamente sintió el deseo de acudir, como quien tiene un pendiente. Frente a ella recuerda cómo, además de él, familiares, amigos, vecinos, funcionarios públicos, e incluso policías y criminales le advirtieron a Moisés que estaba en grave peligro, que se arriesgaba demasiado y que estaba dándolo todo por algunos que después no lo agradecerían...

No sólo Jorge se lo reprocha, sino algunos más: Moisés no tuvo oídos para la angustia familiar. Su vocación caminaba por delante, a pesar de las señales de peligro. Mejor conocido por *Moi*, solía decir en vida que la única forma de obligar a las autoridades a que hagan su trabajo es a través de la denuncia, poniéndolos en evidencia. Protestar fue una de sus líneas de vida. Protestar para provocar un cambio.

Moisés y su familia lo consiguieron en 2013: ese 26 de enero la pareja de Jorge, Adelina Tome (entonces de 20 años de edad y ahora separada), fue atropellada por un autobús que no respetó una luz roja. Una de las llantas delanteras pasó sobre ella. El conductor decidió dar marcha atrás para volver a aplastarla porque en la legislación local, explica Jorge, "sale más barato un muerto que un herido" a quien habrá que pagarle gastos médicos y una indemnización. "Personas que circulaban por esa zona me auxiliaron", recuerda Adelina, "y evitaron que el chofer me arrollara otra vez. Me quería matar de plano, pero gracias a Dios me auxiliaron".

Además del impacto emocional y físico, vino el económico: en los primeros 15 días ya habían gastado 85 mil pesos (6 mil dólares) en tratamientos médicos, que la empresa se negó a cubrir. Moisés y su familia iniciaron una campaña pública que obligó a la intervención de las autoridades. Fue difícil porque —señala Jorge— el dueño de la empresa es un personaje influyente que ignoró las órdenes judiciales. Tras un año de lucha se alcanzó un acuerdo: la familia aceptó 90 mil pesos que le urgían para cubrir parte de los 150 mil pesos (11 mil dólares) que adeudaba de gastos médicos.

Moisés no era hombre de rendirse ni de dejarse comprar. Las autoridades no sabían qué hacer con él. La decisión de asesinarlo puede haber sido tomada a fines de 2014, cuando difundió un video que circuló ampliamente en la entidad, y avergonzó a quienes la dominan.

Lo publicó el domingo 14 de diciembre de 2014, 19 días antes de su secuestro. Desde que Omar Cruz tomó posesión de la alcaldía de Medellín, a fines de 2013, Moisés había insistido en que debería pedir que la Secretaría de Marina asumiera las tareas de protección del municipio —como había ocurrido en otras localidades— y se despidiera a los agentes de la policía municipal, acusados de tener nexos con las organizaciones criminales. Cruz prometió hacerlo, pero no pasó de allí: los únicos marinos que veían los medellinenses eran los adscritos a la escolta del propio alcalde. La noche anterior, dos vecinos habían sido heridos de bala; era sólo el evento más reciente de una serie de abusos que acabaron con la vida de muchas personas, incluido un bebé al que mataron durante un robo en su casa. Los habitantes de la comunidad de El Tejar decidieron formar un "comité de autodefensa".

En una atmósfera nocturna, bajo el letrero de la calle Tulipanes y con la solitaria luz de la videocámara, la cámara evita los rostros y busca las manos con machetes de una docena de pobladores, que explican lo que están haciendo: "Ya que no entran las autoridades, nosotros mismos vamos a hacer justicia con nuestras propias manos, porque ya basta de abusos", dice una mujer. A ella la sigue un hombre: "Quedan advertidos, toda la delincuencia, que no tienen nada que venir a hacer a esta colonia". Uno más da su opinión sobre el alcalde Cruz: "Hay gente del ejército cuidando sus espaldas. Él no confía ni en la policía. Entonces, ¿cómo vamos a confiar nosotros en la policía".

El asunto molestó en el ayuntamiento y también en la capital del estado. Según Jorge, Moisés supo que —por esas fechas— Cruz había sostenido una reunión privada en Xalapa, en la que el gobernador Duarte regañó al alcalde de Medellín. "No es posible que no hayas podido callar a Moisés, que no lo hayas comprado", le habría dicho el priísta. Y el del PAN habría respondido: "Es que con *Moi* no se puede hablar, no se vende, no le vas a llegar con dinero".

Si la mayoría de los crímenes en Veracruz son arrojados al archivo sin ninguna investigación, sin al menos una hipótesis de lo ocurrido, en este caso el fiscal Luis Ángel Bravo salió a dar la cara y ofreció una versión oficial. Los periodistas locales descartan que eso haya ocurrido por un genuino sentido del deber, sino porque Jorge Sánchez tuvo la oportunidad de presentar sus críticas en una entrevista con Carmen Aristegui —la conductora de noticias más popular de la radio nacional— y porque eso obligó a las autoridades estatales a demostrar que estaban trabajando.

Según las conclusiones de Bravo, la orden de matar a Moisés fue dada por el alcalde Omar Cruz, transmitida por su chofer, Martín López, y ejecutada por Rodríguez y otros cinco individuos, de los que sólo se conocen los apodos: *El Harry*, *El Chelo*, *El Piolín*, *El Moi* y *El Olmos*. Están basadas solamente en el testimonio grabado de Clemente Noé Rodríguez, el único detenido. Lo subieron a YouTube. En ausencia de casos firmes, este tipo de declaraciones son cotidianamente fabricados por las autoridades y filtrados, en un intento de manipular a la opinión pública y promover su versión de los hechos. El video de la declaración despierta dudas, en primer lugar por la seguridad y elocuencia con que habla el inculpado: más que la confesión de alguien que corre el riesgo de pasar mucho tiempo en la cárcel, parece el examen profesional de un alumno entusiasta. No se ha arrestado hasta la fecha a nadie más: faltan el conductor, los otros asesinos y el ex alcalde Cruz, cuyo paradero nadie conoce. Jorge cree que Cruz sí estuvo involucrado. Pero asegura que están encubriendo a otros por encima de él. Como el gobernador Duarte.

El informe de la Comisión Estatal para la Atención y Protección a Periodistas detalla cinco graves omisiones de las autoridades en el caso, de las cuales la primera es "la ausencia de una línea de investigación sobre supuestas expresiones del gobernador Javier Duarte de Ochoa respecto del periodista Moisés Sánchez Cerezo, previo a su desaparición", pues esto podría haber sido "una línea de inducción a algún tipo de represalia" contra el periodista.[14]

En marzo de 2018, los dos agentes que fueron vistos cerca de la casa de Moisés, mientras escapaban los delincuentes, fueron condenados por negligencia. La dura sentencia, sin embargo, hizo pensar que los hallaron culpables del crimen y que se había hecho justicia. "Ellos no fueron los que secuestraron a mi padre", le dijo Jorge al diario *La Jornada Veracruz*, "ni son los autores intelectuales. Son los que no respondieron a nuestro llamado".

• • •

Es difícil tratar con las amenazas de muerte: si te las tomas en serio, les concedes una victoria a los agresores, porque cambian tu vida; pero te la quitan si

---

[14] "Informe Moisés Sánchez Cerezo. Undécimo periodista asesinado en Veracruz (periodo 2010-enero 2015)" de la Comisión Estatal para la Atención y Protección a Periodistas.

las ignoras y te equivocas. El periodista medellinense las descreyó: aseguraba que no podían "ser tan tontos como para hacerle algo a una persona con un periódico pequeño, porque lo harían muy grande".

Moisés Sánchez es un héroe solitario que fue asesinado justamente así: en soledad. Pero eso no lo convierte en un ser trágico. Estaba decidido a vencer el temor, convencido de que no puede uno quedarse encerrado, sin hacer nada. Solía decir que "si las cosas están como están, es porque muchos tuvieron miedo", recuerda Jorge. "Era un optimista, pero no nada más de decir se puede, sino un optimista de los que hacen".

Su tumba se distingue por los mosaicos color café, que contrastan con la palidez de las circundantes. En la lápida, debajo del cabezal de "La Unión...", han quedado inscritas las tres ideas fijas de Moisés:

> Cada uno debe hacer su parte.
> Vivir con miedo no es una opción.
> Publicar la verdad es de valientes.

Estas ideas reviven en Jorge: "Si creyeron que al matarlo iba a ganar el silencio, verán que no es así: los vamos a evidenciar. Es mi turno. Exigir justicia. Hacer lo que me corresponde".

ACTUALIZACIÓN DEL CASO A CINCO AÑOS DEL CRIMEN

Estado: Impune.

En su reporte "Moisés Sánchez, cinco años de impunidad",[15] del 2 de enero de 2020, Article 19 México denuncia que "la Fiscalía Especial para la Atención de Delitos cometidos contra periodistas (FEADLE) se mantiene sin avances sustanciales, prácticamente igual que hace un año. Lamentablemente, las omisiones que desde los primeros días hubo por parte de las autoridades locales y federales, hasta la fecha, tienen como consecuencia la pérdida de indicios que condujeran a la verdad de lo sucedido y también determinar la autoría mediata o intelectual en los hechos. Muestra de ello, el ex alcalde de Medellín, Omar Cruz Reyes, continúa prófugo y ninguna autoridad ha mostrado voluntad en cumplimentar la orden de aprehensión en su contra".

---

[15] Reporte "Moisés Sánchez, cinco años de impunidad", de Article 19 México, https://articulo19.org/moises-sanchez-cinco-anos-de-impunidad/

2

Si queremos, te matamos

La cuerda seguía tensándose, y amenazaba con romperse alrededor del cuello de Rubén Espinosa. El 10 de junio de 2015, el fotoperiodista comprendió que los hombres del gobernador Javier Duarte estaban cerrando el cerco a su alrededor. Cinco días antes, una decena de golpeadores se había ensañado con un grupo de activistas. Ejecutaron su encargo con cuidado: su objetivo no era matarlos, sino dejarles marcas físicas y emocionales muy profundas, de las que duran toda la vida. "Yo no quiero terminar como esos chavos", le dijo Rubén, de 31 años, a su pareja Itzamná, una bailarina de 26. "No quiero que me hagan tanto daño. No quiero. Y sé, y siento, que lo pueden hacer". También avisó a sus amigos cuando comían tacos de cochinita pibil, en un puesto callejero de la plaza Zaragoza de Xalapa. "Me voy antes de que me peguen una madriza y que me dejen loco, más loco de lo que ya estoy".

Buscó refugio por uno o dos meses en Ciudad de México. Con la sospecha de que su teléfono móvil estaba intervenido, llamó a una amiga para decirle que se marcharía a la mañana siguiente. Era una treta. Lo hizo dos días más tarde.

Regresó así a su lugar de origen. Nacido en noviembre de 1983, Rubén creció en la capital del país, en un edificio situado en la esquina de avenida Revolución con la calle José Martí. Allí se juntan la clasemediera colonia Escandón, con el barrio popular de Tacubaya, centro de una de las bandas juveniles más famosas de la época: Los Panchitos.

Fotógrafo autodidacta, a los 23 años se mudó al Puerto de Veracruz para hacer una carrera, y en 2009 fue contratado en Xalapa para documentar actividades políticas: primero las relativas a la campaña de Duarte, entonces candidato a gobernador, y después las de la alcaldesa xalapeña Elizabeth Morales. En un ambiente profesional precario, donde los reporteros carecen de seguridad social y reciben salarios que van desde los 2 mil a los 6 mil pesos mensuales (110 a 330 dólares), las dificultades no terminan allí: la exposición al secuestro o al asesinato es una realidad cotidiana del gremio. Es este panorama el que obliga a muchos de ellos a aceptar las dádivas de algunos funcionarios, y a buscar un empleo en el sector público.

Pero eso no estaba en el espíritu de Rubén. Pronto se hartó de lo que llamaba la "fauna política" veracruzana, y se convirtió en uno de sus críticos, dejando la seguridad esclavizante del pago quincenal, por la incierta libertad del *freelancer*. Los problemas sociales y los movimientos populares se convirtieron entonces en el foco de un trabajo cuya calidad le llevó a ser colaborador del semanario *Proceso*; de la agencia Cuartoscuro en la capital del país; y de la local AVC Noticias.

Por ese camino se involucró en la denuncia de la violencia contra periodistas. Estuvo entre los que exigieron justicia por el asesinato de Regina Martínez en 2012, y tuvo un papel destacado en la campaña #QueremosVivoAGoyo, tras la desaparición en febrero de 2014 de Gregorio Jiménez, un humilde reportero autodidacta de Villa Allende (cerca de Coatzacoalcos) que colaboraba con dos pequeños medios locales, *Notizur* y *El Liberal del Sur*, y cuyo cadáver —como el de Moisés Sánchez— apareció desmembrado.

A principios de febrero de 2015, pocos días después del funeral de Moisés —y a punto de cumplirse un año del asesinato de Goyo— los reporteros Norma Trujillo (del diario *La Jornada Veracruz*); Noé Zavaleta (corresponsal de la revista *Proceso*); el videógrafo Raziel Roldán (del portal *Plumas Libres*), y el propio Rubén se reunieron en el Café Expreso 58, a sólo dos cuadras del palacio del gobernador. Junto a otros colegas, preparaban el lanzamiento del Colectivo Voz Alterna, una suerte de refugio para el periodismo independiente de Xalapa. Se encontraban haciendo el balance de la situación, y discutiendo qué acciones debían realizar, cuando Rubén sorprendió a sus amigos con una reflexión desmoralizada. "No creo que sean tan tontos como para echarse a alguien de nosotros, no lo creo, es imposible", musitó. "Pero tengo el presentimiento de que uno de nosotros cuatro será el siguiente".

• • •

Rubén es un defensor de todos los periodistas pero no de todo el periodismo. O lo que en México se entiende por periodismo, tras dos siglos de historia en los que el poder político ha actuado como semilla, abono, patrón y verdugo de medios y reporteros. Es verdad que la noción de independencia periodística ha evolucionado, pero no sin enfrentar una vigorosa resistencia por parte de esos poderes tradicionales, que se expresan de múltiples formas: desde el desdén y el maltrato, hasta el boicot, provocando entre tanto una gran cantidad de renuncias y deserciones en el gremio.

La frase "perro no come perro" es un lugar común para algunos periodistas. Asumen que su papel es el de señalar las fallas y los abusos atribuibles a otros, pero no aquellos cometidos por colegas. La crítica de Voz Alterna no se dirigía sólo a los enemigos externos del periodismo, sino también a quienes lo atacan y debilitan internamente. La experiencia de cada día le enseñó a Rubén que los bajos salarios y la desprotección de los reporteros —mantenerlos como una clase empobrecida— es una forma directa y eficaz de controlar la información. "Un periodista en el estado de Veracruz no podría mantener una familia", explicó en entrevista en el programa *Periodistas de a Pie*. "Hay compañeros que tienen dos empleos, y hasta seis".[1]

Eso no le quitaba fuerza a sus denuncias contra aquellos que se rendían ante las migajas ofrecidas desde el poder. De arriba abajo, los dueños de la prensa comprometían y siguen comprometiendo su línea editorial mediante grandes convenios de publicidad y oportunidades de negocio en otros ámbitos. Noé Zavaleta —por ejemplo— ha reportado las cenas de Navidad y los desayunos del Día de la Libertad de Prensa que ofrecían gobernadores, diputados y alcaldes, en los que se premiaba la sumisión informativa con rifas de automóviles, regalos y entrega de dinero en efectivo a algunos reporteros. "En Veracruz, los medios de comunicación están al servicio del dinero, de la corrupción", afirmó Rubén. "Y no nada más estoy hablando de los directivos: también de reporteros y fotógrafos. Se pelean por desayunos de 45 pesos (2.5 dólares). Se pelean a veces el plato para decir 'este me lo trajeron a mí, este me lo trajeron a mí', cuando el gobernador hacía sus desayunos. Estamos hablando de algo realmente triste. Y es una prostitución de la información que resulta devastadora para la sociedad".

En los círculos de corrupción, un requisito de la indecencia es la conchabanza: el que no acepta participar se constituye por eso en el punto débil, en el flanco a través del cual los involucrados pueden ser eventualmente descubiertos. Rubén denunció lo que llama "la lucha de la prensa contra la prensa": los que juegan como fichas del poder atacan a los que se rehúsan a adoptar ese mismo papel. A Rubén y los suyos los llaman "guerrilleros" por defender la libertad de expresión "y por capacitarnos en seguridad personal. Por algo básico, sencillo: usar casco, máscaras contra gas lacrimógeno, hacer mapeo, son cosas básicas que deberíamos conocer todos".

El contexto de la represión permite entender por qué. Javier Duarte lleva cuatro años y medio en la gubernatura y le falta uno y medio más. Su poder se ha apoyado en una plataforma mediática y en otra represiva: de un lado su jefa de prensa, la ex periodista Gina Domínguez, ha fabricado una ficción in-

---

[1] Programa *Periodistas de a Pie* del 9 de julio de 2015 en RompevientoTV, https://vimeo. com/133119990

formativa mediante la compra de coberturas favorables, y lanzado asimismo una campaña de amenazas contra los reporteros no alineados. Hace llamadas a los directores de los medios para dar órdenes inapelables: "[Tal persona] debe salir así y así. A tal espacio, con tales palabras, y tal encabezado. Quiero esta foto y quiero que la firme tal reportero", explicó el periodista Ignacio Carvajal. Si alguien le hace preguntas incómodas a Duarte, Domínguez exige que lo sustituyan. En su lenguaje, los convenios de publicidad oficial se llaman "alianzas editoriales", que puede cancelar en cualquier momento si no se respeta su autoridad, de la misma forma en que compensa a quienes acatan su línea y promueven la imagen del gobernador.[2]

La otra plataforma es la del secretario de Seguridad Pública, Arturo Bermúdez, que utiliza a agentes —uniformados o encubiertos— para aplastar movimientos sociales y someter además a los comunicadores. En al menos 80 casos de desaparición de personas, existen acusaciones directas contra la policía estatal. Su comandante es Bermúdez, el hombre responsable de proteger a los veracruzanos, quien tiene un gusto especial por la violencia.

En distintas partes del mundo hay gobiernos que prefieren no ser acusados de emplear métodos mortales de represión, pero que aspiran también a dejar huellas indelebles en los ciudadanos. En el afán de lograr ambas cosas, los gobernantes descubren técnicas que al paso del tiempo se hacen distintivas. En Palestina, por ejemplo, los cañones de agua israelíes arrojan un líquido extremadamente apestoso, que si te alcanza dejará inservible tu ropa, te obligará a raparte y eliminar todo rastro de pelo, y aniquilará tu vida social por las siguientes tres semanas. El peor gas lacrimógeno se lanza en Egipto, y sus efectos son tales que los compañeros de la víctima tienen que sacarla a rastras, fuera de sí, con la boca chorreando baba y los ojos en blanco. En Irán suelen lanzarse escuadrones de motocicletas contra la multitud, cada una de ellas con dos ocupantes: uno que conduce y atropella, y el otro que reparte porrazos.

El rugido de una veintena de motos juntas, como preludio de su carga contra la gente, es una de las partes del espectáculo destinadas a crear pánico. Es algo que agradó también a Duarte y a Bermúdez, quienes descubrieron las porras eléctricas y les tomaron gusto. Bajo sus órdenes, los pelotones antimotines avanzaban haciéndolas chirriar al unísono, generando una suerte de antesala macabra, previa a las descargas de miles de voltios sobre los cuerpos de mujeres, hombres y niños. Así disolvieron todo tipo de protestas, lo mismo

---

[2] "Todopoderosa, Gina premiaba a la prensa afín o castigaba; quitaba reporteros y manoseaba medios", reportaje de Ignacio Carvajal en *Sin Embargo*, 21 de mayo de 2017, https://www.sinembargo.mx/21-05-2017/3221486

de profesores que defendían sus empleos, que de jubilados pobres que protestaban porque el gobierno no les pagaba sus pensiones.

La inseguridad era generalizada en Veracruz, pero no era esto lo que llamaba la atención de Duarte, Bermúdez y Domínguez, sino aquello que publicaba la prensa y que escapaba a su control. La *omertà* veracruzana, la ley mafiosa del silencio, era impuesta en paralelo por el gobierno y por grupos criminales, y obedecida sistemáticamente por la mayoría de los medios locales. Entre ellos, sin embargo, hay algunos que resisten, y no es fácil silenciar a los que hacen su trabajo en el resto de la República. El gobernador resiente la frustración: "En temas de seguridad, pueden hacerse 99 cosas bien, pero con que una salga mal, ése es el tema", se quejó cuando el país supo que agentes estatales desaparecieron a cuatro jóvenes veinteañeros y una adolescente, en el municipio de Tierra Blanca.[3]

En el verano de 2011, el grupo criminal conocido como Cártel Jalisco Nueva Generación (CGJN) utilizó otro nombre, Los Matazetas, al comenzar su campaña de infiltración en el estado. A fin de inaugurar mediáticamente su presencia en Veracruz, la organización criminal aprovechó la presencia de fiscales y presidentes de los tribunales de justicia federal en la ciudad. Se celebraba, el 21 de septiembre, su encuentro nacional en el Hotel Fiesta Americana de Boca del Río.

Un día antes del congreso judicial, a dos kilómetros del lugar destinado para la reunión, Los Matazetas descargaron y amontonaron en la calle 35 cadáveres marcados con la letra Z, bloqueando así el bulevar Adolfo Ruiz Cortines, una de las vías más importantes de la ciudad. Magistrados y procuradores sufrían aun el impacto de aquel alarde sangriento, cuando otros 14 cuerpos fueron arrojados en los alrededores. Por si esto fuera poco, Los Matazetas desplegaron una operación en redes sociales que provocó pánico en la población: ante los rumores de que había enfrentamientos en las cercanías, padres y madres de familia corrieron hasta las escuelas para llevarse a sus hijos.

En los primeros cuatro años de gobierno de Duarte fueron registrados 2 mil 457 homicidios dolosos: 12 por semana. Pero esa es sólo la cifra oficial. Los periodistas han buscado la forma de reportar, sin ser asesinados o heridos, un fenómeno macabro que, sin ser nuevo en Veracruz, ha terminado por exceder cualquier límite de la imaginación; se trata del descubrimiento de cientos de fosas clandestinas. Los datos hablan por sí mismos: hasta abril de 2018 se habían encontrado 30 mil fragmentos humanos correspondientes a un número inde-

---

[3] "Desaparición de 5 jóvenes es sólo 'una cosa que sale mal': Duarte". Nota de Noé Zavaleta en revista *Proceso*, 19 de enero de 2016, https://www.proceso.com.mx/426989/para-duarte-desaparicion-de-5-jovenes-es-solo-una-cosa-que-sale-mal

terminado de personas, en 44 municipios del estado; la administración Duarte está acusada de ocultar al menos mil 824 casos de personas desaparecidas.[4]

Otras matanzas siguieron a la inaugural de septiembre de 2011: una de 30 personas en octubre y otra el 28 en noviembre, además de muchos asesinatos y masacres comparativamente menores. Con la colaboración de los cuerpos de seguridad, el CJNG (conocido como "Las Chivas" por provenir del estado de Jalisco) logró hacerse hegemónico en el centro de la entidad. Puso así bajo su dominio lo mismo a policías y a funcionarios, que a empresarios y taxistas.

La violencia de la guerra desatada contra Los Zetas —sin embargo— estaba destruyendo la imagen de la administración duartista, y obligó al gobierno federal a demostrar preocupación por lo que ocurría. Se consideró conveniente entonces aplicar lo que en la jerga criminal se llama "enfriar la plaza", es decir, combatir la percepción de un caos incontrolable y generalizado. La primera medida que tomaron las autoridades fue acotar el impacto público del conflicto, evitando los enfrentamientos en centros comerciales y lugares concurridos; y la segunda, asegurarse de tener el control de la información, para que la violencia que persistía en zonas rurales y urbanas permaneciera oculta.

Directivos y reporteros fueron puestos frente a la disyuntiva de la llamada "ley de plata o plomo", es decir, la de elegir entre aceptar dinero o recibir balas.

El 2 de abril de 2013 —en el mismo hotel donde años atrás el Poder Judicial recibió el mensaje de Los Matazetas—, el gobernador Duarte fue agasajado por un grupo de dueños de diarios en todo el país. A 28 meses del comienzo de su gestión, ya habían sido asesinados nueve reporteros, y tres estaban desaparecidos. En medio de una fastuosa ceremonia, la Asociación Mexicana de Editores de Periódicos, encabezada por el director de la agencia AMEX, Ángel Nakamura, le entregó un reconocimiento al gobernador por "los esfuerzos que ha hecho Veracruz para garantizar el pleno ejercicio de la libertad de expresión", según las palabras de Julio Ernesto Bazán González, gerente de la organización. Duarte respondió que "significa mucho para Veracruz y para mi gobierno porque nos confirma que, en la defensa y respeto de la libertad de expresión, vamos por la ruta correcta, y que en la protección a los periodistas respondimos con oportunidad y acciones concretas a un gran desafío que juntos estamos superando".[5]

---

[4] "Veracruz: Hundieron una varilla y dieron con la fosa más grande de México; ya llevan 287 cuerpos", nota de la redacción, *Sin Embargo*, 2 de abril de 2018, http://www.sinembargo.mx/02-04-2018/3403221

[5] "Premian a Duarte por proteger a periodistas", nota de la redacción, *Animal Político*, 3 de abril de 2013, https://www.animalpolitico.com/2013/04/premian-a-duarte-por-proteger-a-periodistas-en-su-gobierno-han-asesinado-a-9/

• • •

En la imagen, Javier Duarte saluda y felicita al escritor Salman Rushdie, quien responde con gesto amable. Días después, Rushdie aclaró en Twitter que "mi asistencia, de ninguna manera, respalda la postura de político alguno".[6] La oficina de prensa de Duarte, de cualquier forma, explotó la fotografía cuanto pudo. Lo hizo también con otras figuras internacionales que, como Rushdie, acudieron al Hay Festival en Xalapa. Algunas veces fue retratado en actos oficiales, en los que aparece con los invitados de mayor renombre y con los directivos del evento literario, y en otras aparece en circunstancias más informales, como anfitrión de grandes personalidades.

De origen británico, el Hay Festival tiene ediciones en varios países. En México, el gobernador Duarte apoyó el evento desde el comienzo de su gestión, a fin de que tuviera lugar en la capital estatal cada año a partir de 2011. Lo convirtió en una vitrina para su propia promoción. Respondiendo a las críticas, los organizadores del festival afirmaron que "algunos de los más destacados defensores de la libertad de expresión a nivel mundial, como Carl Bernstein, Wole Soyinka o Salman Rushdie", habían "pronunciado mensajes claros y enfáticos de condena a la persecución de periodistas en Veracruz", pues alcanzan "más autoridad e impacto" si lo hacen "desde los lugares donde suceden".

A principios de 2015, sin embargo, el asesinato de Moisés Sánchez, así como el desdén y la complicidad de las autoridades demostraron, otra vez, que las denuncias le importaban muy poco a Duarte. Mientras la violencia crecía por doquier, el mandatario pretendía ignorarla oculto en el oropel de reflectores y alfombras rojas, mostrándose como hombre cosmopolita, amante de la cultura y de la vida intelectual, y avalado por la amistad de autores de renombre.

Fue por eso que 16 periodistas[7] organizamos una campaña para señalar aquellas contradicciones y solicitar que el evento saliera de Xalapa. "No estamos contra el Hay Festival, estamos contra su uso político en un estado donde el periodismo cuesta la vida", planteamos en nuestra carta abierta. "En el camino, hemos escuchado las opiniones de editores, periodistas, escritores

---

[6] "Niega Rushdie respaldar a Javier Duarte", nota de Francisco Morales en *Reforma*, 7 de octubre de 2014, https://www.reforma.com/aplicaciones/articulo/default.aspx?id=360247

[7] Alejandro Almazán, Elia Baltazar, Lolita Bosch, Daniela Rea Gómez, Diego Fonseca, Javier Garza, Ricardo González, Témoris Grecko, Diego Enrique Osorno, Emiliano Ruiz Parra, Daniela Pastrana, Rafael Pineda Rapé, Wilbert Torre, Eileen Truax, Marcela Turati y José Luis Valencia.

solidarios con nuestra demanda, pero preocupados por el posible cierre de los pocos espacios que podrían fomentar la cultura y el debate", admitimos. "Hemos escuchado también a veracruzanos asqueados por la manera en que el gobierno se promueve a través del festival, pero que tampoco quieren que el festival abandone Veracruz y quedar cercados por la violencia y la impunidad. Y hemos escuchado a los organizadores del Hay Festival Internacional y Latinoamérica que se acercaron a nosotros y se ofrecieron a abrir un diálogo con periodistas, escritores y editores para analizar la situación".

La petición era polémica. No obstante, fue valorada como justa y necesaria por 25 organizaciones mexicanas e internacionales, y por más de 300 periodistas y escritores de 24 países que la respaldaron con sus firmas, entre ellos la Premio Nobel Jody Williams, el lingüista Noam Chomsky y los escritores y periodistas Javier Valdez, Artur Domoslawski, Alma Guillermoprieto, Juan Villoro, Leonardo Padura y María Teresa Ronderos. "Una celebración de la libertad y la cultura, como es el Hay Festival, no puede realizarse en un contexto de violencia contra la libertad y la cultura", concluimos, porque "lastima la memoria de los compañeros asesinados".[8]

"La respuesta a la matanza de (los trabajadores del semanario francés) *Charlie Hebdo* no fue cerrar la revista, sino sacar una tirada de 5 millones de ejemplares. Ése es el modelo con el que nos identificamos", respondieron Peter Florence, director general del Hay Festival, y Cristina Fuentes La Roche, el 6 de febrero de 2015. "Creemos en el compromiso, no en la retirada; en la palabra, no en el silencio ni en el vacío". Sin embargo, "hemos escuchado el sentir de buena parte de la comunidad intelectual", por lo que, en lugar de llevarlo a cabo "en un lugar determinado, celebraremos el festival de manera digital, para así no sólo llegar a nuestros amigos de Xalapa, sino a todas las personas que tienen acceso a internet en México".[9] Al año siguiente, la edición mexicana del Hay Festival se estableció en la ciudad de Querétaro.

• • •

En la tradición política implantada por el antiguo partido hegemónico, el PRI, (que mantuvo el poder de 1929 a 2000, primero como Partido Nacional Revo-

[8] "Repudiamos el uso político del Hay Festival Xalapa". Petición en Change.org del 2 de febrero de 2015, https://www.change.org/p/repudiamos-el-uso-politico-del-hay-festival-xalapa
[9] "Hay Festival dice adiós a Xalapa; su edición mexicana será digital". Nota en *Aristegui Noticias*, 5 de febrero de 2015, https://aristeguinoticias.com/0602/lomasdestacado/hay-festival-dice-adios-a-xalapa-su-edicion-mexicana-sera-digital/

lucionario y luego como Partido de la Revolución Mexicana, antes de convertirse en "institucional" el presidente es rey absoluto por seis años y emérito sordomudo el resto de su vida. Hace un siglo, el país perdió a uno de cada diez habitantes en una guerra revolucionaria convocada en principio para luchar contra la reelección y el fraude electoral, antes de tomar un carácter de profunda transformación social. Si la manipulación de comicios pervivió suprema, la práctica de aferrarse a la silla fue extirpada de raíz.

A cambio de resignarse a la transitoriedad de su cargo, el PRI le otorgó al jefe supremo el privilegio de designar a su sucesor. La tendencia natural fue la de elegir al aspirante presuntamente más leal y fácil de controlar, y aferrarse al poder a través de él. No obstante, el mecanismo falló con frecuencia. En 1936 el presidente Lázaro Cárdenas ordenó a 28 soldados que subieran a su padrino político, Plutarco Elías Calles, a un aeroplano para desterrarlo a los Estados Unidos; en 1971 Luis Echeverría se lavó las manos de la masacre de estudiantes cometida en 1968, y anuló la influencia de su antecesor, Gustavo Díaz Ordaz, dejando en él la responsabilidad exclusiva de la violencia militar; en 1979, el propio Echeverría recibió el agradecimiento de su delfín, José López Portillo, en forma de unas vacaciones con el digno cargo de embajador para las islas del Pacífico Sur; en 1995 Carlos Salinas de Gortari emigró a Irlanda, convertido popularmente en *El Chupacabras*, un monstruo campirano, tras enfrentarse públicamente con su escogido, el nuevo presidente Ernesto Zedillo. Y este último, por su parte, pactó el reconocimiento de la victoria del PAN en el año 2000, y pudo asegurarse así un retiro académico tranquilo.

En el auge de la cultura priísta, los gobernadores eran virreyes con cortes propias y, a la vez, cortesanos del presidente. Pero al llegar a la presidencia de la República, el PAN fue incapaz de controlar los hilos, se debilitó el poder central y en cada estado hubo un señor feudal que se sintió rey. Esto pasó también con Fidel Herrera, el priísta que gobernó a Veracruz desde 2004 hasta 2010. Herrera calculó que podía perpetuarse a través de uno de sus subalternos más apocados, Javier Duarte, doctor en Economía por la Universidad Complutense de Madrid, a quien tomó a su servicio en 1997 a fin de que buscara las noticias de interés en los periódicos, para recortarlas y pegarlas en hojas de papel. Aunque nacido en una familia acomodada, la personalidad del elegido reflejaba las dificultades de una juventud marcada por apodos desdeñosos y otras formas de acoso.

Ya en el poder, Duarte buscó referentes para autoafirmarse. Cuando le preguntaron con qué personaje de la historia se identificaba, eligió a Francisco Franco, por la similitud que encontraba entre su voz y la del repudiado dictador español. "Es un defecto que mucha gente me hace sentir y ver, pero yo me siento muy contento con mi voz, mi voz me identifica y me siento la verdad muy cómodo con ella". Según Duarte, la voz de Franco, y por extensión también la suya, reflejaba "fortaleza, entusiasmo, energía".[10]

Algunos psicólogos que han analizado las actitudes de Duarte[11] llaman la atención sobre su falta de empatía con los demás y su notable inseguridad. Durante el curso de su sexenio, sin embargo, el poder lo imbuyó de un sentido de invulnerabilidad y de enorme confianza en sí mismo. Cortando los lazos con el ex gobernador Herrera, su protector, repelió su influencia tanto en el PRI como en el estado, y estableció su señorío a placer.

Su débil personalidad, sin embargo, no desapareció bajo la fortaleza aparente y los privilegios del cargo. Las críticas, las burlas y los fracasos impactaron directamente en Duarte, provocando en él reacciones violentas. Así lo percibieron en la revista *Proceso*. Aunque no se ha demostrado quién fue el autor intelectual del asesinato de su corresponsal Regina Martínez, los fiscales de Duarte se esforzaron por presentar el homicidio como un *affaire* desafortunado, el error fatal de una mujer sin amor, de una solitaria que se dejó engañar por el primero que lo intentó. Cuando Duarte fue a las oficinas del semanario, en un intento de convencer de su inocencia, el director Rafael Rodríguez Castañeda le espetó un "no te creemos" y los trabajadores lo increparon a gritos a su salida.

Al año siguiente, 2013, el periodista Jorge Carrasco —asignado por *Proceso* para seguir el caso Martínez— reveló que, al condenar a uno de los supuestos asesinos, la jueza no consideró la inexistencia de huellas o indicios de que el hombre hubiera estado realmente en la escena del crimen. El 16 de abril, la revista advirtió que "hemos recibido informes acerca de una reunión entre ex funcionarios y funcionarios de gobierno, de seguridad pública y de la Procuraduría (de Justicia) veracruzana, cuyo propósito era acordar acciones hostiles en contra del reportero" Carrasco, y que "se decidió la captura del reportero y la decisión de hacerle daño en caso de que se resista", para lo cual serían enviados agentes policiacos a la Ciudad de México. Ante aquella amenaza, se activó un protocolo de seguridad para proteger al periodista, y *Proceso* señaló que responsabilizaba "al gobierno del estado de Veracruz de cualquier agresión" contra "Carrasco y su familia, así como al actual corres-

---

[10] "Javier Duarte idolatra a Francisco Franco", video en YouTube, 10 de mayo de 2010, https://www.youtube.com/watch?v=ZNoTp7votic

[11] "El perfil psicológico de Javier Duarte, un ladrón sin culpas", reportaje de Sandra Rodríguez Nieto en *Sin Embargo*, 12 de junio de 2017, http://www.economiahoy.mx/nacional-eAm-mx/noticias/8424525/06/17/El-perfil-psicologico-de-Javier-Duarte-un-ladron-sin-culpas.html

ponsal de la revista en la entidad, Noé Zavaleta, y a todo el personal que colabora con este semanario".[12]

Noé Zavaleta me dijo que no había sufrido agresiones físicas más allá de las que suelen recibir en la cobertura diaria los otros periodistas no alineados. No obstante, sí había sido objeto de campañas de difamación originadas en cuentas de correo electrónico del gobierno estatal y del PRI. Lo señalaban como homosexual y drogadicto en mensajes diversos dirigidos a empresarios, políticos, directores y jefes de información de periódicos, y a otros periodistas. Lo peor, sin embargo, eran las acusaciones en el sentido de que estaba ligado a alguno de los grupos criminales en pugna. Si algún miembro de las bandas criminales tomaba en serio que Zavaleta trabaja para el enemigo, podría ponerle precio a su cabeza.

• • •

Spot para televisión del CSFA: El extranjero entra a un concurrido café, con mirada exploradora. "Desde el principio, él conoce su misión y su objetivo", dice la voz grave, masculina, en *off*. "No le costará trabajo identificar a la gente".

En una mesa, a la que se dirige sin dudar, conversan dos chicas y un joven, guapos los tres, de clase media, modernos. "Como siempre, somos muy generosos", prosigue la narración mientras el extraño es invitado a sentarse. "Me caen muy bien", agradece él.

Pero el narrador advierte: "¡Se va a escurrir en sus corazones!". Los ingenuos jóvenes hablan sin cuidado de los problemas del país, de rumores de un complot contra el ejército, de problemas con el combustible y el transporte, y de alzas de precios.

"Es información que le están dando gratis", continúa la voz en *off*, "¿por qué quejarnos ante él y por qué abrirle el corazón del país? ¿A cualquiera que conoces y ante quien abres el corazón sin saber quién es ni qué esconde?"

Mientras escucha a sus víctimas, el extranjero teclea mensajes en su teléfono móvil. Y el narrador insiste: "¡Ten mucho cuidado con lo que dices! ¡Toda palabra tiene un precio! ¡Una palabra puede salvar una nación!"

Aunque los actores parecen mexicanos y la situación podría darse en México, este anuncio comercial fue difundido en Egipto en 2012, en los meses finales del gobierno interino del Consejo Supremo de las Fuerzas Armadas (CSFA), que tomó el poder un año antes al caer el general Hosni Mubarak.

---

[12] "Amenazas contra el reportero Jorge Carrasco", comunicado de *Proceso* en proceso.com, 16 de abril de 2013, https://www.proceso.com.mx/339194/amenazas-contra-el-reportero-jorge-carrasco

La larga dictadura militar establecida por Gamal Abdel Nasser en 1952, ha utilizado exitosamente la táctica del miedo a lo extranjero para mantener el control sobre sus ciudadanos. En su narrativa, Egipto es un país siempre asediado por poderes malignos y sólo el ejército garantiza su seguridad, por lo que, en retribución, el pueblo debe serle fiel.

La paranoia instilada viene de antaño. Durante la revolución de 2011, en la Plaza Tahrir, los periodistas extranjeros con frecuencia teníamos que enfrentar a gritos los cuestionamientos de personas que, aunque participaban en la insurrección contra el régimen, estaban influidas por su propaganda y sospechaban que éramos agentes israelíes. En los años siguientes, las advertencias cotidianas de autoridades y medios de comunicación han profundizado los temores de los habitantes, muchos de los cuales están dispuestos a servir de agentes voluntarios del Estado para identificar y detener a extranjeros sospechosos.

Aunque opuestos entre sí, los sucesivos gobiernos del CSFA, de la Hermandad Musulmana y —tras el sangriento golpe de Estado de 2013— también del mariscal Abdel Fatah al Sisi, han compartido enemigos simbólicos. Si los espías reales o imaginarios no cultivan el arte de hacerse ver, los periodistas —siempre incómodos— están a la mano para encarnar la amenaza. Ser descubierto en el lugar equivocado —casi cualquier sitio fuera de las zonas turísticas— con una cámara, y a veces sin ella, suele traer tumultos, golpizas y la entrega a la policía.

Durante años me alojé en un pequeño, amable y cómodo hotel, la Pension Roma. Pero a principios de 2014, a fin de pasar desapercibido, renté un departamento en la calle Al Falaki, en el centro de la ciudad. Está en el último piso de uno de tantos edificios que presumen la arquitectura colonial británica de los años veinte, sin haber recibido nunca mantenimiento. El elevador es de esa misma época, una estructura de fierros negros, sucios y aceitosos, que no admiten engaño en torno a su probable desplome. Cabe decir que sólo sirve para subir: es tan lento que la administración, siempre ausente, se cuida de aclarar que está prohibido a los clientes llamar desde un piso superior para solicitar el descenso. Ya en el departamento, podía apreciarse cómo las viejas maderas del piso y los muebles antiguos olían a polvo y rechinaban, aunque en su porosidad se perdieran suavemente, cinco veces al día, los cantos de los muecines llamando a la oración.

Era un esfuerzo sin destino: la observación constante de vecinos, policías y transeúntes resultaba opresiva. Tal vez mis sentidos erraban, tal vez no, pero podía percibir que los ojos del afilador, del frutero y del vendedor de carne de camello —que exhibía en una mesa las extremidades, la joroba y la cabeza desolladas— siempre estaban atentos a mis movimientos. También en El Horreya Cafe (una vieja cervecería de la plaza Bab el Louq, en la que me había sentido en casa incluso bajo las restricciones de los Hermanos Musulmanes) los parroquianos de tiempos de la dictadura de Sisi nos miraban con desconfianza. Vamos, hasta en la confusión del mercado de Khan el Khalili me parecía imposible pasar por un turista común.

Un año más tarde tuve esa misma sensación en Xalapa. Al principio fue como un *déjà vu*, porque tardé en comprender que la incómoda electricidad que recorría mi cuerpo, de los talones a la nuca, era un reflejo de mis días de rata oculta en los rincones de la ratonera. Eso es lo que vivían cada día mis colegas locales, Rubén, Norma, Noé, Arantxa, Juan David, Raziel... Y era peor lo que sufrían los compañeros que trabajaban en las ciudades pequeñas y en las zonas rurales, donde desapareció todo interés por aparentar normalidad.

Lo que hacía especial vivir en la sede del gobierno veracruzano, es que el acecho sobre los reporteros era tan intenso como caótico, por parte de una desorganizada multitud de espías. Desde la Plaza Lerdo o Regina, que está frente al palacio del gobernador, Rubén podía distinguir hasta 14 "orejas", que "toman registro de toda manifestación, toman audios como si estuvieran entrevistando, no preguntan, nada más reciben la información, y esto es de todos los días". Eran tantos que "ni ellos mismos se conocen".

"Además de llevar la información de los rostros de los manifestantes y pancartas, tienen que informar qué reporteros estuvieron ahí y de qué medio son", me explicó Noé Zavaleta. "Son tan evidentes porque son muy torpes, no están capacitados para hacer un trabajo de inteligencia. A nosotros nos ponen nerviosos, nos encabronan. Porque hay orejas de la Dirección de Política Regional (estatal), hay orejas de la Subsecretaría de Gobierno (estatal), orejas de la Secretaría de Gobierno (estatal), orejas del CISEN (inteligencia federal), orejas de la Secretaría de Gobernación (federal), orejas de la Secretaría de Seguridad Pública (estatal), policías vestidos de civil. Hay eventos en los que suelen haber más orejas que reporteros".

No es raro que esos "orejas" interrumpan también la labor de los periodistas, como cuando les impiden tomar fotos. Pero si son ellos los que captan imágenes de los reporteros, lo mejor es no oponerse porque "puedes amanecer muerto", acotó Rubén.

El gobierno de Duarte no produce *spots* televisivos para generar un ambiente peligroso para los periodistas extranjeros: ocupa a agentes, policías y empleados menores para imponerles a los reporteros un cerco de miedo. Una cuerda alrededor del cuello, como la que amenazaba con rompérselo a Rubén.

•••

No es difícil identificarlo. De estatura mediana, usa barba, no se quita las gafas de sol y suele usar pantalones holgados con grandes bolsillos. Nunca olvida su equipo fotográfico. Su voz transmite la naturalidad de quien habla con cualquiera. Rubén es un tipo afable, tranquilo, cariñoso y solidario. Cuando alguien está en problemas, su botón reacciona y se activa automáticamente. Sus íntimos lo llaman Rubencillo.

Por su sentido del humor, su activismo social o su movilidad de fotógrafo, la presencia de Rubén se hacía notar de inmediato, como después se resintió su ausencia. "Son muchos, muchos los que lo quieren y más los que confían en él", me dijo su amiga Arantxa Arcos, joven reportera de Voz Alterna. Lo aprecian los defensores de los animales, de los derechos humanos y de los grupos indígenas. También las comunidades que protegen su entorno natural y, sobre todo, los grupos estudiantiles, que lo ven como a un aliado.

Aunque era chilango (originario de Ciudad de México), Rubén consiguió formarse un verdadero hogar en Xalapa, con un sólido círculo de amistades. A Nadia Vera —socióloga y gestora cultural perteneciente a la Asamblea Estudiantil de la Facultad de Humanidades de la Universidad Veracruzana— la conoció en una manifestación. En febrero de 2013, Nadia organizó un evento cultural que incluía un *performance* que Rubén fotografió, y en el que participaba Itzamná Ponce, una bailarina de Pahuatlán, Puebla, entonces de 23 años. Ahí se conocieron y muy pronto hicieron familia con Cosmos, un perro cocker spaniel.

Por aquel tiempo la represión se fue intensificando, en la medida en que el estado y el país entraban en un periodo de creciente confrontación política. En el contexto de la campaña presidencial de 2012, jóvenes de numerosas ciudades formaron el movimiento #YoSoy132, a partir de un evento en el que el candidato del PRI, Enrique Peña Nieto, se escondió en los baños de una universidad privada, tras ser cuestionado duramente por los estudiantes. Eso ocurrió en la Ciudad de México, donde los estudiantes tenían mayores posibilidades para manifestarse. En Veracruz fueron reprimidos en varias ocasiones.

El 20 de noviembre de 2012 —con ocasión de una protesta en el desfile anual por el aniversario de la Revolución de 1910— Nadia Vera fue secuestrada. Interceptada primero, sometida y maltratada después por mujeres policías que le robaron el teléfono móvil y se la llevaron a "pasear", la abandonaron finalmente en una calle. Mientras tanto, a Rubén le avisaron que unos estudiantes —que habían desplegado una manta contra el gobernador desde un cuarto del Hotel México, en el centro de Xalapa— estaban siendo golpeados por agentes vestidos de civil. Una vez en el lugar, los agentes lo detectaron fotografiando a los jóvenes que se llevaban detenidos; un hombre lo empujó contra una pared y le recordó el asesinato de la corresponsal de *Proceso*, ocurrido siete meses antes: "¡Párale si no quieres terminar como Regina!"

Al año siguiente, Rubén estaba preparado para reaccionar: durante la madrugada del 14 de septiembre de 2013, la policía atacó un campamento de maestros que denunciaban la política educativa en la Plaza Lerdo, frente al Palacio de Gobierno, en Xalapa. El secretario de Seguridad Pública —Arturo Bermúdez— había armado a sus policías antimotines con bastones eléctricos, que fueron utilizados indiscriminadamente sobre personas de cualquier edad, contra las que se alejaban pacíficamente y también contra las que oponían resistencia, periodistas y peatones casuales. El fotógrafo fue perseguido, arrinconado en un callejón, golpeado y obligado a entregar el dispositivo de memoria.

Los engañó: mientras trataba de escapar, cambió la tarjeta y logró ocultar la que contenía las únicas imágenes que, al día siguiente, fueron reproducidas por medios nacionales, alarmando a la opinión pública. Mientras se conocía así el nivel de brutalidad del gobierno veracruzano, Rubén se convertía también en un dolor de cabeza para la administración estatal. Poco después, golpearía nuevamente al mandatario, ahora en el centro de su ego.

El 16 de febrero de 2014, en la edición 1946 de la revista *Proceso*, el artículo principal era un reportaje de Noé Zavaleta, con una portada que tenía el título "Veracruz, estado sin ley". Llevaba la imagen capturada por Rubén Espinosa, en la que aparece Duarte en medio plano, rostro rollizo, barriga prominente y camisa blanca con su nombre escrito en rojo. El domingo siguiente fue imposible encontrar la revista *Proceso* en todo Veracruz: personas desconocidas compraron todos los ejemplares apenas llegó el envío desde la Ciudad de México. Y la presión creció.

Unos meses después, la casa donde vivía Nadia fue allanada en su ausencia. "Tenía yo tanto desmadre que, para que yo me diera cuenta de que se habían metido, (los intrusos) tuvieron que ordenar y limpiar un poco", les contó a sus compañeros. "Sólo por eso lo noté. Después vi que hasta se habían bañado". La joven se lo tomaba con humor pero, tras confesar que no soportaba la amenaza, decidió que no esperaría a que dieran el siguiente paso. Se marchó a la Ciudad de México en noviembre de 2014.

• • •

Los periodistas xalapeños se estremecían con las agresiones en su contra, que crecían en número y nivel de violencia. Les parecía que nada era capaz de conmover a la sociedad, y que a nadie importaba su suerte. Una tragedia ocurrida al otro lado del océano acentuó esta sensación. En París, cinco días después del secuestro de Moisés —el 7 de enero de 2015—, dos terroristas islámicos invadieron las oficinas de la revista satírica *Charlie Hebdo*, asesinando a 12 personas e hiriendo a 11 más. Fue una masacre planeada, ejecutada a sangre fría, en castigo por haber publicado caricaturas. Todos nos quedamos impactados. Estaban llevando la guerra de Levante a Occidente. Como en otras partes del mundo, miles de usuarios mexicanos incorporamos en nuestros perfiles de redes sociales la leyenda #JeSuisCharlie, que también apareció en carteles en todo tipo de manifestaciones públicas. Incluidas las movilizaciones diarias donde se exigía la presentación con vida de Moisés.

En Europa y en otros lugares bramaba la indignación, rugía la solidaridad. Pero aquí pocos parecían enterarse del pantano de desventura en el se hallaba el estado de Veracruz. "En Francia todos y en México nadie...", escribió Rubén en su muro de Facebook. "La diferencia está en acostumbrarse (a la violencia) y los distantes continentes, pensamientos, lógicas, razonamientos y acciones".

El 4 de mayo, el fiscal veracruzano Luis Ángel Bravo se negó a investigar el asesinato del periodista Armando Saldaña, quien residía en el estado de Veracruz, trabajaba para una estación de radio en Veracruz, se había levantado de la cama en Veracruz y había desaparecido asimismo en Veracruz. Su cadáver —sin embargo— fue hallado en territorio oaxaqueño, apenas a 10 kilómetros de la entidad veracruzana. "Este hallazgo lamentable fue en Oaxaca. Y no encuentro razones para hacerlo aquí (la investigación).[13]"

Un mes más tarde, una llamada urgente despertó a Rubén muy temprano, el viernes 5 de junio de 2015. "¡Algo pasó, algo pasó, me voy!", dijo, despejando con alarma la somnolencia de Itzamná. Un grupo de estudiantes había sido atacado en la calle Herón Pérez, en el centro de Xalapa, a sólo dos cuadras de la sede estatal del PRI, habitualmente custodiada por policías.

Tras el fotógrafo, llegaron Noé Zavaleta y otros reporteros. Ocho jóvenes celebraban un cumpleaños, en un cuarto con puerta hacia la calle por la que irrumpió, después de media noche, una decena de hombres: "Los golpearon con bates de beisbol, con palos con clavos y machetes, y a puño limpio", me explicó Noé; "la escena estaba repleta de sangre". La operación estuvo a cargo de profesionales que hicieron el daño justo que tenían la intención de causar. Ninguno de los jóvenes murió pero todos sufrieron afectaciones permanentes,

---

[13] "Mientras Veracruz y Oaxaca se 'echan la bolita', SIP condena asesinato de periodista", nota de Manu Ureste en *Animal Político*, 6 de mayo de 2015, https://www.animalpolitico.com/2015/05/veracruz-le-pasa-la-bolita-a-oaxaca-no-investigara-asesinato-del-periodista-armando-saldana/

algunos con enormes cicatrices en la cara, otros con impactos en el cerebro. Y el trauma emocional.

Amigo de algunas víctimas del ataque, Rubén convocó a reporteros, organizó la conferencia de prensa y envió información a medios estatales y de la Ciudad de México. El mensaje, según el fotógrafo, fue: "Podemos hacer lo que queramos, entrar a tu casa y hacerte lo que queramos. Y si queremos te matamos y si no queremos, no lo hacemos".

Cinco semanas antes la céntrica Plaza Lerdo había sido rebautizada como "Plaza Regina Martínez", La placa con el nombre, que había colocado Rubén, había sido retirada de inmediato. Cuatro días después del ataque, el Colectivo Voz Alterna regresó para poner otra, ahora fijada con cemento, para que resultara más difícil que la volvieran a quitar.

Fue al día siguiente, miércoles 10 de junio, que varios tipos le hicieron sentir que lo estaban siguiendo durante el día, mirándolo fijamente y tomándole fotos, hasta que, cerca de su casa, se topó de frente con dos de ellos. Se acercaron "en actitud violenta, se vienen y no se quitaron. Yo me pegué a la pared, y uno de ellos me pasa cerca, sentí su respiración. Me puse de lado, no lo seguí con la mirada, seguí mi camino, volteo y me están viendo. Iban de negro".[14]

Rubén sufría el áspero roce de la cuerda en el cuello, que apretaba, apretaba más. Sabía que tiraban de ella desde el Palacio de Gobierno, la oficina de Javier Duarte, la del cruel Arturo Bermúdez "Yo no quiero terminar como esos chavos", los de la paliza del 5 de junio, le dijo a Itzamná. El viernes 12 llegó a la Ciudad de México.

---

[14] "La muerte escogió a Veracruz como su casa y decidió vivir ahí, dice fotógrafo en el exilio", entrevista de Shaila Rosagel en *Sin Embargo*, 1 de julio de 2015, http://www.sinembargo. mx/01-07-2015/1398019

3

El número 14

En la agradable temperatura nocturna del Caribe, los bastidores de madera habían sido convertidos en armas mortales. Durante el día, hasta ese momento, habían servido para que los presos los utilizaran como telares, montando gruesos carretes de hilo sobre ellos para urdir —con la veloz precisión que da la experiencia— las hamacas coloridas con las que obtenían su único ingreso. Ahora se preparaban para la defensa del Módulo 2 de la Cárcel Municipal de Carrillo Puerto, y la primera urgencia fue la de romper los palos y afilarlos para dotarse de armamento. Los internos del Módulo 1, los de alta peligrosidad, vendrían con pistolas y tubos, pero los encontrarían listos y atrincherados.

El objetivo era Pedro Canché, indígena maya, periodista preso bajo cargos fabricados como represalia por ofender el orgullo de Roberto Borge, gobernador del estado de Quintana Roo. La orden inicial había sido la de ponerlo a él como un ejemplo, encerrándolo por 20 años o acaso menos, si daba señas de haber entendido el mensaje: el de someterse, de manera inequívoca, al mandatario estatal. Hizo todo lo contrario: llamó la atención, obtuvo ayuda, involucró a defensores de derechos humanos y —por si fuera poco— denunció sistemáticamente las pésimas condiciones de la prisión, con cartas que escribió a lápiz y sacó a escondidas para su publicación en internet. En ellas revelaba el autoritarismo de Borge, los negocios sucios de sus funcionarios y la complicidad de la prensa local.

Pedro Canché no había entendido y se mantenía en resistencia. Los rumores de la cárcel advertían que *El Picos*, *El Payaso*, *El Mono*, *El Shangái*, *El Coquis* y otros 15 reclusos lanzarían un ataque desde el Módulo 1 para asesinar al periodista rebelde. "Él es un compañero de nosotros, es una persona que no le hace daño a nadie, al contrario, apoya a todo el que puede", sostuvo Agustín Chávez, un joven inmigrante de origen hondureño. Sus compañeros del Módulo 2 resolvieron protegerlo. Se apostaron en rincones clave en la entrada del recinto y junto a la celda del reportero, al cual le pidieron que se replegara. Hombre opuesto a la violencia, Canché tuvo que buscar cómo defenderse. Decidió recurrir al arma histórica de la prensa: "Voy a usar un lápiz, le sacaré mucha punta, se lo clavaré en la yugular o en los ojos a cualquiera que se asome".

El patio central del Módulo 2, de unos 5 × 20 metros, carece de techo pero está bloqueado por rejas. Sobre el techo, los policías observaban la movilización. Y como quien aguarda un espectáculo, tranquilamente esperaban.

•••

Pedro Canché se sujetó a los barrotes de su celda y me miró a los ojos. Luego pareció valorar la hechura de los fierros, el diámetro, la solidez con la que se pretende someter no sólo a los cuerpos, aseguró, sino también a las ideas. Parecía acariciarlos, como si esperara sentir un destello de calidez en la lisa frialdad metálica. Sacó los brazos de piel morena hasta casi tocarme. Tenía estatura media, 46 años, algo de sobrepeso, las manos duras y los rasgos gruesos de indígena maya: "Es horrible estar aquí en esta prisión, encerrado por una falsedad. Es muy complicado. Esperemos que pronto ya no haya impunidad en el país. Que no haya impunidad, que no encierren a inocentes, como los políticos que con el poder pueden fabricar expedientes y encerrarnos por la libertad de expresión, por pensar. Encerrarnos por pensar es algo que no se ha superado en este siglo XXI, en México y en otros países".

Habíamos logrado introducir un teléfono móvil con ayuda de Canché y un poco de sangre fría, confiando en que no nos harían pasar por el detector de metales. Tuvimos suerte. Así pudimos videograbar su testimonio y conocer el Módulo 2 en uno de sus buenos momentos, animado por conversaciones y risas, coloreado por las hamacas en proceso de fabricación. Compré una, muy bien hecha en 800 pesos (45 dólares).

El escenario era el estado de Quintana Roo, el que ostenta las costas idílicas del Caribe mexicano, el del tesoro turístico que es Cancún. El mismo territorio en el que el gobernador Borge y sus socios establecieron un régimen pirata, despojando a los dueños de las playas más bellas (desde comunidades indígenas hasta ciudadanos extranjeros) con la complicidad de las autoridades, que falsificaban documentos para amparar legalmente los ataques de golpeadores contratados para ello. La periodista Lydia Cacho fue amenazada después de que el portal *Aristegui Noticias* publicó su investigación sobre estos crímenes sistemáticos, que incluyeron asesinatos.

Pedro sostenía un *blog* periodístico que llevaba su nombre. Pero su poder, como el de Moisés Sánchez, radicaba en lanzar al mundo las noticias de la población de Carrillo Puerto y sus alrededores (que de otra forma sería un hoyo negro informativo) para que otros medios de comunicación, a su vez, las difundieran. Un ejemplo de ello fue la represión policiaca contra las protestas indígenas por las alzas en el precio del agua, del 19 de agosto de 2014. La mayoría de los diarios estatales suscribió perrunamente la línea marcada por el vocero del gobernador, y omitió mencionar los hechos. Pero Canché los transmitió por internet, en directo.

Carrillo Puerto es un lugar especial para los mayas. Su nombre original es Chan Santa Cruz porque la leyenda dice que aquí, en el tronco de una ceiba —árbol sagrado para los lugareños— apareció en 1847 una cruz parlante, que les ordenó acometer una guerra de liberación contra los terratenientes blancos, que los tenían como siervos. Sus victorias iniciales les permitieron fundar un estado teocrático, que se mantuvo hasta su derrota militar en 1901.

A partir de ese punto atestiguaron el retorno del racismo y de la brutalidad contra las que se habían rebelado. Canché me explicó que en 2014 hubo una epidemia de dengue hemorrágico de la que casi nadie supo. El gobierno local ordenó que fuera mantenida en secreto para no ahuyentar el turismo que llegaba a Cancún y a la Riviera Maya. Hubo más de 5 mil muertos, incluyendo a una tía y una prima de Pedro. "Para ellos somos puros indios, nada que les importe", señaló el periodista maya.

Más de un siglo después de la caída de Chan Santa Cruz, la policía volvió a cargar contra la gente, ejerciendo una violencia indiscriminada. Golpearon por igual a manifestantes y a quienes sólo pasaban por ahí, arrestaron lo mismo a adultos que a niñas pequeñas en bicicleta. "¡Muera el PRI, muera el PRI!", se escucha en el video que transmitió Pedro. "¡Viva la lucha campesina! ¡Viva la cultura maya! ¡Que muera el mal gobierno!", corean los hombres. "¡No tenemos su profesión, no tenemos dinero, somos campesinos!", grita una mujer. "¿Por qué agreden a su pueblo?", reprocha otra persona.

Después de que el semanario *Proceso* publicó la nota de Canché, el vocero del gobernador, Rangel Rosado, envió una carta acusando al periodista de haber provocado un motín con gente pagada. La prensa local replicó las calumnias y un juez libró una orden de aprehensión en su contra. Estuvo cinco días escondido, tras de lo cual, en sus palabras "me enojo, voy y lo reto".

"Te hablo como mi trabajador porque yo te pago. Soy el pueblo", le espetó Canché a Borge en un video que subió a YouTube el 24 de agosto. "Gobernador, como mi empleado estás fallando. Por dignidad deberías renunciar. Lo reto a debatir en el parque principal y aquí voy a esperarlo. Aquí lo voy a esperar hasta que se derritan los polos Sur y Norte. Espero que usted venga pronto y hagamos un debate de ciudadano patrón a gobernador empleado. No tenga usted miedo. Aquí los mayas no comemos a las personas. Somos pacíficos. Yo lo invito".

Había tocado un punto frágil. Roberto Borge comparte con Javier Duarte el haber llegado a la gubernatura porque su antecesor Félix González Canto, su padrino político, lo consideró débil de carácter y fácil de manejar. También como Duarte, Borge sufrió acoso a lo largo de su vida, y sus rencores e inseguridad se convirtieron en prepotencia y desprecio por quienes considera inferiores.

En este contexto fue que el indio Pedro osó tratarlo como a un subordinado.

• • •

Si Borge tiene algún sentido del humor, está reservado para los citadinos. En Cancún entrevistamos a Norma Madero, directora del semanario *Luces del Siglo*. En mayo de 2012 ella fue a una de las tiendas Oxxo (que son casi los únicos puntos de venta de publicaciones en el estado) y se dio cuenta de que la revista que mostraban no era la que había impreso el fin de semana: ofrecían un clon elaborado por empleados estatales. Madero llamó para quejarse y Roberto Borge, "en su simulación, sarcástica incluso, me dice: 'Mañana, aunque sea día festivo, el procurador te va a atender', cuando evidentemente no había cordialidad entre él y yo".

El resultado llegará algún día a un museo del absurdo. Les hacían cambios menores a las imágenes, casi limitándose al texto. Así, sobre una caricatura en la que el gobernador aparece a punto de aplastar a sus críticos con un mazo, el título "Borge siembra el terror" fue reemplazado con el de "Mano dura contra la delincuencia", inscribiendo en el arma la leyenda "justicia". En interiores, las cabezas y el contenido de los artículos fueron reescritos de manera favorable al mandatario, aunque "respetando" las firmas de los reporteros.

En otro número, el titular "Ignora Borge decálogo de mujeres" fue sustituido por "Impulsa Borge acciones a favor de las mujeres". La necesidad del gobernador de presentarse como cercano al presidente Peña Nieto, y de sentirse identificado con él, fue satisfecha en portadas en las que aparecían como amigos. Tal fue el caso de una en la que se hizo aparecer a ambos unidos en una carcajada, sobre la sentencia "Promesas cumplidas. Quintana Roo avanza". A lo largo de cuatro años clonaron 40 ediciones impresas de *Luces del Siglo*, más 30 en versión digital.

• • •

Para el atrevimiento de Canché, Borge se reservó otro talante. El 30 de agosto de 2014 —seis días después del reto lanzado por el periodista— lo arrestaron bajo el cargo de sabotaje contra el sistema de agua. Al ingresar en la cárcel municipal de Carrillo Puerto, "me dan una bienvenida con golpes, lo normal", pero en la noche otros presos le dieron el tratamiento ordenado, denunció, por el gobernador Borge y su director de Seguridad Pública, Gerardo Espinoza: sobre el techo del Módulo 1 "estaban los policías mirando la escena, como si fuera una pelea de box, una obra de teatro. Me lesionaron las cervicales, el manguito rotor y los omóplatos, me dejaron inconsciente". Allí lo dejaron tirado.

La acusación de sabotaje era insostenible. La única evidencia era una fotografía en la que Canché aparece grabando la represión policiaca: "El delito es informar", repuso el acusado. La abogada Aracely Andrade y la organización Article 19 tomaron su defensa. A pesar de lo endeble de la acusación, tardaron medio año en lograr que un juez admitiera un recurso de amparo, tras de lo cual el mismo magistrado lo desechó sin argumentar su cambio de opinión. Cuando el periodista le preguntó por qué, le respondió que "esto es algo político. Hay orden de dejarte adentro 20 años. ¿Por qué no te buscas un buen negociador? ¿Por qué no buscas alguien que vaya a hablar con él gobernador, aceptas sus términos y pues se acabó el expediente y tú sales y te vas?"

Borge se molestó, sin embargo, porque la denuncia de ese procedimiento irregular llegó a medios nacionales, así que "mandó a quitarme lápices, plumas con las que yo escribía" las notas que solían ser transcritas y subidas a internet a través de su "Diario de un prisionero de conciencia". También "ordenó asesinarme, empezaron a preparar el atentado. Decían que me colgarían de las rejas para que pareciera un suicidio. Había muchos rumores. Que te peligre la vida hace que la adrenalina suba, suba, suba y siga subiendo. Hasta ahora se mantiene alta, muy alta, y eso al final crea ansiedad, crea depresión cuando esto baja".

• • •

De pie en primera fila pero sin asientos para acomodarse, los policías no intervendrían. Pasaron el aviso, sin embargo, de que "ya estábamos preparados para recibirlos", recordó Agustín Chávez, y "para corroborar la información, del otro módulo mandaron a cinco personas y vieron que íbamos a defender al señor Pedro, y ya no quisieron venir".

Canché se había convertido en un problema de imagen para el gobernador, mucho más allá de los límites de su estado. Article 19, la organización francesa Reporteros Sin Fronteras y otros grupos presentaban el caso en foros internacionales. "Un periodista que es asesinado no puede hablar, no puede defenderse, no puede aportar ninguna pista, ya es dolor y ya lo olvidan", me dijo el reportero, pero "es más fácil olvidar a un muerto que olvidar a alguien vivo que está sufriendo".

El gobernador recibió otro golpe de opinión pública a través de su vocero, Rangel Rosado. Un *hacker* se apoderó de sus cuentas de Twitter, Facebook y Hotmail, y las usó para exhibir fotografías y documentos que demostraban que habían clonado *Luces del Siglo*; que desde la oficina de Rosado se fabricaba información falsa contra rivales políticos; que ésta era reproducida por periódicos favorecidos con publicidad oficial; que reporteros recibían sobornos, y que el mismo Borge había autorizado la operación contra Canché.[1]

Mantener al periodista maya en prisión se volvió inconveniente. Aunque fue puesto finalmente en libertad, la amenaza de que el gobernador decidiera ajustar cuentas de otra forma sustituyó de algún modo a la cárcel. En la medianoche del 28 al 29 de mayo de 2015 —al recobrar su libertad— dos abogados de Article 19 y del grupo de activistas Equipo Indignación lo trasladaron hasta el vecino estado de Yucatán, donde lo subieron a un vuelo con rumbo a la Ciudad de México.

Con los nueve meses de encierro le cayeron encima diez años de edad, lamentaba Canché. Pero no se refería tanto a su aspecto físico como al deterioro emocional, un desgaste que habrá de acompañarlo hasta el final de su vida. Ya no podrá nadar en aguas profundas, como le gustaba hacer. Se preparaba en esos días para que los médicos le insertaran prótesis metálicas.

Unos meses más tarde pudo regresar a Carrillo Puerto, a pesar de que Borge seguía en el poder y continuaban el acoso, las amenazas y las campañas de difamación. Pedro no podía aceptar una derrota moral: "No podemos vivir con un temor. Tengo que hacer mi vida y aprender a vivir con estas circunstancias de peligro. Si me asesinan, pues que pase, no puedo estar siendo prisionero de ellos en mi casa, siendo prisionero de ellos en mi mente".

Afirmó eso recargado en la puerta de su celda, en la prisión en la que casi lo asesinan, a donde se atrevió a regresar con nuestro equipo de filmación para darnos la entrevista. Nos hizo entrar. Aunque había pasado un año, los presos no habían borrado las inscripciones que él había hecho en la pared, como aquella que decía: "La cárcel, el barco rompe las olas del tiempo en busca de la libertad". Aunque nos mostró los cuatro espacios que había para acostarse, recordó que "aquí había seis, ocho personas. Aquí era donde nos lavábamos. Éste es el baño. Las escobas... ahí está todavía mi escoba. Aquí es-

---

[1] "'Hackean' al vocero de Borge: exhiben en redes sociales a Rangel Rosado, tras perder control de sus redes sociales". Nota de la redacción en *Noticaribe*, 11 de mayo de 2015, https://noticaribe.com.mx/2015/05/11/hackean-al-vocero-de-borge-exhiben-en-redes-sociales-a-rangel-rosado-tras-perder-control-de-sus-redes-sociales/

tán mis trastes todavía. Me encerraron físicamente, pusieron mi cuerpo aquí, pero mis pensamientos eran libres".

"Brindo mi libertad a los periodistas muertos por ejercer un periodismo independiente", celebró, "a los que no tuvieron el privilegio de tener una abogada y una organización que los apoyara, los que no tuvieron cómo defenderse". Su decisión era no rendirse. Mantener la fe en el sistema judicial. Creía posible conseguir que los jueces llamaran a cuentas al gobernador, que "la justicia va a llegar a Roberto Borge. Él estará en una celda igual. La venganza es dulce, el perdón tiene mil sabores, todos deliciosos, pero yo prefiero la justicia".

•••

Posaban Pedro Canché y Jorge Sánchez, el hijo de Moisés. Rubén Espinosa los retrataba, reticente a tomarse una foto grupal, pero finalmente accedió. En la imagen, a los lados, Pedro y Rubén sonríen. Jorge aparece en medio, con seriedad de árbitro.

Se reunieron en un restaurante de la colonia Roma, en la Ciudad de México. Era el 16 de junio de 2015: Canché ya había pasado más de dos semanas escondido ahí; Jorge visitaba la capital para reunirse con el fiscal especial de libertad de prensa; Rubén se había autoexiliado sólo cuatro días atrás. Con ellos estaban, también, Nadia Vera, el activista veracruzano Julián Ramírez, una académica y un fotógrafo chilango que apoyaba a Espinosa monitoreando sus movimientos.

Hablaban sobre los gobernadores de sus respectivos estados, en quienes hallaban más de una similitud. Según Rubén, "Borge parece hermano gemelo de Duarte". Son prepotentes y violentos, los dos crecieron como víctimas de acoso y odian a los periodistas. De aquel grupo, Nadia es la que llevaba más tiempo desplazada, alrededor de seis meses. Días antes de marcharse de Xalapa, una cámara de Rompeviento TV la entrevistó en el sitio que habitaba en esa ciudad: "A Regina Martínez la mataron y no pasó nada. Acaban de matar también a Gregorio Jiménez, otro periodista, y no pasó nada. Llevamos cuántos periodistas asesinados y no ha pasado nada", denunció. "Porque el narco es el que gobierna en este estado. El narco es que el está rigiendo, los Zetas, literalmente, son los que tienen todo este estado manipulado".

"Responsabilizamos totalmente a Javier Duarte de Ochoa, gobernador del estado, y a todo su gabinete, sobre cualquier cosa que nos pueda suceder":[2] así dejó constancia de un temor que al día de hoy no ha desaparecido.

---

[2] Fragmentos de la entrevista a Nadia Vera en reportaje "Veracruz: la fosa olvidada", del 26 de noviembre de 2014, https://vimeo.com/135200756

En el encuentro con sus compañeros de tragedia, estaba temblando. "Mira cómo me erizo", musitó al mostrarle los vellos del brazo a Canché.

Rubén tampoco terminaba de convencerse de que la capital del país era plenamente segura para ellos, pues el enemigo se mostraba poderoso: "No es un cacique local, es el gobernador, el fan del dictador Franco". "¿Tú crees que Duarte es un coleccionista de periodistas muertos, con la complicidad del presidente Enrique Peña Nieto?", le preguntó Canché. Espinosa no lo veía como tal coleccionista, sino como a "un criminal solapado por el presidente Peña Nieto, quien ya debería haberlo destituido, pero se complace en su política antiperiodistas. Más que destituirlo hay que procesarlo, pero son parte de la misma mafia y eso lo veo lejano".

Como pasaba de media noche e iban a cerrar el local, Canché invitó a sus amigos a la casa protegida donde lo alojaba Article 19, un lugar agradable con una cocineta. Ahí siguieron conversando de periodismo, pero el tema ya no eran los problemas inmediatos, sino los de largo plazo, los que son parte de esta profesión desde sus primeros días en México. Rubén les contó cómo, ante la nueva generación de reporteros, se sentía obligado a decirles "que hay dos tipos de periodistas. Los que se venden, *charolean* para el gobierno, tienen varios sueldos y siempre andan en las comidas ostentosas. Esos tienen buena casa, autos, fiestas, viajes. Y están los del otro grupo, los que queremos retratar la realidad, pero de este lado recibiremos un mal sueldo, no habrá privilegios ni regalos ni premios apócrifos... el pago serán amenazas, persecución y muerte, incluso de la familia".[3]

•••

Siento una fuerte identificación con Rubén en varios niveles: admiro su valentía y su honestidad, su condición de ser humano de una sola hoja, y su condición de gran compañero, como a mí me gustaría ser. Comparto también su visión profunda del periodismo, su desagrado por la veleidad y la renuncia, y su pasión por el compromiso social. Al igual que él debió escapar para evitar que lo atraparan, a mí me ha tocado hacerlo otras veces.

Su sensación de estar a punto de perder la jugada me remite a una situación similar, inquietante, ocurrida en Irán a fines de junio de 2009. El gobierno había otorgado visados de prensa a casi todos aquellos que las habían solicitado, pues estaba convencido de que las elecciones del 12 de ese mes

---

[3] "No quiero ser el número 13: Rubén Espinosa". Artículo de Pedro Canché en *Animal Político*, 3 de agosto de 2015, https://www.animalpolitico.com/blogueros-blog-invitado/2015/08/03/no-quiero-ser-el-numero-13-ruben-espinosa/

serían un paseo para el presidente Mahmud Ahmadinejad —candidato del *establishment* conservador religioso— que buscaba la reelección. El mandatario suponía que el mundo iba a atestiguar su nueva victoria, pero el opositor reformista Mir Hosein Musavi había logrado canalizar una urgente demanda de cambio, proveniente en buena parte de una mayoría de jóvenes nacida después de la revolución islámica de 1979. Este movimiento popular, inspirado en la figura de Barack Obama, habría de conocerse en el mundo como la Ola Verde. Durante cuatro semanas antes del día clave, recorrí el país y pude observar cómo, poco a poco, desde los bastiones derechistas de Mashhad y Yazd hasta las progresistas Isfahan y Shiraz, la gente venció su temor ante un Estado brutalmente represivo, salió a las calles a hacer campaña y se volcó en las urnas.

Una de las diferencias fundamentales entre corresponsales originarios de economías prósperas, y aquellos que venimos de países en desarrollo, es la confianza en las instituciones. Mis colegas de Europa y Canadá, e incluso de Estados Unidos, fueron testigos del fascinante reto al régimen, y pensaron que éste iba a perder su apuesta. Los resultados tardaron en salir, pero cuando empezaron a ser publicados, su reacción automática fue la de olvidar lo que habían visto, sentido y creído, y aceptar lo que afirmaba el órgano electoral: que Ahmadinejad había obtenido 62% de los votos, el doble que Musavi. En realidad, había elementos para pensar fundadamente en un fraude electoral: primero se dio a conocer la cifra total del cómputo nacional; tres días después, las de las provincias; y otras 72 horas más tarde, las de los distritos. Como si hubieran podido establecer la suma global antes de conocer las cantidades parciales.

Si hubiera tenido la oportunidad de estar ahí, Rubén Espinosa habría muerto de la risa, tanto del fraude como de la candidez de los compañeros occidentales. Una periodista turca se burló de ellos porque parecían asumir que el órgano electoral iraní era tan fiable como la Cámara de los Lores: "Es una cuestión de reverencia automática hacia la monarquía, creen que el ayatolá Khamenei y la reina Isabel toman juntos el té". Los mexicanos hemos visto demasiados fraudes electorales como para aceptar ciegamente lo que nos dicen. Las irregularidades saltaban a la vista: los centros de votación eran escuelas y mezquitas, y el proceso estaba a cargo de maestros empleados del Estado y de clérigos obedientes al ayatolá Khamenei, líder supremo de la república y aliado del presidente. Los candidatos no tenían derecho a contar siquiera con representantes que vigilaran los comicios, ni a recibir documentación que amparara los resultados; los votantes podían a su vez identificarse con una credencial hecha a mano, fácilmente falsificable. Hubo además municipios donde la participación rebasó por mucho el padrón electoral, como en Taft, en la provincia de Yazd, en donde votó el 141% del registro, lo que el alcalde explicó argumentando que la gente se había animado porque "hacía muy buen día".

El centro de investigación británico Chatham House realizó un análisis de los resultados a nivel municipal, contrastándolos con los de procesos electorales anteriores. Intentó explicar así cómo Ahmadinejad había pasado de 17 millones de votos en 2005 a 24 millones en 2009, y concluyó que los saltos en los niveles de votación a favor del presidente eran estadísticamente improbables. Gracias a esto, mis colegas crédulos se dieron cuenta de su error.

De todos modos, la aclaración no sirvió de mucho porque los habían expulsado del país. Los iraníes por su parte no se tragaron nunca el cuento de aquellos números: desde el día siguiente empezaron a protestar. El régimen lanzó a la policía y a los temibles milicianos basijis en su contra, el ejército de los Guardianes de la Revolución amenazó con intervenir, y comenzaron a aparecer los primeros muertos y heridos. El gobierno decidió entonces que ya no quería presumir nada ante los medios extranjeros. Todos los que habían recibido el visado de prensa estaban bajo su control; cada uno de ellos tenía a un funcionario dedicado a "facilitarle" el trabajo, un eufemismo para vigilar sus movimientos y contactos. Finalmente, ese mismo funcionario se encargó de hacerle saber al periodista que era hora de marcharse, que muchas gracias, adiós. El lujoso Laleh International Hotel fue tomado por la policía secreta. Los camarógrafos regresaban con las imágenes de los enfrentamientos, duramente obtenidas, sólo para ser interceptados al entrar al edificio y despojados de su material.

Pero unos pocos volábamos por debajo del radar; habíamos entrado como turistas y nos alojábamos lejos de ahí, en un sitio barato cerca del Gran Bazar de Teherán. El truco consistía en pasar desapercibidos. Dos holandeses —altos, rubios— fueron detectados de inmediato y apaleados por agentes antimotines, de tal modo que esa misma noche volaron de regreso hacia Europa. Sólo los que pudimos utilizar nuestra discreción y aspecto físico a fin de pasar desapercibidos, logramos permanecer más tiempo y cubrir las manifestaciones, en las que un pueblo valiente —conducido por mujeres— enfrentó en las calles la violencia del régimen, pagando un alto costo en vidas humanas.

Funcionó durante dos semanas, pero como le ocurrió a Rubén, yo sentía la soga al cuello, y se iba tensando. Dos periodistas extranjeros habían sido detenidos y estaban siendo sometidos a tortura. A mi amigo griego Iason Athanasiadis lo encarcelaron durante 18 días. Al canadiense-iraní Maziar Bahari cuatro meses, obligándolo además a comparecer en televisión para dar entrevistas en las que "confesaba" ser un espía pagado por extranjeros, como hicieron también con algunos jóvenes activistas. Cada vez era más difícil salir a la calle y regresar: la represión se intensificaba. Junto a otro colega canadiense, entendimos que era tiempo de planear la salida. No podía ser por el aeropuerto de Teherán: ahí habían detenido a Iason cuando trataba de marcharse. Mi amigo pensó bajar a Bandar Abbas, un puerto desde el cual podría buscar un bote para cruzar el Golfo Pérsico rumbo a Dubái, o algún lugar semejante. Yo temía que las embajadas iraníes en los países donde se publicaban mis notas me hubieran detectado, y que en cualquier frontera estuviera aguardándome una orden de arresto.

No tuve tiempo para pensarlo más. El 26 de junio caí en un control de basijis. De nuevo aproveché lo aprendido en México: con 120 dólares soborné al comandante de los milicianos. Comprendí que eso sólo serviría para que me dejara ir, pues el militar daría aviso del sitio donde me alojaba. Mis mochilas estaban siempre listas, y por fortuna los empleados del pequeño hotel —simpatizantes de la insurrección— me ayudaron a evadir a los tres agentes que llegaron por mí. Me llevaron de allí a la terminal del oeste y me subieron a un autobús que estaba saliendo, para ahorrarme la presentación de mi credencial en el mostrador. El vehículo iba rumbo a Tabriz, cerca de Turquía. Les expresé luego mi gratitud en el libro donde relaté ese movimiento histórico, *La Ola Verde*.[4]

No quería salir hacia ese país, sin embargo, por ser el cruce internacional más transitado de Irán. Ponía más bien mi esperanza en un pasadizo pequeño, aislado, remoto, construido poco tiempo antes: el que conecta con Armenia. Tan apartado, de hecho, que ni siquiera llegaba la señal de telefonía móvil. Tardé dos días en llegar allí. Aún así al oficial de migración que revisó mi pasaporte le llamó la atención que fuera de México. Pareció recordar algo, buscó algo en otra oficina, no lo encontró, volvió conmigo, dudó dos veces antes de poner el sello y por fin lo estampó. Así logré cruzar la frontera por el río Arak.

Quería gritar, feliz, anunciarles a los míos, a mi país y al mundo que estaba salvo. Pero era ya 27 de junio y se extendía la consternación por otra noticia muy distinta: la de la muerte de Michael Jackson, acaecida el día anterior. No supe de ella porque estaba ocupado escapando. Así que al planeta no le importó mucho la enorme dimensión de mi alivio.

La sensación de Rubén de estar a punto de perder la jugada me remitió a aquélla, la que experimenté huyendo de Teherán a Armenia. Pero me dejé engañar por la emoción. Yo escapé de un país ajeno a otro país ajeno, para después regresar a mi propia nación, donde estaría más allá del alcance de

---

[4] Témoris Grecko, *La Ola Verde*, Los Libros del Lince, Barcelona, 2010 (ed. impresa); Los Libros del K.O., Madrid, 2012 (ebook).

quienes querían hacerme daño. Rubén tuvo que escapar dentro de su propio país. Y los que le querían hacer daño estaban a sólo cuatro horas por carretera.

• • •

30 de junio de 2015. En Poza Rica, una ciudad petrolera del estado de Veracruz, el gobernador ofreció a los periodistas una comida con motivo del Día de la Libertad de Prensa. Siguiendo la tradición, el gobierno repartió regalos entre los asistentes, como una forma de agradecerles que apoyaran con su trabajo —y libremente— a la administración estatal.

De manera imprevista, en aquella ocasión, les dieron algo más que regalos: un regaño y una advertencia. Javier Duarte, como el dictador Franco, entendía que una voz aflautada como la suya era capaz de causar miedo si el mensaje era el correcto, y si se hablaba desde el poder.

—Se los digo por ustedes, por sus familias, pero también por mí y por mi familia porque si les pasa algo al que crucifican es a mí. ¡Pórtense bien!

Al enfatizar la voz paternal deslizaba la amenaza. Entre los reporteros había risas de incredulidad, de nerviosismo.

—Todos sabemos quiénes andan en malos pasos. Vamos a sacudir el árbol y se van a caer muchas manzanas podridas. No hay que confundir libertad de expresión con representar la expresión de los delincuentes.

• • •

Horas después del discurso del gobernador, 220 kilómetros al sur, en Medellín de Bravo, Juan Mendoza fue arrollado y rematado por un automóvil que se dio a la fuga. Eso dice el reporte oficial, en el que no confía Noé Zavaleta, corresponsal de *Proceso:* "Lo atropelló un vehículo fantasma. No se sabe quién lo mató. Y le apareció un extraño vendaje en la cabeza que nadie sabe de dónde salió, si a tomas abiertas no hay una unidad de paramédicos ni de la Cruz Roja. Cuando lo encuentran las fuerzas públicas, ya el señor no tenía signos vitales. Nunca apareció el taxi que manejaba".

Mendoza fue amigo de Moisés Sánchez, y los fiscales siguieron el mismo patrón de comportamiento en ambos crímenes. A pesar de que dirigía el portal *Escribiendo la verdad,* aseguraron que Juan no era reportero sino taxista, y que su muerte no tuvo nada que ver con el periodismo. Lo desestimaron como otro accidente en cuya investigación no valía la pena invertir recursos. Para las organizaciones de defensa de la libertad de expresión, se trata del periodista asesinado número 13 bajo el gobierno de Duarte.

•••

Sábado por la mañana. En la ciudad de Puebla, Itzamná esperaba a Rubén para ir a ver a los padres de ella. No había tenido comunicación con él desde el día anterior, y había pasado una noche "rarísima, como ese sexto sentido que te dice que algo está mal y no sé qué está pasando, que tu cuerpo de una u otra forma te lo avisa".

En la Ciudad de México, Alma, una de las hermanas de Rubén, volvió a comprobar que la cámara del fotógrafo seguía en su cuarto, como todas sus cosas. No había hecho maleta para viajar a Puebla, ni había visto a Itzamná, que llamaba en ese momento para preguntar por él.

En la casa de la familia Espinosa, la preocupación se extendía y daba paso al miedo. La mamá creía que algo le había pasado a su hijo. El padre decía que la noche previa había escuchado algo de un multihomicidio, lo que le pareció "muy raro porque eso no pasa aquí".

En Medellín de Bravo, Jorge Sánchez recibió la llamada del fotógrafo Felyx Márquez "diciéndome que tiene la impresión de que acaban de asesinar a Rubén". Jorge observaba justamente unas fotos del gobernador Duarte, que le había mandado Espinosa para el siguiente número de *La Unión*..., en el que trataría el caso de la extraña muerte de Juan Mendoza.

En la turística Laguna de Tamiahua, Patricia —la otra hermana de Rubén— y su pareja se enteraron de la desaparición. Interrumpieron su paseo de fin de semana y abordaron una lancha para ir a la terminal de autobuses y viajar a la Ciudad de México, a seis horas de viaje.

El fotógrafo que monitoreaba a Rubén no sabía cómo reaccionar. Él era el eslabón final, el último que había tenido contacto con su colega. Lo había hecho por WhatsApp el pasado mediodía y todo estaba bien. Las casi 24 horas que habían transcurrido sin noticias suyas deberían activar un protocolo de emergencia... pero nunca habían llegado a establecer uno. ¿Qué se hacía ahora?

•••

Rubén no creía que la condición de exiliado debiera llevarlo a esconderse y llorar su desventura. En la capital no podía cubrir los temas en los que se había especializado, enfrentaba una vida mucho más costosa, dependía de favores de amigos, estaba lejos de Itzamná y de su perro Cosmos. Pero en ese ambiente más seguro, el que había ganado al marcharse, podía denunciar el terror de Estado en el que vivían los compañeros que había dejado atrás. "Me da mucho coraje, tristeza y dolor que una persona decida el rumbo de mi vida, que haya decidido cuándo o en qué momento tengo que irme", les dijo a Daniela Pastrana, Lydiette Carrión y Luis Guillermo Hernández, en Rompeviento TV.[5]

Pero no solamente eso: aunque decidió no presentar denuncias ni recurrir a la protección de organismos oficiales, "porque no confío en ninguna institución del Estado", durante julio siguió apoyando a los activistas de Xalapa, para desmentir la versión oficial de la golpiza del 5 de junio. En un comunicado que envió a distintos medios, se hizo vocero de algunos testigos que en su momento afirmaron: "Sospechamos que los elementos de la Secretaría de Seguridad Pública encubrieron a los atacantes o fueron ellos mismos. (Los agentes) manifiestan que sólo se presentaron a ayudarnos, lo cual es completamente falso". Según el comunicado enviado por Rubén, los testigos advirtieron que "presentaremos pruebas de cómo ellos están coludidos con un grupo de sujetos que intervienen en la escena".[6]

Ni el asesinato de Juan Mendoza ni el discurso de Javier Duarte en Poza Rica callaron a Rubén, a pesar de que interpretó correctamente el mensaje que enviaba el gobernador: "Es una amenaza indirecta contra todo aquel que no esté alineado". Se sentía perseguido y así lo expresó, aunque algunos de sus compañeros creyeron que exageraba. Desterrado en la capital del país, siguió denunciando al gobierno encabezado por Duarte, lo mismo ante la prensa nacional que ante la extranjera. "Sólo le pido a la gente, a la sociedad y a los periodistas que volteen a ver a Veracruz, porque están matando la libertad de expresión", le dijo a Shaila Rosagel, del portal *Sin Embargo*.[7]. A Noemí Redondo, de la agencia española Sin Filtros, le explicó que, bajo el duartismo "se pueden meter a tu casa a matarte y nadie va a hacer nada por temor a también perder la vida".

Empezaba a mostrar, no obstante, cierta reticencia a exponerse demasiado, o a seguir haciéndolo: "Ya basta de mártires y de héroes, hay que ser humanos y entender que hay cosas que no puedes componer de la noche a la mañana, funcionamos mejor vivos que muertos". Él mismo, incluso, se sentía abierto a nuevas posibilidades, pese a las limitaciones del exilio:

---

[5] Programa *Periodistas de a Pie* del 9 de julio de 2015, en Rompeviento TV, https://vimeo.com/133119990

[6] Noé Zavaleta, *El infierno de Javier Duarte*, Ediciones Proceso, México, 2016, p. 135.

[7] "La muerte escogió a Veracruz como su casa y decidió vivir ahí, dice fotógrafo en el exilio", entrevista de Shaila Rosagel en *Sin Embargo*, 1 de julio de 2015, http://www.sinembargo.mx/01-07-2015/1398019

"Inicio de nuevo, con una vida a la que no me acoplo pero al final del día es vida y, si lo veo desde un punto de vista muy realista, soy afortunado al seguir con vida".[8]

* * *

Sábado después de mediodía.

Ayer, viernes 31 de julio, por la noche, Alma había logrado hablar con alguien que había estado con Rubén. Se trataba de Arturo, un amigo de años, conocido por la familia. Él le contó que el jueves habían salido por la noche, ellos dos y Nadia Vera, y al cerrar el bar se habían dirigido al departamento donde vivía la antropóloga para beber una cerveza más y pasar la noche. Arturo se había marchado al mediodía. Rubén se había propuesto salir un poco más tarde, para cumplir con la guardia vespertina en la oficina local de AVC Noticias, la agencia veracruzana con la que colaboraba. Además le había prometido a su hermana Patricia que se quedaría esa noche en su casa a cuidar a sus cachorros.

El fotógrafo que lo monitoreaba vía WhatsApp reportaba un primer mensaje a la 1:45 pm: "¿Qué hiciste ayer?" "Salí con un compa y una amiga", respondió Espinosa a la 1:58 pm, "me quedé en su casa y apenas voy para la mía". Y poco después, a las 2:13 pm: "Loco te escribo llegando a casa ya voy de salida a la calle", escribió a las 2:13 pm del viernes. Es todo lo que sabía Alma a las tres de la tarde del sábado, cuando iba a la dirección que le dio Arturo, la del departamento 401 del edificio número 1909 de la calle Luz Saviñón, en la colonia Narvarte.

La pesadilla estaba en camino de volverse real. Encontró el área sometida al control de la policía. Escuchó que ahí cometieron el multihomicidio del que había escuchado su papá. Ella supo que la víctima era su hermano y empezó a llorar. Los agentes le reprocharon su actitud porque, dijeron, tal vez no estaba muerto y era él mismo el presunto responsable que había sido detenido. La enviaron a la morgue, entró como en sueños, y de pronto estuvo frente a los cadáveres: eran cinco, de un hombre y cuatro mujeres, totalmente desnudos.

Sí era Rubén. Y era Nadia. Y Mile, Alejandra y Yesenia. Lastimados, morados, casi negros: salvo el de Alejandra, empleada doméstica que ese día tuvo el infortunio de trabajar allí, sus cuerpos exhibían las marcas de la tortura.

---

[8] "La última entrevista al fotógrafo mexicano Rubén Espinosa". Entrevista de Noemí Redondo en *Sin Filtros*, 25 de julio de 2016, https://www.sinfiltros.com/especiales/libertad-de-expresion/la-ultima-entrevista-del-fotografo-mexicano-ruben-espinosa-20160725.html

•••

Sábado por la noche.

Fotógrafos, escritores y activistas nos reunimos en casa de nuestra compañera Marcela Turati. Cada quien llevaba por dentro mezclas distintas de furia, temor, desconfianza, inconsciencia y negación. Cada coctel era explosivo, y un estallido provocaría el de todos.

Durante los bombardeos sobre la Ciudad de Gaza, en agosto de 2014, los periodistas nos escondíamos en los sótanos, en la oscuridad, escuchando en silencio los aviones y los drones israelíes, las explosiones retumbando, hasta que alguien perdía los nervios, vociferaba un reproche y abría un intercambio de acusaciones con o sin sentido. Pero también había quienes aportaban responsabilidad, ideas sensatas que eran acogidas por todos, pues nos sabíamos muy vulnerables.

En México también nos dimos a los reproches. Pero nuestra fragilidad era mayor de la que sospechábamos. Y allí, como en Gaza, comprobábamos después que la sensatez de esas ideas era más un valor que nosotros les dábamos que el que tenían por sí mismas. Era sólo el que nos urgía darles para superar el momento en el que todo se caía a pedazos. "Cometieron un error, un grave error", sostenía una colega, haciéndose escuchar entre las lágrimas y los gritos. "En Veracruz hacen lo que quieren pero en Ciudad de México se van a dar cuenta de que aquí no mandan". Admitía que el jefe del gobierno local, Miguel Ángel Mancera, era un sinvergüenza, pero también egocéntrico y patrimonialista, y probablemente querría marcarles su potestad a los de fuera, dejarles claro que no podían ordenar crímenes en la capital como en su casa, que aquí él hacía valer las reglas. Quizás.

De cualquier forma, sólo nos quedaba el recurso de siempre: salir a la calle a protestar frente a un gobierno que sabía ignorar la protesta. Se había especializado en ello. Y retenía su poder.

•••

Todos somos Rubén. A los pies de la columna de 52 metros, que sostiene una Victoria Alada, decenas de fotógrafos se colocaban sobre el rostro fotografías de Rubén Espinosa, en blanco y negro, y mostraban sus cámaras. Éramos unas 400 personas. Algunos carteles decían: "Gobierno duartista / asesino de periodistas", junto al eslogan "No se mata la verdad matando periodistas". La luchadora social Julia Klug mostraba una bandera de México en la que el símbolo central, un águila que devora una serpiente, estaba enmarcado por palabras escritas en negro: "Periodista honesto / periodista muerto".

El Ángel de la Independencia es el emblema de Ciudad de México y uno de los más importantes del país. Aquí los aficionados celebran las victorias de futbol. Y los reporteros venimos a protestar por nuestros muertos. Pero no sólo se trataba de uno de nuestros colegas. Un grupo de mujeres hizo énfasis en que habían sido cuatro asesinadas. No se podía pedir #JusticiaParaRubén, sino #JusticiaParaLxs5. "¡No más feminicidios!", proclamaban.

Estaban presentes algunas jóvenes integrantes de la comunidad colombiana. También del sindicato de trabajadoras domésticas. Los compañeros de Rubén y Nadia arribaron de Xalapa, apenas con ánimo para protestar. Si en la capital sentíamos la muerte rondando, allá les habían puesto la pata sobre el cuello. Congoja, dolor, miedo e impotencia. Noé Zavaleta lloraba sobre las escalinatas de mármol del monumento. La moral se le escurría entre las manos: "Ya no sé si vale la pena pedir justicia o no, al final de cuentas yo no voy a volver a ver a Rubén. ¿Para qué? ¿Qué tipo de justicia te van a entregar cuando vemos que lo quieren hacer pasar como un saqueo, robo o un simple delito del fuero común? Para serte sincero, no sé si valga la pena pedir justicia o no en un México impune".

Con cámaras y lentes, fotos de las víctimas e imágenes captadas por Rubén junto a claveles blancos, formaron un pequeño altar sobre un grueso papel de tonos ocres. "¡Justicia!", escribieron en amarillo. "¡Ni uno más!"

Tras el asesinato de Moisés, el número 11 de los reporteros asesinados bajo el gobierno duartista, Rubén marchó con un cartel que decía: "No quiero ser el número 12".

"Aún no nos cabe en la cabeza que Rubén ya entró en las estadísticas", cerró Zavaleta. "Es ya el número 14".

•••

De regreso en Xalapa, los periodistas enfrentaron la evidencia de que la persecución no tenía límites. Si las fauces del lobo habían llegado hasta la Ciudad de México, ¿qué esperanza se podía tener cuando se vivía entre sus colmillos?

La que existía —porque aún se aferraban a ella— no podía perderse con una retirada hacia la desmovilización, al aislamiento; con una huida individual hacia la derrota en soledad. Realizaron protestas cada día, en calles y plazas. El 10 de agosto unos mil manifestantes decidieron llevar sus voces desde Plaza Lerdo —rebautizada por Rubén como Plaza Regina— hasta

Casa Veracruz, la residencia oficial del gobernador. Gritaban el nombre del Jefe de Gobierno de Ciudad de México, "¡Mancera, no protejas a Duarte!" La reportera Norma Trujillo, por su parte, reclamaba: "Rubén gritó 'estoy aquí, no quiero ser el siguiente', lo dijo ante diputados y autoridades. Nadie lo escuchó".

En números menores, grupos de periodistas realizaron eventos durante el mes de agosto en distintas partes del país. Ni siquiera en los rincones que más han sufrido la violencia dejó de impactar el multihomicidio cometido en el corazón de la República. Por ejemplo, en Sinaloa, donde la mafia política se apoyaba en organizaciones criminales similares a la del *Chapo* Guzmán, los periodistas hicieron un pequeño mitin en el centro de la ciudad de Culiacán, en el que Javier Valdez —Premio Internacional de la Libertad de Expresión 2011— denunció que "tenemos un gobierno corrupto, que no es capaz de propiciar condiciones para vivir bien en este país. Si no hay condiciones para la vida, tampoco para ejercer el periodismo. No se ejerce el derecho a la libertad de expresión".

El domingo 16, en una manifestación de artistas en la colonia Narvarte —frente al edificio donde se cometió el crimen—, Rexiste —un colectivo de artistas-activistas sociales— escribió sobre la calle, con grandes letras blancas: "Fuiste tú, Duarte". Una semana más tarde, Jorge Sánchez presentó el nuevo número de *La Unión*... Rubén le había enviado unas fotos porque iba a estar dedicado a Juan Mendoza, el asesinado número 13, a quienes se sumaba ahora el propio Rubén.

La indignación se extendía incluso más allá de México. En Buenos Aires, donde fotógrafos deportivos aprovecharon el partido final de la Copa Libertadores para mostrar la leyenda "Basta de genocidio en México", grupos de periodistas expresaron su solidaridad. "Este crimen ha sido un parteaguas", sostuvimos el 15 de agosto más de 500 escritores y periodistas; "la Ciudad de México era considerada uno de los últimos lugares seguros para el ejercicio periodístico, pero ahora no parece haber santuario alguno para los reporteros perseguidos en México". Promovida por el Pen Club y el Committee to Protect Journalists, dirigimos esta carta al presidente Peña Nieto personas de 40 países, entre las cuales se contaban figuras tan destacadas como Javier Valdez, Salman Rushdie, Margaret Atwood, Diego Luna, Noam Chomsky, Alfonso Cuarón, John Coetzee, Guillermo del Toro, Paul Auster, Seymour Hersh, Alan Rusbridger, Gavin MacFadyen, Arianna Huffington y Christiane Amanpour.

Antes de demandar el esclarecimiento de los crímenes contra periodistas y garantías para la libertad de expresión, la misiva denunciaba que "hoy el periodismo en todo el mundo vive bajo asedio: los reporteros mexicanos, en particular, viven en peligro mortal. Las organizaciones criminales, los funcionarios de gobierno corruptos, y un sistema de impartición de justicia incapaz siquiera de determinar la responsabilidad de los asesinos son causa de la extrema vulnerabilidad de los reporteros".[9] Esta carta dio origen a la movilización #NoNosCallarán, en la que más de 700 mil personas añadieron sus firmas y exigieron una investigación independiente de la matanza de la Narvarte, que siguiera la "línea Veracruz" que conduce al gobernador Duarte.[10] Nunca antes habíamos alcanzado tal nivel de visibilidad y apoyo.

• • •

"La primera garantía que tenemos que dar para resarcir a las víctimas es que no haya impunidad, se debe dar con los responsables, sea quien fuere", declaró Miguel Ángel Mancera. El jefe de Gobierno de Ciudad de México parecía entender la importancia de esclarecer el crimen, de atajar la ola de feminicidios y asesinatos de periodistas, y ordenó al titular de la PGJCDMX (Procuraduría General de Justicia de la Ciudad de México), Rodolfo Ríos Garza, actuar con diligencia.

Las autoridades locales no tenían mayores capacidades, mejores intenciones ni más humanidad que las de Veracruz, trágicamente. Eso se hizo ver desde que empezaron a maltratar a los familiares. La primera que lo padeció fue Alma Espinosa, a quien los agentes engañaron haciéndole creer que había un detenido —era falso— y que podía ser su hermano, aún vivo. Después, ese mismo sábado, en la Fiscalía de Homicidios, una funcionaria le pidió ocultar que Rubén era periodista, "no puedes decir a qué se dedicaba porque eso puede entorpecer las investigaciones". "Ésa fue la primera amenaza que recibió mi hermana", me explicó Patricia. Cuando pidió que le entregaran los objetos personales de Rubén, primero le dijeron "que no se los lleve porque están llenos de sangre y que es antihigiénico y que para qué", y después "que no traía nada, cartera, credencial, teléfono, que por eso está en calidad de desconocido, sólo (tenían) su ropa y estaba llena de sangre".

A partir de estos gestos iniciales, la familia y sus representantes legales tuvieron que soportar una larga lista de ofensas por parte de las autorida-

[9] "Presidente Nieto: investigue los asesinatos de periodistas en México y establezca mecanismos para protegerlos", https://pen.org/presidente-nieto-investigue-los-asesinatos-de-periodistas-en-mexico-y-establezca-mecanismos-para-protegerlas/

[10] "México: ¡Paremos los ataques a la libertad de expresión!", petición en línea en *Avaaz*, https://secure.avaaz.org/es/ruben_global_l/?slideshow

des. Pero lo más grave fue comprobar que, al igual que en otros estados, en la capital del país tampoco había interés en aclarar el caso, sino en arrojarlo al inmenso archivo de los crímenes comunes que no vale la pena investigar. Ernesto Ledesma, director de Rompeviento TV (el medio en el que Nadia y Rubén denunciaron la persecución, y responsabilizaron a Duarte de lo que pudiera ocurrirles), fue llamado también a declarar. Las preguntas de la fiscalía lo sorprendieron: "No nos preguntaron nada del gobernador ni las condiciones de acoso que tenían en Xalapa. Las preguntas que me hicieron fue '¿sabes si Rubén Espinosa y Nadia Vera tomaban (alcohol)? ¿Sabes si fumaban marihuana, si iban a fiestas?'". Para Ledesma era inaceptable que "no sólo no los protegieron en vida, ¡carajo!, ni en la muerte. Ni *post mortem* los están cuidando, están tratando de manchar su reputación".

La estrategia del procurador Ríos Garza, y de su lugarteniente y encargado del caso Narvarte —Edmundo Garrido— era "estigmatizar y criminalizar" a las cinco víctimas, me explicó Leopoldo Maldonado, oficial legal de Article 19 y abogado de la familia Espinosa. Todo esto mediante la creación de "una narrativa que si bien no es oficial —porque han cuidado de no decirla en boca del propio procurador o del subprocurador de averiguaciones previas o del fiscal de homicidios— sí lo han hecho a través de sus vínculos con algunos medios, a los que les han filtrado datos aislados para generar la percepción" de que "se trató de una fiesta, de narcomenudeo, de prostitución, para incluso justificar el multihomicidio" ante la opinión pública.

Además de Nadia (31 años) y Rubén (32), en el departamento fueron asesinadas Alejandra Negrete (40), una trabajadora doméstica con tres hijas que ese día, desafortunadamente, hacía tareas de limpieza. Asimismo dos compañeras de piso de Nadia: Yesenia Quiroz (18), originaria de la ciudad de Mexicali, en la frontera con California, y Mile Virginia Martín (31), apodada *Nicole*, nacida en Bogotá, Colombia. El hecho de que estas dos chicas fueran jóvenes, guapas e inmigrantes se aprovechó para crear la percepción de que prestaban servicios sexuales o vivían de la venta de drogas. A partir de este escenario, se desprendía que los asesinos habrían entrado a la vivienda por invitación de alguna de ellas, quien habría sido el verdadero objetivo del ataque, resultando las demás víctimas colaterales del mismo.

Aunque no hay evidencias para sostener hipótesis de este tipo, y a pesar de que el gremio periodístico ha interpretado correctamente el crimen como una advertencia para el conjunto de sus miembros, las filtraciones sin fuente fueron recogidas por medios y columnistas que solían replicar las posturas gubernamentales. Así, aunque los autores acostumbraban utilizar los titulares de sus artículos para asentar una idea, después, en el cuerpo de sus textos, no la sustentaban: "Fue un vulgar robo, nada implica a Duarte".[11] "Se refuerza la línea de crimen por narcomenudeo"[12] (Ricardo Alemán). "El departamento de la Narvarte era también una casa de citas. Cinco personas muertas, el daño colateral de una desafortunada visita"[13] (Ciro Gómez Leyva). En el multihomicidio de la Narvarte hay "un deplorable tufo a prostitución y drogas"[14] (Carlos Marín).

Entre los distintos medios, el exponente más notable de la narrativa del gobierno capitalino fue el diario *La Razón*, dirigido entonces por el periodista cubano Rubén Cortés. Era un tabloide que solía regalar ejemplares por vender muy pocos, y que no vivía propiamente de la circulación habitual, sino del impacto de grandes titulares en sus portadas, potenciados por su exhibición en lugares destacados de los puntos de venta. En otras palabras, su objetivo no era proporcionar información verídica, sino dar golpes espectaculares, a través de encabezados que buscaban influir rápidamente en la opinión pública. Aprovechando que desde el primer día las autoridades le concedieron acceso exclusivo al expediente en la Fiscalía de Homicidios (según presumió en una nota sin firma),[15] *La Razón* fue apuntalando en sus encabezados a ocho columnas la versión oficiosa. Ésta se centraba, sobre todo, en generar sospechas sobre una de las mujeres asesinadas, Mile; ella era una mujer joven, inmigrante y además colombiana. Todo ello la convertía en el eslabón más débil del grupo de víctimas. Pronto se difundieron dos fotografías que alimentaban la sospecha de actividades ilícitas: en una de ellas posaba con un vestido negro entallado, junto a un Mustang rojo y blanco de su propiedad; en la otra aparecía luciendo un bikini azul que resaltaba sus senos.

Las personas que pasaban frente a los puestos de periódicos recibían, cotidianamente y a golpe de gruesas letras, las versiones que el gobierno capitalino les presentaba a través de *La Razón*: "Víctimas de la Narvarte conocían

---

[11] "Fue un vulgar robo, nada implica a Duarte", columna de Ricardo Alemán, *El Universal*, 10 de agosto de 2015, http://www.eluniversal.com.mx/entrada-de-opinion/columna/ricardo-aleman/nacion/2015/08/10/fue-un-vulgar-robo-nada-implica-duarte

[12] "Se refuerza la línea de crimen por narcomenudeo", columna de Ricardo Alemán, *El Universal*, 16 de agosto de 2015, http://www.eluniversal.com.mx/entrada-de-opinion/columna/ricardo-aleman/metropoli/df/2015/08/16/narvarte-se-refuerza-linea-de

[13] "El departamento de la Narvarte era también una casa de citas", columna de Ciro Gómez Leyva, *El Universal*, 21 de agosto de 2015, http://www.eluniversal.com.mx/entrada-de-opinion/columna/ciro-gomez-leyva/nacion/2015/08/21/el-departamento-de-narvarte-era

[14] "DF: opera o no el crimen organizado", columna de Carlos Marín, *Milenio Diario*, 14 de septiembre de 2015, http://www.milenio.com/opinion/carlos-marin/el-asalto-la-razon/df-opera-o-no-el-crimen-organizado

[15] "Víctimas de la Narvarte conocían a sus homicidas". Nota sin firma en *La Razón*, 3 de agosto de 2015, https://www.razon.com.mx/victimas-de-la-narvarte-conocian-a-sus-homicidas/

a sus homicidas" (2 de agosto). "ᴘɢᴊᴄᴅᴍx detiene a violador que ya confesó: sí estuvo ahí" (5 de agosto). "Asesinos se ensañaron con Mile, la colombiana: detenido" (6 de agosto). "Rubén Espinosa, positivo en marihuana y cocaína" (13 de agosto). "Víctima de la Narvarte usaba múltiples identidades: Mile, Nicole" (17 de agosto). "Indagan compras que hacía Mile sin trabajar" (18 de agosto). "Detenido por el caso Narvarte sólo iba por sexo al departamento" (19 de agosto). "A departamento de Narvarte iban a arreglar un asunto de drogas" (1 de septiembre). "Sólo íbamos por Nicole, a los demás no los conocíamos" (2 de septiembre). "Los asesinos de la Narvarte fueron a matar a Mile un día antes pero no estaba" (3 de septiembre).[16]

La ᴘᴊɢᴅꜰ detuvo a tres personas, descritas como un albañil, un trabajador de *valet parking* y un malabarista callejero, sin explicar cómo es que, además de sus ocupaciones, eran presuntamente expertos en el uso de armas de fuego y en técnicas de tortura. Presentó también fragmentos de grabaciones de cámaras de seguridad, muy borrosas, en las cuales se ve cómo uno de los hombres se lleva el Mustang de Mile, que fue abandonado más tarde en otro sitio. Según *La Razón*, el fundamento de sus notas son exámenes periciales y declaraciones de los inculpados que forman parte de la investigación oficial, a pesar de que los abogados de las familias de las víctimas han denunciado que todo eso es falso. Para hacer creíble esa narrativa se filtró el dato de que el cuerpo más lastimado era el de Mile, a pesar de que tanto Alma Espinosa como Indira Alfaro, madre de Yesenia, constataron que los de Nadia y Rubén mostraban huellas de una saña superior a la que sufrieron las otras víctimas.[17]

Menos de una semana después del crimen, el 6 de agosto, siete importantes organizaciones de derechos humanos mostraron su alarma porque las autoridades sembraban datos para manipular a la opinión pública y —en un pronunciamiento conjunto— denunciaron "las filtraciones de información contradictoria" que "propician un inadecuado manejo de la información, desacreditando, discriminando y estigmatizando a las víctimas por su nacionalidad, sexo, ocupación o hábitos".[18] Junto a estas organizaciones, la Comisión de Derechos Humanos del Distrito Federal —un organismo público autónomo—

16 Cobertura del diario *La Razón* de los días 2, 5, 6, 13, 17, 18, y 19 de agosto de 2015, y del 1, 2 y 3 de septiembre de 2015,

17 "Rubén y Nadia eran los más golpeados. Nuevas revelaciones caso Narvarte", entrevista de Yuli García a Indira Alfaro en video de *El Universal*, 29 de febrero de 2016, http://www.eluniversalvideo.com.mx/video/metropoli/2016/ruben-y-nadia-eran-los-mas-golpeados-nuevas-revelaciones-caso-narvarte?page=8&per-page=24

18 "ᴏɴɢ denuncian filtraciones caso Narvarte", nota de la redacción en *El Universal*, 6 de agosto de 2015, http://www.eluniversal.com.mx/articulo/metropoli/df/2015/08/6/ong-denuncian-filtraciones-en-caso-narvarte

inició una queja de oficio por la violación de garantías fundamentales de las víctimas. El 2 de septiembre, finalmente una jueza resolvió el caso a favor de la familia Espinosa, ordenando a la Procuraduría de Justicia que detuviera la filtración de datos sobre el caso.[19]

"Censura por orden judicial", reclamó Ricardo Alemán en otro título de su columna.[20] Pese a la orden dictada contra la Procuraduría, el sembrado de información persistió a lo largo de tres meses hasta que, en diciembre, el procurador Rodolfo Ríos anunció que un funcionario había sido detenido e indiciado por "el tema de las filtraciones". A causa de la prohibición judicial, señaló sin embargo que "los detalles no los puedo dar a conocer".[21] Pero nada de esto detuvo a La Razón, que siguió publicando las "revelaciones" que llegaban a manos de sus reporteros: "Huellas, fotos, videos, llamadas, inculpan a asesinos de la Narvarte" (31 de enero de 2016); "Con técnicas de EU, Canadá y Alemania, PGJ resolvió el caso" (4 de febrero).

• • •

El caso ya estaba "resuelto", según la PGJCDMX, el 27 de noviembre de 2015, a casi cuatro meses del crimen. En una entrevista con el portal noticioso Animal Político, eso aseguró Edmundo Garrido, el subprocurador a cargo del caso. Garrido responsabilizó a Daniel Pacheco (detenido el 5 de agosto), Abraham Tranquilino (30 de agosto) y Omar Martínez (11 de septiembre), y explicó que "hay tres personas que privaron de la vida a estas cinco personas que estaban en el interior, y que estas tres personas tenían un vínculo de amistad y afectividad con una de las personas que estaban en el interior", refiriéndose a la colombiana Mile Virginia Martín.

De ser supuestamente amigos de una joven al asesinato con tortura de las cinco víctimas hay bastante distancia. ¿Por qué lo hicieron? ¿Por prostitución? ¿Por diferencias sobre asuntos relacionados con tráfico de drogas? La PGJCDMX no tenía los "elementos suficientes para confirmar al cien por ciento el motivo", admitió Garrido, aduciendo que los inculpados habían confesado y que, aunque existían contradicciones entre ellos, éstas resultaban superf-

---

19 "Jueza prohíbe a PJGDF difundir el caso", nota de la redacción en La Razón, 2 de septiembre de 2015, https://www.razon.com.mx/jueza-prohibe-a-PGJCDMX-difundir-el-caso/

20 "Caso Narvarte. Censura por orden judicial", columna de Ricardo Alemán, El Universal, 2 de septiembre de 2015. http://www.eluniversal.com.mx/entrada-de-opinion/columna/ricardo-aleman/nacion/2015/09/2/caso-narvarte-censura-por-orden-judicial

21 "Detienen a funcionario de la PGJCDMX por filtrar caso Narvarte", nota de agencia en La Razón, 10 de diciembre de 2015. https://www.razon.com.mx/detienen-a-funcionario-de-la-PGJCDMX-por-filtrar-caso-narvarte/

luas ya que las pruebas eran suficientes para demostrar su participación. Habrían cometido el crimen en tres horas, entrando a las 12 del día y saliendo a las tres de la tarde,[22] todo ello a pesar de que se sabe con seguridad que Rubén le envió un mensaje de WhatsApp a su amigo fotógrafo, todavía a las 2:13 pm. A esa hora todo parecía tranquilo: "Loco te escribo llegando a casa ya voy de salida a la calle".

Para que la versión oficial coincida con este dato, los asesinos debieron esconderse en algún rincón del edificio desde las 12 am hasta al menos las 2:14 pm, y realizado en silencio —los vecinos no oyeron nada— las torturas y ejecuciones de las cinco víctimas en apenas 40 minutos, con sólo seis minutos para abandonar el lugar. El único cuerpo que no presentaba señales de violencia, además del tiro de gracia, fue el de la trabajadora doméstica Alejandra Negrete. Tras un año del multihomicidio, la abogada Karla Michelle Salas, representante de las familias de Nadia Vera y Mile Virginia Martín, mantenía cuestionamientos para los cuales la PGJCDMX no tenía respuesta.[23] Asimismo, un par de años después, la Comisión de Derechos Humanos del Distrito Federal emitió una recomendación que enumeró "errores e irregularidades" en la investigación oficial.[24]

Existen huellas dactilares, rastros de ADN y asimismo la huella de un zapato que corresponden, al menos, a otro hombre no identificado. Hay evidencias faltantes o mal preservadas, y es sabido que el propio comandante de los policías investigadores contaminó la escena del crimen con sus huellas.[25] Las necropsias no establecen con precisión las causas de los distintos decesos, ni describen las lesiones que sufrieron las víctimas. No se siguieron los protocolos de investigación habituales para feminicidios, ni para delitos contra la libertad de expresión. No se investigaron las numerosas llamadas telefónicas que recibieron y realizaron los acusados, los cuales además desconocieron

---

[22] "Caso Narvarte: PGJDF concluye que amistad de detenidos con Mile fue el origen del crimen". Nota de Arturo Ángel en *Animal Político*, 27 de noviembre de 2015, https://www.animal-politico.com/2015/11/caso-narvarte-sin-movil-pgjdf-concluye-que-amistad-de-detenidos-con-mile-fue-el-origen-del-crimen/

[23] "Si iban por Mile, ¿por qué torturar a Nadia y Rubén?", nota de la redacción en *Aristegui Noticias*. 2 de agosto de 2016, https://aristeguinoticias.com/0208/mexico/si-iban-por-mile-por-que-torturar-a-nadia-y-ruben/

[24] "Caso Narvarte: CDHDF enumera los errores e irregularidades cometidos en la investigación". Nota de Arturo Ángel en *Animal Político*, 22 de junio de 2017, https://www.animalpolitico.com/2017/06/narvarte-errores-investigacion-cdhdf/

[25] "El comandante que investigó el multihomicidio en la Narvarte contaminó la escena del crimen". Nota de Paris Martínez en *Animal Político*, 28 de enero de 2016, https://www.animalpolitico.com/2016/01/el-comandante-que-investigo-el-multihomicidio-en-la-narvarte-contamino-la-escena-del-crimen/

sus declaraciones porque —según denunciaron—, les fueron arrancadas mediante tortura.

Aunque los cinco cuerpos presentaban tiros de gracia, la Procuraduría no estableció quién disparó ni cómo lo hizo, ni halló el arma utilizada. Tampoco explicó el crimen ni sus motivos, aunque los supuestos dichos de los inculpados sirvieron para generar la impresión de que sí estaban claros los porqués: Abraham Tranquilino habría asegurado que la joven colombiana recibía cargamentos de cocaína en el Aeropuerto Internacional de la Ciudad de México, y que fueron a buscarla para robarle un paquete de droga, sin que los otros dos inculpados o alguna prueba confirmen esa versión. Por lo que respecta a Daniel Pacheco, habría dicho: "Fuimos a tener relaciones sexuales, entonces después de tener relaciones sexuales, Alejandra, que es la señora de la limpieza, me pide que me salga y yo los esperé afuera". Los estudios periciales, no obstante, demostraron que ninguna de las cuatro mujeres había tenido intercambios sexuales, consentidos o no.

En todo caso, si el objetivo del ataque era la colombiana, la abogada Salas preguntó: ¿Por qué matar a los demás? ¿Por qué estrangular a Nadia y Yesenia? ¿Por qué torturar a Nadia y Rubén?

• • •

Los reclamos porque la PGJCDMX descartaba líneas de investigación relevantes, relacionadas con la política veracruzana, comenzó a ganar espacios en el debate público. Estas rutas de investigación tenían como centro las actividades de Nadia y Rubén en Veracruz, así como las amenazas y agresiones que habían recibido, y se relacionaban directamente con el gobierno de ese estado, encabezado por Javier Duarte. La Procuraduría aseguró que la inconformidad era injustificada y solicitó interrogar al gobernador Duarte, quien pronto anunció estar dispuesto a contestar tales preguntas. No se presentaría sin embargo en las instancias judiciales de la Ciudad de México, sino que exigió que los agentes acudieran a sus oficinas en Xalapa, con un cuestionario escrito. Se hizo a su gusto, el 11 de agosto, con la presencia de los representantes de las familias de las víctimas, pero sin permitir que hicieran preguntas allí mismo.

No se lo hicieron difícil. Duarte pudo leer y asimilar las 37 preguntas de la PGJCDMX, y dar respuestas como las siguientes:

CUESTIONARIO: ¿Considera que actualmente las condiciones son idóneas para ejercer actividades periodísticas en el estado de Veracruz?

JAVIER DUARTE: Sí.

CUESTIONARIO: ¿En su gobierno se ha implementado alguna política pública que garantice los derechos humanos de periodistas y reporteros con motivo de sus actividades?

DUARTE: Sí.

CUESTIONARIO: ¿Cuál es su opinión sobre la fotografía en la que usted aparece, tomada por Rubén Espinosa y publicada en la portada del número 1946 de la revista *Proceso*?

DUARTE: Es buena foto.

CUESTIONARIO: ¿El trabajo de Rubén Espinosa incomodaba de alguna manera a usted en su carácter de gobernador?

DUARTE: No.

CUESTIONARIO: ¿Considera usted que el Gobierno de Veracruz respeta los derechos humanos de periodistas y manifestantes?

DUARTE: Sí.[26]

"Respondí a todas sus preguntas y dejo claro que me deslindo totalmente de los acontecimientos", afirmó Duarte en un comunicado de prensa. Aseguró que no creía en el fuero que por ley protege al gobernador, y que por ello aceptó declarar ante el Ministerio Público, lo que valoró como "un hecho inédito de la historia política y jurídica de México". Criticó además "los linchamientos públicos que, lejos de crear valor, alejan de la verdad y encubren a los verdaderos culpables". Cerró el documento con la frase "La verdad nos hará libres".[27]

Otros cinco funcionarios estatales contestaron cuestionarios una semana después, con los mismos resultados. Entre ellos se encontraba el secretario de Seguridad Pública, Arturo Bermúdez, acusado de dirigir un escuadrón de policías secuestradores y asesinos en la entidad. El mismo hombre cuyo brazo alcanzaba operativamente a la Ciudad de México, en su papel de propietario de seis compañías de seguridad privada que operaban por entonces en la capital del país: Grupo Profesional de Resguardo; Seguridad Privada GPR; Grupo Profesional de Alarmas; Profesionales en Seguridad Privada Integral; Profesionales Privados en Custodia y Resguardos Empresariales y

---

[26] "Ésta es la declaración de Javier Duarte sobre los asesinatos en la colonia Narvarte". Nota en *Animal Político*, 19 de enero de 2016, https://www.animalpolitico.com/2016/01/esta-es-la-declaracion-de-javier-duarte-sobre-los-asesinatos-en-la-colonia-narvarte/

[27] "El gobernador de Veracruz se desvincula del asesinato del periodista Rubén Espinosa", nota en *El Mundo*, 12 de agosto de 2015, https://www.elmundo.es/internacional/2015/08/12/55cb07afca47411d2d8b4579.html

Guardias Empresariales en Seguridad Privada.[28] Estas empresas se ubicaban en las calles Luis Spota 151, de la colonia Independencia, y Centenario 29, de la colonia San Simón Ticumac. Ambos domicilios estaban entre seis y nueve minutos en coche del departamento donde asesinaron a Nadia, Rubén, Alejandra, Mile y Yesenia.

Por lo que toca a dichas empresas de seguridad, la PGJCDMX no consideró necesario preguntarle nada a su dueño, el secretario Bermúdez, ni realizar alguna acción para investigarlas. Tampoco llamó a declarar a los amigos de Rubén y Nadia, ni a los reporteros que podrían haber descrito los riesgos de ejercer el periodismo bajo el gobierno duartista, y que habrían desmentido la afirmación del mandatario en el sentido de que había "condiciones idóneas" para la libertad de expresión. Testigos directos y conocedores todos ellos de las víctimas, que habrían podido aportar detalles sobre las agresiones y amenazas que habían obligado a Nadia y a Rubén —como a muchas otras personas— a dejar Veracruz para salvar sus vidas.

Más aún: la PGJCDMX no tuvo siquiera interés, ni creyó necesario explicar (en el caso de que los tres procesados fueran efectivamente los responsables) por qué lo habrían hecho, cuáles habrían sido los motivos para asesinar a cinco personas, torturándolas antes con saña. A los familiares, me confió Patricia Espinosa, "nos dijeron que ellos no tienen la obligación de esclarecer el móvil, simplemente tienen a los tres detenidos y no tienen la obligación de decirnos algo más".

ACTUALIZACIÓN DEL CASO A TRES AÑOS
DEL CRIMEN

Estado: Impune.

Resumen del informe "Caso Narvarte, 3 años después: herida abierta",[29] del 2 de enero de 2018, presentado por las organizaciones representantes de las víctimas: Article 19 México, Grupo de Acción por los Derechos Humanos y la Justicia Social, y Clínica de Interés Público Contra la Trata de Personas del ITAM:

---

[28] "Empresas de seguridad de Arturo Bermúdez, ex jefe policiaco de Duarte, aún operan en la CDMX", nota en *Aristegui Noticias*, 6 de febrero de 2017, https://aristeguinoticias.com/0602/mexico/empresas-de-seguridad-de-arturo-bermudez-ex-jefe-policiaco-de-duarte-aun-operan-en-la-cdmx/

[29] Informe "Caso Narvarte, 3 años después: herida abierta", del 30 de julio de 2018, portal de Article 19, https://articulo19.org/caso-narvarte-3-anos-despues-herida-abierta/

En 2017, la Comisión de Derechos Humanos del Distrito Federal emitió su recomendación 04/2017, que fue aceptada por la Procuraduría General de Justicia de la Ciudad de México. A pesar de ello, esa recomendación "se ha convertido sólo en un instrumento de buenas voluntades, pero de nulas acciones concretas, pues a un año de su emisión, no se ha logrado cumplir ninguno de sus puntos".

No se ha diseñado "un plan de investigación para reconducir las investigaciones del caso", pues "la autoridad ministerial sigue obstinada" en ignorar "otras líneas de investigación que nunca han sido agotadas debidamente", y "ha llegado al extremo" de asegurar ante los representantes de las víctimas "que ya no hay nada más que investigar". A pesar de las pruebas aportadas para "robustecer la línea de investigación relativa a la persecución política contra Nadia y Rubén en Veracruz, la PGJCDMX insiste en que tales pruebas son irrelevantes".

La lógica de la PGJCDMX "es apostarle al cansancio y al olvido".

"Ninguna autoridad ha sido sancionada por las violaciones que se cometieron y que se siguen cometiendo en este caso. Por el contrario". En efecto, funcionarios involucrados en malas prácticas durante las investigaciones del llamado Caso Narvarte fueron premiados mediante ascensos y promociones. El ejemplo más emblemático es el de Edmundo Garrido, quien manejó directamente el asunto como subprocurador de Averiguaciones Previas, y en julio de 2017 reemplazó como procurador general a su jefe, Rodolfo Ríos.

"A tres años del crimen, seguimos sin saber, ni como sociedad ni como familiares, la verdad de lo ocurrido. No sabemos el móvil del crimen ni a ciencia cierta quiénes fueron los perpetradores tanto materiales como intelectuales. Aunque la autoridad se empeñe en presentar públicamente el caso como un asunto concluido, insistimos en que el Caso Narvarte sigue y seguirá abierto hasta que se garantice plenamente el derecho a la verdad, a la justicia y a una justa reparación, y hasta que se asegure institucionalmente que crímenes como éstos no quedarán impunes".

• • •

Tenemos grandes problemas en cuestión de compañerismo, también hay que decirlo. Es complicado por intereses de muchos compañeros que decidieron trabajar bajo paga gubernamental. Hay otros que no lo hacen así, y los que no lo hacemos así somos el grave problema, de ahí el conflicto que hay entre nuestra labor y el gobierno.

Pero aún así aquí estamos, y aquí estamos muchos que en realidad creemos que podemos hacer las cosas bien, que en realidad podemos llevar a cabo bien la ética de lo que se trata esto. Insisto, somos muy pocos pero tenemos mucha fuerza porque tenemos la verdad de nuestro lado.

Rubén Espinosa [30]

• • •

Rubén siempre andaba desconfiado y tenía razones para ello. Su muerte horrible, su tortura, la de Nadia, la de Yesenia Quiroz y las de las otras dos mujeres me persiguen... murieron por pensar, lo que parece estar prohibido en este país porque premian a los idiotas. Bien haríamos todos en sacudirnos a los parásitos. Esos que son pocos, pero cómo friegan. Al resto, que somos muchos, nos hacen creer que estamos fregados. Ellos son nuestros empleados. Nosotros, usted y yo, mandamos. A mandar pues. A mandarlos...

Pedro Canché [31]

• • •

A Nadia Dominique,
la mujer...
que soy
Se están volviendo margaritas los huesos de la niña
Que se consume como una lámpara olvidada
Una piel transparente la seduce
Para bordar en sus cabellos los pétalos de muerte
Y mis manos quietas no la tocan
Y mis ojos tristes no la miran
Y mi alma inerte no la siente
Se están volviendo secos los ojos de la madre
Que se consume como una lámpara olvidada
Una piel transparente se le escapa
Para bordar en sus cabellos el llanto de la muerte
No te vayas de mí niña de azúcar
A deshacerte entre la piel del llanto
No te vayas de mí pájara libre

---

[30] Corto *Crónica de una represión anunciada*, realizado por Raziel Roldán y Miguel Angel Díaz. Colectivo Voz Alterna y Plumas Libres, https://www.youtube.com/watch?v=Guav-VoBtnc
[31] "'No quiero ser el número 13': Rubén Espinosa". Artículo de Pedro Canché en *Animal Político*, 3 de agosto de 2015, https://www.animalpolitico.com/blogueros-blog-invitado/2015/08/03/no-quiero-ser-el-numero-13-ruben-espinosa/

Hacia el páramo frío de la ausencia
Entre tus venas danza mi silencio
Y hay un sonido mío en tus palabras
No te vayas de mí niña de azúcar
A plantar margaritas en tus huesos
No me dejes sin tus ojos
Ciega
No me dejes sin tu voz
Silente
No me dejes sin tu luz
A oscuras
No me dejes sin tu piel
Desnuda
No me dejes sin ti
Niña de azúcar

Mirtha Luz Pérez Robledo (madre de Nadia)
San Cristóbal de las Casas, 10 de agosto de 2015

• • •

Extraño tu voz. Tu mirada. Tu abrazo fuerte. Verte editar. Tomar fotos. Las horas eternas nuestras. Nuestras distracciones. Nuestros juegos. Tus mensajes. Hacerte de cenar. Cenar. Ver series. Pelis de terror. Tus abrazos. Tus manos. Que me digas que soy yo. Tus Te Amo. Mis Te Amo.

Cuando creo que ya no tengo lágrimas, lluevo.

Cuando pienso que no volverás, no lo acepto.

Te nombro. Te pienso.

Te mantengo vivo dentro de mí. Usaré mi cuerpo y mi voz para mantenerte presente.

Mantener la memoria viva. Mantener la memoria viva.

Mano arriba, frente en alto.

Mano arriba, frente en alto.

Dale sentido.

Darle sentido.

Itzamná Ponce (pareja de Rubén)
Xalapa, 31 de agosto de 2015

4

El presidente contra la periodista

Los presidentes de México ya no poseen la omnipotencia monárquica que ostentaron durante el siglo xx, pero conservan la altivez de la aristocracia republicana. Son rarísimos los casos en que se han disculpado por sus errores, tal vez sólo dos: José López Portillo advirtió que "defenderé el peso como un perro" y seis meses después, en febrero de 1982, lloró porque la moneda había caído de 12.50 a 70 pesos por dólar. Y en junio de 2011 Felipe Calderón, dirigiéndose al poeta Javier Sicilia —cuyo hijo había sido asesinado—, presentó excusas parcialmente, sin reconocer alguna responsabilidad personal y añadiendo una larga autojustificación que le restó verosimilitud: "Debemos pedir perdón por no proteger la vida de las víctimas pero no por haber actuado contra los criminales que están matando a las víctimas, eso definitivamente es un error y en eso, Javier, sí estás equivocado".

Con estos antecedentes, algunos columnistas políticos señalaron como algo extraordinario que, el 18 de julio de 2016, el presidente Enrique Peña Nieto haya hecho un ejercicio de autocrítica, precisamente en el acto en que presentaba el nuevo Sistema Nacional Anticorrupción, destinado a combatir la más enraizada plaga del sistema político. Lo hacía por el escándalo de la llamada Casa Blanca, una mansión valuada en siete millones de dólares, que la primera dama Angélica Rivera presumió como propiedad de la familia presidencial en una revista de eventos sociales. Poco después, un equipo de reporteros descubrió que en realidad pertenecía a un constructor beneficiado por el presidente, a través de contratos públicos multimillonarios. Antecedentes los había, especialmente en América Latina. El ex presidente brasileño Luis Inácio *Lula* da Silva había sido condenado a 10 años de prisión bajo la acusación de haber aceptado un departamento de un millón de dólares, también de una compañía constructora.

No era por eso —sin embargo— por lo que se disculpaba el mandatario. En primer lugar, desde su perspectiva eso no constituía una falta; en segundo término, había sido primero investigado y después exonerado de todo posible delito por el secretario de la Función Pública, Virgilio Andrade. Lo que el presidente lamentaba era haber cometido equivocaciones relacionadas con la sensibilidad pública hacia los gobernantes, y que esto hubiera provocado malestar en la sociedad. "Los servidores públicos, además de ser responsables de actuar conforme a derecho y con total integridad, también somos responsables de la percepción que generamos con lo que hacemos. Y en esto reconozco que cometí un error. No obstante que me conduje conforme a la ley, este error afectó a mi familia, lastimó la investidura presidencial y dañó la confianza en el gobierno. En carne propia sentí la irritación de los mexicanos. La entiendo perfectamente. Por eso, con toda humildad les pido perdón, les reitero mi sincera y profunda disculpa por el agravio y la indignación que les causé".

El gesto "tiene tintes históricos", sentenció el columnista Ricardo Alemán, "porque el presidente no sólo acepta un error político —el de la Casa Blanca—, sino que lo acompaña de la solución: el Sistema Nacional Anticorrupción". Cuando López Portillo se disculpó con lágrimas, "nada podía hacer ya para remediar lo sucedido", recordó Héctor Aguilar Camín, cabeza del grupo intelectual de la revista *Nexos*; en cambio Peña Nieto estaba a tiempo de corregir y por eso "hay que reconocer el gesto" y "celebrar las leyes" que promulgó.[1]

● ● ●

"Angélica Rivera. La primera dama en la intimidad", cabeceó la revista ¡Hola! en la portada de su edición de mayo de 2013. "Primera entrevista con la esposa del presidente de México. Nos recibe en su residencia familiar, en un excepcional e histórico reportaje exclusivo". La mansión, ubicada en Las Lomas de Chapultepec, uno de los barrios más lujosos de Ciudad de México, lucía impresionante en las fotos de la publicación, subrayada por la elegante omnipresencia del blanco. Fue construida al gusto de sus futuros ocupantes, a diferencia de Los Pinos, la residencia oficial que han ocupado todos los presidentes desde la década de 1930. Le dijo al reportero que, por lo que se refería a sus hijos, "les he hecho saber que Los Pinos nos será prestado por seis años y que su verdadera casa, su hogar, es esta".

---

[1] "¡El perdón de Peña Nieto! ¿Cuándo lo pedirá AMLO?". Columna de Ricardo Alemán en *Milenio Diario*, 19 de julio de 2016, http://www.milenio.com/opinion/ricardo-aleman/itinerario-politico/el-perdon-de-pena-nieto-cuando-lo-pedira-amlo

"El perdón de Peña Nieto". Columna de Héctor Aguilar Camín en *Milenio Diario*, 19 de julio de 2016, http://www.milenio.com/opinion/hector-aguilar-camin/dia-con-dia/el-perdon-de-pena-nieto

•••

Durante el otoño de 2014, el gobierno de Peña Nieto realizó el concurso internacional para las empresas interesadas en construir el Tren de Alta Velocidad entre las ciudades de México y Querétaro, uno de los proyectos estrella de su sexenio. El monto del contrato ascendía a 3 mil 750 millones de dólares.

El proceso, sin embargo, fue amañado para beneficiar a uno de los competidores, según pudo documentar la Unidad de Investigaciones Especiales de Carmen Aristegui, conductora de la Primera Emisión de Noticias MVS, en radio FM. El funcionario a cargo de la licitación, el secretario de Comunicaciones y Transportes Gerardo Ruiz Esparza, aseguró que 83 empresas habían comprado las bases pero que sólo se habían presentado cinco. Prácticamente todas habían renunciado por no otorgárseles el tiempo suficiente para preparar los proyectos. La francesa Alstom, la alemana Siemens, la canadiense Bombardier y la española CAF, entre otras, pidieron prórrogas por escrito.[2]

El equipo de Aristegui sospechaba que la única que no desistió había recibido la información necesaria con anticipación: el consorcio que formaron China Railway Construction Company, propiedad del gobierno chino, y compañías mexicanas ligadas a la cúpula del poder en México, como Constructora Teya, propiedad de Juan Armando Hinojosa Cantú, contratista favorito del presidente. Se encontraba también en la alianza chino-mexicana la Constructora y Edificadora GIA+A, de Hipólito Gerard, cuñado del ex presidente Carlos Salinas de Gortari. La Unidad de Investigaciones Especiales de MVS no se equivocó: poco después se descubriría que el secretario de Hacienda, Luis Videgaray,[3] había conformado con los chinos un Grupo de Trabajo de Alto Nivel once meses antes de que se anunciara la licitación. Así se diseñó con ventaja el proyecto de la solitaria oferta que se presentó,[4] y el 3 de noviembre de 2014 dicho consorcio obtuvo el contrato.

Además de un gran negocio, Beijing apreciaba la primera oportunidad de demostrarle al mundo, en otro continente, el avance tecnológico de su in-

---

[2] "Licitación Tren México-Querétaro: ¿Cual es la prisa?". Investigación de UIE AN en *Aristegui Noticias*, 24 de octubre de 2014, https://aristeguinoticias.com/2410/mexico/prisa-por-licitar-tren-mexico-queretaro-inhibio-competencia-entre-constructoras/

[3] "El papel de Videgaray en la licitación del Tren México-Querétaro". Investigación de UIE AN en *Aristegui Noticias*, 7 de febrero de 2018, https://aristeguinoticias.com/0702/mexico/el-papel-de-videgaray-en-la-licitacion-del-tren-mexico-queretaro-reportaje-especial/

[4] "Va un solo competidor por Tren México-Querétaro; es cercano a EPN". Investigación de UIE AN en *Aristegui Noticias*, 16 de octubre de 2014, https://aristeguinoticias.com/1610/mexico/va-un-solo-competidor-por-tren-mexico-queretaro-es-cercano-a-epn/

dustria ferroviaria. Una de las naciones del bloque económico norteamericano no acudía a sus socios —Estados Unidos y Canadá— para construir tan importante obra, sino al poder tecnológico chino. Para celebrar el ambicioso contrato, el presidente Peña viajaría una semana después —el 10 de noviembre— a la capital de la potencia asiática, a fin de reunirse con los jerarcas del Partido Comunista. Las solicitudes para ampliar el plazo al resto de las empresas constructoras habían sido denegadas por Ruiz Esparza, ya que —según él— se pondría en peligro el objetivo del proyecto. Tal argumento, sin embargo, tuvo poco tiempo de vida. Tan pronto como el 6 de noviembre, Peña Nieto "decidió dejar sin efecto el fallo de la licitación" y convocó a un nuevo concurso, con el objetivo de "dar más transparencia y más claridad, a fin de que no haya dudas sobre el proyecto",[5] según la Secretaría de Comunicaciones y Transportes.

El abrupto movimiento sorprendió a todos. No sólo por la increíble justificación: también porque obligaría a pagar daños económicos inmensos. Airados, los chinos exigieron una compensación de 600 millones de dólares.[6] El 9 de noviembre, Peña Nieto se preparaba para volar a Beijing a escuchar, en lugar de felicitaciones como estaba planeado, reclamos y exigencias.

Era domingo y en el portal de *Aristegui Noticias*, en simultaneidad con la revista *Proceso*, el diario *La Jornada* y el portal *Sin Embargo*, se publicaba el reportaje "La Casa Blanca", realizado por la Unidad de Investigaciones Especiales de Carmen Aristegui.[7] La mansión que presumía la primera dama en las revistas de alta sociedad, resguardada por el Estado Mayor Presidencial y valuada en siete millones de dólares, no aparecía a nombre de Peña Nieto ni al de Rivera en el Registro Público de la Propiedad, sino al de la empresa Ingeniería Inmobiliaria del Centro, una filial del Grupo Higa, propiedad de Juan Armando Hinojosa Cantú. Constructora Teya, una de las empresas que formaban el consorcio del tren a Querétaro, también era filial de Grupo Higa.

En la Oficina de la Presidencia pudieron conocer la investigación antes de que la publicaran, pues los periodistas solicitaron una postura oficial sobre los hechos. En lugar de darla, David López y Roberto Calleja —funcionarios de Presidencia encargados de someter a los medios— maniobraron

---

[5] "EPN frena el tren México-Querétaro; revoca licitación, por 'dudas e inquietudes'". Nota en *Aristegui Noticias*, 7 de noviembre de 2014, https://aristeguinoticias.com/0711/mexico/epn-para-el-tren-mexico-queretaro-revoca-licitacion-por-dudas-e-inquietudes/

[6] "China reclama a México 11 mil millones por cancelación del Tren México-Querétaro". Nota de Sebastián Barragán en *Aristegui Noticias*, 22 de noviembre de 2017, https://aristeguinoticias.com/2211/mexico/china-reclama-a-mexico-11-mil-millones-por-cancelacion-del-tren-mexico-queretaro/

[7] David Lizárraga *et al.*, *La Casa Blanca de Peña Nieto*, Grijalbo, México, 2015.

para sepultar el reportaje: pronto se dieron cuenta de que no lo lograrían. El presidente Peña reaccionó entonces, cancelando la licitación tres días antes de que se difundiera el artículo. Los chinos se vieron atrapados así en una apresurada maniobra de control de daños, destinada a ocultar el amaño de la licitación del contrato ferroviario y —sobre todo— los vínculos personales de Peña Nieto con el dueño de la Casa Blanca.

Ambos tenían una larga relación amistosa. Cuando Peña Nieto fue gobernador del Estado de México (la entidad más poblada del país, que rodea a la Ciudad de México), su administración le concedió a Hinojosa Cantú contratos por más de 30 mil millones de pesos (tres mil millones de dólares, al cambio de 2010). En 2012, Eolo Plus, del mismo empresario, se hizo cargo del transporte para la campaña electoral de Peña Nieto, y cobró por ello 26 millones de pesos (dos millones de dólares de la época). Ya con su amigo en la Presidencia, le estaba yendo muy bien a Hinojosa Cantú: en menos de dos años, su Grupo Higa había obtenido 32 contratos federales, directamente o como parte del consorcio que ganó la licitación para construir el Acueducto Monterrey VI, una obra de 3 mil 600 millones de dólares.

•••

El viaje transatlántico del presidente era muy importante. En Beijing, además de entrevistarse con el liderazgo chino, participaría en la reunión del Foro de Cooperación Económica Asia-Pacífico, que reuniría a los jefes de gobierno de las grandes naciones de la cuenca asiática, convertida en el mayor espacio mundial de comercio. Continuaría después rumbo a Brisbane, Australia, para acudir a la cumbre del Grupo de los 20, que reúne a las economías más grandes del mundo. Eran escenarios inmejorables: Peña Nieto quería brillar como el joven líder de gran visión reformista que estaba modernizando a México. En eso estaba cuando se le interpusieron un par de crímenes contra la humanidad.

Cuatro meses antes, el 30 de junio, el Ejército mexicano había reportado un enfrentamiento en la pequeña localidad de Tlatlaya, en el Estado de México, entre un pelotón de ocho soldados y una célula criminal de 22 personas, que terminó con saldo de un militar herido, la totalidad de los delincuentes muertos, y el rescate de tres mujeres que habían sido secuestradas. En julio, sin embargo, Mark Stevenson —de la agencia Associated Press— reveló que el informe oficial no coincidía con lo que él pudo apreciar en las paredes de la bodega donde se produjo el incidente: "Reporteros de AP que visitaron la escena (tres días después del suceso) encontraron poca evidencia de un prolongado tiroteo. Orificios de bala en las paredes mostraban el mismo patrón:

uno o dos agujeros de bala cercanos entre sí, rodeados por sangre salpicada, lo que daban la apariencia de que quienes sufrieron esas heridas estaban contra la pared y recibieron los disparos a la altura del pecho".[8]

El relato de Stevenson fue ridiculizado por comentaristas conocidos por transmitir el punto de vista de los generales, e inmediatamente ignorado. El columnista Juan Ibarrola, por ejemplo, se burló en *Milenio Diario* de que Stevenson se hubiera convertido en un "experto en operativos tácticos militares mezclado con un profesional en balística", y argumentó como evidencia que una de las mujeres liberadas, que apodó *Rosa*, no hubiera presentado un reclamo por la muere de su hija menor de edad en el combate. Así concluyó: "Los 22 de Tlatlaya eran delincuentes, incluida la hija de Rosa".[9]

La supuesta criminal tenía 15 años. Se llamaba Erika Gómez y a esa edad la habían asesinado. No había muerto en el intercambio de tiros: recibió un balazo en la pierna, y minutos más tarde, ahí donde quedó tirada, los soldados la balacearon. A un muchacho que, como ella, había sido herido, "lo pararon de este lado y lo mataron, después se pusieron los guantes y lo volvieron a acomodar como estaba. Se pusieron guantes para agarrarlo. Lo pararon y lo mataron. Con ella hicieron lo mismo. A ella no la pararon porque no podía caminar", declaró una testigo. Los periodistas Pablo Ferri y Natalie Iriarte lograron encontrar a una sobreviviente, Julia ("Rosa", para Ibarrola), la madre de Erika, cuyo silencio había sido aprovechado para criminalizar a la víctima, y que había sido amenazada para asegurarse de que no hablara. Descubrieron así que sólo uno de los 22 muertos había perecido en el tiroteo. Los otros 21 habían sido asesinados a sangre fría, bajo lo que grupos de derechos humanos denuncian como una estrategia militar de no tomar prisioneros. El reportaje fue publicado en los sitios web de la edición mexicana de la revista *Esquire* y de *Proceso*, el 17 de septiembre.[10] Sólo 10 días después, el país amaneció bajo el impacto de otro gran crimen cometido por fuerzas del Estado mexicano.

Durante la noche del 26 al 27 de septiembre de 2014, en la ciudad de Iguala, en el estado sureño de Guerrero, más de un centenar de estudiantes de la

---

[8] "Mexico rights agency asks army to avoid ambiguous orders". Reportaje de Mark Stevenson en el *Miami Herald*, 9 de julio de 2015, https://www.pressreader.com/usa/miami-herald/20150709/281590944235457

[9] "Tlatlaya: lo que verdaderamente pasó". Artículo de Juan Ibarrola en *Milenio*, 30 de agosto de 2014, http://www.milenio.com/opinion/juan-ibarrola/cadena-de-mando/tlatlaya-lo-que-verdaderamente-paso

[10] "Veintiuno de los 'delincuentes' abatidos en Tlatlaya fueron 'fusilados' por el Ejército". Reportaje de Pablo Ferri en revista *Proceso*, 17 de septiembre de 2014, https://staging.proceso.com.mx/382335/veintiuno-de-los-delincuentes-abatidos-en-tlatlaya-fueron-fusilados-por-el-ejercito

Escuela Normal Rural Isidro Burgos de Ayotzinapa —y otros civiles que pasaban por allí— fueron atacados por pistoleros del grupo Guerreros Unidos; por agentes de las policías municipales de Iguala, Cocula, Huitzuco y Tepecoacuilco; y por elementos de las policías estatal y federal. Se trató de una operación a gran escala, vigilada y reportada en tiempo real por miembros de inteligencia militar, y por los comandantes del 27° Batallón de Infantería y de la 35° Zona Militar, el coronel José Rodríguez Pérez y el general de Brigada Alejandro Saavedra Hernández.

Asesinaron a seis personas, un joven sufrió muerte cerebral y desaparecieron 43 alumnos. El caso conmovió al país provocando una ola de grandes protestas, bajo la urgente exigencia de encontrar a los muchachos antes de que fuera demasiado tarde. El presidente no esperaba comenzar su gran gira por el Pacífico con dos graves crisis de derechos humanos encima, que pusieran en entredicho a su gobierno ante los grandes líderes del mundo.

Para neutralizar el caso Tlatlaya, las autoridades intentaron descalificar el reportaje de Ferri, con el argumento de que sólo tenía una testigo. Pero el 22 de octubre la Comisión Nacional de Derechos Humanos —un órgano público autónomo— confirmó la ejecución de al menos 15 personas.[11] Ya no se podía desacreditar al mensajero. El Ejército mexicano anunció entonces que pediría el procesamiento judicial de tres soldados rasos que supuestamente dispararon. Sólo eso. Ningún oficial sería investigado. No averiguarían quién manipuló la escena del crimen, moviendo cadáveres para simular que habían caído en combate. Ni a los mandos que proveyeron seguridad perimetral mientras se realizaba la limpieza de evidencias, uno de ellos el mismo general Saavedra Hernández, del caso Ayotzinapa. Nadie revisaría las órdenes giradas ese día, ni las normas de combate, ni tampoco si existían otros incidentes similares que revelaran patrones de comportamiento. El columnista Ibarrola aceptó, finalmente, que se habían producido ejecuciones; celebró que la propia entidad castrense se encargara de buscar justicia, y señaló que las víctimas son los militares, pues "Tlatlaya provocó que 22 delincuentes obtengan la categoría de mártires y también se intenta, a partir de ello, hacer ver a casi 300 mil elementos de las fuerzas armadas como homicidas".[12]

El caso Ayotzinapa resultaba mucho más complicado, porque no se podía sepultar bajo informes vagos y una declaración de buenas intenciones. Con

[11] Recomendación 51/2014 de la CNDH, del 22 de octubre de 2014, http://www.cndh.org.mx/sites/all/fuentes/documentos/Recomendaciones/2014/REC_2014_051_0.pdf

[12] "Tlatlaya: enfrentamiento y ejecución". Artículo de Juan Ibarrola en *Milenio*, 4 de octubre de 2014, http://www.milenio.com/opinion/juan-ibarrola/cadena-de-mando/tlatlaya-enfrentamiento-y-ejecucion

cada semana que pasaba, las protestas se hacían más grandes y más intensas: se exigía la presentación con vida de los 43 desaparecidos. El problema era que, de encontrarlos —vivos o muertos— el riesgo para el gobierno aumentaría igualmente. Se descubriría entonces que no se trataba de un asunto meramente local, limitado a un par de municipios, sino que los estudiantes habían sido atacados en el contexto de un imperio criminal, establecido en Iguala por una red trasnacional de tráfico de heroína, que implicaba no sólo a las autoridades locales, sino también a las estatales y federales, civiles y militares.

Así llegó noviembre. Puesto que el presidente viajaría el 9 de ese mes, dos días antes el procurador General de la República —Jesús Murillo Karam— dio a conocer los resultados preliminares de la investigación del caso Ayotzinapa. El principal culpable era el presidente municipal, ligado a la banda de los Guerreros Unidos. Sólo habían participado fuerzas de la zona. A pesar de que sus cuarteles estaban sobre las rutas donde se llevó a cabo la persecución, y cerca de donde se produjeron los ataques; pese a que el centro local de comunicaciones de seguridad, bajo control militar, estuvo reportando asimismo los incidentes, tanto el Ejército mexicano como la Policía Federal sólo se enteraron de lo ocurrido horas después de los acontecimientos. Y no habría habido omisión de su parte al no intervenir en los hechos, ya que —según Murillo Karam— su obligación legal no consistía en proteger a civiles desarmados bajo ataque, sino respaldar a las autoridades, aunque estuvieran controladas por el crimen organizado.

¿Y dónde estaban los 43? El procurador aseguró que todos fueron llevados a un basurero remoto en el municipio vecino de Cocula, donde seis sicarios los habían matado y después incinerado, mediante una gran fogata improvisada con madera y otros elementos combustibles encontrados allí mismo. Como evidencia, Murillo Karam presentó un fragmento óseo que había pertenecido, en su opinión, al estudiante Alexander Mora. ¿Sólo eso? ¿No hallaron restos de ropa, de cabello, o fragmentos de los teléfonos móviles? ¿Por qué no encontraron más huesos identificables? Los criminales —en esa noche de lluvia— habían actuado tan eficazmente que lograron crear un fuego semejante al de un horno industrial, que alcanzó los mil 600 grados centígrados necesarios para desintegrar toda huella de ADN. Fueron capaces además de mantenerlo a esa temperatura durante 15 horas, sin que les faltara combustible y sin que se quemaran ellos mismos al alimentarlo).[13]

---

[13] Largometraje documental *Mirar Morir. El Ejército en la noche de Iguala*. Coizta Grecko (dir.), México, 2015; Témoris Grecko, *Ayotzinapa. Mentira histórica. Estado de impunidad, impunidad de Estado*, Ediciones Proceso, México, 2016.

En el curso de tan sólo dos días —entre el 6 y el 7 de noviembre— el gobierno de Peña Nieto intentó resolver en vano las tres crisis que ya prendían fuego a su administración. Ni la promesa de procesar a los soldados de Tlatlaya; ni la versión de la pira de Cocula; ni la cancelación del tren a Querétaro, dieron resultados. A su regreso de la gira asiática, el presidente se encontró con un país en llamas.

•••

La primera dama se enojó, o algo más que eso, al parecer. El 18 de noviembre difundió un video de siete minutos en el que esta actriz de carrera, ejecutando una indignación calculada, expresó su profundo malestar con los periodistas que habían cuestionado la propiedad del inmueble, y con aquellos que les habían creído, convirtiéndose en sus voceros. La Casa Blanca no pertenecía al presidente, aseguró, sino a ella misma. Según su versión de los hechos, en cierta ocasión le había confiado a Juan Armando Hinojosa Cantú —el contratista favorito del presidente— que le gustaría adquirir un terreno y construir una casa. El empresario le pidió entonces hacerse cargo de aquel proyecto, mediante el acuerdo de recibir por el inmueble un pago de 54 millones de pesos (cuatro millones de dólares) a un plazo de ocho años, con un interés de 9% anual. Según la esposa del mandatario, había cubierto hasta ese momento el 30% de esa cantidad.

"Ante todas las acusaciones que han puesto en duda mi honorabilidad, yo quiero dejar muy claro ante todos ustedes, los mexicanos, que yo no tengo nada qué esconder, que yo he trabajado toda mi vida y que gracias, gracias a eso soy una mujer independiente", sostiene Rivera en el video, y luego eleva la voz: "¡Que he sido capaz de construir un patrimonio con honestidad y con todo mi trabajo! Quiero comunicarles que he tomado la decisión de vender los derechos derivados del contrato de compra-venta, porque yo no quiero que esto siga siendo un pretexto para ofender"... Aquí hace una pausa dramática, para adoptar el tono íntimo que empleó en tantas telenovelas: "... y difamar a mi familia. Hoy estoy aquí para defender mi integridad, la de mis hijos y la de mi esposo. Junto a esta explicación que les he dado, en este momento, yo estoy haciendo pública documentación privada sin tener ninguna obligación, porque como lo dije antes, yo no soy servidora pública pero yo no puedo permitir que este tema ponga en duda mi honorabilidad y sobre todo que se pretenda dañar a mi familia".[14]

---

[14] Video de Angélica Rivera del 18 de noviembre de 2014. https://youtu.be/tdJo6CLjjxE

• • •

¿Cómo podría una actriz de telenovelas hacerse no sólo de esa mansión, sino de otras residencias de lujo y de un departamento en Miami? Según Angélica Rivera, el grupo Televisa —para el que trabajó durante décadas— llegó a un acuerdo con ella para compensar sus servicios, y obtener además la garantía de que no trabajaría para otra televisora durante cinco años. Habría sido por eso que —en 2010— la empresa de comunicación le habría pagado 88 millones de pesos (ocho millones de dólares). "No es lo estándar", comentó otra de las actrices estrella de Televisa, Kate del Castillo. "Nunca me pagaron así. Nunca gané ese dinero".[15]

• • •

El público tampoco le creyó el papel a *La Gaviota*. El diario *Reforma* preguntó en una encuesta: "¿A usted le convence o no cuando Angélica Rivera explica la forma en que adquirió la Casa Blanca?" Un 77% respondió que no y sólo un 13% que sí. Un 66%, además, sintió que Rivera había actuado como actriz y sólo un 19%, como primera dama.[16]

• • •

El 6 de enero de 2015, nueve civiles armados —que se transportaban en tres camionetas— emboscaron un convoy de la Policía Federal compuesto por 20 vehículos, en la pequeña ciudad de Apatzingán, en el estado occidental de Michoacán. La totalidad de los delincuentes murió, resultando las únicas víctimas del enfrentamiento. A pesar de tener la ventaja de la sorpresa, no lograron herir sino a un par de agentes. Todavía más: se habían matado entre ellos mismos. En efecto, los saldos de aquel combate mostraban sólo dos criminales muertos por balas provenientes de los policías, seis más por las que habían disparado sus propios compañeros, y del noveno no se aclaraba la causa de fallecimiento.

La versión anterior de aquel combate fue presentada por la autoridad federal a cargo del estado, el Comisionado para la Seguridad y el Desarrollo

---

[15] Entrevista con Kate del Castillo en el programa *Aristegui*. CNN en Español, 9 de noviembre de 2015, https://cnnespanol.cnn.com/video/cnnee-intvw-aristegui-kate-del-castillo-33-miners/

[16] "Explicación de Angélica Rivera 'convence poco', señala encuesta". Nota en *SDP Noticias*, 22 de noviembre de 2014, https://www.sdpnoticias.com/nacional/2014/11/22/explicacion-de-angelica-rivera-convence-poco-senala-encuesta

de Michoacán, Alfredo Castillo, al diario *El Universal*, que la publicó el 10 de enero. Se sustentaba en declaraciones de 12 agentes, peritajes de balística, necropsias y cuatro videos de agentes de tránsito, de los cuales sólo se difundieron fragmentos que mostraban a los policías en tareas de auxilio a los heridos. No hubo testigos civiles porque a las 7:45 de la mañana, cuando se produjo el incidente, era muy temprano y no había gente en ese punto de la avenida Constitución de 1814, una de las dos más importantes del centro de la ciudad.[17]

Dos días más tarde, Alfredo Castillo ofreció una conferencia de prensa en la que explicó lo sucedido con el noveno muerto, diciendo que había sido atropellado en otro enfrentamiento, horas antes. Intentó asimismo fortalecer la teoría del "fuego amigo", rechazando que se hubieran registrado ejecuciones de civiles, y presentando gráficos, videos y fotografías que confirmaban en su opinión la tesis de que los atacantes se habían disparado unos a otros. "Prácticamente todas las personas fallecidas pudieron ser ultimadas por sus propios compañeros", declaró, "y hay dos personas que recibieron impacto de arma de fuego tanto de la PF (como) del grupo civil, y que también son heridas mortales, por lo que es imposible determinar cuál de los balazos provocó la muerte. No estamos frente a hechos de homicidio por parte de las autoridades, ni el ejército (cometió) abuso de autoridad, sino (que) fue legítima defensa".[18]

Castillo rechazó airado las preguntas de los periodistas, que señalaban que las supuestas trayectorias de los proyectiles eran inverosímiles; que sí había otras personas que habían presenciado el incidente; que se habían producido ejecuciones a sangre fría (el diario *Reforma* reportó las de tres detenidos desarmados;[19] y la agencia Associated Press indicó que las víctimas no habían disparado, sino que se habían rendido y rogado por sus vidas antes de ser acri-

---

[17] "Fuego amigo en muertes de Apatzingán: gobierno". Nota de Silvia Otero en *El Universal*, 10 de enero de 2015. El 17 de diciembre de 2018, el vínculo de acceso a esta página indicaba: "Esta página no funciona". De hecho, el buscador del sitio web de *El Universal* indicó que no encontró notas sobre Apatzingán entre el 6 y el 12 de enero de 2015; https://www.eluniversal.com.mx/primera-plana/2015/impreso/los-abatieron-companieros-no-policias-version-oficial-48183.html. Se proporciona vínculo a caché de Google: http://webcache.googleusercontent.com/search?q=cache:IlohP6S1LgYJ:www.eluniversal.com.mx/primera-plana/2015/impreso/los-abatieron-companieros-no-policias-version-oficial-48183.html+&cd=1&hl=es-419&ct=clnk&gl=mx

[18] "Víctimas de fuego amigo, 7 de los 9 muertos en Apatzingán: Castillo". Nota en *La Jornada*, 13 de enero de 2015, https://www.jornada.com.mx/2015/01/13/politica/005n2pol

[19] "Chocan versiones por muerte de 11". Nota de la redacción en *Reforma*, 7 de enero de 2015, https://www.reforma.com/aplicacioneslibre/preacceso/articulo/default.aspx?id=433573&v=5&_ec_=1&urlredirect=https://www.reforma.com/aplicaciones/articulo/default.aspx?id=433573&v=5&_ec_=1

billadas);[20] y que circulaban videos que mostraban a los policías alterando la escena del crimen, moviendo cadáveres —entre ellos, de niños— y colocando armas para simular que las habían utilizado los muertos.[21]

Aunque su cargo era solamente de "comisionado", Castillo mereció el mote de "virrey" desde que —en enero de 2014— el presidente Peña Nieto le entregó el poder del estado, a consecuencia de la renuncia del gobernador Fausto Vallejo, vinculado presuntamente con el capo criminal Servando Gómez *La Tuta*. El reemplazo, no obstante, fue acusado pronto de proteger a otros grupos delincuenciales, así como de un comportamiento autoritario y de abuso hacia los ciudadanos. Su desprestigio acumulado estalló con el caso Apatzingán. Ante las inminentes elecciones legislativas de la federación, el sistema político no quiso tomar riesgos en Michoacán, y el 12 de enero el secretario de Gobernación —Miguel Ángel Osorio Chong— destituyó al "virrey" Castillo.

Para las autoridades, los escándalos en Michoacán deberían haber terminado en aquel momento: habían entregado la cabeza que reclamaba el público. Más allá de eso, no esperaban que ocurriera nada. Como dictaba la costumbre, la versión oficial se sostendría a fuerza de insistir en ella. De su confrontación con los datos dispersos que pudieran surgir, sólo quedarían algunas aseveraciones confusas, sin ningún tipo de consecuencia legal o política.

Una periodista no estaba satisfecha con lo que se conocía hasta el momento de aquellos eventos. Se trataba de Laura Castellanos, una *freelancer* de sólida carrera que había pasado años cubriendo la violencia desatada en Michoacán, para *El Universal*. El director del periódico, Francisco Santiago, le dio la encomienda de trasladarse a Apatzingán para indagar los hechos, y ella discutió entonces la estrategia de cobertura con Salvador Frausto, jefe de la Unidad de Periodismo de Investigación del diario. Se sabía que varios vecinos habían grabado los incidentes desde las azoteas, con sus teléfonos móviles. Había rumores sobre la existencia de un video que registraba claramente lo que había ocurrido, y que tanto policías como militares y criminales estaban buscándolo. Decidieron que la reportera trataría de encontrarlo primero.

• • •

[20] "México: Choques ponen en duda estrategia del gobierno". Reportaje de Alberto Arce en *AP News*, 10 de enero de 2015. https://www.apnews.com/f15c6c19a5b04d2a959fe3a783929198

[21] "Revelan videos donde agentes cambian escena de la balacera en Apatzingán". Nota en *Mientras Tanto En México*, 12 de enero de 2015, https://www.mientrastantoenmexico.mx/revelan-videos-donde-agentes-cambian-escena-de-la-balacera-en-apatzingan/

Era un reto mayúsculo. Acompañada por el videógrafo Luis Cortés, Castellanos logró contactar a algunos de los testigos que, según el ex comisionado Castillo, no existían. También escuchó que los métodos con que policías y militares buscaban el material eran brutales. El hostigamiento contra los sobrevivientes llegó al grado de que agentes de la Policía Estatal irrumpieron en el sitio donde los deudos velaban a cinco de las víctimas —todas de la familia Madrigal— llevándose a dos mujeres y a un hombre que fueron primero torturados, luego presentados ante la prensa como narcomenudistas, y finalmente encarcelados. Muchas personas optaron por escapar a otros estados antes de ser detenidas e interrogadas. Fue el caso de Juan Carlos Rodríguez *El Oso*, uno de los sobrevivientes de la masacre, que un mes después sería secuestrado y asesinado por desconocidos en Apatzingán.

El video se les seguía escapando. No obstante, hallaban registros importantes y entrevistaban a personas cuyo testimonio podría resultar clave para la investigación. Salvador Frausto recuerda que la periodista llamó varias veces para pedir que le dieran más tiempo, y que se sentía preocupado porque se internaba en zonas de mucho peligro en búsqueda de materiales delicados. Cuando pidió ver los expedientes médicos de los heridos del 6 de enero, el doctor Carlos Torres —director del Hospital General Ramón Ponce— se los negó con estas palabras: "Me matan a mí y te matan a ti". Logró hallar a uno de los criminales más temidos de la región y el más buscado, el organizador de la protesta de quienes después serían masacrados por la policía en Apatzingán: Nicolás Sierra, conocido como *El Gordo Coruco*, uno de los jefes de la banda de Los Viagras.

De regreso en la Ciudad de México, Castellanos y Frausto examinaron lo obtenido durante su travesía: nuevos videos; la grabación de casi tres horas de transmisiones de radio que hicieron los atacados; documentos oficiales, un croquis y sobre todo 39 testimonios en audio y video —incluido el del *Gordo Coruco*— que permitían reconstruir el rompecabezas que Alfredo Castillo, la Policía Federal y el Ejército mexicano querían mantener disperso e incompleto para siempre. El reportaje quedó listo el 19 de febrero. Dos meses después, *El Universal* seguía sin publicarlo.

• • •

"Lo está revisando el dueño", era el argumento que escuchaban Castellanos y Frausto cada vez que preguntaban por el texto. Si tenían el apremio normal de quien quiere que su trabajo reciba el tratamiento correcto, sentían sobre todo la urgencia de quien teme que alguien quisiera actuar contra ellos en un intento de matar la verdad. Se preguntaban quienes podrían ser los principales interesados en impedir su publicación: ¿la Policía Federal, el Ejército, Presidencia de la República?

El protagonista de una revelación periodística puede buscar venganza después de la publicación, pero ante hechos consumados es probable que prefiera evitar mayores problemas. En cambio, quien sabe que algo que puede afectarlo está por salir a la luz, tiene la necesidad imperiosa de detenerlo cuanto antes. La manera de desactivar la amenaza es publicarlo cuanto antes, pero en *El Universal* no había prisa. Entre los reporteros y colaboradores de la Unidad de Periodismo de Investigación —entre los que me encontraba yo—, crecía la inconformidad con aquello que interpretábamos como censura, y favorecía el conato de una rebelión. Teníamos la certeza de que alguien dentro del periódico había filtrado la historia a las autoridades, poniendo así en peligro a los colegas involucrados, y de que pretendían sepultar el reportaje, de tal modo que no apareciera en *El Universal*, pero tampoco en algún otro medio. Sospechábamos también que detrás de todo estaba el subdirector editorial David Aponte, a quien no pocos veíamos como el hombre de Peña Nieto dentro de *El Universal*.

Por esos días, Castellanos y Frausto estaban bajo acoso: algún tipo de organización los tenía vigilados con operaciones de seguimiento y espionaje, a fin de acabar con su tranquilidad y ponerlos paranoicos. La casa del editor fue allanada dos veces: en cada ocasión, los intrusos abrieron su computadora, quebraron la clave de acceso y dejaron encendido el aparato para dejar claro que estuvieron allí (la organización Article 19 instaló cámaras de vigilancia en el departamento). Después, en el correo electrónico que le envió una compañía aérea, sobre la imagen de un boleto de avión a España aparecía sobrepuesta la foto de un familiar; un experto en seguridad cibernética confirmó que el montaje era trabajo de un *hacker*. Después, al realizar ese viaje, fue seguido por un joven de aspecto africano, desde el aeropuerto en la Ciudad de México hasta el congreso en Huesca donde Frausto presentó una ponencia. Al término de aquella reunión, el hombre se acercó para recordarle que en México no sólo era posible matar a reporteros poco conocidos, sino también a periodistas de más alto perfil, como ocurría en el que dijo que era su país, Togo.

Con el apoyo de varios compañeros, Castellanos empezó a buscar cómo sacar el reportaje de *El Universal* y llevarlo a otro medio. El contrato estándar que cada colaborador debe firmar con el diario es leonino: obliga a ceder los derechos totales, mundiales y a perpetuidad de su trabajo, sin más remuneración que la primera paga. Pero uno de los abogados de Article 19 encontró un resquicio: la cláusula correspondiente establecía que tal renuncia sólo era efectiva a partir de la publicación del texto, no de la entrega. Un segundo problema persistía: Castellanos había utilizado recursos de *El Universal* para realizar su investigación. Article 19 lo solucionó aportando el dinero que después se depositó en una cuenta del periódico. De esta forma, la periodista quedaba en condiciones de buscar al medio dispuesto a enfrentar la molestia de *El Universal* y, además, la ira del gobierno mexicano.

● ● ●

Para Carmen Aristegui y los miembros de su Unidad de Investigaciones Especiales (dirigida por Daniel Lizárraga y compuesta por Irving Huerta, Rafael Cabrera y Sebastián Barragán) la represalia por el reportaje de la Casa Blanca era algo que podían esperar. Aun así no pudieron evitar la sorpresa cuando —cuatro meses más tarde, el 11 de marzo de 2015— la radiodifusora para la que trabajaban, MVS, transmitió un mensaje grabado en las pausas del programa de Aristegui, en el que calificaba de "agravio y ofensa" que su marca hubiera sido utilizada en el lanzamiento de la alianza MéxicoLeaks.

Carmen Aristegui sostenía entonces su propio portal de internet, *Aristegui Noticias*, en el que reproducía algunas de las informaciones presentadas cada mañana, durante las cuatro horas de la Primera Emisión de MVS Noticias. En su contrato con la empresa, Aristegui se había asegurado independencia editorial bajo un código de ética, dejando por sentado que ella y sus colegas actuaban con cierta autonomía. En este contexto decidieron unirse a MéxicoLeaks, una plataforma creada para facilitar a las personas el envío seguro de filtraciones de datos de interés público. Para MVS eso fue un abuso intolerable, y tanto que al día siguiente anunció el despido de los reporteros señalados como responsables —Lizárraga y Huerta—, quienes estaban a punto de terminar otra investigación de gran alcance: la que señalaba al poderoso secretario de Hacienda, Luis Videgaray, como poseedor de una lujosa casa de descanso en Malinalco, adquirida también —en términos extrañamente favorables— del generoso Juan Armando Hinojosa Cantú. "Entendimos que era una forma de presionar, de provocar para que Carmen renunciara", me dijo Lizárraga, "y le pedimos que no lo hiciera". Era un movimiento comercialmente doloroso para MVS, pues la decisión implicaba terminar también con su programa más redituable, el de la conductora de noticias en radio FM con mayor audiencia,[22] Carmen Aristegui.

---

[22] "¿Puede sobrevivir MVS Comunicaciones sin Carmen Aristegui?" Nota de Nicolás Lucas en *El Economista*, 18 de marzo de 2015, https://www.eleconomista.com.mx/empresas/Puede-sobrevivir-MVS-Comunicaciones-sin-Carmen-Aristegui-20150318-0050.html

No era la primera vez que el presidente se lanzaba contra ella. Nieta de refugiados de la Guerra Civil española, su compromiso con el periodismo independiente marcó su camino, junto con el de su compañero profesional por muchos años, Javier Solórzano, desde sus inicios en 1987, a los 23 años, en la cadena pública Imevisión (luego renombrada Televisión Azteca y vendida a la familia Salinas Pliego). En enero de 2008, fue despedida de la estación W Radio —propiedad de Televisa y del español Grupo Prisa— en lo que se denunció como una maniobra organizada por José Ignacio Zavala, hermano de la esposa del presidente Felipe Calderón.[23]

Aristegui tardó un año en encontrar nuevamente un espacio en la radio. MVS se lo dio en enero de 2009, pero Calderón volvió a exigir su salida en febrero de 2011, por supuestas violaciones al código de ética. En la Cámara de Diputados, un legislador acusó al presidente de alcoholismo, lo que ya era un lugar común en los cafés y en las caricaturas políticas. Tras considerar que la salud del jefe del Poder Ejecutivo es un tema de interés público, Aristegui planteó al aire: "Pongámosle atención al asunto y dejemos la pregunta abierta: ¿tiene o no problemas de alcoholismo el presidente de la República?" La acusaron de ofender sin fundamento al Poder Ejecutivo. Tras ser despedida, Aristegui ofreció una conferencia de prensa para denunciar ese "berrinche presidencial, propio de las dictaduras". Su nombre se convirtió en tendencia de Twitter a escala mundial y una muchedumbre de seguidores se manifestó frente a MVS, para exigir la reinstalación de la periodista. La empresa cedió.

Un año después, durante los últimos días del gobierno de Calderón, el presidente de MVS, Joaquín Vargas, reveló que el secretario del Trabajo —Javier Lozano— lo había amenazado con retirarle la concesión para usar la banda ancha de 2.5 Ghz: "Si recontratas a la periodista, a tu proyecto se lo lleva la chingada y te olvidas de este gobierno hasta su último día".[24] Cientos de simpatizantes volvimos a presentarnos frente al edificio de MVS. Durante dos días seguidos, el jueves 12 y el viernes 13 de marzo, al grito de "¡todos somos Carmen!" y "¡no están solos!", periodistas, artistas, cineastas, académicos, estudiantes, profesionales y trabajadores llevamos chayotes para la empresa, fruto que simboliza en México el soborno ofrecido por la autoridad a algunos

[23] "Por la libertad de expresión". Artículo de Miguel Ángel Granados Chapa en *Reforma*, 6 de enero de 2007. Reproducido en *Diario Noroeste*, https://www.noroeste.com.mx/publicaciones/opinion/como-nadie-en-los-medios-electrnicos-carmen-aristegui-encar-con-dignidad-y-acusado-profesionalismo-los-dilemas-que-ha-planteado-la-crispacin-social-presente-en-mxico-desde-2005-11925

[24] "Vargas (MVS) revela amenaza de Lozano: "Si recontratas a Aristegui, a tu proyecto se lo lleva la chingada". Nota sin firma en *Sin Embargo*, 15 de agosto de 2012, https://www.sinembargo.mx/15-08-2012/334390

reporteros. Pero no solamente chayotes: podían verse allí carteles y mantas con leyendas escritas a mano, como "no a la mordaza", "es otro madrazo a la democracia en México", "MVS, México te repudia", "Carmen: fuiste nuestra voz durante muchos años, ¡ahora seremos la tuya!", y "escuchar a Aristegui es un acto de rebeldía y esperanza". La revista *Proceso* del sábado 14 mostró una fotografía de la comunicadora en la portada, con el titular "La agresión a Carmen Aristegui".

La empresa anunció nuevos lineamientos a los que tenían que someterse los conductores de sus noticieros, los cuales contradecían el contrato vigente con Aristegui. Tras analizarlos, el *ombudsman* de la audiencia de MVS Noticias —Gabriel Sosa Plata— concluyó que violaban la independencia editorial de los conductores, y recomendó a las partes llegar a un acuerdo "que privilegie los derechos de la audiencia, el periodismo de calidad y la libertad de expresión de los periodistas y del medio".[25]

Pero la vía del diálogo estaba cerrada. A la postura de la periodista, que había condicionado su permanencia en el programa a la reinstalación de sus compañeros despedidos, MVS respondió el domingo 15 "dando por terminada la relación con la señora Aristegui", en un comunicado con el título "MVS Radio no acepta el ultimátum".[26] Destacaron la nota importantes medios internacionales como *The Washington Post, The Guardian,* la BBC y los principales diarios de España. "Desde una perspectiva de negocios, la decisión es difícil de entender", señaló la revista *Forbes*.[27] "La anfitriona del noticiero de radio con mayor audiencia ha sido despedida en un caso que muchos temen que se trate de un golpe a la libertad de expresión", reportó AP.[28]

El lunes 16, durante una tercera manifestación, sobre la sede de la radiodifusora se colocó la leyenda "MVS no escucha a más de 170 mil personas". En cinco días, la petición #EnDefensaDeAristegui en Change.org había sido apoyada por esa cantidad de gente, y en unas semanas más reuniría 234 mil

---

[25] Comunicado del *ombudsman* de la Audiencia de MVS Noticias del 15 de marzo de 2015, https://aristeguinoticias.com/1503/mexico/posicionamiento-del-ombudsman-de-mvs-sobre-los-nuevos-lineamientos-de-la-empresa/

[26] Comunicado "MVS Radio no acepta el ultimátum de Carmen Aristegui", de MVS Radio. 15 de marzo de 2015, https://mvsnoticias.com/noticias/nacionales/mvs-radio-no-acepta-el-ultimatum-de-carmen-aristegui-914/

[27] "Firing of Dissident Journalist Carmen Aristegui Bad News for Mexico". Artículo de Nathaniel Parish Flannery en Forbes.com, 16 de marzo de 2015, https://www.forbes.com/sites/nathanielparishflannery/2015/03/16/firing-of-dissident-journalist-carmen-aristegui-bad-news-for-mexico/#61a7551366e3

[28] "Mexican journalist fired; had revealed presidential scandal". Nota de AP, 16 de marzo de 2015, https://www.dhakatribune.com/uncategorized/2015/03/17/mexican-journalist-fired-had-revealed-presidential-scandal

firmas,[29] porque "quedarnos callados es un acto cómplice", escribió el periodista sinaloense Javier Valdez. El martes, la alianza MéxicoLeaks difundió un comunicado en el que lamentaba que "los valores democráticos que animan a esta plataforma —entre ellos la libertad de expresión, el derecho a la información, la transparencia y la rendición de cuentas— incomodaran a esa empresa (MVS) o afectaran sus intereses". Rechazaba asimismo el argumento esgrimido previamente por la radiodifusora: "Ninguna marca comercial ha sido usada con propósitos ajenos a las labores periodísticas".[30]

El jueves, la conferencia de prensa en la que Aristegui anunciaría su postura final fue cancelada: los medios y el público allí presentes desbordaron al cuerpo de seguridad de la sede —el Museo Memoria y Tolerancia— en el centro de la Ciudad de México. Transmitió sin embargo, horas más tarde, un mensaje por internet, en el cual señalaba que "si el problema fue participar en MexicoLeaks, pudimos haberlo arreglado de un telefonazo", y manifestó su extrañeza sobre la actitud de la familia Vargas, dueña de MVS. "Algo muy grave debe haber ocurrido para que estos empresarios, siempre atentos, se hayan comportado de esta manera, con virulencia y agresividad, con intención de aniquilar a los periodistas". Después comparó lo ocurrido con un evento fundacional para el periodismo independiente de México: la violenta operación con la que el presidente Luis Echeverría provocó en 1976 la renuncia de Julio Scherer —director del diario *Excélsior*— y de sus colaboradores más críticos. "Esto no es otra cosa que un intento de golpe", denunció Aristegui, "México no está para aceptar prácticas echeverristas", continuó. "Pedimos a MVS que no permita que se consume el golpe".

Al final dejó en el aire la duda sobre los verdaderos motivos de los empresarios: "¿A cambio de qué o por qué los Vargas debían ser parte de un golpe?"[31]

---

[29] Petición #EnDefensaDeAristegui en Change.org, https://www.change.org/p/carmen-aristegui-por-la-libertad-de-expresi%C3%B3n-en-la-prensa-mexicana-a-que-juntamos-100-mil-firmas-endefensadearistegui

[30] Comunicado de la alianza MéxicoLeaks del 17 de marzo de 2015. https://periodistasdeapie.org.mx/posicionamiento-20.php

[31] "Aristegui pide a MVS regresar al aire; 'nuestra relación ha terminado', responde la empresa". Nota de la redacción en *Animal Político*, 20 de marzo de 2015, https://www.animalpolitico.com/2015/03/aristegui-pide-a-mvs-regresar-al-aire-para-seguir-haciendo-periodismo/

5

#EnDefensaDeAristegui

El fin de semana siguiente, en una entrevista publicada por la revista *Proceso*, Carmen Aristegui reveló los detalles de su despido, confirmando las versiones de que se había tratado de una represalia del presidente de México: "Todos los caminos conducen a la Casa Blanca".

Los dueños de la radioemisora le habían pedido parar el reportaje: "Hubo una situación muy tensa y compleja entre nosotros. No en un tono impositivo o imperativo, sino de 'búsqueda de comprensión' de mi parte. Se colocó, efectivamente, el dilema de que si se transmitía esa información en Noticias MVS, se daba por sentado que el programa desaparecía". "Es una historia que los Vargas deberían contar. Quién y cómo les pidió que ese reportaje no saliera en nuestra emisión". Sin embargo, "como periodistas analizamos y aquilatamos lo que significaría poder transmitirlo con mucha amplitud en otros lados, cumplir con nuestro cometido y no aceptar la censura. La censura hubiera implicado guardar el reportaje. Y no lo guardamos. La censura hubiera sido olvidarnos del tema y no lo hicimos".[1]

La empresa contestó el mismo día, aduciendo que Aristegui había hablado sobre el tema durante más de 120 días, "cientos de horas desde entonces, en las que, de manera intensa y continua, la periodista ha expuesto, reexpuesto y vuelto a exponer, a través siempre de nuestros micrófonos, aquel reportaje". Además, acusó, la investigación fue financiada por MVS y, por lo tanto, Aristegui había desviado los recursos de la empresa hacia el portal web de su propiedad.

El argumento se fundaba en la presunción de que —con el fin de respetar el deseo de MVS de que el reportaje no fuera transmitido por su estación— los reporteros diseñaron una estrategia para publicarlo simultáneamente en *Aristegui Noticias*, *Proceso* y el diario *La Jornada*, en día domingo. De esta forma lo convirtieron en el tema principal de la semana. Aunque los grandes medios nacionales "aguantaron la nota" (retrasaron o ignoraron la noticia, en

---

[1] "Aristegui: la censura y el despido, por presión de Los Pinos". Entrevista por Jenaro Villamil en revista *Proceso*, 21 de marzo de 2015, https://www.proceso.com.mx/399065/399065-aristegui-la-censura-y-el-despido-por-presion-de-los-pinos

jerga periodística), los internacionales la reprodujeron extensamente. Habían forzado así al vocero presidencial, Eduardo Sánchez —que pocos meses antes había fungido como abogado general de MVS— a emitir una postura: la de que la primera dama estaba comprando la casa como una operación personal, sin injerencia de Peña Nieto, y que tenía los recursos para hacerlo.[2] Eso obligó a todos los medios a dar cuenta de la información, y Aristegui tuvo libertad —en MVS Noticias— para hablar con amplitud de la historia, brindar elementos de contexto y pedir opiniones de especialistas y de otros personajes relevantes.

•••

Pasadas las manifestaciones callejeras, los radioescuchas de Carmen Aristegui seguimos buscando otras formas de revertir el daño infligido. Al principio, las ideas no conseguían superar la lucha de *hashtags*. El movimiento —empeñado en que la autoridad presentase con vida a los 43 estudiantes de Ayotzinapa— popularizó la táctica de la "acción global", consistente en que personas de muchos países actuaban bajo una misma consigna, y así lo hicimos. Aprovechando la brillantez de actores y músicos como punta de lanza (Diego Luna, Héctor Bonilla, Las Reinas Chulas, Armando Vega-Gil y Horacio Franco, entre otros),[3] convocamos a una "acción global por la libertad de expresión", que consistía simplemente en desbordar las redes sociales, a las 11:11 de la mañana del 23 de marzo, con el eslogan #MexicoWantsAristeguiBack. Logramos que se convirtiera en tendencia mundial, y algunos se sorprendieron porque esto no fue suficiente para poner de rodillas al Estado.

Teníamos que buscar otros mecanismos de presión. Varios amigos de Carmen Aristegui habíamos empezado a reunirnos para discutir acciones, en casa de la periodista Blanche Petrich. Así nació el que llamamos Grupo San Borja[4] (por el nombre de la calle de la Colonia del Valle donde vivía nuestra compañera) y a donde Carmen nos visitó el miércoles 25. Delgada y pequeña,

---

[2] Nota informativa de Presidencia de la República, 10 de noviembre de 2014, http://www.presidencia.gob.mx/wp-content/uploads/2014/11/Sierra-Gorda-nota-informativa.pdf

[3] Video "#MexicoWantsAristeguiBack ¡Súmate a la Acción Global!", 23 de marzo de 2015, https://youtu.be/6KS18IouJKI

[4] Durante la "campaña de amparos", propuesta inicialmente por el abogado Roberto Hernández y la productora Laura Barranco, el Grupo San Borja fue integrado por Blanche Petrich, Aurelio Fernández, Lorenzo Meyer, Laura Barranco, Fabrizio Mejía Madrid, Rafael Pineda *Rapé*, Enrique Galván Ochoa, Oriol Malló, Héctor Bonilla, Denise Dresser, Jenaro Villamil, Ernesto Ledesma, Manuel de Santiago, Teresa Cristo, Mardonio Carballo, Alberto Escorcia, Adriana Buentello, Ameyalli Motta y yo. Contamos con apoyo de los abogados Karla Micheel Salas, David Peña y Carlos Meza. Por su parte, Carmen Aristegui fue representada por los abogados Javier Quijano y Xavier Cortina.

de cabello cobrizo, tez blanca, gran sonrisa y con 51 años de edad en ese momento, lo mismo las fortalezas que las debilidades de Carmen provienen de su bondad y de su simpatía. Digo debilidades porque se convirtió en un personaje público cuya popularidad resulta mucho mayor que la que es capaz de filtrar, sometida siempre al asalto cotidiano de colegas, políticos, simpatizantes y personas con intereses diversos. Digo también fortalezas porque son virtudes que comunica muy bien en radio y televisión, que le otorgan credibilidad y que relajan también a sus entrevistados, quienes ante ella suelen sentirse como en su casa. Incluso a sabiendas de que Aristegui los va a desplumar, llevándolos a explicar sus malos pasos con el encanto del sentido común, encuentran difícil no bajar la guardia ante un tipo de seducción basado no en el artificio ni en la hipocresía, sino en la sencillez de las personas comunes. Fortalezas también —sin ambigüedad— son su compromiso social, su sentido de la justicia y de la ética, y su convicción profesional, que le dan la entereza que necesita una periodista a quien el poder coloca entre sus enemigos.

Se trataba de la tercera ocasión en que era despedida por orden o a causa de un presidente de la República, y a pesar del respaldo de su audiencia, se le convertía en objeto de una intensa campaña de descrédito, señalándosele como arrogante, incumplida, manipuladora y borracha; empezaba a adentrarse en una desgastante maraña de demandas y contrademandas legales. Por si esto fuera poco, le pesaba el destino de su equipo. Con ella habían salido de MVS una veintena de personas: los cuatro miembros de la Unidad de Investigaciones; integrantes de la producción como Laura Barranco, Kirén Miret y Gustavo Sánchez; colaboradores prestigiados como Lorenzo Meyer, Denise Dresser, Sergio Aguayo, Enrique Galván Ochoa y Mardonio Carballo; todos los corresponsales en el extranjero, e incluso un par de jóvenes de otras áreas, por haber expresado su inconformidad en cuentas privadas de redes sociales: Ameyalli Motta y Adriana Buentello.

Aquel acto represivo no era un hecho aislado, sino otra manifestación concreta de un patrón ya establecido. En su informe anual, titulado "Estado de censura", Article 19 México mostró estadísticamente la situación prevaleciente en el país: las agresiones contra los reporteros casi se habían duplicado, al pasar de una cada 48.1 horas bajo el gobierno anterior, a una cada 26.7 horas en los dos primeros años del de Peña Nieto. "No importa la entidad (federativa), la censura se aplica con el objetivo de quitarles la voz a quienes denuncian un estado de simulación de garantía de derechos humanos".[5]

---

[5] "En la administración de Peña Nieto se duplicaron agresiones contra periodistas". Nota de Isaín Mandujano en proceso.com, 24 de marzo de 2015, http://www.proceso.com.mx/?p=399259

En medio de la tormenta nacional y personal, Carmen me pareció tranquila, cariñosa y amena, como siempre la había sentido en reuniones de amigos. Nos explicó que su contrato con MVS preveía que José Woldenberg fungiría como árbitro en caso de disputa, lo cual parecía adecuado: se trataba de un académico con numerosos reconocimientos, como haber presidido el primer organismo comicial confiable en la historia del país —el Instituto Federal Electoral—, entre 1996 y 2003.

Llegada la ocasión, Woldenberg había aceptado mediar, pero la empresa lo había rechazado, incumpliendo así su compromiso. En cualquier caso la estrategia de Carmen era exigir su reinstalación y la de su equipo por la vía legal, y en ella se mantendría hasta agotarla. Nosotros le planteamos la idea de realizar una campaña de interposición masiva de recursos de amparo, una táctica que —hasta donde sabíamos— sólo había sido usada una vez en México, en la ciudad de Guadalajara. Nos animó a hacerlo, porque "la audiencia tiene derechos y debe exigirlos. Esto no sólo es una batalla en defensa de unos periodistas, sino también para enfrentar una regresión autoritaria del régimen que atenta contra las libertades y los derechos de periodistas, audiencias y ciudadanos".

Seguimos adelante con ese plan, que suponía sin embargo problemas logísticos importantes: una cosa era pedirle a la gente que se tomara dos minutos para poner su firma en una línea, y otra que imprimiera formatos complicados, los llenara correctamente, fuera a entregarlos a un juzgado con su identificación oficial, y después de todo ello estuviera atenta a los llamados para ratificar los términos de su demanda legal. Si lográbamos éxito, no obstante, tendríamos la posibilidad de ser escuchados con nuestro argumento básico: bajo el régimen vigente, MVS no era la propietaria de la frecuencia radiofónica que utilizaba, sino la concesionaria de ese bien del Estado, lo cual la convertía en representante del Estado por lo que tocaba a dicho bien. Si el Estado tenía la obligación de ser garante de los derechos reconocidos por la Constitución, entonces esta responsabilidad se transfería por fuerza a la concesionaria que actuaba en su nombre. Bajo nuestro razonamiento, MVS estaba legalmente obligada a resguardar el derecho de la sociedad a ser informada con libertad y pluralidad, y sólo podría remover a la conductora Carmen Aristegui previa consulta con su audiencia, la cual no se había realizado.

Al mismo tiempo se interponían otros tres amparos: el de la propia Aristegui contra la empresa, por incumplimiento de contrato; el de los académicos Lorenzo Meyer, Denise Dresser y Sergio Aguayo, que integraban junto a la periodista la mesa de comentarios políticos de la Primera Emisión, y que también reportaban agravios laborales; y finalmente el de seis organizaciones civiles (Asociación Nacional de Abogados Democráticos, Centro Nacional de Comunicación Social, Comunicación e Información de la Mujer, Article 19 México, Asociación Mexicana del Derecho a la Información y Grupo de Acción por los Derechos Humanos y la Justicia Social) por atentado contra la libertad de expresión.

Así se abrió una de las etapas más motivantes en este empeño de resistencia. Con una conferencia de prensa, la página web "En defensa de Aristegui"[6] y un video explicativo, invitamos a impugnar legalmente el despido del grupo de periodistas. En las oficinas de Rompeviento TV, Ameyalli Motta, Adriana Buentello y el equipo del canal montaron una oficina de recepción de demandas de amparo, en la que organizaron y apilaron cientos de cajas de papeles. A ese lugar "llegó una señora, una comerciante que venía de lejos, que venía con sus dulces congelados para vender, pero quería pasar primero a llenar su amparo", me contó Motta, entre una de tantas anécdotas. "Ella no sabía escribir, sólo podía poner sus datos. Ésa fue una de las cosas que me movió, así como un invidente que pidió ayuda para que se le llenara su amparo. Señoras en silla de ruedas, personas con bastones, es que hay tantos, tantos... y lo que comentan: el deseo de construir un mejor país, el deseo de hacer algo, de luchar para que esto se pueda realizar".

Bajo el hashtag #MiDerechoComoAudiencia convocamos a realizar eventos públicos en distintas ciudades, los domingos 12 y 19 de abril, en los que los organizadores llevaríamos hojas de amparo para que los asistentes los llenaran. Cientos de personas acudieron con sus identificaciones, su tiempo y su determinación de participar en este acto de responsabilidad ciudadana. En la Ciudad de México, realizamos el primero en el céntrico Monumento a la Revolución: era impactante observar a tantas personas haciendo fila, llenando los formatos, aclarando las dudas que surgían, expresando su apoyo, exigiendo que les devolvieran la voz de Carmen en la radio. Durante el segundo evento, en el Jardín Centenario de Coyoacán, hicimos la entrega de lo que llamamos Premio de las Audiencias a la Libertad de Expresión, una escultura donada por uno de los más respetados artistas plásticos mexicanos —Gabriel Macotela— a la Unidad de Investigaciones Especiales. Como fondo del pequeño escenario, una manta mostraba el dibujo del rostro de una periodista a la que le han cosido los labios.

El Grupo San Borja recogió y dio curso a poco más de 2 mil 700 amparos. Este movimiento ciudadano "se ha expresado masivamente en todo el país, hay varios miles de demandas, no sabemos cuántos, es muy difícil saberlo

---

[6] Página web "En defensa de Aristegui", https://endefensadearistegui.wordpress.com/

porque la gente lleva sus demandas ella sola, se agrupan en familias, en barrios, en escuelas, y lo hacen así", celebró Aurelio Fernández, director del diario *La Jornada de Oriente* y miembro del Grupo San Borja, en una entrevista para el documental que estábamos realizando.

•••

Meses después, Aristegui compartió conmigo su emoción: "Se habla de cuatro mil, cinco mil personas que presentaron formalmente recursos de amparo. Es algo no solamente entrañable para nosotros, sino una señal de que una parte de la sociedad está dispuesta a dar batallas". Pero ese domingo no acudió, como deseábamos, a saludar a voluntarios y público en el evento de Coyoacán.

El día anterior, sábado 18 de abril, el sitio AristeguiNoticias.com había sido derribado durante 12 horas mediante un doble ataque DDoS, de denegación de servicio.[7] Esa mañana, *El Universal* había publicado una entrevista con Alfredo Castillo, el "ex virrey" de Michoacán, el mismo que había ordenado la intervención violenta en Apatzingán. Los reporteros sin embargo no habían aprovechado la oportunidad para hacerle preguntas sobre esa masacre, que el político había evitado hasta entonces en sus declaraciones. Sólo había dicho al respecto, escuetamente, que su experiencia en ese estado "le dio una visión diferente para acercar el deporte a la población, y que sirva como un agente indirecto para la prevención de delitos". Una declaración tal se explicaba por el hecho de que —después de pasar algunas semanas sin cobijo tras su despido— Castillo había sido reincorporado a la administración federal, ahora como director general de la Comisión Nacional del Deporte (Conade). El título de la pieza fue: "Haré historia al frente de la Conade".[8]

Esa tarde la Secretaría de Gobernación había difundido un comunicado sobre la recepción de un video, entregado por una persona anónima, que mostraba posibles actos de abuso de autoridad por parte de policías en Apatzingán, a partir de lo cual había citado a conferencia de prensa para el día do-

---

[7] "Atacan Aristegui Noticias; el sitio, caído varias horas". Nota en *Aristegui Noticias*, 19 de abril de 2015, https://aristeguinoticias.com/1904/mexico/atacan-aristegui-noticias-el-sitio-caido-varias-horas/

[8] "Haré historia al frente de la Conade". Entrevista de Olivia Zerón y Ariel Velázquez en *El Universal*, 18 de abril de 2015, El 18 de diciembre de 2018, el vínculo de acceso a esta página indicaba: "Esta página no funciona", https://www.eluniversal.com.mx/deportes/2015/hare-historia-al-frente-de-conade-asegura-castillo-1093346.html. Se proporciona vínculo a caché de Google: http://webcache.googleusercontent.com/search?q=cache:UJqC-L4kw60J:www.eluniversal.com.mx/deportes/2015/hare-historia-al-frente-de-conade-asegura-castillo-1093346.html+&cd=1&hl=en&ct=clnk&gl=mx

mingo. En la pequeña redacción del portal *Aristegui Noticias* no se creyó en coincidencias; se pensó más bien que el gobierno trataría de "quemar la noticia", anticipándose con la presentación de algunos datos sobre la matanza, para manipular así la información hasta donde fuera posible, como medida de control de daños.

Laura Castellanos y sus compañeros habían diseñado una estrategia de difusión del reportaje sobre la masacre de Apatzingán en la que, para evitar golpes preventivos y represalias, formaron una alianza de medios independientes. Ésta incluía a *Aristegui Noticias*, la revista *Proceso* y la cadena estadounidense Univision, todos los cuales lanzarían la información simultáneamente. Con el propósito de combatir además los ataques DDoS, sumaron de último momento, como sitio espejo, al de Article 19 México.

Por la mañana del domingo, con el *hashtag* #FueronLosFederales —potenciado por colectivos de periodistas hasta convertirlo en tendencia global en Twitter— la historia de cómo la Policía Federal mexicana masacró a al menos 16 civiles desarmados salió al mundo. Fue recogida de inmediato por los encabezados de los diarios más influyentes de América Latina, Norteamérica y Europa.

• • •

La reconstrucción de los hechos del 6 de enero en Apatzingán,[9] realizada por Laura Castellanos, se basa en 39 testimonios grabados que se mantienen bajo resguardo para la seguridad de los entrevistados; fueron verificados no obstante por editores de *El Universal* en un primer momento, y de *Aristegui Noticias*, *Proceso* y Univision, posteriormente. Corresponden a personas de todo tipo: 12 de los 44 detenidos y luego liberados del primer ataque (entre ellos un comerciante); siete sobrevivientes del segundo ataque (tres de ellos fueron hospitalizados); un representante legal, ocho testigos circunstanciales, ocho familiares de víctimas, personal del Hospital General Ramón Ponce y empleados del Servicio Médico Forense (Semefo). Además, Castellanos utilizó otros materiales relevantes, como videos grabados por los vecinos y el audio de las transmisiones que realizaron miembros de la Fuerza Rural.

Alfredo Castillo había reclutado a la organización criminal Los Viagras para que formara el grupo paramilitar que después se conoció como Fuerza Rural. Estaba compuesto fundamentalmente por trabajadores de la pizca del limón, y su objetivo era erradicar a otra organización delincuencial, la de

---

[9] "Fueron los federales". Reportaje de Laura Castellanos en *Aristegui Noticias*, 19 de abril de 2015, https://aristeguinoticias.com/1904/mexico/fueron-los-federales/

los Caballeros Templarios, que por años había actuado en el estado. Durante ocho meses persiguieron por la sierra a su líder, Servando Gómez *La Tuta*, sin éxito. Cuando el poder del "virrey" Castillo empezó a declinar, a causa de su autoritarismo, sus abusos y su falta de resultados, ordenó la desmovilización de la Fuerza Rural. Pero no cumplió con entregarles los pagos prometidos y *El Gordo Coruco* optó por la protesta, ordenándoles a los "rurales" que establecieran un plantón frente al Palacio Municipal de Apatzingán. Después de 20 días, Castillo ordenó la represión.

Eran las 2:30 de la mañana. En la plaza había gente porque era la víspera del Día de los Reyes Magos, una fecha festiva en la que los niños reciben regalos al amanecer, y muchas familias estaban de compras. Por orden expresa del *Gordo Coruco*, los manifestantes no estaban armados, salvo seis de ellos que —cuando se vieron rodeados por la Policía Federal— colocaron en el piso sus pistolas; los demás sólo tenían palos. La balacera comenzó al grito de "¡mátenlos como perros!", y duró 15 minutos. A los que obedecieron la orden de ponerse de rodillas y rendirse, los ejecutaron. Un testigo indicó que, para disimular la muerte de Luis Alberto Lara, de 20 años, los agentes le pasaron una camioneta por encima; era el "atropellado" al que días después se referiría Castillo. Hubo 44 detenidos: de ellos, la gente del *Gordo Coruco* sólo reconoce a 25 como propios. Entre los 19 restantes había paseantes, taxistas, albañiles y vendedores de periódicos. Se afirmó también que se llevaron en una camioneta a 11 personas que estaban comprando juguetes, pero que no aparecieron después en ninguna prisión. El número de muertos y heridos no ha sido determinado.

Familiares y amigos —que viven en ranchos y aldeas de los alrededores— escucharon por radio pedidos de auxilio. Salieron al rescate desarmados, como les había ordenado *El Gordo Coruco*, "para no ser tratados como delincuentes". A las 7:20 de la mañana, lograron localizar una caravana de la Policía Federal en la que creyeron que trasladaban a los suyos. Un grupo de vecinos descendió de una camioneta y empezó a romper a palos las ventanas de una patrulla. Les contestaron con fuego de ametralladoras M-60, empleadas para atravesar vehículos con blindaje, aunque las de los pobladores no lo tenían. En el punto de confrontación quedó una camioneta Ram blanca en la que viajaban siete chicos de entre 16 y 20 años, que fueron acribillados. Cuatro de ellos murieron. Detrás, en una Arcadi negra, venía un hombre —Miguel Madrigal— con su familia. Los vecinos escucharon los gritos de las mujeres: decían que estaban desarmados, que dejaran de disparar. Una foto estremecedora muestra, en el piso, a Madrigal en un extremo, a su esposa en el otro, ambos con el ademán de proteger a una mujer joven y un niño que quedaron en medio. Todos están atravesados por balas de alto calibre.

Los testimonios recogidos por Castellanos desmienten las afirmaciones del "virrey" Castillo, de que los federales prestaron ayuda a los heridos: en realidad los dejaron desangrarse. A los paramédicos les dijeron que no había sobrevivientes, y aunque se veían movimientos entre los caídos, no los dejaron pasar. Más tarde obstruyeron el traslado de heridos graves desde algunas clínicas hacia hospitales mejor equipados, lo que provocó al menos una muerte. Algunos cuerpos presentaban marcas de disparos a quemarropa. A la morgue de Apatzingán no llevaron ningún cadáver. Castellanos encontró tres actas de defunción de personas que fueron trasladadas, inexplicablemente, a ciudades que se ubican a tres horas de distancia. A partir de fotografías y videos, se pudo establecer que los agentes modificaron las posiciones de algunos cuerpos y les "sembraron" armas, para simular que habían disparado.

En una segunda entrega, publicada el 24 de mayo, Castellanos añadió nuevos documentos oficiales y testimonios que confirmaron que no sólo habían participado policías federales: en "También fueron los militares" se reveló que elementos del 30º Batallón de Infantería dispararon y detuvieron a personas. Reportó además que, de los 44 detenidos del 6 de enero, el juez dejó libres a 43 por falta de pruebas.[10]

Finalmente, el 17 de agosto, la periodista presentó nuevas evidencias, referentes esta vez a la persecución lanzada contra sobrevivientes y familiares de las víctimas, que sufrieron detenciones ilegales, golpizas y torturas, y que por ello mismo habían tenido que abandonar sus hogares. El reportaje se titulaba "Los desplazados de Castillo".[11]

•••

Alfredo Castillo descalificó el trabajo de Castellanos tildándolo de meros "testimonios anónimos", que no podían tener la misma validez de las declaraciones de "gente con nombre y apellido", gracias a las cuales la Procuraduría General de la República "puede, sin ningún problema, ni violar la secrecía de la averiguación previa, demostrar plenamente los hechos".[12]

Así estableció la línea de su propia defensa mediática, que fue seguida por periodistas afines. Carlos Marín, director general editorial del poderoso

[10] "También fueron los militares". Reportaje de Laura Castellanos en *Aristegui Noticias*, 24 de mayo de 2015, https://aristeguinoticias.com/2405/mexico/apatzingan-tambien-fueron-los-militares/

[11] "Los desplazados de Castillo". Reportaje de Laura Castellanos en *Aristegui Noticias*, 19 de agosto de 2015, https://aristeguinoticias.com/1708/mexico/masacre-de-apatzingan-los-desplazados-de-castillo/

[12] Citado en Carlos Fazio, *Estado de emergencia. De la guerra de Calderón a la guerra de Peña Nieto*, Grijalbo, México, 2016, p. 307.

Grupo Milenio, introdujo el término "periodismo carroñero" para definir "la 'reconstrucción' de *las ejecuciones de Apatzingán*, basada en 'testimonios grabados' de gente sin identidad", en lo que no es más que 'invención de cuentos periodísticos'"[13] (cursivas de Carlos Marín).

Un año más tarde, en un programa de televisión y respecto a otra masacre cometida por la Policía Federal (esta vez contra maestros en la población de Nochixtlán, Oaxaca), Marín quiso refutar que se tratara de un crimen de Estado, utilizando a Rubén, Nadia y las otras tres personas asesinadas con ellos. Entre carcajadas, para enfatizar que consideraba ridícula esa acusación, cuestionó: "¡Veían un crimen de Estado en el crimen de la Narvarte, porque un fotógrafo desconocido estaba en una piquera!"[14] En su lenguaje, *piquera* es un burdel.

* * *

La de Carlos Marín es una de las actitudes extremas en el contexto de una prensa mexicana muy dividida. El caso de la censura contra Aristegui y su equipo sacó esos enconos. En vez de mostrar solidaridad, columnistas como Ricardo Alemán y el propio Marín dispararon insultos en su contra. La veían como una representante de lo que ellos descalifican bajo el término "periodismo activista", sin reconocer que ellos hacen activismo promoviendo las causas del PRI.

Ciro Gómez Leyva (el conductor que competía con Aristegui por los primeros lugares de audiencia en radio) recordó una investigación del equipo de la periodista, que un año antes había infiltrado a una reportera entre el personal de Cuauhtémoc Gutiérrez, presidente del PRI en la capital del país.

Además de comandar la dirigencia del partido oficial, Gutiérrez era considerado cacique de los *pepenadores*, término que alude en México a las personas que hurgan en los basureros en busca de objetos reutilizables. Sumidos en la miseria, pero utilizados políticamente por Gutiérrez como grupo de choque, el equipo de Aristegui logró documentar —con base en videos, fotografías, audios y testimonios— que con dinero de los contribuyentes se engañaba, reclutaba y pagaba a jóvenes mujeres en busca de empleo para sos-

---

[13] "Apatzingán desde el anonimato". Artículo de Carlos Marín en *Milenio Diario*, 22 de abril de 2015, http://www.milenio.com/opinion/carlos-marin/el-asalto-la-razon/apatzingan-desde-el-anonimato

[14] Programa "Entrevista por Adela" con Carlos Marín y Julio Astillero del 7 de julio de 2016, minuto 29'20"; video en YouTube: https://youtu.be/OlwlXdt_nd8

tener una red de prostitución exclusiva para el político.[15] Gómez Leyva cedió el micrófono a Gutiérrez, para atacar a su vez las acusaciones. Cobijado por el poder de su partido, el priísta evadió la acción de la justicia. Desde su programa en Radio Fórmula, Gómez Leyva utilizó esta situación de impunidad para calificar el reportaje de "uno de los casos más perversos, ¡obscenos!, de abuso editorial que yo recuerde". En su columna en *El Universal*, reprochó: "Aristegui y equipo se marchan sin disculparse con Cuauhtémoc Gutiérrez".[16]

Más allá de las diferencias entre personalidades, los medios de comunicación se colocan en los bordes de una brecha cada vez más amplia, entre los que sostienen la línea del gobierno, y los que hacen periodismo independiente y crítico del poder. Tanto el reportaje de la Casa Blanca como el de Apatzingán fueron silenciados por los medios de mayor alcance, tanto electromagnéticos como impresos. En los casos mejores, fueron consignados como notas secundarias, destinadas a hundirse en el mar de los contenidos. Sólo les dieron espacio cuando hubo respuestas oficiales de las autoridades, porque tienen que dar cuenta del discurso gubernamental, y entonces procedieron a descalificarlos.

Con la autoridad que le otorga su lucha internacional en defensa de la libertad de expresión, Article 19 —en voz de su entonces director para México y América Latina, Darío Ramírez— señaló en un videocomentario que "los grandes medios de comunicación en México algo están haciendo o algo están dejando de hacer: periodismo, principalmente. Tendría que haber mucha mayor transparencia y podemos exigírsela, es decir: ¿por qué no llevan este reportaje 'Fueron los federales'? ¿Por qué no están preguntándole más al gobierno? ¿Por qué no todos los medios de comunicación están buscando nuevos ángulos de esta misma noticia?"[17]

•••

En México, las rutas de la ley dependen mucho de quién es cada cual y con qué recursos e influencias cuenta. Con frecuencia, las decisiones de los jueces no son independientes de los poderes políticos y económicos. Contra ellos luchan

---

[15] "Opera #RedProstitución en PRI-DF". Reportaje de la Unidad de Investigaciones Especiales en *Aristegui Noticias*, 2 de abril de 2014, https://aristeguinoticias.com/0204/mexico/opera-redprostitucion-en-pri-df-investigacion-mvs/

[16] Fragmento del programa "Por la mañana" del 16 de marzo de 2015, https://youtu.be/vfV-j813uENo; Artículo "Se va sin disculparse con Cuauhtémoc Gutiérrez". Ciro Gómez Leyva en *El Universal*, 17 de marzo de 2015. http://www.eluniversalmas.com.mx/columnas/2015/03/111685.php

[17] Videocomentario de Darío Ramírez, director de Article 19 México, del 22 de abril de 2015; video en Vimeo, vimeo.com/125509147

los magistrados y juristas que sí creen en la imparcialidad de la justicia. Un miembro de la nueva generación de jueces mexicanos, Fernando Silva, admitió el 16 de abril un amparo presentado por Carmen Aristegui, con argumentos similares a los que ya habíamos expuesto en la campaña de demandas públicas contra MVS. Esta vez el juez falló provisionalmente a favor de la periodista, porque las decisiones de la empresa se habían sustentado en el derecho privado, sin atender al hecho de que se trataba en realidad de la "concesión de un bien y servicio público del Estado". El fallo favorable atendía también a la relevancia social del asunto, puesto que además de los derechos de la periodista, se afectaba también el ejercicio periodístico y la libertad de expresión.[18]

"Un precedente así, sin duda fortalece la autonomía de los periodistas e incrementa las garantías frente a la censura empresarial o estatal", afirmó en un análisis el doctor José Roldán Xopa, académico del Instituto Tecnológico Autónomo de México. "La sentencia afectará directamente a MVS, pero será un precedente cuyos destinatarios son todos los concesionarios de radio y televisión; el poder empresarial será acotado". Ante ese escenario, concluyó, "supongo que el concesionario valorará sus costos y beneficios".

Su cálculo no fue acertado. De entrada, MVS rechazó la decisión y pidió de inmediato un cambio de juez. Pero la reacción no quedó ahí: los dueños de las emisoras mexicanas detectaron una amenaza potencial para el control de sus negocios y —agrupados en la Cámara de la Industria de Radio y Televisión— pidieron intervenir en la disputa contra Aristegui. Si ella forzaba a MVS a revertir su decisión, quedaría en entredicho la capacidad de los concesionarios de dar y quitar micrófonos y pantallas a su antojo. La administración de Peña Nieto, por su lado, sorprendió al asumir un rol activo en el proceso legal, como si fuera una de las partes involucradas. Humberto Castillejos, consejero jurídico de la Presidencia, interpuso un recurso en el que calificó como "inadmisible" y "absurdo" pretender que los concesionarios tengan que consultar a las audiencias para tomar decisiones sobre su programación.

El 14 de julio, un tribunal colegiado resolvió revocar la admisión de la demanda de amparo presentada por Carmen Aristegui. Con esto, escribió la periodista, "se impidió que el juez Silva analizara los alegatos de las partes y resolviera judicialmente". De esta forma, "no perdimos un juicio ni ellos lo ganaron, como insisten en decir maliciosamente un puñado de voceros oficiosos", ya que "al juicio lo mataron con la simple presentación de una queja" (de la cámara industrial). "Se ve difícil que algún otro periodista acuda ante

[18] Nota informativa DGCS/NI: 44/2015 del Poder Judicial de la Federación. 15 de abril de 2015, http://www.cjf.gob.mx/documentos/notasInformativas/docsNotasInformativas/2015/notaInformativa44.pdf

la justicia" en busca de amparo "por actos de censura y contra la libertad de expresión".[19] Así comenzaron a desechar las miles de demandas presentadas por empleados, colabores y radioescuchas.

•••

Javier Martínez Staines, Carlos Pedroza y Manuel Martínez Torres son tres de los mejores editores con los que he trabajado. En 2008, como parte de Editorial Televisa, fundaron la edición mexicana de la revista *Esquire*. Esta franquicia estadounidense otorga bastante libertad a quienes la adquieren en otros países, dado que pueden optar por hacer una versión ligera, con temas superficiales (como la española); o una de periodismo narrativo duro, al estilo de la que fue fundada en 1933 y que ha albergado a los mejores reporteros anglosajones. Esto último era lo que Pedroza, director del nuevo impreso, tenía en mente.

Era difícil hacerlo en una de las empresas de Grupo Televisa, siempre alineado al gobierno. Pedroza tenía la complicidad de Martínez Staines, director editorial de la casa, y la obsesión verificadora de hechos de Martínez Torres. Posteriormente, el equipo de redacción se reforzó con un joven talento, Mael Vallejo.

Durante años fueron explorando el terreno, calculando qué tanto podían atreverse. Desde el principio colaboré con ellos, enviando reportajes desde zonas de conflicto en todo el mundo. Admitieron también mis trabajos respecto a temas delicados de la agenda nacional: así me publicaron historias sobre la violencia en Ciudad Juárez; sobre la insurrección del pueblo purépecha de Cherán contra el crimen organizado y los partidos políticos; y sobre el abandono en que las autoridades habían dejado a personas que buscaban a sus desaparecidos, en Tijuana y Mexicali.

Era un equipo de gran nivel, con el que disfruté mucho participar, pues se trataba de editores capaces y comprometidos. No era aquel grupo de los que hacen correcciones para justificar el sueldo, sino de los que dejan los ojos en la pantalla con el fin de mejorar la narrativa y la información. Se trataba de gente que antes de sentarse en el banco del editor había hecho reporteo de calle: cómo se nota cuando recibes órdenes de alguien que no sabe lo que es arrastrar la piel en el terreno. Te dan pena las cosas que te puede llegar a decir, su ignorancia magnificada por la autoridad del puesto.

Eso ocurre en una importante agencia de noticias española, en la que las oportunidades de ascenso sólo se ganan haciendo tiempo de escritorio

---

[19] David Lizárraga *et al.*, *La Casa Blanca de Peña Nieto*, Grijalbo, México, 2015, pp. 31-32.

en Madrid, y los corresponsales en el extranjero se ven sobrepasados, en la escalera burocrática, por colegas que llegan a ser jefes sin haber viajado más que por turismo. Éstos son propensos a dejarse intimidar por las "voladas" (noticias sin confirmación, exageradas o de plano fabricadas) de la competencia. En Libia, en marzo de 2011, el enviado de esa organización y yo estábamos en la ciudad de Ajdabiya, entonces bajo control rebelde pero a punto de ser recapturada por el ejército de Moamar Gadafi. En la Puerta del Este pasaban coches atestados con familias que escapaban. Contamos un vehículo con un promedio de seis personas cada dos minutos. 180 niños, mujeres y hombres cada hora. Acaso tres mil ese día. Desde Madrid, a mi colega le ordenaron escribir que había un éxodo. Él dijo que no era tal. "¡*La Vanguardia* (diario catalán) ya le puso así!", le gritaron, "¡haz lo que te digo!" Pero tres mil personas en una ciudad de más de 100 mil habitantes difícilmente puede ser considerado un éxodo. ¿Cómo es que el editor le creía más a otro periódico que a su propio hombre en Ajdabiya? Aunque mi amigo se rehusó, la decisión final pertenecía a la mesa de redacción y la agencia reportó un éxodo inexistente, que después retomaron medios de todos los países de habla castellana. Para el resto del mundo se había marchado una pequeña parte de la población, pero los historiadores hispanoparlantes escribirán en sus libros que ese día huyó toda la gente. Parecerá entonces incomprensible cómo fue posible que las organizaciones humanitarias no declararan una crisis, ni establecieran grandes campos de refugiados. Con *Esquire*, en cambio, se trabajaba de cerca y con plena confianza. Ellos podían apoyarse en sus colaboradores y nosotros en ellos. Nunca es fácil encontrar un buen editor pero si tuviste esa suerte, ¡atrápalo y no lo sueltes nunca!

En julio de 2014, Vallejo observó que la versión oficial de lo ocurrido en Tlatlaya era sospechosa: siete soldados del Ejército habían sido atacados por 22 peligrosos criminales, pero a final de cuentas, la totalidad de los agresores había muerto y entre los militares no había bajas. Les propuso al periodista español Pablo Ferri y a la fotógrafa boliviana Natalie Iriarte que fueran a investigar. Y descubrieron que fue una matanza. El reportaje tomó por sorpresa al gobierno. ¿Venía de Televisa, su aliado y apoyo? ¿Cómo podía ser? Alguien quiso atribuirlo a la *Esquire* de Nueva York; prensa extranjera, que seguro no entiende el país, alegarían. Pero no: era de México.

En Editorial Televisa no pasó nada en aquel momento. Pedroza y sus compañeros sintieron que podían seguir adelante. A principios de 2015 me publicaron una serie de reportajes sobre lo que llamé "el pentágono de la amapola": un territorio tan extenso como la república de Haití, responsable del 40% de la heroína producida en el continente americano, y que las autoridades han dejado por completo a la disputa de las bandas criminales. Asimismo, David Espino documentó cómo es que el estado de Guerrero, pese a estar bajo el control del Ejército mexicano y de la Policía Federal, se había convertido en una región caótica con altísimos niveles de violencia.

Esquire era un raro oasis de libertad periodística dentro de Grupo Televisa, y pronto fue sepultado por eso mismo. En junio de 2015 —ocho meses después del golpe representado por el reportaje de Tlatlaya— fueron despedidos Martínez Staines, Pedroza, Martínez Torres y Vallejo; es decir, todos aquellos que habían intervenido en su publicación. El grupo prefirió salir en buenos términos, sin denuncias. "Fueron poco más de nueve años de aventuras, travesuras, sonrisas, frustraciones, alegrías y trabajo muy intenso", escribió Martínez Staines en Facebook. Ninguno quiso asociar lo ocurrido a aquel trabajo excepcional con el que Televisa, sin buscarlo, puso en evidencia la vertiente criminal del Ejército mexicano.

Todo eso ocurrió en el mismo semestre en que Aristegui y su equipo fueron expulsados de la radio; en el que fracasó el intento de hundir el reportaje sobre Apatzingán; y en el que los reporteros que investigábamos la desaparición de los 43 de Ayotzinapa —cuestionando las versiones oficiales— éramos sistemáticamente descalificados por los columnistas del régimen.

•••

El retorno del PRI al poder en 2012 fue preparado desde 2005. En primer lugar, con el diseño de un candidato al gusto de un pueblo formado por las telenovelas. Enrique Peña Nieto, flamante gobernador del Estado de México. Peña Nieto no sólo era miembro distinguido de uno de los clanes más poderosos del partido —la coalición de intereses que llamamos Grupo Atlacomulco— sino que era un hombre guapo al estilo de la televisión. Padre viudo, necesitaba una pareja que consolidara su imagen de cara a la inminente elección. La elegida fue una de las actrices más destacadas de Grupo Televisa, Angélica Rivera, conocida como *La Gaviota* por el personaje de una de las series que protagonizó. Televisa, con cuatro cadenas de televisión nacional, contribuía también de esa manera a su papel como plataforma mediática central en la promoción del candidato.

Pero Angélica Rivera estaba casada por la Iglesia católica. El problema fue resuelto mediante la insólita declaración de que su boda con José Alberto *El Güero* Castro —con quien tuvo tres hijas— era inválida porque había existido "un defecto de forma canónica", según determinó la Arquidiócesis de México, encabezada por el cardenal primado del país, Norberto Rivera. *El Güero* Castro negó que haya habido algún error. Lo mismo el padre oficiante, José Luis Salinas, quien fue castigado por su presunto mal proceder, y apeló por ello al Tribunal de la Rota Romana, el cual confirmó la validez del enlace religioso, y calificó el proceder de la Arquidiócesis como "simulacro de justicia". Pero el daño a Salinas nunca fue reparado. Antes de su muerte en 2015, en cartas enviadas al papa Francisco, el cura expresó su convicción de que la anulación del matrimonio se le había otorgado a Angélica Rivera por presiones de "alguien".[20]

El fallo del Tribunal de la Rota Romana tampoco tuvo efecto en el proyecto de *La Gaviota*, pues llegó tarde. Emitido hasta el 20 de noviembre de 2012, ya desde 2009, Angélica Rivera y Peña Nieto —con cobertura especial de Televisa y acompañados de obispos— habían acudido al Vaticano a anunciarle al papa Benedicto XVI su próximo enlace. Más tarde, en 2010, de nuevo entre altos prelados, se habían celebrado las nupcias, ahora sí válidas y transmitidas por Televisa. Cuando el tribunal resolvió, faltaban sólo 11 días para que el presidente electo Peña Nieto tomara posesión. El arribo de la pareja a la residencia presidencial de Los Pinos —de manera jubilosa, festiva, casi monárquica— no pareció tanto un evento político como el capítulo climático de una telenovela, cuando después de tantas dificultades todo concluye alegremente. Muchos mexicanos lloraron de felicidad en sus hogares.

Si los grandes medios de comunicación, en general, habían formado parte de la alianza que propulsó la candidatura de Peña Nieto, marginando o descalificando la del opositor Andrés Manuel López Obrador, Televisa tuvo un papel central en la ejecución estratégica. El diario británico *The Guardian* reveló que, al menos desde 2009, una discreta unidad interna de la empresa —denominada "equipo Handcock"— ordenó la realización de videos para promover a Peña Nieto y al PRI, así como para ensuciar a su rival mediante campañas por correo electrónico y en redes sociales.[21] La prensa extranjera se refería a él como el "candidato hecho para la televisión".[22]

El final feliz era sólo el principio en relación con el siguiente paso, que resultaba mucho más ambicioso: fascinar al mundo. En el nuevo equipo habían concluido que una parte de los bloqueos que lastraban a México se debían a

[20] "El expediente secreto de la boda Peña Nieto-Rivera". Investigación de *Aristegui Noticias*, 6 de febrero de 2016, https://aristeguinoticias.com/0602/mexico/el-expediente-secreto-de-la-boda-pena-nieto-rivera/

[21] "Mexican media scandal: secretive Televisa unit promoted PRI candidate". Reportaje de Jo Tuckman en *The Guardian*, 26 de junio de 2012, https://www.theguardian.com/world/2012/jun/26/mexican-media-scandal-televisa-pri-nieto

[22] "What's Happening With the Mexican Elections, Explained". Artículo de Maddie Otman e Ian Gordon en *Mother Jones*, 6 de julio de 2012, https://www.motherjones.com/politics/2012/07/whats-happening-mexican-elections-explained/

un problema de imagen. El presidente que se retiraba, Felipe Calderón, había construido una narrativa cuyo eje era la llamada "guerra contra las drogas", la cual espantaba la inversión y limitaba la capacidad de proponerse transformaciones de fondo. Por contraste, Enrique Peña Nieto se presentaba como un líder joven e impetuoso, deseoso de cambios y capaz de concertar voluntades para materializarlos.

Sería el presidente de las reformas y la prensa internacional compró, casi de inmediato, el nuevo relato. En pocos meses, los grandes medios dejaron de hablar del país ensangrentado y comenzaron a proyectar un mensaje de promesa y de renovación. En titulares y columnas, se generalizó el concepto "Mexican momentum": México cobraba impulso. La gran nación y su economía —que había empezado el siglo aletargada mientras despegaban otras similares— por fin arrancaba la carrera.

"Saving Mexico" pasaría a la historia como la más conocida de las portadas con la efigie del presidente mexicano.[23] Impecable en traje y corbata, Peña Nieto aparecía en *Time* con un porte, más que de estadista, de superhéroe de Marvel; a fin de completar el golpe mediático, en páginas interiores el gobierno de México había pagado un reportaje promocional de 14 páginas. Los expertos no dejaban de manifestar su entusiasmo en el *Wall Street Journal*, el *Financial Times, The Economist, El País*, etcétera. La operación fue un éxito.

En abril de 2013 —a sólo cuatro meses del comienzo de su gobierno— la revista *Time* no sólo le otorgó su aprobación, sino que calificó de excelente su breve gestión, incluyéndolo en su lista de los 100 personajes del año. La reseña corrió a cargo del ex gobernador de Nuevo México y ex secretario de Energía de Bill Clinton, Bill Richardson. En su opinión, el apoyo de los grandes medios a Peña Nieto no había existido; por el contrario, estimaba que lo habían "atacado salvajemente", pese a lo cual, casi de inmediato, el presidente "ganó el elogio unánime a todo lo largo de la sociedad". Su admiración por Peña Nieto era tan grande que lo describió como la suma de las mejores virtudes de los presidentes de su país: "Él combina el carisma de Reagan con el intelecto de Obama y las habilidades políticas de Clinton. Éste es un líder que hay que seguir".[24]

En ese momento Richardson presidía APCO Worldwide Global Political Strategics, una empresa de cabildeo que en mayo de 2013 —en cumplimiento de la Ley de Registro de Agentes Extranjeros— informó ante el Departamento

---

[23] Portada de la revista *Time* del 24 de febrero de 2014, http://content.time.com/time/covers/pacific/0,16641,20140224,00.html

[24] "The 2013 Time 100. Enrique Peña Nieto". Presentación de Bill Richardson en revista *Time*, 18 de abril de 2013, http://time100.time.com/2013/04/18/time-100/slide/enrique-pena-nieto/

de Justicia de Estados Unidos que había sido contratada por la Oficina del Presidente de México para darle servicios de *lobbying*. Personalmente, Richardson asumió la responsabilidad de prestar una "consultoría de imagen para México".[25]

Pero la desaparición de los 43 estudiantes de Ayotzinapa, en septiembre de 2014, conmovió al mundo e irritó a los mexicanos. No pararían allí los problemas para el nuevo gobierno. La revelación de la matanza de Tlatlaya por los periodistas Ferri e Iriarte; el escándalo de la Casa Blanca, descubierto por el equipo de Aristegui; y el reportaje sobre la matanza de Apatzingán, elaborado por Castellanos, completaron el círculo de aquella crucial indagación periodística.

Peña Nieto podía sugerir que tres de esos cuatro asuntos estaban más allá de su control inmediato, pero la "Casa Blanca" le estalló en las manos. A ello se sumó, en el caso del abortado tren México-Querétaro, un conflicto de intereses, una amañada licitación multimillonaria, y una cancelación abrupta que no consideró obligaciones ni costos, sólo para proteger al presidente.

Ni Bill Richardson pudo ayudarlo. En octubre de 2014, *The Economist*, *The New York Times* y *The Washington Post*, entre otros, dedicaron artículos editoriales que fueron sintetizados en una frase: *from Mexican Moment to Mexican Murder* (del momento mexicano al asesinato mexicano).[26] En enero de 2015, *The Economist* regresó al tema, pero esta vez señalando al responsable del "pantano mexicano" desde el subtítulo: "Un presidente que no entiende que no entiende".[27] En noviembre de ese año, la revista *Newsweek en Español* se dio el lujo de abofetear al mandatario y, de paso, burlarse de su competidora *Time*: "El salvador que no lo fue", cabeceó en una portada en la que Peña Nieto aparece con un traje parecido al que lució en su momento de superhéroe, pero cabizbajo y en retirada.[28]

Con la prensa internacional, Peña Nieto había pasado de una luna de miel a un divorcio de hiel. Con la ciudadanía, la situación era todavía peor.

---

[25] "Bill Richardson, el verdadero artífice del Mexican Moment". Reportaje de Claudia Villegas en revista *Fortuna*, 16 de diciembre de 2014, https://revistafortuna.com.mx/contenido/2014/12/16/bill-richardson-el-verdadero-artifice-del-mexican-moment-ii/

[26] "From "Mexican Moment" to "Mexico Murder". Artículo en *Yucatan Times*, 22 de octubre de 2014, https://www.theyucatantimes.com/2014/10/from-mexican-moment-to-mexico-murder/

[27] "The Mexican Morass. A Presidente who doesn't get that he doesn't get it". Artículo en *The Economist*, 22 de enero de 2015, https://www.economist.com/the-americas/2015/01/22/the-mexican-morass

[28] Portada de *Newsweek en Español* del 29 de noviembre de 2015, https://newsweekespanol.com/2015/11/epn-el-salvador-que-no-lo-fue/
Comparación de portadas en *El Diario* (Nueva York): https://eldiariony.com/2015/12/01/del-saving-mexico-al-salvador-que-no-fue-newsweek-critica-falta-de-resultados-de-pena/

En el primer sondeo del diario *Reforma* tras la expulsión de Aristegui —publicado el 26 de marzo de 2015— su valoración había caído de un promedio de 6.3 hasta 5.0 entre ciudadanos, y de 7.1 hasta 3.5 entre líderes, desde abril de 2013.[29]

El impacto causado por la desaparición de los 43 de Ayotzinapa fue grande, pero —desde la perspectiva presidencial— los periodistas le habían echado a perder las cosas y ahora sí, como había afirmado Richardson, lo atacaban salvajemente. O al menos, la prensa crítica. "No trabajo para colocarme medallitas", respondió malhumorado Peña Nieto cuando le preguntaron por aquella encuesta.[30]

•••

Se suponía que el *mea culpa* presidencial sobre la Casa Blanca, el 18 de julio de 2016, debería haber cerrado la crisis. Hasta ese momento nada había funcionado para detener los señalamientos. En diciembre de 2014 había intentado convencer a los reporteros de su inocencia, sentándose a conversar informalmente con ellos durante un vuelo. "¿Cuál conflicto de interés? ¡No lo veo por ningún lado! Supongamos que tengo un amigo que es dueño de (la compañía telefónica) Nextel, y le compro un radio o contrato los servicios de su empresa. ¿Estoy haciendo algo ilegal? ¿Estoy favoreciendo a un amigo? A mí me parece que no. ¡No existe un conflicto de interés porque tengo un amigo en Nextel y elegí esa empresa y no otra!"[31]

En febrero de 2015, Peña Nieto había nombrado a un antiguo colaborador suyo, Virgilio Andrade, como secretario de la Función Pública, con el encargo expreso de investigar si hubo malas prácticas en el caso de la Casa Blanca, porque "como presidente tengo la convicción de fortalecer la legalidad y cerrar espacios a la corrupción". De cualquier forma, se curaba en salud: "Aquí quiero ser enfático, el presidente no otorga contratos, no adjudica obras, no participa en ningún comité de servicios, soy consciente de que los señalamientos realizados generaron opiniones diferentes".[32]

[29] "Peña, con calificación más baja en lo que va de su sexenio: encuesta 'Reforma'". Nota en *Aristegui Noticias*, 26 de marzo de 2015, https://aristeguinoticias.com/2603/mexico/pena-con-calificacion-mas-baja-en-lo-que-va-de-su-sexenio-encuesta-reforma/

[30] "No trabajo para mejorar índices de popularidad, dice EPN tras reprobar encuesta". Nota en *Sin Embargo*, 26 de marzo de 2015, https://www.sinembargo.mx/26-03-2015/1293610

[31] Wilbert Torre, *El despido*, Temas de Hoy, México, 2015, p. 111.

[32] "Peña Nieto nombra a Virgilio Andrade como secretario de la Función Pública". Nota de Enrique Sánchez en *Excélsior*, 3 de febrero de 2015, https://www.excelsior.com.mx/nacional/2015/02/03/1006280

Seis meses después Andrade presentó sus conclusiones, sin sorprender a nadie. La investigación encontró que Angélica Rivera contaba con recursos para adquirir la casa y que así lo estaba haciendo. Tras el escándalo, la primera dama canceló el contrato de compra, Grupo Higa le devolvió los pagos hechos y ella entregó 10.5 millones de pesos en compensación. El presidente no había otorgado contratos ni influido en los procedimientos de los 33 que el gobierno federal concedió a las filiales de Grupo Higa, durante su mandato[33].

Los reporteros se dieron cuenta de que Andrade no había tomado las declaraciones de Angélica Rivera, del empresario Hinojosa Cantú ni del propio presidente como sujeto de la investigación. No había indagado tampoco el periodo de Peña Nieto como gobernador del Estado de México, cuando Grupo Higa había prosperado a su sombra; tampoco había hurgado en el misterioso proceso de licitación y cancelación del tren a Querétaro, pese a la pérdida de cientos de millones de dólares que había provocado. Los periodistas extranjeros se mostraban particularmente intrigados porque, en sus países, un caso similar habría culminado en la destitución de los responsables, si es que no en prisión. Finalmente —puesto que sólo era posible juzgar al presidente por delitos graves del orden común, o por traición a la patria— querían saber para qué había realizado una investigación que no podía tener consecuencias legales. ¿Cuál era el propósito, entonces?

Todo lo que respondió el funcionario, una y otra vez, fue que había actuado de acuerdo con lo que le permitía "el marco legal mexicano". Pasaría casi un año más, sin que el gobierno pudiera librarse completamente del problema. Entonces se presentó Peña Nieto a reconocer su equivocación, en julio de 2016. Pero sólo eso: "me conduje conforme a la ley", aclaró, pero "cometí un error" por generar una mala "percepción". Por eso, "con toda humildad les pido perdón". Debemos "reconocer el gesto", pidió Héctor Aguilar Camín. "¡Histórico!", proclamó Ricardo Alemán.

• • •

"Así nomás", replicó Aristegui en un video de siete minutos. "En cualquier otro país, con un verdadero Estado de derecho, se hubiera realizado una investigación independiente, un *impeachment* o un juicio político y muy probablemente el mandatario se hubiera visto obligado a renunciar. En México no. En México, el presidente sigue en funciones y los periodistas que partici-

---

[33] "Seis meses necesitó Función Pública para exonerar a Peña, Rivera y Videgaray". Nota en *Animal Político*, 21 de agosto de 2015, https://www.animalpolitico.com/2015/08/epn-angelica-rivera-y-luis-videgaray-no-incurrieron-en-conflicto-de-intereses-virgilio-andrade/

pamos en la investigación de la Casa Blanca, y alentamos el debate sobre sus graves repercusiones, fuimos echados del aire de la radio mexicana. Sabemos que no regresaremos a ella... o no, por lo menos, hasta que se acabe este sexenio". Recordó entonces que, tras un año y cuatro meses desde su expulsión, había decidido relanzar su noticiero diario desde internet, por AristeguiNoticias.com. Pero a partir de que hizo público su propósito, "se intensificó el acoso, el hostigamiento y la persecución judicial".

MVS había tenido problemas para sostener sus argumentaciones. Durante los primeros dos meses, pasó de reclamar el supuesto uso de su marca en MéxicoLeaks a denunciar que Aristegui se había rehusado a acatar los nuevos lineamientos editoriales de la emisora, y de allí a acusar a la periodista de desviar recursos de la empresa, porque su portal web reproducía algunos de los contenidos generados en la Primera Emisión de MVS Noticias. Ésa había sido la práctica aceptada durante tres años, de 2012 a 2015, y las redes de MVS solían también difundir lo que publicaba *Aristegui Noticias*, pero sólo entonces decidieron que les parecía injusto.

Encontraron entonces un nuevo motivo de ataque. "En las últimas semanas", continuó la periodista, "se han acumulado demandas judiciales que ya llegan a niveles insospechados. Se pretende, por la vía judicial, mutilar el libro *La casa blanca de Enrique Peña Nieto*, exigiendo la eliminación del prólogo", que fue escrito por la periodista. La demanda se dirigía hacia ella y la casa editorial que lo había publicado. En el texto que daba paso a la investigación realizada por Daniel Lizárraga y sus compañeros de la Unidad de Investigaciones Especiales, Aristegui lamentaba "el derrumbe moral de Joaquín Vargas y sus hermanos (dueños de MVS), a quienes estimé mucho y sinceramente". Había sido "una tragedia ver cómo aquéllos que habían apostado por la libertad de expresión y la investigación periodística, finalmente sucumbieron a presiones y componendas de un poder al que ya antes habían enfrentado con dignidad y valentía".[34]

Para los abogados de MVS, aquel era un punto débil: Aristegui no aportaba elementos para demostrar que los Vargas "sucumbieron a presiones y componendas" y, por tanto, según ellos, incurría en difamación. Por ello le exigían a la periodista un resarcimiento económico indeterminado, que podía ser millonario. A Penguin Random House, en cambio, le pedían solamente una disculpa y que el prólogo dejara de aparecer en las siguientes ediciones del libro. "Están intentando dividir a la editorial de su autor y nosotros no estamos de acuerdo con esa separación", repuso Ricardo Cayuela, director

---

[34] Daniel Lizárraga *et al.*, *La Casa Blanca de Peña Nieto*, Grijalbo, México, 2015, p. 15.

editorial, "nosotros publicamos el prólogo porque cumple con las máximas exigencias periodísticas".

"Pide perdón por la Casa Blanca, ¿pero se sigue persiguiendo a los periodistas que la investigaron?", siguió Aristegui en su declaración en video. "Pide perdón por la Casa Blanca, ¿pero no cesan los ánimos de venganza? Señor presidente, deje de mecer esa cuna (...) Queremos trabajar en libertad. México tiene derecho a tener periodistas fuertes, libres, independientes y críticos, no periodistas acosados, intimidados y perseguidos, haciendo para ello mal uso del sistema judicial".[35].

• • •

"Con Peña Nieto, la mayor libertad de expresión": así tituló Ricardo Alemán su columna del 12 de septiembre de 2016. El presidente, argumentó, es "un demócrata; es posible toda clase de crítica —incluso la que raya en la ofensa y el insulto—, porque contra lo que antaño ocurría, hoy en la casa presidencial existe tolerancia y no se presiona y menos se coarta a los medios, a las empresas y tampoco a los críticos. Y es que, contra las voces rabiosas, vengativas, interesadas y militantes, en el México de hoy vivimos plena libertad de crítica a los poderes, al presidente; crítica a las acciones y decisiones del Ejecutivo, a sus políticas, a sus colaboradores y sus resultados. Pero lo simpático del nuevo fenómeno virtuoso es que no faltan los idiotas que confunden libertad de expresión plena y tolerancia de un demócrata en la casa presidencial, con la debilidad del gobierno".[36]

• • •

La investigación de la Casa Blanca fue galardonada con el Premio Nacional de Periodismo 2014 y el Premio Gabriel García Márquez de Periodismo 2015, el más prestigiado en lengua castellana. En la entrega de este último —durante el Festival Gabriel García Márquez en Medellín, Colombia— 101 periodistas de América Latina, España y Portugal firmaron una declaración que respaldaba la demanda contra el Estado mexicano por obstrucción y denegación de justicia, tras la sentencia en contra de la demanda interpuesta por Carmen

---

[35] Video "Aristegui denuncia acoso judicial por investigación de la casa blanca", 21 de julio de 2016, https://youtu.be/ZBm1zBhe1SY

[36] "Con Peña Nieto, la mayor libertad de expresión". Artículo de Ricardo Alemán en *Milenio Diario*, 12 de septiembre de 2016, http://www.milenio.com/opinion/ricardo-aleman/itinerario-politico/con-pena-nieto-la-mayor-libertad-de-expresion

Aristegui. Lo hicieron "sabedores de que en el continente en el que vivimos estamos poblados de historias de censura, autocensura y graves ataques a la libertad de expresión".[37]

Por lo que toca al reportaje "Fueron los federales", sobre la masacre de Apatzingán, recibió también varios reconocimientos, como el Premio Latinoamericano de Periodismo de Investigación 2015-2016; y el Premio Nacional de Periodismo 2015.

"El que la policía federal hubiera actuado en esta masacre con impunidad total ante vecinos y transeúntes, posibilitó que —como en ninguna otra ocurrida en el gobierno de Peña Nieto— se tengan registros de audios, fotografías, videos y documentos", dijo Laura Castellanos en su discurso de aceptación del Premio Nacional de Periodismo. "Pero ¿cuántas ejecuciones extrajudiciales no hemos cubierto porque las desconocemos o porque no hubo sobrevivientes?" Después denunció la censura y la descalificación: "en el diario hay editores y reporteros profesionales", reconoció, pero "pienso que en el momento en que la dirección de *El Universal* decidió no publicar durante dos meses mi investigación sobre la masacre, por razones políticas y electorales, se convirtió de facto en cómplice de los perpetradores". Entre el público se encontraba Francisco Santiago, director del medio.

"Cuando mi investigación fue publicada, varios columnistas —desde la comodidad de su escritorio— cuestionaron que las 39 fuentes entrevistadas fueran anónimas. Incluso uno de ellos calificó mi reportaje de 'periodismo carroñero'. Alguna vez Julio Scherer, fundador de la revista *Proceso*, cuando fue cuestionado de hacer un supuesto periodismo amarillista, dijo: 'Amarillo está el país'".

Castellanos concluyó: "Con este reconocimiento guardo la expectativa de que el caso de la masacre de Apatzingán tenga de nuevo visibilidad. Porque a 22 meses de la matanza, la Procuraduría General de la República no ha dado a conocer su investigación. No hay un solo detenido. Y la persecución contra los sobrevivientes y sus familiares continúa. Muchas gracias".[38]

---

[37] Declaración de Medellín. En *Aristegui Noticias*, 2 de octubre de 2015, https://aristeguionline.info/0710/mexico/declaracion-de-medellin-apoyan-demanda-de-aristegui-en-cidh/

[38] Discurso de Laura Castellanos del 21 de septiembre de 2016, https://www.periodismo.org.mx/assets/2015_Discurso_Castellanos.pdf

6

De la frontera a Washington

Mi primera vuelta al mundo, desde 2005 hasta 2007, comenzó en África. Viajé durante cinco meses por el sur y el este del continente, realizando reportajes sobre la persistencia de los conflictos raciales tras el fin del *apartheid* y la lucha contra el sida. Este último tema me llenó de optimismo porque, a pesar de que el VIH afectaba a una población adulta estimada entre el 10 y el 40% —dependiendo de cada país— en los sectores comprometidos en la lucha contra la gran epidemia se había desarrollado una conciencia que ponía por delante aquello que une a las personas, y no lo que las divide.

En la conferencia mundial sobre el sida, en Durban, encontré que habían menguado los estigmas relativos al color de la piel, las diferencias religiosas y las suspicacias nacionales, para enfatizar el hecho de que sólo unida la raza humana puede superar los mayores retos, especialmente entre aquellos que habían sido diagnosticados como VIH. Con grandes sonrisas, se regalaban camisetas que decían "Soy una mujer y soy positiva", "Soy un hombre y soy positivo", haciendo de los anticuerpos en su sangre una coraza contra el desánimo y la discriminación.[1]

Viajé con africanos y viví en hogares de africanos, abiertos generosamente para un extranjero como yo, venido desde una región remota. Algunos me decían "Banderas" porque Antonio, el actor español, era la referencia más cercana que tenían del mundo latino. Pero después se me impuso otro sobrenombre. Yo insistía en que no era Mzungu, como llaman a un blanco en África Oriental, sino mexicano, y resolvieron el problema con el apodo "Mexzungu". La palabra *Mzungu* describe a alguien que está constantemente en movimiento, como me veían a mí, o que vaga sin sentido, como los colonizadores europeos en busca de riquezas. Puesto que de lo poco que habían escuchado de mi país, lo que más recordaban era el tequila, un Mexzungu sería apropiadamente uno que anda mareado. Así que todo encajaba.

---

[1] La crónica de este viaje aparece en mi libro *Asante, África*, National Geographic, Barcelona, 2009.

Las bellas historias que encontré allá se sumaban, no obstante, a otras mucho más conocidas: las de Mobutu y Kabila, Obiang y Mugabe; las del genocidio de Ruanda, los extremistas musulmanes de Boko Haram, y los fanáticos cristianos del Ejército de Resistencia del Señor. Al regresar a México me propuse contar estos relatos contrastantes, de alegría y de hermandad, pero también de violencia sanguinaria. Me preguntaba cómo era posible que en los corazones de los mismos pueblos se encerrara esta doble capacidad de hacer lo mejor y lo peor.

¡Cuántas cosas estaba olvidando! Que las naciones de la Unión Europea —faro de la Ilustración y de los derechos humanos— habían intervenido durante décadas y seguían interviniendo en los asuntos africanos, protegiendo a dictadores, comerciando con criminales, saqueando los recursos del continente, vendiéndoles armas, usando sus tropas para someter y reprimir. Que las banderas de la democracia y de la libertad habían sido y seguían siendo usadas por los Estados Unidos para imponer su voluntad a fuerza de bombazos, desmintiendo sus discursos morales sin reconocer siquiera la contradicción. Que en el México independiente nos habíamos matado en conflictos políticos intestinos desde los años 1810 hasta los 1970 (con sólo dos interrupciones significativas, entre los años 1880 y 1890 y entre los 1930 y 1950), y que antes de eso, los aztecas habían bautizado las cacerías de víctimas para sus dioses con un eufemismo poético: "guerras floridas".

Y así, olvidando también que la locura humana no muere, sólo dormita, volvimos a precipitarnos en nuestras viejas maldades. Estados Unidos se entregaba al racismo, al sexismo y a la homofobia; Europa se aproximaba a la resurrección del odio, al neofascismo y al posfascismo. Mi país tenía un nuevo presidente en 2007 —Felipe Calderón— cuestionado por unos y avalado por otros en relación con el fraude electoral que le dio el poder el año anterior. Buscó ganar la legitimidad que le faltaba con un gran proyecto: aseguró que el país estaba en una crisis de violencia, tan grave, que hacía falta la aplicación de medidas extremas para atajarla, y que no tenía más opciones. Proclamó la guerra contra el narcotráfico, y para pelearla sacó a las tropas de los cuarteles.

¿Nos hallábamos en una crisis de violencia? ¿El crimen organizado estaba fuera de control? ¿Había más asesinatos que nunca? Eso era falso. Las cifras de defunciones por homicidio del Instituto Nacional de Estadística y Geografía indicaban que la tendencia, desde la década de 1960 era a la baja. Por cada 100 mil habitantes, en 1995 había habido 16.9 homicidios; en 2000, 10.8; en 2007, primer año de la guerra de Calderón, 8.2: esto era la mitad que 12 años antes.

Vale. ¿Sería que por lo menos lograron Calderón, y después Enrique Peña Nieto, —que continuó su estrategia— disminuir los crímenes mortales? No.

Consiguieron exactamente lo contrario, y aun peor. El índice de homicidios en 2008 fue 50% mayor que el del año anterior: 12.9. En 2009, subió otro 50%, a 17.7, y superó así el de 1995: Calderón sólo necesitó dos años para borrar lo ganado en 12. Pero la situación se tornó aún más grave. En 2017, último de Peña Nieto, en México había ya 25.3 homicidios por cada 100 mil personas.[2] Las cifras finales de 2018 indicaron un salto de 15% respecto al año anterior: de 28 mil 886 a 33 mil 341 víctimas: nunca antes en la historia, desde que se tienen registros, habían matado a tanta gente.[3]

En 2008 aquel que quisiera saber qué rumbo tomaba la nación, sólo tenía que ir a Ciudad Juárez, una ciudad del estado de Chihuahua en la frontera con Texas. Se llevaba a cabo allí la primera gran "operación conjunta" del Ejército mexicano y la Policía Federal, que desplazaron a las corruptas fuerzas locales y tomaron el control de las tareas de seguridad. Las cosas, sin embargo, empeoraron. Si en Chihuahua hubo 15.3 homicidios por 100 mil habitantes en 2007, en 2011 hicieron un salto olímpico hasta una cifra ocho veces mayor, 126.1 por 100 mil. La última persona con la que hablé —al recorrer la zona haciendo un reportaje para *Esquire*— fue Sergio Belmonte, quien fungía como vocero del ayuntamiento. Era agosto de 2008 y, en palabras del funcionario, los inusitados niveles de violencia hacían que fuera "el peor mes del peor año de la historia de Ciudad Juárez; esto no es normal, deberías regresar cuando mejore". Pero no iba a mejorar: la tragedia y el caos apenas empezaban, y él tenía ya miedo, mucho miedo. Tanto que, en lo que quiso ser un ruego y a la vez una amenaza, Belmonte me transmitió su terror al tomarme la mano para despedirse. "Ojalá cuides mis palabras para que no se sienta que dije algo comprometedor, aunque lo haya dicho", pidió, mirándome gravemente a los ojos, con lágrimas. "Por mi familia. Tú te vas, nosotros nos quedamos aquí y nos pueden matar a todos".

Belmonte sería detenido dos años más tarde, acusado de un desvío de 80 millones de pesos (600 mil dólares) del presupuesto público. Tenía razón, de cualquier forma, por lo que se refiere a que vivir en Ciudad Juárez era un deporte extremadamente riesgoso. En especial para aquellos periodistas que no se someten a la línea gubernamental que él mismo se encargaba de imponer —con amenazas y tal vez algo peor— en el gobierno del alcalde priísta

---

[2] "Los homicidios en México". Informe en *Temas Estratégicos* núm. 66, noviembre de 2018, Instituto Belisario Domínguez del Senado de la República, http://bibliodigitalibd.senado.gob.mx/bitstream/handle/123456789/4219/Reporte66_HomicidiosDatos2017.pdf

[3] "México: 2018 fue el año con la tasa de homicidios más alta de su historia". Nota de Andrea Rincón en *France24*, 22 de enero de 2019, https://www.france24.com/es/20190122-mexico-record-homicidios-2018

José Reyes Ferriz. El peligro era mayor para los que estaban informando sobre actividades criminales, tanto de los grupos mafiosos como de policías y militares. Tres meses después de mi visita, asesinaron al reportero Armando *Choco* Rodríguez.

En 2010, durante mi segunda vuelta al globo, regresé al África Subsahariana. Llegué a la ciudad del fin del mundo, Goma. Parece raro que diga esto de una población ubicada en el centro de ese gran continente. Pero después de Goma, la nada, la nada impenetrable: los caminos fueron devorados por la selva. Y si no era por la selva, entonces por el colapso. Muchos de los 800 mil habitantes de la ciudad fueron arrojados de sus hogares y enviados a otros sitios, por la contienda armada más costosa en vidas humanas desde la Segunda Guerra Mundial.

Una guerra que (desde que el ejército francés facilitó el escape de las milicias genocidas hutus de Ruanda hacia el Congo, en 1994) ha dejado cinco millones de muertos. Podría decirse que hallaron refugio en Goma pero ahí no tienen nada; la economía civil desapareció a causa de los combates en toda la región. La violencia nunca termina, resurge por la maldición de los recursos que se disputan constantemente los grupos armados, que a su vez se alimentan de las compañías europeas que —a través de intermediarios— les compran oro, diamantes, coltán y otras riquezas, extraídas a veces con mano de obra infantil y semiesclava.

Me tocó ver un eclipse solar. Llegó la una, se fue, y como cada mañana fue una sorpresa comprobar que la gente seguía allí, viva, malviviendo si se quiere pero viviendo al fin. Una situación que afecta sobre todo a las mujeres, quienes sufren la violación sexual empleada como un arma de guerra, un instrumento cuyo propósito es destruir las comunidades rompiendo los eslabones que las unen. Eso me lo explicó —en su Hospital Panzi de la cercana ciudad de Bukavu— el doctor Denis Mukwege, héroe de la humanidad y Premio Nobel de la Paz 2018. Hambre, peste, muerte, guerra: el apocalipsis late allí. Y esta sensación se confirma cada noche en el resplandor rojizo que es posible percibir en el cielo. Es el rasgo que le da a Goma la ventaja definitiva entre las aspirantes al título de ciudad del fin del mundo. El volcán Nyiragongo es uno de los más activos en África, y el magma se refleja en las nubes que coronan su cima.

A las dos de la tarde de un día de 2002, mi amigo Eddy Mbuyi, un joven congolés, hacía deporte con sus amigos cuando alguien pasó a avisarles que una marea de lava descendía desde el Nyiragongo. Casi un millón de personas tuvo apenas tres horas para escapar; se desbordó sobre la frontera de Ruanda, forzó su apertura y cruzó antes de las cinco de la tarde, cuando la ciudad desapareció bajo piedras de fuego. La cifra de muertes, de sólo 137, es prueba o de que hay milagros o de que nadie ha podido determinar cuánta gente vive en Goma.

Eddy y su familia —al igual que cientos de miles de vecinos— regresaron al enfriarse la roca y con ella, cortada en bloques, levantaron de nuevo su casa, 20 metros arriba de donde estuvo la anterior. Las calles de Goma son las más difíciles del planeta: no tienen una superficie de asfalto, tierra, arena o permafrost, sino de filosa piedra volcánica. Otro misterio de Goma es que los coches y las motos no saltan en pedazos. Ni nosotros: al transportarnos se nos sacude cada hueso, pero nada se sale de lugar.

Cuando lo conocí, Eddy lucía simpático y bien parecido. Las chicas lo buscaban por otra buena razón: era uno de los pocos afortunados que tenía empleo, como apoyo de producción audiovisual en el Instituto Congolés de Conservación de la Naturaleza. Me presentó a una de sus pretendientes, una bella joven que hablaba fluidamente suajili, francés e inglés. Le dijo que yo era periodista y que viajaba por el mundo. Ella quiso saber a dónde me dirigiría a continuación.

—A Ruanda, Uganda, Kenia... Luego a Egipto e Israel.

—¡A Israel! —replicó con inquietud. Me sorprendió. Hay un conflicto interminable por la ocupación de Palestina, pero... ¿cómo se puede asustar alguien que ha crecido en Goma? No sabía cómo decírselo sin parecer grosero. Eddy intervino en mi ayuda.

—Es que Témoris, eh... pues es de México.

—¡De México! —casi aulló.

En mi primera visita, sólo cinco años antes, en África Subsahariana casi no se sabía nada de mi país, y me resultaba difícil lidiar con la supuesta contradicción de que los africanos eran a la vez encantadores y capaces de cometer los peores crímenes. Ahora, en la segunda, ¿qué podía decir yo sobre mi gente pródiga en canciones, hospitalidad y buen humor, pero también en asesinatos y masacres? La televisión ya lo había dicho todo a su manera.

—¿Qué tiene México? —repuse.

—¡Ahí matan gente!

• • •

El crimen contra Armando *El Choco* Rodríguez conmovió al gremio periodístico. Lo atacaron por la mañana, en el estacionamiento de su casa, mientras él y su niña de ocho años esperaban en el coche a que la hija menor saliera, para ir a la escuela. Un sicario se acercó a la ventanilla y le disparó 10 balas con una pistola calibre 9 milímetros. Era el 13 de noviembre de 2008.

Ocho años después, su escritorio y su ya vieja computadora, en la redacción del piso superior del *Diario de Ciudad Juárez*, seguían intactos. En su cubículo, como en un altar empolvado, se conservaban fotos, flores y mensajes dirigidos a él. Lo llamaban "El Choco" por el color moreno de su piel, que hacía recordar un pastelillo de chocolate. Su entonces jefa de reporteros, Rocío Gallegos, ya había ascendido al cargo de directora general, primera mujer en lograrlo en la historia de este periódico. Nos mostró, para nuestro documental, el lugar de trabajo del colega asesinado. "Él está aquí", dijo, señalando su retrato. "No físicamente, pero en nuestras pláticas, nuestras bromas, nuestros reclamos. Cuando llegaba, ponía música de ópera o música tropical para todos". Asignado a la fuente judicial, Armando solía cubrir, en 2007, uno o dos crímenes por jornada, pero en 2008 ya "eran hasta 20 homicidios en un día. Es muy impactante, sobre todo para periodistas que no estamos en una condición propiamente de guerra. En una situación así, tú sabes quiénes se están enfrentando y peleando por algo. Nosotros sabíamos que se estaban peleando por la ruta de paso de droga, pero no sabíamos dónde, ni quiénes".

La infiltración de la delincuencia organizada en fuerzas del estado fue detectada y documentada por Armando. Lucy Sosa, quien como él colaboraba en la Unidad de Cobertura Policiaca, nos contó cómo fue que el conflicto entre dos organizaciones criminales —los llamados cárteles de Juárez y de Sinaloa— alcanzó a los agentes de las policías municipal y estatal, los cuales no prestaban sus servicios a esas bandas, sino que —directamente— formaban parte de las mismas. "Los propios comandantes eran líderes. Por ejemplo, Sergio Garduño, jefe del grupo antisecuestros en la zona norte del estado de Chihuahua, hoy prófugo, era líder de Gente Nueva, brazo armado del cártel de Juárez". Armando publicó que cargamentos de droga asegurados por la policía fueron devueltos a los traficantes; que mandos militares fabricaron casos y manipularon escenas del crimen para inculpar a policías de pandillas rivales; y que grupos de soldados cometieron abusos de derechos humanos. Algunos de ellos "irrumpían en las viviendas y lo primero que hacían era llegar a los refrigeradores", explicó Sosa; "se comían la comida de las personas a las que después torturaban".

Fuimos a filmar a la Plaza del Periodista, ubicada en una zona céntrica que mostraba la devastación causada por los combates urbanos. Nadie había limpiado las paredes en las que Blancanieves y los siete enanos aparecían bailando, imágenes infantiles de un salón de fiestas tiroteado e incendiado años atrás. Cualquier acto que implique una tentativa de apropiación sobre un lugar condenado por el crimen, acarrea una maldición humana. A un costado de la plaza, una pequeña estatua —llamada "El Papelerito"— representaba a los niños y adolescentes que vendían periódicos en la calle. Construida como un símbolo de la libertad de expresión, alrededor de las cinco de la mañana del 6 de noviembre de 2008, alguien colocó a los pies de la figura una bolsa que contenía una cabeza humana. El cuerpo estaba lejos de ahí, colgado de un puente sobre una vía rápida, que fue cerrada mientras los bomberos lo retiraban. Fue identificado como el de Sergio Arturo Rentería. La policía no investigó por qué lo mataron.

Los reporteros, recordó Gallegos, interpretaron que "algo quieren decirnos, que nos callemos, que estamos en riesgo o que a alguien pueden matar. Pero no pudimos entenderlo. Hubo también un poco de abandono entre nosotros, por la inercia, que era muy complicada. No te detenías a advertir riesgos porque la dinámica te llevaba, te llevaba, en ese bumerán de información y de hechos violentos".

Siete días después, *El Choco* fue asesinado.

• • •

El crimen permanece parcialmente impune hasta el día de hoy. En octubre de 2016, el supuesto tirador, Juan Alfredo Soto, fue condenado a 30 años de prisión por participar en la masacre de adolescentes de la colonia juarense de Villas de Salvárcar. Al menos tres cómplices en el crimen de *El Choco* continúan prófugos. Y, como es norma en México, las autoridades declaran "misión cumplida", negándose a inquirir la autoría intelectual.

Sin tener certidumbre plena, sus compañeras sospechan que en el origen del crimen está una nota publicada dos semanas antes del atentado, en el que *El Choco* documentó un caso de corrupción que involucra a Patricia González, entonces procuradora de Justicia del estado de Chihuahua. En octubre de 2010, Miguel Ángel González, un sobrino de Patricia que tenía antecedentes de tráfico de drogas, fue exhibido en un video en el que aparece esposado y escoltado por cinco hombres encapuchados, con fusiles AK-47 y AR-15. Miguel Ángel asegura ahí que Patricia trabajaba para el grupo criminal La Línea y que ella ordenó el asesinato del periodista. Aunque la declaración carece de credibilidad por haber sido arrancada a la fuerza, la línea de investigación que conduce a la ex procuradora fue simplemente ignorada. De hecho, recordó Lucy Sosa, "la mayoría de las personas que participaron en la investigación están muertas, fueron asesinadas, una por una, desde los peritos y agentes del Ministerio Público estatal, hasta agentes del Ministerio Público Federal que llegaron a la escena del crimen".

Los colegas de *El Choco* tuvieron que dar la noticia del asesinato de su amigo. Rocío Gallegos debió "juntar a todos los compañeros y decirles, chavos, alguien tiene que hacer la nota, coordinar esta cobertura. Fue muy difícil vender esa edición. En medio de llantos y coraje, de rabia, nos reunimos y tomamos la decisión de fijar una postura como reporteros, más allá de lo que pudiera decir la empresa. Decidimos decirle a la comunidad que no íbamos a permitir que nos frenaran, que si querían callar la voz de Armando, la íbamos a multiplicar. Que nos habían despojado de nuestra vida pública, de nuestros espacios, pero un paso atrás sería permitir un nuevo despojo, el de nuestro derecho a estar informados".

Menos de dos años después, el presidente Calderón le dijo a una delegación visitante de la organización internacional Comité para la Protección de Periodistas que el crimen contra *El Choco* había sido resuelto. La oficina de la procuradora lo publicó en un boletín el 23 de septiembre. Una hora después, el documento había sido reemplazado por otro en el que parte de la información había sido suprimida: una referencia a La Línea, el nombre de Juan Alfredo Soto —uno de dos sospechosos— y toda mención al segundo. Pero Rocío Gallegos había bajado el comunicado original y descubrió que el hombre borrado había sido hallado colgado en la prisión tres meses antes, y que Soto había presentado una denuncia por tortura al día siguiente de su "confesión".

Justo mientras Calderón simulaba que todo iba bien, el 16 de septiembre de 2010, mataron a otro empleado del *Diario de Juárez*, el fotógrafo Luis Carlos Santiago, de sólo 21 años, quien hacía prácticas profesionales en el periódico. Con su colega Carlos Sánchez, conducía en el estacionamiento de un centro comercial donde se acababa de cometer un asesinato, cuando les dispararon desde un carro en movimiento, tal vez para evitar la cobertura del hecho. El siguiente domingo, día 19, el periódico publicó un editorial dirigido a los grupos criminales, que impactó al país: "Hacemos de su conocimiento que somos comunicadores, no adivinos. Por tanto, como trabajadores de la información queremos que nos expliquen qué es lo que quieren de nosotros, qué es lo que pretenden que publiquemos o dejemos de publicar, para saber a qué atenernos. Ustedes son, en estos momentos, las autoridades de facto de esta ciudad porque los mandos instituidos legalmente no han podido hacer nada para impedir que nuestros compañeros sigan cayendo, a pesar de que reiteradamente se los hemos exigido".

Políticos y funcionarios acusaron a los dueños del medio de rendirse ante el narcotráfico. A seis años de distancia, Rocío Gallegos, que no participó en la discusión de ese texto, me explicó que se trataba de "dar una campanada, de que voltearan y vieran las condiciones en las que estaba no solamente el periodismo en Ciudad Juárez, sino de cómo estaba Ciudad Juárez. Pero los periodistas del *Diario* nunca nos rendimos y seguimos aquí".

•••

En 2016, aprovechando nuestra visita a esa ciudad, los miembros del equipo de Ojos de Perro presentamos en la Universidad Autónoma de Ciudad Juárez nuestro primer documental de largometraje, titulado *Mirar Morir. El Ejército en la noche de Iguala.* El público estaba compuesto, principalmente, por estudiantes de periodismo. Se desprendían de sus preguntas dos inquietudes: la de resolver el problema elemental de la protección personal, por una parte; y por la otra cómo prepararse bien, ganar impacto, ser más profesionales.

Buenos ejemplos de aquello a lo que aspiraban estaban allí, sentados entre ellos. Gallegos, Sosa y otras mujeres periodistas, como Gabriela Minjares y Araly Castañón, entendieron que "teníamos que articularnos, que dejar de lado la competencia entre empresas periodísticas, para hacer nuestro trabajo de una manera más segura". Fundaron la Red de Periodistas de Juárez en abril de 2011, siguiendo una tendencia nacional de creación de colectivos de reporteros, que surgió en la última década y media para enfrentar la violencia, la precariedad laboral, la falta de entrenamiento y la corrupción en el medio. Fueron y son todavía alternativas ante la falta de representatividad y de respuestas de las organizaciones existentes, como la Asociación de Periodistas de Ciudad Juárez o el Club de Periodistas de México (que tiene sede en una impresionante mansión colonial del centro de Ciudad de México, que era propiedad pública pero le fue obsequiada por el presidente Adolfo López Mateos en 1962, y que cada año congratula a sus amigos y socios con una serie de reconocimientos que usurpan el nombre de los de mayor prestigio en el país, los Premios Nacionales de Periodismo, a pesar de las quejas del Consejo Ciudadano que concede estos últimos), que, —como tantas otras— funcionan desde hace décadas como centros de relaciones públicas e intercambio de favores con políticos del PRI o del PAN.

"¿Quién nos iba a cuidar?", se preguntaba Rocío Gallegos, "los periodistas, acostumbrados a una situación normal, de pronto nos hallamos en el extremo. Sin darnos cuenta, sin haber sido advertidos, fuimos arrojados a una situación similar a la de una guerra. La ciudad estaba concentrada en cuidarse a sí misma. Teníamos que autoprotegernos" para impedir que se repitiera la historia. Porque, como dijo Lucy Sosa —quien debió redactar las noticias de los asesinatos de *El Choco* y de Luis Carlos Santiago—, "a ningún periodista le gusta escribir sobre el asesinato de un compañero. Es terriblemente doloroso. Es algo que tú no quieres hacer..."

• • •

Aunque fundado apenas en 2003, el Frontline Club de Londres te impone la emoción de quien ingresa a un templo mítico. Templo secular, sin duda, no vas allí por vino de consagrar, sino por una o varias buenas pintas. Sentarte a beber cerveza con los colegas con los que compartiste heladas, hedores, hambres y huidas en zonas de combate, en los mismos gordos sillones que han ocupado los grandes nombres de la reportería de conflicto —rodeados de trofeos y memorabilia épica—, impresiona a quienes valoramos el centenario y voluminoso aporte del periodismo bélico británico.

¿Cómo se llega ahí?, te preguntarán tus amigos. En una tradición tan sólida como la del Reino Unido, tomar cursos de primeros auxilios y de sobrevivencia en ambientes hostiles es algo común; y aunque la industria de los medios ha tenido que reducir presupuestos, conseguir que te envíen a cubrir tragedias naturales e insurrecciones no es algo imposible. El corresponsal de guerra es parte de la naturaleza, del orgullo y de la arrogancia inglesas. No ocurre lo mismo en gran parte del mundo, donde las rutas hipotéticas que podría seguir el reportero novato rara vez existen en la realidad.

Para los reporteros mexicanos, las revoluciones centroamericanas de los años ochenta abrieron el horizonte. En Nicaragua, El Salvador y Guatemala se forjaron el fotógrafo Pedro Valtierra, la reportera Blanche Petrich y el camarógrafo Epigmenio Ibarra. Pero el fin de la Guerra Fría cerró los campos de entrenamiento. Al precipicio de la violencia —abierto 20 años después por la estrategia militar del presidente Felipe Calderón— los periodistas mexicanos fuimos lanzados sin advertencia, entrenamiento ni preparación emocional.

Hay conflictos que asustan de entrada y desaniman a quienes pretenden utilizarlos como plataforma iniciática. Por ejemplo, Siria, Irak y Afganistán. Pero hay otros que parecen cosa fácil, equivocadamente, y que atraen por eso a oleadas de aprendices. Así fue la contienda en Libia, iniciada el 17 de febrero de 2011.

El fotógrafo estadounidense Trevor Snapp y yo llegamos al pueblo egipcio de El Saloum por la noche del día 23. Ya sabíamos que Martin Chulov, de *The Guardian*, había ganado la carrera por ser el primer periodista extranjero en entrar a Libia, un día antes, cuando nosotros todavía estábamos en vuelo de Casablanca (Marruecos) a El Cairo. Pero no dijo cómo lo había logrado y debíamos explorar por nuestra cuenta. El régimen de Moamar Gadafi tenía la fama de ser uno de los más cerrados del mundo, especialmente con la prensa, así que parecía difícil que nos dejara entrar con sólo tocar la puerta del primer puesto fronterizo.

Buscar alternativas ilegales sin haber probado la vía formal resultaba ilógico, de cualquier manera, e intentamos por las buenas, a la mañana siguiente. Mientras tratábamos de convencer a los agentes migratorios de dejarnos pasar, coincidimos con dos colegas —la italiana Francesca Cicardi y el español Jorge Fuentelsaz— con quienes cruzamos la brecha interfronteriza. Entre los cientos de personas atrapadas en ese punto, que rogaban por que se las dejara entrar a Egipto para escapar de la guerra, había ojos que nos miraban caminar con rumbo contrario como fantasmas necios.

En el puesto libio no hallamos a funcionarios uniformados, exigiéndonos explicaciones a gritos; salieron en cambio los recios civiles con largas barbas, triunfadores sobre las tropas del gobierno, apuntándonos con rifles AK-47. Podían ser insurgentes, yijadistas o simples bandidos. Estaba claro que los pasaportes no iban a funcionar con ellos. A ver qué pasaba si les explicábamos que éramos periodistas. Y dispararon al aire. Nos abrazaron entre gritos de celebración: "¡Alaju ákbar!" Pensaban que si los reporteros llevábamos al mundo la noticia de su revolución, el apoyo internacional vendría de inmediato y Gadafi sería historia.

Muy pocos libios habían visto alguna vez a un extranjero, menos aún conversado con él, y mucho menos con un periodista. La zona rebelde en Cirenaica, la provincia oriental, era el reino de la esperanza y también de la ingenuidad. Por donde pasábamos nos enseñaban felices las instalaciones que habían conquistado, las huellas de los combates, los cuartos de la policía secreta, las celdas de tortura. Si alguien les tomaba una foto con una camarita compacta, sonreían, para luego preguntar a qué hora iban a salir en la tele, es decir por Al Jazeera, la cadena satelital del emirato de Catar, que estaba cubriendo extensivamente las insurrecciones árabes. Las personas nos ofrecían comida, alojamiento. Y los estudiantes que no querían correr a matar y morir, pero que deseaban contribuir de alguna forma a la causa, nos buscaban para ofrecernos su apoyo como intérpretes y choferes con coche, gratuitamente. El ejército de Gadafi había sido tomado por sorpresa, y cada día las tropas rebeldes avanzaban decenas de kilómetros y sumaban victorias, esas victorias que todos querían mostrarnos y que —días antes— ni siquiera imaginaban.

La noticia se difundió. Muy pronto, en Bengasi empezaron a reunirse cada vez más reporteros, de todo tipo, desde los más experimentados hasta los noveles, e incluso aquellos que ni siquiera se habían informado previamente sobre lo que estaba pasando ahí. Un día encontré a un australiano que llevaba una videocámara de juguete colgada al cuello, y se presentó como "periodista multimedia". No tenía dónde publicar, no sabía qué clase de pieza quería hacer, ni tenía claro quién era Moamar Gadafi. Así arriesgaba la vida.

A las dos semanas me dijeron que había 800 periodistas en Bengasi, la capital insurgente. La mayoría no encontró la situación que esperaba, porque las cosas cambiaban a gran velocidad. Los batallones del régimen se habían reorganizado y estaban a la ofensiva. La línea del frente era más peligrosa que cualquier otra, porque no se podía determinar con precisión dónde estaba. En una guerra convencional tarda mucho en moverse, pero aquí podía saltar 200 kilómetros en una misma jornada, de la puerta de Ajdabiya hasta más allá de Ras Lanuf, y devolverse otros 100, a Brega. Varios compañeros murieron o fueron capturados al quedar del lado equivocado, por una distracción de unos minutos, porque los inexpertos conductores de las camionetas rebeldes habían dado la vuelta y volaban en retirada, apretados por el pánico, perseguidos por los gadafistas.

Todo era diferente ahora, mucho más peligroso. Los reporteros de Al Jazeera casi cayeron en una trampa que les tendieron células durmientes gadafistas para masacrarlos. Se dieron la vuelta en su camioneta para escapar pero les dispararon, y Ali Hassan al-Jaber, un camarógrafo catarí con el que solía conversar, murió de dos balazos. Casi mataron también a mi amigo Naser al-Hadar, herido en la mejilla. Los estudiantes voluntarios habían sido desplazados por nuevos profesionales, siervos de la causa que un día habían criticado a los amigos que empezaron a cobrar primero por sus servicios y que al otro día tomaban cientos de dólares de las grandes agencias y canales de televisión, que rompieron así nuestro círculo ecológico: de pronto, los *freelancers* no fuimos más clientes de interés. Incluso a Abed, nuestro conductor, se le quitó la alegría de transportarnos cuando su coche estuvo a punto de convertirse en fragmentos de metal: lo estacionó a medio kilómetro del punto de concentración rebelde en Ras Lanuf, para mantenerlo a salvo de los bombardeos; el piloto del avión se equivocó y en lugar de que el proyectil cayera sobre nuestras cabezas, lo hizo cerca del vehículo, que quedó bañado de arena y esquirlas.

Conseguir un vehículo para ir al frente se hizo cada vez más difícil. Por eso, y porque se trataba del director editorial del periódico mexicano *Excélsior*, tuve interés en Pascal Beltrán del Río. Lo vi en un centro de medios improvisado junto a la Mahkama, la sede del Consejo Nacional de Transición (CNT, del gobierno opositor), la noche del sábado 12 de marzo. Acababa de llegar de Egipto, había entablado conversación con Francesca —nuestra colega italiana— y le ofrecía un lugar en el coche que él había conseguido para ir al frente, el próximo día. Ella dijo que no, y yo me apunté. No me lo había ofrecido pero éramos compatriotas. Me citó a las nueve de la mañana del domingo. Nunca llegó.

Había empezado la desbandada. El ejército gubernamental consolidaba su avance hacia Ajdabiya y cundían las versiones de que pronto tomarían Bengasi. Gadafi había declarado que los periodistas éramos sus enemigos y seríamos tratados como tales. Faltos de temple y de experiencia, cientos de novatos se asustaron, provocando que el pánico se generalizara. La gente que quería escapar hacia Egipto saturó los transportes y reventó los precios. Jorge y yo pensábamos que era una exageración y que podíamos esperar más tiempo. Ya que Pascal me había plantado, fui a la Mahkama para verificar mi cálculo con Mustafa Gheriani, vocero del CNT. Mustafa estaba casado con Salwa Bugaighis, ambos eran catedráticos universitarios —laicos, defensores de los derechos humanos, y tenían un gran liderazgo (en junio de 2014, una milicia de yijadistas los asesinó en Bengasi). Jon Lee Anderson y Javier Espinosa, dos veteranos periodistas de conflicto, habían tenido la misma idea y, cuando aparecí, ya Gheriani les daba detalles del escenario bélico. Sí, todavía era posible aguantar.

Al atardecer de ese domingo, Pascal volvió a pasar por el centro de medios, el rostro pálido, la voz temblorosa.

—¡Es que, Témoris, están matando gente!

—Pues... eh, sí. ¿No venías a la guerra?

—¡Es que vuelan las personas, en pedazos!

—Sí, así pasa en las guerras. ¿Te vas a ir ya?

Enderezó la postura, agravó la voz y miró al horizonte:

—¡Nos quedaremos mientras Gadafi lo permita!

En ese instante, Jorge Fuentelsaz se acercó a darme la mala noticia: sus jefes le habían ordenado evacuar, pese a sus objeciones. Ya tenía coche para el martes por la mañana.

—¿Te vas el martes? ¿Me puedo ir contigo?

A Pascal no le importó haber afirmado lo contrario sólo un segundo antes. Jorge le dijo que sí. Lo volvimos a ver el lunes por la mañana, a las ocho.

—Voy a ver al representante de la Unión Europea.

Me lo dijo con pomposidad y se marchó. Era una mentira obvia: en Bengasi no había un solo diplomático occidental. Habían pasado pocos minutos cuando llegó un fotógrafo con acento estadounidense, muy apresurado.

—¿Dónde está el mexicano? ¿Dónde está?

—Soy yo.

—No, ¡el otro mexicano! ¡Ya se va en coche a Egipto y quiero que me lleve con él!

Pasó unas 36 horas en territorio libio. En la edición de Wikipedia en lengua castellana, bajo "Pascal Beltrán del Río", se indica: "Cubrió la rebelión contra el régimen de Muammar Gadhafi".[4]

• • •

No hay un tratado internacional sobre derechos humanos, mujeres, comunidades y minorías, libertad de expresión, proscripción de armas, combate al cambio climático, lucha contra la trata de personas, eliminación de la tortura, etcétera, que México no haya firmado entre encendidos discursos de compromiso. Desde los años setenta, los gobiernos del PRI y del PAN se han esforzado en proyectar la imagen del país amante de todas las buenas causas: "prometer no empobrece", dice un refrán. Y en su campaña permanente de convencimiento, han recibido el respaldo de sus grandes aliados en América del Norte y Europa. Las organizaciones civiles que tratan de enfrentar los abusos del Estado y de suplirlo en sus deficiencias, suelen encontrar dificultades para obtener financiamiento porque México está catalogado como una economía de libre mercado de ingreso medio alto, según el Banco Mundial, y como una democracia liberal en pleno funcionamiento.

Pese a ello, según cifras oficiales de 2019, de una población de 123 millones, 52 millones de personas (43% de la población) vivían bajo la línea de pobreza, y casi 10 millones (8%) en la extrema pobreza.[5] Más de la mitad de la población apenas sobrevive, mientras que 1% de los habitantes posee 43% de la riqueza[6]. A partir de estos datos tan contrastantes, se obtiene un promedio que parece colocar en un estatus cómodo a uno de los países más desiguales del mundo, a la par con Nepal, Ghana y Camboya en la tabla del Índice Gini del Banco Mundial. Esta inmensa brecha se traduce en inequidades políticas, captura del Estado por parte de las élites económicas, cortocircuitos de los mecanismos democráticos y, finalmente, en violaciones sistemáticas a los derechos humanos, como reportan cada año organizaciones civiles mexicanas, y otras internacionales como Human Rights Watch y Amnistía Internacional.

En 2016 se esperaba la visita de Edison Lanza, relator especial de la Libertad de Expresión de la Comisión Interamericana de Derechos Humanos,

---

[4] Entrada Pascal Beltrán del Río. Wikipedia en español. Visto el 10 de febrero de 2019, https://es.wikipedia.org/wiki/Pascal_Beltrán_del_Río

[5] "Pobreza en México". Sitio del Consejo Nacional de Evaluación de la Política de Desarrollo Social, https://www.coneval.org.mx/Medicion/Paginas/PobrezaInicio.aspx

[6] Gerardo Esquivel Hernández, *Desigualdad extrema en México. Concentración del poder económico y político*, Oxfam, México, 2015, pp. 12 y 16, https://www.oxfammexico.org/sites/default/files/desigualdadextrema_informe.pdf

acompañado de su homólogo de la Organización de las Naciones Unidas, David Kaye. Profundizarían en el trabajo que había realizado Lanza anteriormente como parte de una delegación de la CIDH, la cual —en octubre de 2015— había señalado que México sufría una "crisis de derechos humanos".[7]

Lanza y Kaye tuvieron que esperar de manera indefinida: el gobierno mexicano no quería saber de ellos. A través de Roberto Campa, el funcionario de tercer nivel asignado a "proteger" los derechos humanos, el gobierno rechazó de plano todas las conclusiones presentadas por la CIDH. "No compartimos que un informe preliminar realizado en cinco días, y sobre casos particulares, pueda reflejar la situación de un país". Trataron a Lanza y a Kaye como en el "Son de la Negra": les decían que sí, pero no les decían cuándo.

Lanza estaba preocupado por la ola de violencia cuando lo entrevistamos en la sede de la OEA —en Washington—, porque "México se ha vuelto uno de los lugares más peligrosos de la región y del mundo para ejercer el periodismo". Pero también quiso llamar nuestra atención hacia otras formas de silenciar o manipular la información en México, y que "encienden todavía más alarmas", como el acoso judicial.

El caso que usó como ejemplo es el de la demanda judicial de Humberto Moreira contra Sergio Aguayo. El primero es un ex gobernador del estado fronterizo de Coahuila (PRI), sobre quien pesan fuertes acusaciones de desvío de recursos multimillonarios; de tener ligas con grupos de la delincuencia organizada; y de negligencia ante crímenes gravísimos. El segundo es un catedrático de El Colegio de México, que coordinó "En el desamparo", una extensa investigación académica sobre los vínculos entre Los Zetas y el poder político respecto de dos grandes masacres: una cometida en San Fernando, Tamaulipas, y la otra en Allende, Coahuila. Hasta 300 civiles inocentes podrían haber sido asesinados en esta última, en marzo de 2011. La administración de Moreira es señalada de complicidad ante una sangrienta ofensiva criminal, que se desarrolló a lo largo de varios días.[8]

Moreira presentó una denuncia contra Aguayo, exigiéndole el pago de 10 millones de pesos (535 mil dólares). Pero no por las revelaciones del equipo del académico, sino porque —después de que Moreira fuera detenido unos días en España— Aguayo escribió una columna afirmando que el político norteño era un ejemplo de impunidad, y que su carrera olía a corrupción.

---

[7] "Observaciones Preliminares de la Visita *in Loco* de la CIDH a México". Comunicado de la CIDH del 2 de octubre de 2015, http://www.oas.org/es/cidh/prensa/comunicados/2015/112A.asp

[8] "En el desamparo". Documento de trabajo del Centro de Estudios Internacionales de El Colegio de México, https://eneldesamparo.colmex.mx/

"Atentó en contra de mi honor, vida privada y mi propia imagen", argumentó Moreira, "también lesionando mis sentimientos, afectos, creencias, decoro, reputación".

Aunque este tipo de ataques judiciales tienen pocas probabilidades de obtener una sentencia favorable, su objetivo no es ese sino aprovechar la asimetría económica entre el demandante y el demandado, para infligir un castigo a este último. "Será una batalla jurídica larga y desgastante, pero tengo elementos para armar una buena defensa", escribió Aguayo en Twitter, "y una hipótesis de trabajo: quiere intimidarme y desgastarme porque estoy dirigiendo la investigación" de la masacre de Allende.[9]

Semanas antes de nuestra visita a Washington, la CIDH había celebrado audiencias públicas en la capital estadounidense, y la situación de México había tenido un papel central. Era el caso del despido de Carmen Aristegui y su equipo, que constituía —en palabras de Edison Lanza— "uno de los casos emblemáticos" de "censura indirecta o censura sutil". En su participación, Aristegui reconoció que legalmente existen recursos judiciales para defender la libertad de expresión, "pero a la hora de intentar aplicarlos, simple y llanamente se atraviesa la consigna política", lo que revela "la falta de autonomía del Poder Judicial para procesar casos de censura".

Como es costumbre, el rechazo gubernamental a la crítica corrió a cuenta esta vez del embajador Miguel Ruiz Cabañas: "Yo diferiría respetuosamente con Carmen Aristegui de que en México no hay un periodismo libre independiente" pues hay "manifestaciones múltiples" de ello y "es una realidad constante y presente", además de que "sí hay autonomía del Poder Judicial".[10]

• • •

Ciudad Juárez está más o menos a la mitad de los 3 mil 200 kilómetros (dos mil millas) de línea fronteriza entre México y Estados Unidos. Ahí desciende el río que los mexicanos llamamos Bravo y los estadounidenses, Río Grande, una de tantas cosas para las cuales tenemos diferentes nombres. Entre las cosas que llamamos de manera distinta, añadió el periodista tamaulipeco Miguel Turriza, está el conflicto suscitado por el narcotráfico. Los estadounidenses le dicen "guerra mexicana de las drogas'", como si fuera un problema

---

[9] Tweet de la cuenta @sergioaguayo del 13 de julio de 2016, https://twitter.com/sergioaguayo/status/753231297502261248

[10] "México: Libertad de expresión". Video de la audiencia temática del 157° periodo de sesiones de la Comisión Interamericana de Derechos Humanos, 7 de abril de 2016, https://www.youtube.com/watch?v=VbhJt7KPyGY

ajeno a ellos, como si las batallas se pelearan sólo donde se hacen los disparos y no también donde se toman las grandes decisiones que las alimentan. Como si no hubiera beneficiarios que lavan e invierten las ganancias, y las guerras fueran sólo de los que mueren.

El presidente Donald Trump no deja de promover el encono contra los "bad hombres" de México que introducen sus narcóticos a los Estados Unidos, donde la gente —según él— ni los quiere en sus lugares, ni se puede defender de su violencia. Existe por supuesto una oferta creciente, ya no de marihuana (porque la legalización del consumo y de la producción en muchos estados del norte le ha hecho perder importancia) pero sí de heroína, pues la fiebre de los opiáceos en muchas ciudades medias y pequeñas de Estados Unidos ha creado un mercado notable. Algo semejante sucede con la cocaína sudamericana, y con las metanfetaminas que llegan desde Asia.

La oferta satisface una demanda poderosa que genera anualmente entre 19 mil y 29 mil millones de dólares en ventas.[11] La mayor parte de ese dinero se blanquea en centros financieros internacionales, y se esconde luego en paraísos fiscales; otra parte —sin duda menor— retorna clandestinamente a México para sostener las operaciones logísticas y bélicas; y algo más se queda en Texas, Arizona y otros estados, para usarse en la compra de armas que son trasladadas luego, ilegalmente, hacia el sur de la frontera.

El tráfico es tan grande que la Agencia de Alcohol, Tabaco, Armas de Fuego y Explosivos (ATF) creyó que podría utilizarlo para seguir la pista de grandes capos mexicanos y detenerlos. Así, operaciones como Fast and Furious —que los agentes llevaron a cabo entre 2006 y 2011 sin el conocimiento de México—, permitieron que comerciantes con licencia de Arizona vendieran armas de fuego a compradores ilegales. El proyecto resultó un fracaso sangriento, pues además de que la ATF sólo fue capaz de lograr arrestos menores, perdió el control de dos mil armas cuya venta monitoreó, y de las cuales sólo pudo recuperar 710. Muchas de las otras fueron identificadas en escenas del crimen en ambos lados de la frontera, y el gobierno mexicano declaró que —a consecuencia de ello— al menos 150 civiles habían sido asesinados o mutilados. "Ésta es una guerra, sí, pero por el control del narco", denunció el periodista sinaloense Javier Valdez en Nueva York, en 2011. "Pero nosotros, los ciudadanos, ponemos los muertos, y los gobiernos de México y Estados Unidos, las armas. Y ellos, los encumbrados, invisibles y agazapados dentro y fuera de los gobiernos, se llevan las ganancias".

---

[11] Congressional Research Service, "Mexico: Organized Crime and Drug Trafficking Organizations", Washington, D. C., 2018.

Ciudadanos y autoridades de ambos países han sido involucrados en estos flujos simbióticos de drogas (de sur a norte) y de dinero y armas (de norte a sur). Organizaciones criminales grandes y pequeñas se disputan a balazos el control de las rutas, las cuales conectan a los estados de Sinaloa y Durango con los de California y Washington, o los de Veracruz y Guerrero con los de Illinois y Nueva York. Todos estos traslados presentan puntos críticos en los pasos fronterizos oficiales; el contrabando cruza principalmente a través de ellos, con complicidades en ambos lados.

Es un error, no obstante, asumir la versión oficial de que todos los problemas se deben al contrabando de drogas ilegales. De hecho, este comercio puede ser un negocio secundario ante otros, mucho más lucrativos, relativos a la explotación de recursos naturales. La violencia ha provocado el despoblamiento de regiones extremadamente ricas en minerales, como la enorme faja de oro de Tierra Caliente, en el estado de Guerrero, o en hidrocarburos, como es el caso de Tamaulipas.

El epicentro del miedo en este último estado es el municipio de San Fernando, donde se han producido varios de los crímenes más impactantes, incluyendo la ejecución masiva de 72 migrantes centroamericanos, en agosto de 2010, y el hallazgo en abril de 2011 de 47 fosas clandestinas conteniendo los restos de 193 personas, todas ellas con los cráneos destrozados por martillos. La mayoría de ellas eran pasajeros de autobuses que fueron interceptados en la carretera, como explicó la periodista Marcela Turati: "San Fernando es el lugar del holocausto migrante. Pero no son sólo ellos quienes lo sufrieron: la cacería también fue contra la gente de San Fernando, sea porque eran considerados 'contras', es decir, que proveían algunos servicios para el Cártel del Golfo; contra las muchachas más bonitas, contra los ricos, contra los jóvenes en edad de reclutamiento; contra sospechosos; contra dueños de negocios que no se rehusaron a darles servicio a los soldados desplegados ahí; contra los que desobedecieron el toque de queda de las 6:00 pm; contra los que vieron o dijeron demasiado; contra cualquiera".[12]

La economía ha sido arrasada y los habitantes, políticamente neutralizados. Muchos han optado por irse, otros viven amagados por el terror, y las resistencias ceden por doquier ante el riesgo de muerte. En el subsuelo se encuentra la llamada Cuenca de Burgos, la reserva de gas natural no asociada al petróleo más importante del país y una de las mayores del continente.

En su libro *Los Zetas Inc.*, Guadalupe Correa-Cabrera establece una re-

---

[12] "San Fernando: el terror que jamás se ha ido". Reportaje por Marcela Turati en *Proceso*, 31 de agosto de 2016, https://www.proceso.com.mx/453016/san-fernando-terror-jamas-se-ha-ido

lación directa entre las actividades de la delincuencia organizada, y la promoción gubernamental de intereses privados, nacionales y extranjeros, en industrias como las del gas natural y de la energía eólica, en donde la seguridad corporativa es la prioridad número uno por encima de la seguridad ciudadana. Esto no se trata de enfrentamientos entre bandas sino de garantizar y facilitar las inversiones: mientras verificaba personalmente en campo el colapso general de la economía, Correa-Cabrera también observó una creciente actividad de varios contratistas extranjeros de Pemex: Halliburton (que la investigadora destaca al "operar en México oligopolizando cadenas internacionales de energía), Delta, Repsol, Petrobras, y Schlumberger. Tienen mucho por hacer porque "la explotación de hidrocarburos todavía es muy limitada en comparación con la riqueza regional": de 11 mil depósitos explorados, sólo estaban operando mil 900 en 2010. En este conflicto, "los principales ganadores (o ganadores potenciales) parecen ser los actores corporativos en el sector energético, las compañías financieras transnacionales, las empresas de seguridad privada (incluyendo las empresas penitenciarias privadas) y el complejo de seguridad fronteriza/militar-industrial de Estados Unidos". [13]

En junio de 2018, por ejemplo, el gobernador tamaulipeco Javier García Cabeza de Vaca lanzó una Campaña de Seguridad y Prosperidad, que se fundaría en la cooperación "con autoridades de siete agencias federales de seguridad de los Estados Unidos" en "una estrategia binacional sin precedentes en contra de organizaciones criminales". En realidad, el objetivo "tiene más que ver con asegurar las inversiones extranjeras en el estado", sostiene Correa-Cabrera. "Es desafortunado apreciar el contraste entre la protección que se da al sector transnacional de la energía y la inseguridad atroz que viven los pobladores de Tamaulipas". [14]

"Es interesante —continúa Correa-Cabrera— cómo todas estas áreas (de descubrimientos recientes de petróleo y gas) antes estuvieron ocupadas por grupos criminales que operaban siguiendo el modelo de Los Zetas, cuya preocupación principal era el control territorial. En todos estos lugares, la violencia fue extrema y así fue también la reacción del gobierno mexicano (...) Empresas criminales trasnacionales, como Los Zetas, Caballeros Templarios y el CJNG llegaron primero a estas tierras. Compañías trasnacionales legales de energía, acero y minería, como AHMSA, Ternium, AcerlorMittal, Shell y Halliburton arribaron después o extendieron la presencia que ya tenían en otras

---

[13] Guadalupe Correa-Cabrera, *Los Zetas Inc.: Criminal Corporations, Energy, and Civil War in Mexico*, University of Texas Press, 2017, p. 266.

[14] "La verdadera guerra por Tamaulipas". Artículo de Guadalupe Correa-Cabrera en *Sin Embargo*, 19 de diciembre de 2018, https://www.sinembargo.mx/19-12-2018/3512662

zonas. Este proceso ya ha tenido lugar en otros territorios mexicanos con grandes reservas de recursos naturales empleados en la industria energética, agua o minerales de alto valor" como litio y uranio.

Las regiones fronterizas abundan en historias que explican gran parte de la violencia en el conjunto del país, y que los periodistas tienen que descubrir y contar bajo enormes riesgos, porque en algunas partes —como en Tijuana y en Ciudad Juárez— políticos, policías y empresarios asociados con la delincuencia los mantienen siempre en la mira. En otras, como en el estado de Tamaulipas, han logrado imponer "zonas de silencio", en las que la información sobre la violencia desaparece o es micromanejada por sus operadores.

Apropiándose del lenguaje militar, las organizaciones criminales se refieren a las ciudades como "plazas", y a sus comandantes locales los llaman "jefes de plaza". También designan a responsables de prensa, a los que denominan "enlaces", para comunicarles a reporteros, editores y dueños de medios de comunicación qué es lo que se debe o no publicar. Estos "enlaces" generan información propia —fotografías y textos— que envían acompañados de instrucciones detalladas, como la página y la posición en la que deben aparecer. Suelen reclutar a personas dentro de las redacciones (mensajeros, periodistas, directivos e incluso personal de seguridad) que les dan cuenta de todo lo que pasa en el medio, a cambio de dinero o bajo amenaza de muerte.

A esto se sumaba la censura a nivel nacional, por parte del gobierno de Peña Nieto, que presionaba a los medios alineados para acallar las malas noticias. El columnista político Martín Moreno ha contado cómo fue que el director general de Grupo Imagen, Ernesto Rivera, le prohibió escribir sobre Tamaulipas en el diario *Excélsior*, a pesar de la grave situación del estado.[15] No podíamos realizar un documental sobre la libertad de expresión en México sin traer nuestras cámaras a la frontera, donde quienes controlan cada región deciden quién habla y quién muere.

• • •

En el estado de Tamaulipas, la vieja disputa entre Los Zetas y sus antiguos patrones del Cártel del Golfo se volvió más violenta y compleja, a partir de que varios de sus jefes murieron o fueron extraditados a los Estados Unidos. Las pugnas internas para suceder a los líderes ausentes provocaron divisiones y nuevas rivalidades. El estado comenzó a ser llamado "Mataulipas".

---

[15] "*NYT* y la prensa oficialista: Grupo Imagen, *La Razón*, *Excélsior*...". Artículo de Martín Moreno en *Sin Embargo*, 27 de diciembre de 2017, https://www.sinembargo.mx/27-12-2017/3367288

Durante años el diario *El Mañana* —que había sufrido atentados con disparos y granadas en sus oficinas— publicó noticias diferentes en las distintas ediciones de las tres urbes fronterizas tamaulipecas, siguiendo las indicaciones del jefe criminal dominante en cada una de ellas.

Uno de los ejemplos más ilustrativos es el de una operación en la cual la Marina mexicana movilizó a 180 efectivos para capturar al jefe de Los Zetas en Matamoros, *Tony Tormenta*, el 5 de noviembre de 2010. Fue una batalla urbana en toda forma a lo largo de ocho horas en 15 puntos de la ciudad, que provocó el cese completo de las actividades, incluido el cierre de los tres puentes internacionales que conectan con Brownsville. "Se hizo una balacera terrible, parecía una película de terror. A las cuatro de la tarde pasaban los carros de reversa, a 100 kilómetros por hora, por las calles céntricas", me dijo Enrique Juárez, entonces editor de *El Mañana* en esa ciudad. Según la versión oficial murieron tres marinos, un soldado y cuatro delincuentes, entre ellos el capo *Tormenta* y el "enlace" con la prensa. El control informativo era tan importante para Los Zetas, sin embargo, que ya a las nueve de la noche habían designado a un nuevo "enlace", y éste se encargaba de ordenar a los medios que "no se iba a publicar el nombre de *Tony Tormenta* en los periódicos de Matamoros... Y no se publicó", recordó Juárez.

Cinco años después, los dueños del diario calcularon que era el momento de ponerle punto final a la sumisión. La oportunidad se presentó a raíz de los fuertes enfrentamientos que se registraron en las cercanías de Matamoros el 4 de febrero de 2015. Dieron la orden de publicar los hechos en la edición local, Enrique Juárez la acató y, cuando los ejemplares empezaron a salir a venta, a la mañana siguiente, se produjo pánico entre los empleados —incluido el informante interno del "enlace"— porque sabían que el acto tendría consecuencias.

El reporte ocupó la portada del día siguiente. Juárez no respondió las insistentes llamadas desde números desconocidos. Por la tarde, dos hombres entraron a la sede local de *El Mañana*, fueron a la planta alta por él, lo sometieron y lo bajaron por las escaleras a patadas, regañándolo por no atender el teléfono. "Yo pensé que me iban a matar. Les pregunté: '¿Me van a matar?' Cuando me dijeron que no, me quedé tranquilo", a pesar de que sabía que lo esperaba una golpiza. "Me reclamaron que por qué se publicaba eso si yo ya sabía que no se debía publicar". Pero lo regresaron vivo. Entonces "me dice una compañera, una de las tantas personas que renunció después de eso: 'Váyase, señor Enrique'. Yo le decía, no, pues lo que venían a hacer ya lo hicieron, ni modo que digan 'ah, chingao, se nos olvidó matarlo'. Nada más vinieron a dar ese mensaje y ya". Esa misma noche, con su familia, Enrique Juárez y su familia cruzaron la frontera hacia Texas.

En un lugar del centro-sur del estado, mi compañero Juan Castro Gessner grabó una entrevista para la que se necesitaba plena discreción, pues el reportero —que pidió proteger su identidad— sufriría represalias si era descubierto. "Dos veces me ha ocurrido una agresión por parte de grupos criminales", dijo. "Es una experiencia que a nadie le deseo, el simple hecho de que te tengan hincado y con una pistola en la cabeza y que te digan que ya te va a cargar la verga... piensas en tu familia, piensas a veces si valió la pena ser reportero, y ves la vida en un instante. Posteriormente vienen ya los golpes y, en cierta manera, dices, bueno, al menos no me mataron".

Esta resignación ante el castigo físico prácticamente se ha convertido en un requisito profesional, en una posibilidad que se torna certidumbre: la de que a uno lo van a "levantar" tarde o temprano, para darle una reprimenda. En al menos una ocasión —explica Juan Alberto Cedillo, corresponsal de la revista *Proceso* en el noreste de México— en 2014 un grupo criminal nombró a un nuevo "enlace" que, para dejar claro quién mandaba, ordenó que "levantaran" a todos los reporteros de la fuente policiaca de la capital de Tamaulipas, Ciudad Victoria. Luego los presentaran ante él, para aplicarles el llamado "tableo". Los colgaron de las manos, desnudos, y luego los golpearon una y otra vez en las nalgas con lo que el testigo describió como "una tabla grande, de dos pulgadas y con agujeros, para que agarre viento y pegue más fuerte".

El periodista anónimo, originario de otra población, sufrió aquel castigo a raíz de "una nota simple, llana, un comentario, donde no afectaba absolutamente nada. Pero una persona se sintió ofendida y era un conocido de ese delincuente, y nada más; de repente, me caen. Duré alrededor de unas tres semanas con el intenso dolor y con toda la carne molida, la sangre molida en mis glúteos y parte de mis piernas". El "tableo" es sólo un recurso entre varios para intimidar a la víctima, pues existen también las "manitas" (cachetadas) y los "fogones" (quemar partes de la piel). Puede llegarse también, de manera extrema, a las llamadas "tijeras" (cortar miembros del cuerpo) y finalmente a "dar piso" a alguien, es decir, matarlo.

La situación se vuelve más complicada cuando el reportero se ve atrapado entre dos fuegos o más. Me lo explicaron Erick Muñiz y Melva Frutos, de la Red de Periodistas del Noreste, en la ciudad de Monterrey: "Cuando es un solo grupo el que controla el lugar, vale, no hay problema, le haces caso y se acabó", dijo Muñiz, pero "la situación grave se da cuando son dos grupos. Entonces uno te dice 'publica esto' y el otro te dice 'no lo publiques'. Vas a quedar mal con alguno de los dos; si no te tablea uno, te va a tablear el otro. Y a veces hay un tercero".

Las órdenes de los criminales hacia los periodistas no se reducen solamente al ámbito criminal, sino también al de su vida privada. Según Melva Frutos, te reclaman porque "cubriste el bautizo de fulano de tal, y no el mío, el de mi hijo; o los 15 años de la hija de fulano, y no los de la de este capo. En una liga deportiva infantil, fuiste a cubrir el partido de beisbol del hijo del capo fulano y no el de mi hijo, del equipo contrario".

•••

Para fortuna de Enrique Juárez y su familia, todos tenían una visa vigente que les permitió entrar a Estados Unidos de inmediato. No es el mismo caso de la mayoría de los periodistas en riesgo de muerte, que tendrán que enfrentar el muro o el desierto de Arizona. Tampoco suelen tener buenos resultados tras solicitar refugio.

En 2015, Héctor Salazar y Alejandro Hernández, secuestrados en ocasiones distintas —uno en 2009 y el otro en 2010—, ganaron sus demandas y obtuvieron asilo político. Son casos excepcionales que llevó Carlos Spector, un exitoso abogado texano especializado en inmigración. Además, obtuvieron visibilidad y credibilidad cuando el reconocido documentalista mexicano Everardo González realizó *El Paso*, un documental sobre sus experiencias.

El 88% de los mexicanos que solicitan asilo es rechazado. No hay indicios de que los reporteros corran mejor suerte. En mayo de 2017, por ejemplo, el periodista Martín Méndez regresó a México —aunque temía por su vida— tras pasar 100 días en centros de detención del Servicio de Inmigración y Control de Aduanas (ICE), "debido a que me mantenían privado de la libertad sin ninguna respuesta razonable sobre la negación de mi salida", sostuvo en una carta al juez responsable. "El maltrato, el abuso y las humillaciones cada día se volvían más intolerables".

Puede ser que le haya faltado perseverancia para lograr su objetivo. Tal vez si hubiera esperado más de 10 años, como en el caso de Emilio Gutiérrez, quien salió del estado de Chihuahua después de que el teniente general Ildefonso Martínez Piedra y el general Alfonso García Vega —del Ejército mexicano— lo amenazaran de muerte por publicar una serie de artículos sobre corrupción. Un amigo le advirtió a Gutiérrez, en 2008, que la orden de matarlo ya estaba en vías de ejecución.

Gutiérrez y su hijo de 14 años llegaron a Texas e iniciaron un largo proceso, en el que tuvieron que apelar varias resoluciones negativas y estuvieron detenidos algunas temporadas. Su causa recibió el respaldo del National

Press Club, que le otorgó su Premio de Libertad de Expresión John Aubuchon. Tras la entrega del reconocimiento, ambos volvieron a ser arrestados, en diciembre de 2017.

En mayo de 2018 el programa Knight-Wallace —de la Universidad de Chicago— le ofreció a Gutiérrez, de 55 años, una beca de investigación, la cual ayudó a la liberación de él y de su hijo. Parece final feliz pero no aplaudan todavía: la solicitud de asilo, iniciada en los días de Bush y continuada bajo Obama, sigue su ágil curso en tiempos de Trump. Fue rechazada en marzo de 2019 con el argumento de que no demostraron que sus vidas estuvieran en peligro. Ellos volvieron a apelar.

• • •

La información es una necesidad social. Cuando deja de fluir y se genera un vacío, la sociedad se moviliza para llenarlo. Hoy cuenta con las redes en internet, que se han convertido en la vía principal para los ciudadanos que reportan lo que los medios profesionales dejan de comunicar.

Lo vi en eventos como la revolución verde de Irán en 2009, la insurrección de la plaza Tahrir de El Cairo en 2011 y las protestas del parque Gezi de Estambul en 2013. Cuando las autoridades encarcelaron a los periodistas, cerraron los periódicos y sacaron los portales de la red, los internautas corrieron a contar lo que ocurría, denunciaron palizas y asesinatos, y convocaron a eventos en Facebook, en Twitter y en otras plataformas. Han tenido que hacer lo mismo en las zonas de México donde el crimen ha impuesto el silencio. Las consecuencias son terribles.

En Reynosa, Miguel Turriza, reportero de la televisión local, me explicó cómo es vivir bajo amenaza permanente, mientras paseábamos por el bordo del río Bravo, mirando la orilla texana. Llamó mi atención hacia personas que nos observaban desde distintos puntos: "A mis espaldas tenemos gente que vigila, aquí a un lado nos están vigilando, ahí enfrente nos están vigilando en este momento". Ni siquiera los alrededores del puente internacional, una zona de alta seguridad, están fuera de la influencia del cártel.

Él también había tenido que acostumbrarse a no informar más de lo que era prudente, pues "saben dónde vivimos, saben dónde van nuestros hijos a la escuela, saben cuáles son nuestros trabajos. Ocho compañeros o conocidos del medio, sobre todo del área de seguridad pública, desaparecieron, no se les volvió a ver. Y todavía después de esas desapariciones, algunos seguimos reporteando hasta que nos dimos cuenta de que no se podía. Antes corríamos, 'oye, hay un disturbio, una balacera', tratábamos de acercarnos, ver qué estaba sucediendo, como normalmente hacíamos. Ahora no" porque "nuestros medios fueron bombardeados, acribillados. Hasta hace poco, ya no podíamos salir a la calle".

La respuesta de la gente fue formar grupos de aviso para informar de los problemas y peligros que estaba enfrentando, con páginas en redes con nombres como Valor por Ciudad Victoria o Alerta Ciudad Mante. El más conocido fue Valor por Tamaulipas (conocido bajo el acrónimo v×t), que se convirtió en una fuente para los propios periodistas, y que el crimen organizado decidió callar.

En febrero de 2013 la delincuencia organizada ofreció públicamente una recompensa de 64 mil pesos (3 mil 300 dólares), que elevó luego hasta los tres millones de pesos (158 mil dólares), a quien "aporte datos exactos del dueño de la página o de sus familiares directos, ya sean papás, hermanos, hijos o esposa. Esto es sólo libre expresión pero a cambio de eso un buen dinero por callarle el hocico a esos culeros panochones como estos pendejos que se creen héroes".

El término *panochón* se aplica a un reportero identificado por los criminales. No tuvieron problema en ofrecer un número celular de contacto: 834 104 7370.

Los administradores de v×t se ocultaron bien porque sabían que la amenaza era real. En 2011, la periodista María Elizabeth Macías, de 39 años, que creía estar a salvo bajo su seudónimo "La Nena de Nuevo Laredo", fue identificada por Los Zetas como una de las administradoras del *blog* Nuevo Laredo en Vivo, aunque el sitio desmintió esa información. No obstante, el 24 de septiembre su cadáver se encontró decapitado, junto al teclado de una computadora, un reproductor de CD, varios cables y una nota que decía: "Ok Nuevo Laredo en vivo y redes sociales. Yo soy la nena de Laredo y aquí estoy por mis reportes y los suyos... para los que no quieren creer, esto me pasó por mis acciones, por confiar en el ejército y la marina... Gracias por su atención Atte: "La Nena de Laredo... zzzz".

El difunto Mike O'Connor, entonces representante para América Latina del Comité para la Protección de Periodistas, escribió: "Yo creo que ella no evaluó la magnitud de sus mensajes. Pienso que lo tomó como una causa personal. Creo que al descubrir lo que estaba pasando en las redes sociales, ella se comprometió a informar en estos medios. Fue una manera de liberarse, de ser periodista a pesar del silencio. Debe haberse sentido frustrada como ciudadana y periodista".

El asesinato de Macías, que era jefa de redacción del diario local *Primera Hora*, no fue mencionado en su propio periódico.

•••

Steve Bannon fue durante años el gurú ideológico de Donald Trump, y —al principio de la administración de su amigo— también jefe de estrategia de la Casa Blanca y miembro del Consejo de Seguridad Nacional. El discurso ferozmente antimexicano del presidente fue sostenido y alimentado por Bannon, quien había ganado gran influencia a través de su portal web *Breitbart News*, portavoz de la derecha radical estadounidense y también enemigo de México. Por eso sorprendió su proyecto de presunto apoyo al periodismo mexicano: "*Breitbart Texas* está ahora trabajando con ciudadanos periodistas que están dispuestos a reportar las actividades de cárteles y corrupción en el estado de Tamaulipas", anunció en su página web. "El periodista Ildefonso Ortiz y el director general Brandon Darby de *Breitbart Texas* viajaron a las ciudades fronterizas de Reynosa y Matamoros" con el objeto de encontrar periodistas ciudadanos y "atraerlos como contribuidores para Las Crónicas de Cárteles de *Breitbart Texas*. Varios estuvieron de acuerdo en seguir arriesgando sus vidas para reportar desde la región usando seudónimos durante sus esfuerzos". Personas comunes, sin entrenamiento profesional, fueron convencidas de ponerse en peligro junto a sus familias por un grupo de gente que odia a México. ¿Qué haría *Breitbart* si alguno de ellos era secuestrado, torturado o asesinado? La respuesta la encontramos en una cita de Brandon Darby: "Por cada periodista que maten trataremos de magnificar las voces de más periodistas ciudadanos".[16]

•••

Los secuestros de Theo Padnos y Jim Foley en noviembre de 2012, y el ejemplo de John Cantlie (capturado con Jim, y a quien el Estado Islámico lo obligó a presentar sus "reportajes" de propaganda) dejaron claro que ya no era posible cubrir Siria. No al menos para la prensa extranjera.

En la parte dominada por el régimen de Bashar al Assad, no se concedía la posibilidad de trabajar de manera independiente. Monitores humanos, designados por las autoridades como "apoyo", además de los sempiternos espías, controlaban los movimientos del periodista y ponían bajo riesgo de

---

[16] "Crónicas de Cárteles Breitbart Texas; esfuerzo por ayudar a los periodistas ciudadanos en México". Texto de Sarah Rumpf en *Breitbart News*, https://www.breitbart.com/border/2015/02/15/cronicas-de-carteles-breitbart-texas-un-esfuerzo-por-ayudar-a-los-periodistas-de-ciudadanos-en-mexico/

detención, tortura y asesinato a quienes hablaran con él. En el caos de las zonas controladas por la miríada de brigadas opositoras, alimentar y armar a los combatientes era fundamental, y las fuentes de ingresos, escasas. En este contexto, los reporteros internacionales resultaban muy a propósito para resolver el problema de la subsistencia, secuestrándolos primero para después pedir rescate por ellos. Si acaso sus gobiernos no pagaban su liberación, entonces los comprarían los yijadistas. Casi todos los que se aventuraron a entrar, desde la primavera de 2013, hallaron imposible salir.

El periodismo quedó entonces en manos de los residentes; por lo general a cargo de jóvenes sin experiencia o preparación, que habían querido estudiar ingeniería o dedicarse al campo, pero que descubrieron que para ganarse la vida tenían que arriesgarla como reporteros improvisados. Inevitablemente, se sentían comprometidos con alguno de los bandos en pugna: es difícil observar la destrucción de tu país sin desear que alguien gane o pierda la batalla. Todo eso tuvo un impacto en la calidad de la información que salía de Siria.

Las zonas de silencio en Tamaulipas se parecen mucho a las de Siria. En estas condiciones, el periodismo lo hacen los apasionados o los desesperados. Miguel Turriza se quejó de que quedaban pocos reporteros de oficio: muchos se habían marchado o cambiado de profesión. Sus lugares fueron ocupados por personas sin entrenamiento ni otras opciones de trabajo. Agarraban lo que había.

Esto tendrá un impacto a largo plazo porque, a diferencia de lo que vi en Ciudad Juárez, en las universidades tamaulipecas "ya no hay quien se prepare para ser periodista", según el propio Turriza. "Ya no hay quien quiera estar, como antes, en las redacciones, aprendiendo a escribir. Ya no quieren. Primero porque no recibes un salario adecuado. Y segundo por el riesgo, el riesgo de estar en la calle para hacer esto. Hace 10 años hubo una oleada de jóvenes en periodismo. Hoy tenemos un 5, 10%. Bajó tremendamente".

•••

Los guardias marroquíes del puesto de El Guergarat se carcajearon al comprobar que yo realmente tenía la intención de cruzar a pie esa tierra de nadie. Eran seis kilómetros de dunas de arena, como las del Sahara Occidental, un camino señalado por huellas de llantas y flanqueado por minas explosivas y la amenaza potencial de los guerrilleros del Frente Polisario. En efecto, aquella franja —entre la antigua colonia española y la república islámica de Mauritania— es controlada por los insurgentes que combaten la ocupación de su país, y que no siempre ven con buenos ojos a los extraños que se aventuran por ella. Se hacía tarde y no me quedaban opciones si quería llegar a dormir al puerto de Nouadhibou. El par de automóviles que esperaban, a unos 200 metros, no parecían sin embargo de milicianos organizados sino de contrabandistas, que aprovechaban el desgobierno del lugar. Porque si el Polisario controlaba algo ahí, no parecía hacerlo de manera permanente o al menos visible.

Hice dos horas y media en recorrer lo que había calculado me tomaría una hora. El sol aplastaba, los pies se me atascaban en el piso blando, las mochilas pesaban cada vez más, se me acabó el agua. Perdía tiempo atisbando entre el ocre claro de la tierra y el azul brillante del cielo, para no toparme de pronto con un grupo armado, por si podía avistar —iluso— el cubil de un francotirador. Sobre todo me aseguraba de no abandonar la ruta señalada con eses, y que había que seguir estrictamente para evitar las bombas durmientes. Mi única posibilidad de ponerme un rato a la sombra estaba en los restos de un camión, semienterrado en la arena como el esqueleto de un elefante. Pero la razón de que ese armatoste estuviera ahí, esperando para darme alivio, era la misma que me desanimaba: años atrás, había errado en la ruta y saltado por los aires.

• • •

Un helicóptero sobrevolaba el fraccionamiento San José cuando salíamos de Reynosa, a las cinco de la tarde, mientras el tímido sol invernal escapaba hacia el oriente. Pasamos por debajo de la unidad aérea de la Marina. Miguel Turriza nos hizo llegar la información que compartían los reporteros locales por WhatsApp: la nave perseguía o ayudaba a perseguir a un grupo de presuntos delincuentes que había tenido un enfrentamiento poco antes, con saldo de cuatro muertos.

Aunque no estaba disparando, tampoco podíamos estar seguros de que sus armas permanecerían en silencio sólo por estar en una zona densamente urbana. Poco antes, el 16 de febrero de 2017, otro aparato MI-17 de fabricación rusa —de las fuerzas especiales de la Marina— había hecho pedazos a unos 15 presuntos delincuentes en un barrio de Tepic, capital del estado de Nayarit. Había destrozado el edificio donde se ocultaban los delincuentes, con una ametralladora M134 Minigun de cañones rotativos, que tiene una cadencia de tiro de cuatro mil a seis mil disparos por minuto. Los vecinos grabaron videos en los cuales se perciben las líneas verdes, impresionantes, que hacen blanco en su objetivo. Los comandantes respondieron así a las quejas del presidente Trump porque México no podía controlar a sus "bad hombres". La

Marina ofreció entonces evidencia de lo contrario. "Lo que hizo el helicóptero, exclusivamente, fue demostrarle (a Trump) que sí había con qué", explicó el almirante secretario Francisco Soberón.[17] A pesar de que, desde el aire y con tal armamento, no hay posibilidad de discriminar entre *bad* y *good* personas, entre hombres, mujeres y niños. Reportaron 15 muertos.

El poder de fuego de la Marina fue confirmado un año después, el 25 de marzo de 2018: una familia que viajaba en una camioneta fue acribillada por un helicóptero a 250 kilómetros de Reynosa, en Nuevo Laredo. Mataron a dos niñas de cuatro y seis años de edad y a su mamá. El padre quedó mal herido. La Secretaría de Marina reportó en un comunicado que "el personal civil" había quedado en medio de un enfrentamiento; que el análisis de la trayectoria de los disparos demostraba que habían sido hechos "a nivel tierra y no desde el aire"; y que el calibre de las balas no correspondía al armamento militar, por lo que no había nada qué reprochar.[18]

El diario *El Mañana*, sin embargo, había publicado ya testimonios de que el fuego provino del helicóptero, y que cuatro marinos que bajaron a rapel impidieron que el padre fuera atendido, a pesar de que se estaba desangrando. La Marina tardó dos semanas —mientras las pruebas se acumulaban— en aceptar que los tiros provinieron de su helicóptero, porque la camioneta "quedó en la línea de fuego", y aclaró que jamás tuvo "pretensión alguna de ocultar ni minimizar el dolor de los civiles afectados".[19]

La sensación de zona de guerra persistió en la autopista a Monterrey, aunque de otra manera: ya no por la ominosa sombra del helicóptero, sino por la ausencia del Estado mexicano. Los empleados de las casetas cobraban el peaje normalmente, pero con esa normalidad singular que los mantiene alertas ante la posible llegada de convoyes de hombres armados, como los que han atacado Reynosa, o invadido otros territorios y destruido casetas similares. Es común verlos pasar. Para los civiles que viajan en automóvil, existe siempre el riesgo de ser detenidos por los criminales en alguno de los puntos de control que establecen sobre caminos y carreteras, o en los puntos de acceso a las poblaciones. Entonces hay que tratarlos como si tuvieran autoridad

---

[17] "La matanza de Nayarit, respuesta de la Marina a Trump". Análisis de Jorge Carrasco en proceso.com, 16 de febrero de 2017, https://www.proceso.com.mx/474733/la-matanza-nayarit-respuesta-la-marina-a-trump

[18] "La Marina niega haber disparado contra familia desde helicóptero en Nuevo Laredo". Nota de Jorge Carrasco en proceso.com, 26 de marzo de 2018, https://www.proceso.com.mx/527488/la-marina-niega-haber-disparado-contra-familia-desde-helicoptero-en-nuevo-laredo

[19] "Acepta Marina que disparó desde helicóptero a familia". Nota de Ignacio Alzaga en *Milenio Diario*, 7 de abril de 2018, http://www.milenio.com/policia/acepta-marina-que-disparo-desde-helicoptero-a-familia

—porque la tienen ante la ausencia del Estado— y rendirles detalles de quién es uno y qué hace ahí, para convencerlos de que no se pertenece a los contras (los grupos criminales enemigos), que no se trabaja para ellos ni se les tiene simpatía.

En México, a veces, uno pasa por frentes de combate invisibles, sin trincheras ni estandartes militares que los marquen. Esto sucede por ejemplo en San Miguel Totolapan, un pueblo de la región de Tierra Caliente, en el estado de Guerrero. Para entrar desde Ajuchitlán, cruzamos la "frontera" entre el territorio del Cártel Jalisco Nueva Generación y el de Guerreros Unidos, al que pertenecía el entonces alcalde Saúl Beltrán. Para salir por la ruta al crucero de Poliutla —advertidos de que nos estaban esperando si regresábamos por la misma vía—, entramos a la zona de dominio de la Familia Michoacana.

En esa zona de México y en otras similares, las fuerzas del Estado se retiraron permitiendo así el imperio de las organizaciones criminales. Éstas ejercen su "control" en aquellos momentos en los cuales consideran importante demostrar —a lugareños, foráneos y los mismos delincuentes— que pueden imponer su presencia cuando así lo decidan.

Muy distinto es el caso del Frente Polisario, en el Sahara Occidental. Abandonado a una guerra contra el ejército marroquí que arrastra desde 1975, y en la que los números, la tecnología y los grandes poderes globales no lo favorecen, encuentra sumamente difícil extender su presencia por la larga y estrecha lengua que ha quedado más allá del muro defensivo del ocupante marroquí.

En su caso, el vacío es muestra de impotencia. En el de México, de complicidad.

•••

La ciudad de Tijuana es el rincón más remoto del país. Si saltamos un elevado muro metálico, caemos al norte, en California, Estados Unidos. Si nos vamos al oeste podríamos surfear sobre el impetuoso oleaje del Océano Pacífico. Al salir de las oficinas del semanario *Zeta*, aunque la entrevista había salido muy bien, los miembros del equipo de Ojos de Perro nos manteníamos en silencio. Sobre todo los tres hombres, algo intimidados. Empezamos a guardar las cámaras en el coche, cuando Yuli, nuestra cuarta compañera, rompió el hielo: "No se preocupen. Yo también me enamoré de ella".

De tez morena, estatura mediana, grandes ojos de color café oscuro y una sonrisa mesurada, Adela Navarro es una mujer imponente. Nacida en 1968, llega al medio siglo con un gran reconocimiento profesional, una personalidad fuerte, un discurso ágil, honesto y poderoso, y por si faltara algo, con una valentía que para algunos llega a ser temeraria. Le hice una pregunta de las que no puedes obviar.

—Jesús Blancornelas y *El Gato* Félix fueron codirectores del semanario *Zeta*. O sea, tus antecesores en el cargo que hoy ocupas. Ambos murieron a consecuencia de atentados en su contra. ¿Sientes que estás sentada en una silla ardiendo?

• • •

A plana completa la fotografía de Héctor *El Gato* Félix —sus ojos y su dedo índice dirigiéndose a la cámara— aparece cada semana desde 1988, en las páginas interiores de *Zeta*. "Jorge Hank Rhon", reza el texto, como si fuera la voz de *El Gato*, "¿por qué me asesinó tu guardaespaldas Antonio Vera Palestina?" Más abajo pasa lista a todos los gobernadores del estado de Baja California que han dejado impune el homicidio, y pregunta al mandatario en turno (ahora, Francisco Vega): "¿Podrá su gobierno capturar a los que ordenaron mi crimen?"

Nacido en 1956, Jorge Hank Rhon es el niño problema de una de las familias más poderosas de México. Su padre, Carlos Hank González (1927-2001), fue patriarca de uno de los clanes de la aristocracia del PRI, el Grupo Atlacomulco, del que también forman parte Carlos —hermano de Jorge— y Enrique Peña Nieto. A Carlos padre le gustaba hacerse llamar "El Profesor", para resaltar un origen humilde como maestro de escuela, pero Carlos hijo figura en la lista *Forbes 2020* de multimillonarios con una fortuna de dos mil millones de dólares, con participación en el banco Banorte y el Grupo Hermes. Su base de poder es el Estado de México. Pero a Jorge lo enviaron lejos, a Tijuana, acaso para que sus escándalos de violento *playboy* afectaran lo menos posible a la familia. Allí, a partir del Hipódromo de Agua Caliente, impulsó sus negocios —como Caliente, un centro de apuestas deportivas— y también una carrera política que lo llevó a la alcaldía de Tijuana y cerca estuvo de darle la gubernatura, que todavía pretende. Su amistad con *El Gato* Félix terminó porque el periodista —que hacía crítica satírica en su columna "Un poco de algo"— empezó a reseñar los excesos del empresario, tanto en su vida pública como a nivel personal. Lo llamó "pirrurris" que llevaba una vida de cocaína, mujeres y excesos. No se lo perdonó.

Isaí Lara, editor de *Zeta*, nos llevó a la calle Ramón López Velarde para explicarme el atentado ocurrido el 20 de abril de 1988. De 47 años, *El Gato* salió de su casa a las nueve de la mañana, como siempre, en un Crown Victoria. Los vecinos habían notado que Victoriano Medina, un empleado de Hank Rhon, había estado registrando sus movimientos de rutina. El día de los hechos conducía un deportivo de dos puertas, TransAm, con el que bloqueó el movimiento del Crown Victoria. Por su parte, otro de los involucrados —Antonio Vera Palestina— venía en el asiento del copiloto de una camioneta que llegó por detrás, se detuvo al lado de la ventanilla de *El Gato*, y le disparó balas expansivas en la cabeza, con una escopeta calibre 12.

Sus lectores cargaron el ataúd por las calles de Tijuana y realizaron manifestaciones para exigir justicia. Jesús Blancornelas, quien junto a *El Gato* codirigía el semanario, acusó a Hank Rhon, cuyo padre habría logrado congelar la investigación. En 1989 el PRI perdió las elecciones y el nuevo gobernador, perteneciente al PAN, prometió resolver el caso. La fiscalía presentó cargos contra Vera Palestina, jefe de escoltas de Hank Rhon, y dos de sus empleados, Victoriano Medina y Emigdio Nevárez. Este último murió asesinado o "desechado", en palabras de Adela Navarro, en 1992. Los otros dos fueron condenados a 25 y 27 años de prisión, pero las autoridades se negaron a investigar la autoría intelectual. Francisco Javier Ortiz Franco, editor general de *Zeta* y abogado, asumió el caso y tras su asesinato —en junio de 2004— la sospecha volvió a recaer sobre Hank Rhon. Sin consecuencias. Nadie ha sido procesado.

Blancornelas nació en la ciudad de San Luis Potosí, en 1936, y trabajó en una tienda de autopartes antes de que le dieran la oportunidad de escribir sobre deportes en *El Sol de San Luis Potosí*, a los 18 años. En 1973, cuando vivía en Mexicali, Baja California, informó que las tarifas de electricidad eran demasiado altas: las protestas contra la compañía de luz provocaron su despido. En 1976, fundó el diario estatal *ABC*. Para evitar las críticas, el gobierno estaba acostumbrado a negociar con empresarios de medios, no con periodistas, "y nuestro periódico era de periodistas", declaró. Desde esas páginas, *El Gato* Félix hacía enojar con sus artículos al presidente José López Portillo. El gobierno exigió el despido del periodista incómodo, y Blancornelas se negó. Le fabricaron entonces una disputa laboral y el asunto terminó cuando un equipo policiaco de élite tomó las oficinas. Blancornelas fue falsamente acusado de fraude y se exilió en San Diego, California, desde donde empezó a hacer planes de nuevo: una revista que fuera elaborada allí, en Estados Unidos, para que el gobierno mexicano no pudiera sabotearla. En el siglo siguiente la zeta se convertiría en una letra temible, a causa del grupo criminal que hasta hoy se ostenta con ella. Pero en 1980 parecía razonable que —si el proyecto destruido había tomado su nombre de las primeras letras del alfabeto— el semanario que fundaron ese año lo hiciera con la última letra: la zeta.

Convirtieron así la revista en un referente del periodismo de investigación, en un país donde la única prensa que parecía importar era la de la Ciudad de México. Provocaron con ello la ira no solamente de Hank Rhon, sino del sanguinario grupo criminal que había tomado asiento en el extremo occidental de la frontera norte: el cártel de los hermanos Arellano Félix, que ordenó su asesinato a la banda de la calle Logan, de San Diego.

Blancornelas fue emboscado también por una decena de sicarios en su camioneta Explorer, a dos cuadras de *Zeta*, en la calle Chulavista. Era el 27 de noviembre de 1997. Los investigadores encontraron 80 casquillos percutidos. Su chofer, Luis Valencia, alcanzó a meter reversa antes de morir, lo que le salvó la vida a su jefe, aunque sólo por el momento. Lo alcanzaron cuatro balas, una de ellas en el pulmón, que quedó dañado y que terminó por provocarle la muerte, el 23 de noviembre de 2006, casi exactamente nueve años más tarde.

• • •

Las oficinas de *Zeta* están a unas cuadras del Hipódromo de Agua Caliente, donde Vera Palestina es jefe de seguridad. Hank Rhon le organizó una gran bienvenida en el aeropuerto, cuando cumplió su condena, y le devolvió su puesto. Por el ataque a Blancornelas nadie ha sido condenado.

El semanario ha sido siempre objeto de acoso, como presión fiscal y hostigamiento judicial. Pero en tiempos recientes sus integrantes han detectado otra vez signos que les hacen temer agresiones físicas. Como medida de protección para los reporteros, los reportajes que revelan información sensible aparecen firmados por "Investigaciones Zeta". Navarro asegura que la medida ha funcionado, aunque reconoce que "a veces mal, porque entonces en vez de amenazar a una persona, amenazan a tres o a cuatro, o a los editores, a los codirectores. Pero ya no saben qué es lo que está pasando, no saben quién los está investigando".

Su valor al dar la cara en representación del semanario, le ha merecido reconocimientos a Adela, como en el caso del Premio Internacional a la Libertad de Prensa que recibió en 2007, cuatro años antes que Javier Valdez. Si los intereses afectados por el semanario no pueden identificar al periodista concreto que los examina, será esta mujer quien les vendrá primero a la mente. Como fueron antes los casos de *El Gato*, Blancornelas y Ortiz Franco. "No pienso en ello. No quiero sonar tampoco irresponsable, porque no lo soy. Tengo mucho compromiso con lo que hago, mucha pasión por el periodismo de investigación. Pero estoy pensando en esta edición y en la que viene. Estoy pensando en mis compañeros, en el trabajo que están haciendo mis compañeros. El día que yo me ponga a pensar en ello, a lo mejor va a cambiar la línea editorial, porque me puede dar temor. Trato de concentrarme en lo que hacemos. Este semanario ha costado vidas, ha costado sangre, ha costado demasiadas amenazas, presiones políticas, fiscales, ataques a la moral, de todo, como para detenernos en ello. ¿Todo eso nos ha costado? Pues vamos adelante, el que sigue, el que sigue y el que sigue. Ahorita, estamos trabajando en el número que va a salir mañana, y mañana comenzamos a trabajar en el de la siguiente semana. Y ése es nuestro compromiso con nuestros lectores, con nuestra sociedad, y con el periodismo. Nada más".

7

El periodismo y la huida del gobernador

"40 años de libertad": así cabeceó *Proceso* su edición de aniversario, del 6 de noviembre de 2016. ¿Verdaderamente ha gozado "de libertad"? Ya en el origen mismo de la revista está un histórico ataque contra la prensa, el ordenado por el entonces presidente Luis Echeverría contra el diario decano de la capital del país, *Excélsior*, el 8 de julio de 1976. En la memoria del periodismo independiente, la fotografía del director Julio Scherer[1] abandonando el edificio con sus colaboradores (tras la agresión de golpeadores dirigidos por Regino Díaz Redondo), constituye un hito fundacional. Cuatro meses después —con el apoyo económico de sus futuros lectores— Vicente Leñero, Enrique Maza, Miguel Ángel Granados Chapa, el mismo Scherer y otros de sus colegas lanzaron el semanario que se convertiría en emblema de la investigación crítica en torno a ese gobierno, y a todos los que le seguirían. Más tarde otros miembros del grupo expulsado crearon también la revista mensual *Vuelta* —dirigida por Octavio Paz— y el diario *Unomásuno*, a cargo de Manuel Becerra Acosta.

En cuanto a *Proceso*, podía leerse en su primer editorial lo siguiente: "Proceso de los hechos, proceso a los hechos y a sus protagonistas: éstas son las líneas de acción de nuestro semanario. Golpeados por la inquina política en términos que causaron asombro dentro y fuera de México, por la impudicia de la agresión y la relevancia de quienes la concibieron, sus miembros no harán de *Proceso* un semanario del despecho y el resentimiento. Primero, porque comprenden la naturaleza política de los hechos en que se les ha involucrado. Y en segundo lugar, y sobre todo, porque los conforta y obliga la solidaria generosidad de un vasto número de mexicanos decididos a que el silencio no cubra por completo a esta nación".

Los periodistas se propusieron investigar a los poderes políticos, sociales, empresariales y criminales del país, que desde luego reaccionaron en su contra. Además de los asesinatos de Regina Martínez y de Rubén Espinosa, 10 re-

---

[1] Fotografía del 8 de julio de 1976. Autor: Juan Miranda. Archivo *Proceso*, https://cdn.proceso.com.mx/media/2013/04/pf-7275760708-Golpe-a-Excelsior-5.jpg

porteros y corresponsales sufrieron intimidaciones, persecuciones o secuestros (algunos de ellos tuvieron que cambiar de ciudad o salir del país) y otros recibieron amenazas de muerte, incluidos Scherer y Leñero. También hubo exclusión informativa por parte de autoridades, acoso judicial, allanamiento de oficinas, campañas de difamación, boicots publicitarios, y —en algunos estados— incautación de ediciones enteras y quema de ejemplares. Para bien o para mal, muchos de los periodistas más conocidos del país (aquellos comprometidos socialmente, así como otros que después se alinearon con el poder) fueron parte de la plantilla editorial en algún momento, o bien colaboradores de la revista.

El semanario se convirtió "en una anomalía", dijo el historiador Lorenzo Meyer. "Una revista como *Proceso* no debería existir porque nació en medio de un régimen autoritario, y los regímenes autoritarios no pueden permitir la existencia de medios independientes".

Proceso ha sido escuela de reporteros apasionados, tanto que a veces nos descubrimos compitiendo unos con otros. En octubre de 2014, días después de la desaparición de 43 estudiantes en la ciudad de Iguala, varios nos encontramos siguiendo la pista de unas fosas clandestinas en un cerro cercano, con 19 cadáveres que —se rumoraba— podrían pertenecer a los jóvenes. Buscamos a alguien que conociera la zona, a otro que tuviera un vehículo, y sin darnos cuenta acabamos juntos cuatro colegas ligados a *Proceso*, buscando la misma historia. Quien iba al volante era José Manuel Jiménez; había dejado ya la revista, pero Ezequiel Flores era el corresponsal en Guerrero, Marcela Turati se distinguía como una de las reporteras más apreciadas, y yo, un *freelancer* de la sección internacional que acababa de llegar de Medio Oriente y no se suponía que estuviera trabajando en México. "¡Sólo escribiré para medios extranjeros!", prometí a mis compañeros.

• • •

El caso Iguala era un clásico "tema Proceso", un asunto de gran trascendencia social, con amplio impacto político y de gran interés para los lectores. Por eso la revista priorizó la investigación del crimen y de lo que estaba ocultando el gobierno federal, a raíz de que el procurador Murillo Karam se apresuró a presentar su "verdad histórica", a fin de que el presidente Peña Nieto viajara a China y Australia sin preocupaciones domésticas. Turati, Flores, Gloria Leticia Díaz, Anabel Hernández, Germán Canseco, Octavio Gómez y yo nos sumamos a compañeros igualmente preocupados por desentrañar el montaje gubernamental. También trabajaban en ello Zorayda Gallegos, Silber Meza,

Pablo Ferri, Paula Mónaco, Federico Mastrogiovanni, Laurence Cuvillier, Frédéric Saliba, María Verza, y algunos más.

En este trabajo colectivo, sin embargo, hubo dos aportaciones clave que terminaron por derrumbar la investigación oficial y exhibir la manipulación que estaba detrás de ella. La primera fue que —según la investigación de la Procuraduría— los alumnos trataron de salir de Iguala en los cuatro autobuses posteriormente atacados, dos de la marca Estrella de Oro y dos de Costa Line. No obstante, el periodista estadounidense John Gibler descubrió, tras recoger varios testimonios, la presencia de otra unidad de la empresa Estrella Roja, que pasó a ser llamada "el quinto autobús". Allí habría estado oculto un cargamento de heroína que explicaba lo ocurrido. La Procuraduría falló varias veces en su intento de ocultar la existencia del vehículo, y se negó a presentarlo.

La segunda aportación significativa fue la del videoperiodista José Manuel Jiménez, quien escapó al control policiaco y grabó el momento en el que el director de la Agencia de Investigación Criminal —Tomás Zerón— guiaba al detenido Agustín García, protegido por dos agentes, a un rincón del río San Juan. Esto ocurrió el 28 de octubre de 2014, pero al día siguiente la escena se repitió con medios de comunicación previamente invitados. Ahora era García quien señalaba el camino hasta donde, supuestamente, había arrojado él mismo las cenizas de los 43 estudiantes. Fue justamente allí que "encontraron" los restos de uno de ellos. Un montaje destinado a "demostrar" la versión oficial.

Una y otra vez las autoridades nos negaron entrevistas, documentos y acceso a sitios clave, y nuestros informes fueron descalificados como fantasías periodísticas. Pero la presión nacional e internacional, en el contexto de las elecciones legislativas de junio de 2015, forzó al gobierno a aceptar la visita de una misión internacional de apoyo. Así llegó a México, en marzo de aquel año, el Grupo Interdisciplinario de Expertos Independientes —o GIEI— con la presencia de cinco especialistas extranjeros, provistos de facultades legales para supervisar la investigación oficial y realizar pesquisas propias.

En su primer informe de septiembre de 2015, el GIEI rebatió la "verdad histórica": no había señales —ni era técnicamente posible— que los 43 estudiantes hubieran sido incinerados en un basurero al aire libre, mediante una improvisada pira gigantesca capaz de alcanzar los mil 600 °C (2 mil 912 °F). Tal era en efecto la intensidad de fuego necesaria para desaparecer cualquier rastro de ADN, sostenido además durante un periodo de 15 horas. Junto a dicha reflexión técnica sobre la presunta incineración de los cuerpos, presentó una hipótesis para explicar el ataque: los estudiantes, que habían secuestrado previamente los autobuses, se habían llevado sin saberlo uno —el quinto— en el que había un paquete de heroína oculto, con valor millonario y destino en Estados Unidos. Tras la detección del traslado, y tomándolo como un presunto robo, los dueños de la droga habían movilizado a sicarios, policías municipales, estatales y federales, bajo la vigilancia del 27º Batallón de Infantería, con el propósito de recuperarlo.

El 24 de abril de 2016, el segundo reporte del GIEI incluyó el video donde aparece Zerón con el detenido García, que presentaba huellas de tortura y a quien sacaron ilegalmente de su celda, para fabricar una escena del crimen. Más allá de las posibles responsabilidades legales del funcionario, el GIEI llegó a la conclusión de que "la Agencia de Investigación Criminal debe estar fuera de cualquier procedimiento de investigación para asegurar la imparcialidad de la misma".[2]

Eran los últimos pasos del GIEI. Para evitar represalias, sus integrantes salieron del país. El gobierno rechazó la solicitud de organismos nacionales e internacionales para renovar el mandato del grupo. Lo querían lejos. Para expulsarlo, montaron una campaña de desprestigio contra sus miembros. Se dijo que llevaban vidas de lujo a costa del dinero de los contribuyentes, que habían cometido crímenes, que encubrían a los asesinos de Iguala y que desestabilizaban a la nación. Concentraron sus ataques en la abogada colombiana Ángela Buitrago, quien —como fiscal en su país— había logrado procesar y condenar a oficiales del ejército y paramilitares. Sus enemigos viajaron incluso a México para acusarla de "protectora de guerrilleros y terroristas".

La prensa alineada sirvió de cortafuegos contra el GIEI, utilizando filtraciones, información falsa e incluso audios manufacturados. Cuando el grupo aseguró que la incineración en el basurero no tuvo lugar, por ejemplo, en la televisión no invitaron a sus miembros a explicar sus conclusiones, sino a quienes las rechazaban de plano, como el mismo Tomás Zerón y Esteban Illades, autor de un libro periodístico basado en el expediente oficial. Illades no visitó Iguala ni los otros escenarios donde se habían desarrollado los hechos, pues —según dijo a una reportera— lo consideró peligroso.[3] Utilizaron también la declaración de un supuesto cómplice del crimen, Gildardo López, como prueba "irrefutable" de la quema de los 43 estudiantes, a pesar de que

[2] "Tomás Zerón llevó a detenido torturado y 'tergiversó' la realidad: GIEI". Nota en *Aristegui Noticias*. 28 de abril de 2016, https://aristeguinoticias.com/2804/mexico/tomas-zeron-llevo-a-detenido-torturado-y-tergiverso-la-realidad-giei/

[3] "Iguala: 'La noche más triste' y su crónica más precisa". Entrevista de Eugenia Coppel en *Milenio Diario*, 15 de septiembre de 2015. http://www.milenio.com/cultura/Esteban_Illades-La_noche_mas_triste-Iguala-Ayotzinapa-43_estudiantes_0_554944584.html

era inconsistente con la cronología conocida de los hechos; de que no era un testigo presencial sino referencial, porque sólo había escuchado hablar de los hechos, no los había visto; de que López después había negado haber hecho las afirmaciones que se le atribuían; y de que distintas instituciones, tras aplicarle el Protocolo de Estambul, concluyeron que el detenido había sido torturado.[4] "Quien crea que el incendio del basurero es científicamente imposible tendrá que dudar de la confesión de Gildardo López", señaló Héctor Aguilar Camín, director de la revista *Nexos*, en su columna en *Milenio Diario*. Ese escepticismo, continuó, consolida "la especialidad mexicana de no creer".[5]

Las agresiones se extendieron contra otras organizaciones civiles que se interesaron en la desaparición de los 43. La Federación Internacional de Derechos Humanos, junto a otras grandes agrupaciones de América y de Europa, le enviaron al presidente Peña Nieto una carta donde condenaban la "campaña de desprestigio y difamación contra víctimas y defensores en México". Pusieron como ejemplos los ataques lanzados por los periodistas Héctor de Mauleón (quien publicó artículos con títulos como "Mercenarios de los derechos humanos"), Ciro Gómez Leyva y la activista de extrema derecha Isabel Miranda de Wallace.[6]

Los corresponsales extranjeros publicaron reportajes como el de Frank Goldman, en la revista *New Yorker*, bajo el título de "El gobierno mexicano sabotea su propia investigación independiente". Ahí describió una "serie sostenida de ataques" en "los principales medios mexicanos, para desacreditar al GIEI", como los que lanzaron los diarios "*Excélsior, Milenio*, y a veces *El Universal* y *El Financiero*"; y las cadenas dominantes, Televisa y Televisión Azteca", además de *La Razón*, "un periódico de baja circulación que funciona

---

[4] Grupo Interdisciplinario de Expertos Independientes, "Informe Ayotzinapa II", 2016, pp. 186 y 188.

[5] "Ayotzinapa. La dudosa ciencia". Artículo de Héctor Aguilar Camín en *Milenio Diario*, 21 de septiembre de 2015, http://www.milenio.com/opinion/hector-aguilar-camin/dia-con-dia/ayotzinapa-la-dudosa-ciencia

[6] Carta abierta "Preocupación por la campaña de desprestigio y difamación contra víctimas y defensores en México", 17 de marzo de 2016, signada por Acción de Cristianos para la Abolición de la Tortura, Asociación para la Prevención de la Tortura, Federación Internacional de Derechos Humanos, Oficina en Washington para Asuntos Latinoamericanos, Organización Mundial Contra la Tortura, Robert F. Kennedy Human Rights y Servicio Internacional para los Derechos Humanos (ISHR). Héctor de Mauleón ha señalado que en el mismo documento se añade una nota, la número 2, que reconoce que el columnista "rectificó su posicionamiento". Pese a ello, los firmantes decidieron mantener el señalamiento hacia De Mauleón en donde lo habían colocado, el segundo párrafo de la carta. Y en otra nota, la número 5, marcan que De Mauleón publicó otra columna en la que insiste en acusar a los defensores de ser "Mercenarios de los derechos humanos", https://www.wola.org/es/2016/03/preocupacion-frente-a-la-campana-de-desprestigio-y-difamacion-contra-victimas-y-defensores-en-mexico/

como cámara de eco del PRI".[7] Para justificarse, el columnista Ricardo Alemán le dijo a Ginger Thompson, del sitio de periodismo de investigación Pro-Publica, que los expertos del GIEI "vinieron a engañarnos y a hacernos sentir que ellos saben mejor cómo llevar nuestros asuntos que nosotros".[8]

"En México hay francotiradores en la prensa que tiran a matar", declaró semanas después Ángela Buitrago, de regreso en Colombia. "Son muy duros. Son contratados y sesgados. Están hechos para eso: para pegarte un tiro con mentiras y tergiversaciones".[9]

• • •

En la vida interna del semanario *Proceso* no han faltado conflictos. Al cumplir 20 años, en 1996, los fundadores Scherer, Leñero y Maza decidieron retirarse. ¿Quién debía quedarse al frente? Muchos querían hacerlo. Se decidió formar una directiva colegiada de seis miembros, que incluía a Rafael Rodríguez Castañeda y Carlos Marín. Ese nudo de conflictos periodísticos y personales se desenredó el 23 de marzo de 1999: el consejo de administración llamó a los reporteros a elegir director entre Rodríguez Castañeda y Marín. Este último rechazó el procedimiento, presentó su renuncia y se fue a un nuevo proyecto.

En la norteña ciudad de Monterrey, potente centro industrial, orgulloso asiento de grandes fortunas y bastión de una pujante derecha empresarial y católica, rivalizaban dos familias de la comunicación: los González y su Grupo Multimedios, ligado al PRI, dominaban la radio y la televisión, pero la clase hegemónica no leía su impreso, *El Diario de Monterrey* (dirigido por Federico Arreola), sino que era fiel de la competencia, el periódico *El Norte*, cercano al PAN. Sus propietarios, los Junco, dieron el primer paso en su estrategia de expansión nacional al lanzar en Ciudad de México el rotativo *Reforma* (eje del nuevo grupo mediático del mismo nombre), en 1993, con un despliegue de recursos que le permitió colocarse de inmediato entre las principales cabeceras capitalinas, al lado de *El Universal*, *Excélsior* y *La Jornada*.

---

[7] "The missing forty-three: the Mexican government sabotages its own independent investigation". Reportaje de Frank Goldman en *New Yorker Magazine*, 22 de abril de 2016, http://www.newyorker.com/news/news-desk/the-missing-forty-three-the-mexican-government-sabotages-its-own-independent-investigation

[8] "Mexican Human Rights Defenders Say They Are Target of Smear Campaign". Reportaje de Ginger Thompson en *Pro-Publica*, 22 de abril de 2016, https://www.propublica.org/article/mexican-human-rights-defenders-say-they-are-target-of-smear-campaign

[9] "Los ataques al GIEI, desde niveles muy, muy altos". Entrevista de Rafael Croda en *Proceso*, 8 de mayo de 2016, http://www.proceso.com.mx/439984/los-ataques-al-giei-niveles-altos

Los González fueron más cautos al dar un primer paso con una revista *Milenio Semanal*, que le dio cobijo a Carlos Marín. Con apoyo del empresario Roberto González Barrera, dueño de la empresa Maseca, en 2000 abrieron *Milenio Diario*, que pronto se reprodujo en otros estados, y en 2008 Milenio Televisión. Todo bajo la dirección general de Federico Arreola y la dirección editorial de Marín, quien al principio debió compartir el liderazgo con los periodistas Raymundo Riva Palacio y Ciro Gómez Leyva. Riva Palacio aspiraba a hacer un periodismo que faltaba en México, tomando entre otros ejemplos el del periódico español *El País*. Contrató a periodistas de investigación para ponerlos a hacer cobertura diaria, con profundidad y con calidad narrativa. Yo fui uno de ellos, aunque sólo por unos meses hasta que obtuve una beca para hacer el doctorado en Madrid, en octubre de 2000, y me dieron la corresponsalía en España.

Como en *Proceso*, demasiadas cabezas con egos sólidos entraron en conflicto. Marín ya tenía esa experiencia. En poco tiempo, Arreola y Marín lograron que saliera Riva Palacio y Gómez Leyva se concentró en el proyecto de televisión. Hasta que, en 2006, Marín ocupó el lugar de Arreola cuando éste fue despedido por presiones de Santiago Creel, entonces secretario de Gobernación del presidente Vicente Fox.[10]

Aunque Marín fue acusado por Vicente Leñero de robarle sus escritos[11] para hacer un muy vendido manual de periodismo, tiene reconocimiento como uno de los grandes reporteros de la primera etapa de *Proceso*. En *Milenio* no intentó reproducir la ruta independiente de esa revista, sin embargo; todo lo contrario: operó el enlace de la suerte financiera del proyecto con un estrecho alineamiento a los intereses del partido en el poder, en el que la ética no era un referente.

Una muestra se dio el 7 de marzo de 2016, a raíz de que la recién creada Unidad de Periodismo de Datos de *Milenio* —encabezada por Karen Cota— realizó una disección estadística de los informes del programa de asistencia social más importante del gobierno de Peña Nieto, la Cruzada Nacional contra el Hambre. La Unidad descubrió que la dependencia a cargo de tal programa —la Secretaría de Desarrollo Social (Sedesol)— no estaba haciendo su trabajo y reportaba cifras maquilladas. De esta forma, se desprendía del análisis que la secretaría:

---

[10] *"Milenio*, aquel periodista estalinista y la cena en casa de Riva Palacio con AMLO". Artículo de Federico Arreola en SDP Noticias. 1 de enero de 2020, https://www.sdpnoticias.com/columnas/federico-arreola-amlo-carlos-marin-raymundo-riva-palacio-ciro-gomez-leyva-milenio-pancho-gonzalez-javier-moreno-valle.html

[11] "Vicente Leñero: la Entrevista *Playboy*". Entrevista en *Playboy México*, mayo de 2013, http://la-tormenta-negra.blogspot.com/2014/12/vicente-lenero-la-entrevista-playboy.html

1. Aseguraba que su Programa de Apoyo Alimentario beneficiaba a 4.17 millones de personas, pero en su padrón aparecía menos de la tercera parte: 1.15 millones.

2. En los estados más pobres, la cobertura de la población en pobreza extrema era muy baja. En Oaxaca, por ejemplo, era de 38.9%; y en los 150 municipios más pobres del país, el promedio era de 41%. Esto significaba que se dejaba en la hambruna a grupos muy amplios, condenando al atraso permanente —por las consecuencias propias de la desnutrición— a cientos de miles de niños que se desarrollarían muy poco y tendrían problemas de aprendizaje.

3. En los estados menos pobres, en cambio, la cobertura extrañamente era mayor que en los más atrasados. En Aguascalientes llegaba al 268%, lo que significa que, por cada 100 personas con hambre, les estaban entregando apoyos a 268. Sólo en Juchipila, estado de Zacatecas, se atendía al 1512% de la población necesitada: por cada 100 personas con hambre, se apoyaba a 1512.

¿A quiénes les estaban entregando realmente esos recursos, entonces?

El análisis se llamó "El (falso) éxito de la Cruzada Nacional contra el Hambre".[12]

Al día siguiente de la publicación, según la carta de denuncia que publicó Cota,[13] Rosario Robles —secretaria de Desarrollo Agrario (Sedatu) y anteriormente de Sedesol— fue a las oficinas de *Milenio* y con manotazos en la mesa exigió que se desmintiera lo que indicaban las matemáticas. Marín, continúa Cota, "puso a una reportera a escribir el documento que atribuyeron a Sedesol pero que argumentó Sedatu y que involucra una encuesta de INEGI" (instituto de estadística), una supuesta réplica que se llamó "Cruzada antihambre sí redujo carencias: INEGI".[14] Luego ordenó cambiar el título del primer texto, eliminando la palabra *falso* para dejarlo simplemente en: "El éxito de la Cruzada Nacional contra el Hambre". En protesta, Karen Cota renunció a *Milenio*.

---

[12] "El éxito de la Cruzada Nacional contra el Hambre". Análisis de la Unidad de Periodismo de Datos de *Milenio*, 7 de marzo de 2016, https://www.milenio.com/politica/los-numeros-de-la-cruzada-contra-el-hambre

[13] "Renuncié". Testimonio de Karen Cota en *Medium*, 15 de marzo de 2016, https://medium.com/@karencota/renunci%C3%A9-2a47357dfaa6

[14] "Cruzada antihambre sí redujo carencias: Inegi". Nota en *Milenio Digital*, 9 de marzo de 2016, https://www.milenio.com/politica/cruzada-antihambre-si-redujo-carencias-inegi

Dos años después, la Auditoría Superior de la Federación concluyó que la cruzada sólo atendió a 8 mil 696 personas, el 0.1% de las 7.5 millones consideradas en pobreza extrema alimentaria.[15]

•••

Noé Zavaleta —el colega que había reemplazado a Regina Martínez como corresponsal de *Proceso* en Veracruz— presentó su primer libro, *El infierno de Javier Duarte*, en la Ciudad de México. La portada llevaba la fotografía tomada por Rubén Espinosa que había enfurecido al gobernador. Era el 11 de agosto de 2016 y Duarte padecía la angustia de un fin de mandato fatídico. El PRI había perdido estrepitosamente las elecciones en siete de 12 estados un par de meses atrás, entre ellas las de Veracruz y Quintana Roo. Su amigo Roberto Borge y él mismo eran exhibidos ya no sólo por la prensa, sino también por el régimen al que pertenecían. En 2012, Peña Nieto los había presumido en su campaña como ejemplo de la renovación del PRI. Ahora su gobierno, desgastado por una interminable serie de escándalos, necesitaba chivos expiatorios para aliviar la presión popular. Respondiendo a una pregunta, dijo que "no voy a meter las manos" para protegerlos.

Varias investigaciones periodísticas los habían relacionado ya con grandes fraudes. Arturo Ángel y Víctor Hugo Arteaga (del portal de noticias *Animal Político*, y con apoyo del *think tank* Mexicanos contra la Corrupción y la Impunidad (MCCI), documentaron una vasta red de empresas fantasma a través de la cual Duarte había desviado 645 millones de pesos (43 millones de dólares) del presupuesto público.[16] Por su parte Mariel Ibarra y Silber Meza —de la revista *Expansión* y MCCI— demostraron que Borge y sus funcionarios habían construido una maquinaria institucional para despojar masivamente de sus bienes a ejidatarios, particulares y empresarios, incluidas algunas propiedades frente al Mar Caribe y en zonas bajo protección ambiental.[17]

---

[15] "Cruzada contra el Hambre atendió en 2017 carencias de sólo 0.1% de la población en pobreza alimentaria: ASF". Nota de Andrea Vega en *Animal Político*, 2 de noviembre de 2018, https://www.animalpolitico.com/2018/11/cruzada-hambre-resultados-carencias-asf/

[16] "Las empresas fantasma en Veracruz: así desapareció el gobierno 645 mdp". Investigación de Arturo Ángel y Víctor Hugo Arteaga en *Animal Político*, 8 de junio de 2016, https://www.animalpolitico.com/2016/06/las-empresas-fantasma-en-veracruz-asi-desaparecio-el-gobierno-645-mdp/

[17] "Los piratas de Borge: El saqueo de bienes institucionalizado en Quintana Roo". Investigación de Mariel Ibarra y Silber Meza en revista *Expansión*, 6 de julio de 2016, https://expansion.mx/nacional/2016/07/06/los-piratas-de-borge-el-saqueo-de-bienes-institucionalizado-en-quintana-roo

A sabiendas de que la oposición asumiría el poder en sus estados en diciembre de 2016, Duarte y Borge se aprestaron para escapar del país antes de que eso ocurriera. De cualquier modo, el riesgo de que decidieran atentar contra la vida del periodista Pedro Canché no disminuía por esos planes de fuga, según me dijo el mismo Canché, quien había regresado ya a Quintana Roo. Por lo que toca a Noé Zavaleta, no quiso tentar a la suerte: decidió refugiarse en la capital del país. Durante la presentación de su libro, en la Librería Octavio Paz, el director de *Proceso* lamentó que —tras demostrarse que la Ciudad de México había dejado de ser un santuario para los periodistas— el reportero tuviera que presentarse acompañado de guardaespaldas.

El hecho de que Veracruz seguía cayendo por el abismo de la violencia, lo confirmó el asesinato de varios periodistas ese mismo año. Por lo que se refiere al de Pedro Tamayo, acaecido el 20 de julio de 2016, su esposa Alicia Blanco accedió a reconstruir los hechos con nosotros en la escena del crimen, en una calle céntrica de la población de Tierra Blanca. Debido a las amenazas de muerte que habían sufrido, el periodista y su familia se habían marchado a la capital del estado cinco meses atrás. No habían podido acostumbrarse a vivir apretados en dos cuartos de hotel, de donde las autoridades veracruzanas les pedían no salir, y fue por ello que decidieron volver a casa. Como Tamayo no podía hacer periodismo, pusieron mesas en la calle para vender comida, y ahí fueron a buscarlo esa noche. Eran dos hombres. Pidieron hamburguesas, Pedro se las llevó y empezaron a dispararle. Alicia alcanzó a tomar la mano de su esposo antes del undécimo tiro. Los agresores se subieron a su coche con toda calma —uno de ellos jugaba con la pistola— y arrancaron. El hijo de Alicia corrió a su camioneta y los siguió, con la intención de embestirlos, pero una patrulla se cruzó y bloqueó el camino.

Alicia recuerda que los vecinos lograron atraer otro vehículo policiaco, pero los agentes actuaron contra ella: "¡No lo toque!", le ordenaban a gritos, golpeándola con las culatas de los rifles para que soltara a su esposo. Cuando ellos solicitaron una ambulancia por radio, la nuera se dio cuenta de que daban datos equivocados: "Es la calle de Telmex", se escucha decir a un policía, en un video grabado con un teléfono móvil. Una mujer reclama: "No, no es de Telmex, es 5 de Mayo número 1080, entre Morelos y Matamoros. ¡Ubícate bien la dirección!" Consiguieron que la ambulancia llegara al punto correcto y que subieran al herido pero, de nuevo, "una patrulla de seguridad pública nos bloquea el paso. Ahí es donde Pedro dio su último suspiro, ahí murió, cuando íbamos ahí". Alicia señaló una intersección, a 20 metros de su casa. "Yo iba con él. Sólo repetía que amaba a Mateo, a su nieto, y que a su otro nieto, que estaba por nacer, que también le dijera que lo amaba. A mí me daba las gracias porque siempre estuve con él. Fue todo lo que alcanzó a decir".

El infierno no terminó allí. Alicia tuvo que presentar la denuncia varias veces porque el documento "se perdía". Por su insistencia, la hostigaron en la calle y la agredieron en la puerta de su hogar. Un hombre la amenazó y otro la quemó con un cigarrillo; golpearon a su nuera y le prendieron fuego a otra casa que usaba como bodega. Finalmente, bajo la acusación de robar una camioneta, encarcelaron a su hijo. Pero el joven, desde el asesinato de su padre, era protegido por policías estatales. Alicia les decía que "si mi hijo se la robó, participaron ustedes, porque ustedes son sus custodios, ¿cómo pudo hacer eso? Lamentablemente, mi hijo sigue encerrado. Ellos son las autoridades".

Al llegar a Tierra Blanca le pregunté a Alicia cuál de los principales grupos del crimen era el dominante en la población. "Ninguno", respondió. "Aquí el único cártel es el de la Policía Municipal".

• • •

El segundo antecedente se produjo durante la noche del 8 de febrero de 2016. Un grupo de hombres con uniformes militares, armas de alto poder y equipo táctico entró en la casa de Anabel Flores, reportera de 32 años, en la ciudad de Orizaba, y se la llevó. Su cadáver, con huellas de tortura, fue hallado al día siguiente. Sin haber realizado investigaciones, las autoridades afirmaron que el motivo del crimen era la complicidad de la víctima con el narcotráfico. En una carta abierta sus colegas exigieron al gobierno estatal "que dejen de criminalizar a los periodistas asesinados", pero el fiscal general —Luis Ángel Bravo— explicó que sus sospechas partían "de todos los rumores" sobre una supuesta relación amorosa con un delincuente, dos años atrás. Pretendía justificar la falta de investigación bajo el argumento de que "algunos medios de comunicación, a partir de comentarios en redes, se desmarcaron de algunas relaciones laborales que tuvieron" con la fallecida. Se refería en realidad a dos periódicos locales, *El Sol de Córdoba*, que rehuyó toda responsabilidad al especificar que Anabel Flores era una colaboradora *freelance*, y *El Buen Tono*, de donde supuestamente había sido despedida.

José Abella, dueño de *El Buen Tono*, se refirió a Anabel en los siguientes términos, después del hallazgo de su cadáver. "Yo la corrí hace ocho meses porque su nivel de vida no correspondía con su salario, traía ella una Patriot, una camioneta de esas Jeep, y ganaba seis mil pesos (350 dólares), creo, al mes, entonces no te encontraba la razón de cómo podía ella andar en una camioneta de ésas". Lo entrevistaba por teléfono el periodista Enrique Hernández Alcázar, de la estación W Radio. "Después investigamos y resulta que se la había regalado Lalo, un jefe de plaza" criminal, aseguró Abella con voz firme, "lo que hacía ella era coludirse con los malandros para que nos bloquearan, nos ocultaran lo que pasaba en la región".

Abella hizo sus afirmaciones con seguridad, como quien sabe perfectamente de lo que habla, pero en pocos minutos quedó claro que no era así. El periodista cuestionó que el empresario presumiera su "responsabilidad ciudadana", pues no había presentado una denuncia ante las autoridades, pese a haber despedido a la reportera por supuestos vínculos criminales. Ahí tropezó el interlocutor: "No soy el director, soy el dueño y yo tengo otras empresas. Tengo mil trabajadores, ¿tú crees que voy a estar sabiendo yo de ella? Ni la conocía". ¿Cuándo supo lo que pasaba? "Yo me enteré hace tres días, cuando la secuestraron, y ya me platicaron toda la historia". Entonces, señaló Hernández Alcázar, todo lo que Abella había afirmado eran cosas de oídas, sólo "es lo que dicen". "Nosotros no somos policías, yo no voy a estar investigando", respondió el dueño del periódico.

El gobernador Duarte era originario de la ciudad de Córdoba, como Abella. Ambos aparecen abrazados en algunas fotografías. El dueño del periódico había salido en defensa del mandatario en ciertas ocasiones anteriores, con la misma táctica: acusar de delincuentes a personas que no se pueden defender. Si se trataba de mujeres jóvenes, la mentira más socorrida era la de que tenían novios criminales. Eso fue lo que Abella dijo de Anabel Flores y también de Fernanda Rubí Jiménez, una chica que tenía 21 años cuando fue secuestrada en 2012. Tres años más tarde la madre de la muchacha, Araceli Salcedo, interceptó al gobernador Duarte en una escalinata en Orizaba y le exigió resolver el caso, "porque no hacen nada. Aquí está su pueblo mágico, señor, donde nos desaparecen a nuestros hijos. No se burle, ¡quite su sonrisa!" El momento fue registrado en un video que alcanzó 300 mil vistas en YouTube.

Eso ocurrió el 23 de octubre de 2015. El día 25, *El Buen Tono* aseguró sin evidencias —en su nota principal de la portada— que Rubí era la novia de un jefe de Los Zetas y que por eso se la habían llevado. "Si la hija era la amante del líder de plaza de los delincuentes, que ahora no exija justicia", concluyó el texto supuestamente informativo.[18] "Qué bueno que las desaparezcan", dijo Abella en un artículo de opinión, publicado el 26, que reafirmó en Twitter.

---

[18] "Fernanda Rubí, ligada a Zetas". Nota sin firma en *El Buen Tono*, 25 de octubre de 2015, https://www.elbuentono.com.mx/fernanda-rubi-ligada-a-zetas/

"Por mí, si encuentran a todos los desaparecidos que han participado con la mafia, que se vuelvan a morir".[19]

•••

Además de difamar mujeres, Abella solía amenazar a reporteros. A Noé Zavaleta le anunció que lo iba a golpear "por mencionarlo en dos líneas de mi libro", explicó el comunicador en la presentación, donde afirmó también que la prioridad del empresario no era la seguridad de sus reporteros, sino "los jugosos convenios publicitarios". Lo que más le preocupaba, sin embargo, era una campaña de correos electrónicos que difundían la especie de "que sirvo a Los Zetas, que estoy maiceado (pagado) por ellos", al igual que "Milo Vela, Yolanda Ordaz y Gabriel Huge, y hay que recordar que esos tres ya están muertos", dijo Zavaleta, refugiado en Ciudad de México. A Pedro Tamayo y a Anabel Flores "les quisieron inventar que tenían muchas propiedades, camionetas, casas. Ayer pagaron una cuenta publicitaria de Facebook para decir que yo tengo un Mercedes Benz C 200. No sé qué es un C 200, pero decían que vale 700 mil pesos, y pues la verdad yo ayer andaba en trolebús".

"No me quiero callar y quiero continuar haciendo periodismo. Pero me queda claro que no quiero engrosar la lista fatídica que tanto ha lastimado al gremio periodístico de Veracruz".

•••

Corría febrero de 2014 y Veracruz celebraba el carnaval. Javier Duarte no podía entender qué demonios quería Noé Zavaleta. Se habían reunido, a iniciativa del gobernador, en casa de un amigo común en El Estero, una zona residencial que está en el municipio de Alvarado, pero a un lado de la zona metropolitana de Veracruz. Se mostraba amable, casi cariñoso con el periodista, y después de comentar la portada de *Proceso* —donde apareció en la fotografía tomada por Rubén Espinosa— quiso saber qué le hacía falta a Zavaleta para que el semanario lo "dejara respirar". "Mira, Noé, yo quiero ser tu amigo, podemos ser amigos, dime qué necesitas", le ofreció al periodista, que estaba bajo asedio por una campaña de correos electrónicos difamatorios. "Le dije 'sí quiero algo: que me dejen en paz, que me dejen trabajar'. Se le des-

---

[19] "Usa gobierno a *Buen Tono* para desprestigiar a chica desaparecida tras reclamo de su madre". Nota sin firma en *Plumas Libres*, 26 de octubre de 2015, https://plumaslibres.com.mx/2015/10/26/usa-gobierno-a-buen-tono-para-desprestigiar-a-chica-desaparecida-tras-reclamo-de-su-madre/

compuso la cara. Esperaba que le dijera deme un millón de pesos o cómpreme una casa y ahí muere".

Duarte enfrentaba un problema que no sabía manejar: el de los reporteros que no aceptaban corromperse. Poco después el alcalde de Medellín, Omar Cruz, le diría que tampoco había logrado comprar a Moisés Sánchez. En la lógica del sistema político mexicano sigue vigente la frase "la moral es un árbol que da moras", acuñada a mediados del siglo xx por el cacique priísta Gonzalo N. Santos. No hay principios éticos, sólo intereses, y si Zavaleta no cedía ante la oferta económica, sólo podía asumirse que un rival había llegado primero a comprar su voluntad. Noé tuvo que explicarle que la cobertura crítica que hacía *Proceso* era la naturaleza de la revista, no una manera de presionar para conseguir algún beneficio.

En algunos medios de comunicación, los vendedores de publicidad o los promotores de negocios de los dueños van a ver a los funcionarios públicos dotados de poderosas armas: carpetas con información dañina para ellos, o con capacidad para crearles problemas o generar escándalos. Otros lanzan campañas de golpeteo destinadas a aflojar el presupuesto público, en beneficio propio.

El chantaje no es ajeno a este tipo de periodismo. En mayo de 2015, el candidato del PRI a la alcaldía de Puebla, Jorge Estefan, difundió un video en el que se ve que Arturo Rueda —director del diario local *Cambio*— le pide 10 millones de pesos (500 mil dólares) para no publicar un audio en el que Estefan solicita al gobierno de Peña Nieto ayuda ilegal para su campaña. Rueda le explica que quienes describe como "agentes económicos" le entregaron el archivo y le ofrecieron cinco millones de pesos, con la mitad como adelanto, para circularlo, pero como él es "la mano invisible del mercado", le da al priísta la oportunidad de detener la maniobra por el doble de esa cantidad. Y aportó una definición de periodismo que probablemente comparten muchos: "Mi negocio es administrar la reputación de los políticos".

—Pero como tú eres mi amigo —continúo Rueda—, estoy haciendo una excepción en esa administración de la reputación para hacer una negociación contigo.

—Necesito reflexionar, yo estaba pensando en medio millón, una cosa así.

—¡No seas mamador! ¡Si no vendo tlacoyos, cabrón![20]

• • •

---

[20] "Periodista extorsiona a candidato del PRI en Puebla". Video en canal Global TV de YouTube, 25 de mayo de 2015, https://www.youtube.com/watch?v=UowNkrQccKw

El noticiero nocturno del canal 2 de Televisa ha sido, por mucho, el espacio informativo más influyente en el país desde que la emisora comenzó sus transmisiones en 1951. Se ha destacado, también, por su resistencia al cambio: desde 1970 hasta 1998 sólo tuvo como presentador a Jacobo Zabludovsky, quien se convirtió en la encarnación humana de la noticia en México. Fiel instrumento del empresario Emilio Azcárraga Milmo —quien a su vez se declaraba públicamente "soldado del PRI"— Zabludovsky se dedicó a ensalzar al presidente en turno y su partido, al tiempo que ocultaba los problemas del país e ignoraba a los opositores.

Tras un paréntesis de dos años, en el que Abraham Zabludovsky heredó y luego perdió el lugar de su padre, en 2000 entró al relevo Joaquín López-Dóriga, dedicado a representar también los intereses de la empresa, y los suyos propios. El conflicto que condujo a su salida, en mayo de 2016, abrió inesperadamente una ventana hacia los abusos de los medios a su más alto nivel, ya no los que comete un timador callejero desde un periódico desconocido, como Arturo Rueda, sino los de quien ostenta la primacía informativa indiscutida.

López-Dóriga cometió el error de no medir el alcance de su poder, al tratar de chantajear a la mujer más rica del país —la empresaria María Asunción Aramburuzavala—, poseedora de una fortuna estimada en 5 mil 600 millones de dólares. Ella desarrollaba un proyecto inmobiliario en el lujoso barrio de Polanco que fue clausurado, en cinco ocasiones, por funcionarios de la administración de Miguel Ángel Mancera, jefe de Gobierno de Ciudad de México.

Además de presentar una demanda judicial por extorsión, Aramburuzavala grabó al ex diputado federal panista Mario Alberto Becerra Pocoroba cuando, en representación de Adriana Pérez Romo —esposa de López-Dóriga— le exigió cinco millones de dólares a cambio de no seguirle creando problemas con las autoridades. El diario *Reforma* publicó el video junto con la denuncia de la empresaria: el presentador de Televisa "me amenazó de que si yo hablaba, sabría lo que es tener el rigor de todos los medios sobre mí y me iban a destrozar, cosa que me causó un gusto infinito porque, mientras más lo publique y más lo hablen, más gente sabrá lo que ellos están haciendo".[21]

• • •

Joaquín López-Dóriga es uno de los periodistas que se enriqueció por sus tratos con administraciones de Peña Nieto. En 2012, el diario *Reforma* reveló que

---

[21] "'(Joaquín López-Dóriga) me amenazó': Aramburuzabala". Nota en revista *Quién*, 26 de agosto de 2015, https://www.quien.com/sociales/2015/08/26/lopez-doriga-me-amenazo-si-yo-hablaba-aramburuzabala

López-Dóriga y su colega Óscar Mario Beteta habían recibido 9.2 millones de pesos (700 mil dólares) por "apoyos informativos" (no son *spots* formalmente contratados sino propaganda disimulada como información en comentarios o entrevistas) del gobierno del Estado de México.[22]

Cuando Peña Nieto llegó al Ejecutivo federal, los contratos se multiplicaron hasta alcanzar 290 millones 352 mil 869 pesos (16 millones de dólares) para Ankla Comunicación, Astron Publicidad, Plataforma Digital Joaquín López-Dóriga y Premium Digital Group, empresas ligadas a López-Dóriga, de acuerdo con información obtenida mediante solicitudes de transparencia de la periodista Nancy Flores, de la revista *Contralínea*.

La opinión de López-Dóriga y de otros periodistas estaba a la venta. Ankla Comunicación ofrecía a Presidencia de la República y la Secretaría de Hacienda comentarios o cápsulas "informativas" en los espacios radiofónicos en Grupo Fórmula de Ciro Gómez Leyva, Óscar Mario Beteta y el propio, al precio de 147 mil pesos más IVA; y transmisiones por control remoto, en el lugar y fecha que el cliente eligiera, por un millón 500 mil pesos. El costo aumentaba a un millón 800 mil (105 mil dólares) más IVA si se pedía la mesa que López-Dóriga tenía los miércoles con Roy Campos, René Casados y José Fonseca.[23]

• • •

Javier Duarte pidió licencia al cargo de gobernador de Veracruz el 15 de octubre de 2016, seis semanas antes del fin de su sexenio. Un juez había girado una orden de aprehensión en su contra por los delitos de delincuencia organizada y operaciones con recursos de procedencia ilícita. Al menos por esta vez, en un país donde el sistema judicial ignora sistemáticamente las revelaciones del periodismo, el reportaje de Arturo Ángel y Víctor Hugo Arteaga sobre la red de corrupción del mandatario había dado base para abrir una causa penal. Pero Duarte escapó en el helicóptero que le proporcionó su sustituto, Flavio Ríos.

La información trascendió un par de días más tarde. En el Congreso de la Unión, el diputado opositor y periodista Virgilio Caballero nos abrió la posi-

---

[22] "Paga millones Peña Nieto a López-Dóriga y Beteta por 'apoyos informativos'". Nota de la redacción, revista *Proceso*, 11 de mayo de 2012, https://www.proceso.com.mx/307103/paga-millones-pena-nieto-a-lopez-doriga-y-beteta-por-apoyos-informativos

[23] "Presidencia entrega documentos de relación comercial del gobierno de Peña con periodistas". Reportaje de Nancy Flores, revista *Contralínea*, 20 de febrero de 2020, https://www.contralinea.com.mx/archivo-revista/2020/02/23/presidencia-entrega-documentos-de-relacion-comercial-del-gobierno-de-pena-con-periodistas/

bilidad, tan inusual, de debatir en un foro público con Ricardo Nájera, el titular de la Fiscalía Especializada para la Atención de Delitos Cometidos contra la Libertad de Expresión. Creada para agilizar el proceso judicial de crímenes contra periodistas, ostentaba el récord de haber obtenido dos sentencias condenatorias en 798 casos que atendió entre julio de 2010 y agosto de 2016.[24]. Y en los últimos dos años, desde que Nájera había asumido el cargo, sólo había tomado 40 asuntos: su verdadero papel era el de distractor.

En mi turno, planteé que Javier Duarte había escapado sin que la fiscalía hubiera abierto una sola investigación en su contra, por posibles responsabilidades en los asesinatos y desapariciones de 20 periodistas, que tuvieron lugar bajo su mandato en Veracruz. Señalé con datos que en lugar de ayudar a los periodistas, la dependencia se había convertido en un obstáculo y se dedicaba a justificar las acciones de la autoridad en lugar de apoyar a las víctimas ante ella. "La información no corresponde a la realidad": con siete palabras, Nájera desechó cifras y argumentos. Presentó, en cambio, una propuesta insólita: "Yo considero que todo periodista es un experto investigador. El Ministerio Público es experto en investigación. ¿Por qué no conjugar esos *expertise* de cada quien para poder lograr una investigación más directa? Vamos a trabajar de la mano, periodistas y autoridad".

Al final, me ofreció recibirme en su oficina para explicarme algo que no podía aclarar públicamente. Concluyó el evento. Acercándome a él para despedirme, le tomé la palabra: "Acepto su invitación, pero no estamos para visitas de cortesía. Concédame una entrevista videograbada". El funcionario no tuvo respuesta. Sólo se rió.

•••

"José López Portillo nos enseñó el camino de la independencia". Rafael Rodríguez Castañeda, director de *Proceso*, me dijo eso a cámara en la entrevista que le hicimos por el 40 aniversario de la publicación. Parecía inverosímil que un presidente de México (1976-82) le hubiera enseñado la independencia a un medio como aquel, nacido en un acto de rebeldía periodística frente al mandatario anterior, Luis Echeverría. El propio López Portillo había tratado de destruir la salud financiera del semanario. Creyó que tenía los instrumentos necesarios para hacerlo, en una época donde la publicidad oficial era un apoyo indispensable para la sobrevivencia de las empresas informativas. En

---

[24] Informe estadístico de la Feadle, febrero de 2016, http://www.pgr.gob.mx/Fiscalias/feadle/Documents/ACTUALIZACION-2016/ESTADISTICAS%20mzo%202016%20totales.pdf

México, todavía hoy, son muy pocos los medios que viven de sus lectores. *Proceso* fue el pionero.

Integrado al periódico *Excélsior* en 1970, Rodríguez Castañeda fue seis años más tarde, a sus 32, uno de los miembros más jóvenes del grupo que salió con Scherer y sus compañeros. El papel de los lectores fue fundamental desde el primer momento. La respuesta a la convocatoria para comprar acciones de la nueva compañía fue "un tumulto, impresionante avalancha de gente tumultuosa", con más de dos mil asistentes, escribió Vicente Leñero. Además, la crítica de arte Raquel Tibol convenció a importantes pintores de donar obra con la que realizaron una subasta.[25] "La gran apuesta de *Proceso* fue convertir en interlocutor natural, permanente y fundamental en nuestros criterios editoriales a los lectores", me explicó Rodríguez, que participó como coordinador en la fundación del semanario. "Contrariamente a lo que ocurre en muchos medios, que tienen como interlocutor al poder". Acostumbrado a tener un peso significativo en la revista, el lector de *Proceso* es exigente y crítico también con los editores actuales, de quienes demanda que estén a la altura de la mítica generación de Scherer.

En abril de 1982, el gobierno de López Portillo ordenó que todas las dependencias federales, los estados y el PRI cancelaran sus contratos publicitarios con *Proceso*. Los empresarios secundaron el boicot en junio: la Confederación de Cámaras Nacionales de Comercio explicó a sus afiliados y a la iniciativa privada que "sería absurdo que las empresas privadas den publicidad a publicaciones que quieran acabar con la libre empresa".[26] López Portillo detalló su razonamiento ante los directivos de medios de comunicación, el 7 de junio, Día de la Libertad de Prensa: "¿Una empresa mercantil organizada como negocio profesional tiene derecho a que el Estado le dé publicidad para que sistemáticamente se le oponga? Ésta es, señores, una relación perversa, una relación morbosa, una relación sadomasoquista que se aproxima a muchas perversiones que no menciono aquí por respeto a la audiencia: 'Te pago para que me pegues'. ¡Pues no, señores!"[27]

La idea de que el presupuesto público es patrimonio del presidente o del funcionario que lo ejerce, está en la raíz de la corrupción en México. Y es una de las herramientas empleadas históricamente para controlar la información.

---

[25] "Historia de lo que somos". Texto sin firma ni fecha en proceso.com.mx, https://www.proceso.com.mx/historia

[26] "Incita la Concanaco a la iniciativa privada a secundar el boicot". Nota de Carlos Marín en revista *Proceso*, 19 de junio de 1982, https://www.proceso.com.mx/133693/incita-la-concanaco-a-la-iniciativa-privada-a-secundar-el-boicot

[27] "Quiso, no pudo... y se pudrió". Texto sin firma en revista *Proceso*, 18 de febrero de 2004, https://www.proceso.com.mx/231363/quiso-no-pudo-y-se-pudrio

El lema "¡prensa vendida!" —utilizado al menos desde el movimiento estudiantil de 1968— ha acompañado a los periodistas corruptos pero también a los más honestos, a pesar de sus esfuerzos por abrirse paso entre la red de complicidades que conectan a los medios más grandes con los círculos del poder político y económico. A resultas del parteaguas de 1976, el periodismo independiente ha generado numerosos proyectos, pero todos ellos juntos apenas pueden llegar a un sector pequeño de los habitantes, que en su mayoría siguen los telenoticieros de las cadenas comerciales, donde rara vez hay otra cosa que la línea oficial. Y tienen que resolver, además, el problema de su subsistencia en el contexto de la ya prolongada crisis de la industria.

Durante el proceso de la elección presidencial de 2012, la campaña de Enrique Peña Nieto —cuidadosamente preparada— se vio en riesgo por la emergencia del movimiento juvenil #YoSoy132, que unió a alumnos de universidades públicas y privadas de todo el país en la demanda de transparencia democrática. En su intento por controlar los daños, el candidato del PRI anunció varios compromisos, entre ellos el de impulsar cambios legales para que la publicidad oficial ya no sea distribuida a discreción del gobernante, sino utilizando criterios claros de asignación que privilegien objetivos institucionales, y no de individuos ni partidos. No tardó en desechar su promesa. De acuerdo con el centro de investigación Fundar, el gobierno de Peña Nieto gastó casi dos mil millones de dólares en publicidad entre 2013 y 2016, en contratos que fueron asignados en su totalidad discrecionalmente. Además, las administraciones estatales y locales, así como los partidos políticos, han invertido cientos de millones de dólares en premiar a sus medios afines.[28]

El boicot de López Portillo, reforzado con el apoyo de los empresarios, "hizo tambalear las finanzas de la empresa", reconoció Rodríguez Castañeda; obligó a cerrar su agencia de noticias y a despedir empleados. La debilidad radicaba en que "había más sustento en la publicidad que en la compra de ejemplares y de suscripciones". Poco tiempo después, *Proceso* reveló que el presidente, que había jurado "defender el peso como un perro" y después lo vio perder todo su valor, había adquirido una gran propiedad en la que estaba construyendo cuatro mansiones y una lujosa biblioteca. Popularmente, es ahora conocida como la "colina del perro". El reportaje[29] hizo subir el tiraje de la revista de 30 mil a 100 mil ejemplares, y de esta forma, explicó

---

[28] "Contar 'lo bueno' cuesta mucho. El gasto en publicidad oficial del gobierno federal de 2013 a 2016". Informe de Fundar, Centro de Análisis e Investigación, septiembre de 2017, http://fundar.org.mx/mexico/pdf/P.O.2013-2016OK2.pdf

[29] "La colina del perro". Reportaje de Guillermo Correa en revista *Proceso*, 13 de septiembre de 1982, https://www.proceso.com.mx/231361/8220la-colina-del-perro-8221

el director, "*Proceso* aprende lo que es la independencia económica a través de los lectores".

En 1994 y 1995, su cobertura del alzamiento zapatista en el estado de Chiapas, que la mayor parte de los medios (salvo *La Jornada* y *El Financiero*) presentó como bandidaje sin sentido, provocó otro salto en las ventas hasta los 350 mil o 400 mil ejemplares. En un contexto especialmente difícil (las elecciones presidenciales vinieron acompañadas de guerra de guerrillas, asesinatos políticos de alto perfil y una crisis económica con una caída del 14% del PIB), *Proceso* luchó contra el sistema y sus medios alineados para investigar y reportar perspectivas alternativas de los hechos, lo que fue reconocido por su creciente grupo de simpatizantes.

"Un cuerpo de lectores que te respalda en lo bueno y en lo malo es un poder más grande que el poder que puede ejercer cualquier anunciante, y un poder suficientemente grande para doblegar a una alianza de anunciantes", escribió Walter Lippmmann en su clásico *La opinión pública*. La prensa internacional lo sabía muy bien. Pero por su origen político, la prensa mexicana no lo había descubierto.

A vivir de sus lectores, en estrecha relación con sus lectores, y no de la publicidad oficial o privada, es a lo que *Proceso* llama "40 años de libertad" en su portada de aniversario, en la que el cartonista Rocha dibujó a ocho hombres malencarados: de Echeverría a Peña Nieto, todos los presidentes que el semanario ha visto llegar, encumbrarse y caer.

Los problemas no se acabaron, naturalmente. Los dos mandatarios del PAN, Vicente Fox y Felipe Calderón, aseguraban representar un cambio democrático tras 71 años de gobiernos del PRI, pero mantuvieron el boicot. Cuando Peña Nieto iba a tomar posesión, el jefe de su equipo de transición, Aurelio Nuño, se tomó un café con Rodríguez Castañeda en un restaurante del barrio capitalino de Polanco. "Con nosotros no hay problema, a *Proceso* simplemente lo aceptamos como enemigo", soltó. "No acepto esa palabra", replicó el periodista. "Puedes decir que somos hipercríticos, que no observamos nada nuevo en la conducta de los gobernantes, pero no me puedes poner al nivel de enemigo como si fuéramos rivales políticos, o que pretendiéramos levantar al pueblo en armas para derrocar al gobierno". Nuño dijo: "Pues así de sencillo es, ya nos los conocemos de memoria. Los vamos a tratar así, pero hasta entre enemigos se puede uno entender". A Rodríguez Castañeda le quedó claro cuál iba ser el destino de *Proceso* con este gobierno, "y así ha sido, pero no sólo en el caso de *Proceso*, así ha tratado el gobierno a la prensa crítica. Mira a Carmen Aristegui".

La historia de *Proceso*, continuó el director, "será la historia sexenal, su relación con cada uno de los presidentes, su confrontación con el poder, el dar a conocer lo que el gobierno en turno quiere ocultar, que ésa es la eterna historia del periodismo que se ejerce con rectitud y con sus esencias más básicas. Cuando se haga el recuento de *Proceso*, nadie podrá decir que hemos roto con nuestro compromiso histórico, con nuestros fundadores y con nosotros mismos".

8

No al silencio

Los tres policías estatales que debían proteger el contingente de mujeres no querían abandonar el lujo del aire acondicionado, dentro de su camioneta. Cómodamente miraban trabajar a Mirna Nereyda y a sus compañeras, a 40 grados de temperatura sobre la dura tierra salitrosa, distante unos 20 kilómetros de Los Mochis, en el estado de Sinaloa. Enterraban la pala y removían lo que ya parecía removido, dejando caer el sudor como lágrimas gruesas.

Roberto Corrales Medina, el hijo de Mirna Nereyda Medina Quiñones, fue secuestrado cuando vendía accesorios para automóviles en una gasolinera de la cercana población de El Fuerte, el 14 de julio de 2014. Los testigos dijeron que se lo llevaron policías municipales en una camioneta Explorer negra. Mirna comprobó que las autoridades no sólo eran negligentes, sino que actuaban con cierta actitud que a ella le pareció complicidad, y decidió obrar por su cuenta. Reunió a mujeres en una situación similar para formar el grupo Las Rastreadoras. Desde entonces, los miércoles y domingos salen a explorar en busca de sus desaparecidos por el norte de Sinaloa: una semana por los alrededores de Los Mochis, la siguiente por los de Guasave, la próxima por los de El Fuerte, y repitiendo esa secuencia una y otra vez.

En el contingente de ese día iban 25 personas, de las que sólo seis eran hombres. De todos modos, más de lo acostumbrado: "Últimamente, como que ellos han agarrado una poquita más de conciencia y dicen 'pues yo también les voy a ayudar'", me explicó Mirna. "Porque la pala para nosotras es muy pesada, el pico, el machete... pero las mujeres también le echan muchas ganas, con la pala y todo".

El anuncio de cual sería el primer punto de búsqueda incomodó a algunas personas. A cada quien le urgía ir al sitio donde, por alguna causa, sospechaba que podían haber enterrado a su familiar. Pero en esa ocasión se presentaba un especial apremio: tres días atrás habían sepultado entre tres y cinco cuerpos a sólo cien metros de las casas del ejido de Bachomobampo, a media hora de Los Mochis. Era probable por eso que se facilitara identificar las huellas del procedimiento, y que los cadáveres se encontraran en mejor estado.

Hay grupos como éste en todo México. "El país de las 2 mil fosas",[1] una extensa investigación de las periodistas Alejandra Guillén, Mago Torres y Marcela Turati documentó los hallazgos de mil 978 enterramientos clandestinos, que contenían los restos de 2 mil 884 cuerpos, 324 cráneos y miles de fragmentos, en 24 de los 32 estados. Las cinco entidades con el mayor número de tumbas fueron Veracruz (332), Tamaulipas (280), Guerrero (216), Chihuahua (194) y Sinaloa (139). Me ha tocado acompañar búsquedas similares en los cerros de Iguala, en Guerrero; en el desierto de Mexicali y en la ciudad de Tijuana, Baja California. Pero siempre en terrenos secos, lo que facilita el trabajo.

Pero entonces teníamos días de lluvias intensas. La zona estaba anegada. El cuñado de uno de los desaparecidos se metió hasta la cintura en el agua, en un esfuerzo infructuoso por trabajar de ese modo. Hacía falta esperar el escurrimiento y la evaporación. El grupo se trasladó entonces a las cercanías de un bolsón de agua llamado laguna de Batebe, con un suelo duro, reseco, salino. El calor adormecía. Utilizaban una varilla de 1.20 metros de largo, en forma de T, para picar la tierra, apoyando todo su peso. "Al sacarla, te la llevas a la nariz y si detectas aroma, es que hay algo", me dijo Mirna. "Algo" eran restos humanos. "Casi no nos gusta usarla porque se lastiman los cuerpos". Pues hay que darles el valor que merecen: "La gente los llama huesos, las llama osamentas. Nosotros los llamamos tesoros. No buscamos huesos, buscamos tesoros".

Suponían que entre 15 y 20 individuos habrían sido inhumados en el área. Y descubrieron señales de que traerían más: un gran hoyo hecho recientemente con maquinaria, "como que lo tienen listo para utilizarlo. Estamos vigilando para no permitirlo... O si nos ganan, pues cuando menos venir y sacarlos inmediatamente". ¿Cómo podrían evitarlo? Yesenia, una de las fundadoras, contó que en varias ocasiones habían sido hostigadas por hombres armados, que incluso habían disparado por encima de sus cabezas. "¡Qué miedo que nos meten!", se estremecía. Alta, recia, imponente, Mirna admitía que a ella también le entraba el espanto y que se habían tenido que marchar de algunos sitios, "pero volvimos, porque somos muy tercas, muy valientes".

Javier Valdez, del semanario local *Riodoce*, fue de los primeros periodistas que dio seguimiento a los trabajos de búsqueda. En sus reportajes denunció a los principales sospechosos de muchas de las desapariciones, acusados además de otros crímenes: Jesús Carrasco Ruiz, subdirector de la Policía Mi-

---

[1] "El país de las 2 mil fosas". Investigación de Alejandra Guillén, Mago Torres y Marcela Turati en *Pie de Página*, 12 de noviembre de 2018, https://piedepagina.mx/a-donde-van-los-desaparecidos-el-pais-de-las-2-mil-fosas.php

nisterial del Estado, y Santos Mejía Galaviz, ex comandante de la Policía Municipal de El Fuerte.[2]

Lo que más valoraban Las Rastreadoras, sin embargo, era que Javier Valdez se interesaba por ellas, como personas, y por sus desaparecidos —sus hijos, maridos, hermanos—, como gente que merecía ser comprendida. Contaba sus historias porque la violencia no se debe narrar sin conocer a quienes la padecen. Un día me dijo: "Javier se acerca y me pregunta: 'Oye, Mirna, ¿cómo buscas, cómo le haces?' Yo le dije mira, me voy caminando por la orilla del río, por los canales, por los caminos, por las carreteras. 'Tú rastreas', me dijo. Sí, rastreo. 'Entonces desde ahora te vas a llamar rastreadora, tu grupo se va a llamar Las Rastreadoras'. Javier y su compañero (Luis Fernando) Nájera nos pusieron Las Rastreadoras".

•••

En el foro más visible desde el que pudo hablar, el que le abrió el Comité para la Protección de Periodistas al entregarle el Premio Internacional de la Libertad de Expresión —en Nueva York en 2011— Javier Valdez denunció las graves amenazas que enfrenta el periodismo en México. No se quedó en ello, sin embargo: también enunció en pocas líneas uno de los errores comunes de nuestra profesión, el de la anonimización estadística, y cómo él se propuso evitarlo: "He preferido darles rostro y nombre a la víctimas, retratar este panorama triste y desolador, estos pasos agigantados de tomar atajos hacia el apocalipsis, en lugar de contar los muertos y reducirlos a números".

En ese momento tenía 44 años de edad y 21 de reportero. Y más de ocho años desde que, después de salir de *Noroeste*, el principal diario sinaloense, había fundado, en 2003 —junto a Ismael Bojórquez, Andrés Villarreal y otros colegas—, el semanario *Riodoce*, en Culiacán, la capital del estado. Aludía el título al hecho de que Sinaloa tiene 11 ríos, y que este nuevo medio sería uno más, pero de información, haciendo un periodismo "enfocado en los grandes problemas" locales, "basado principalmente en la investigación y desde una perspectiva crítica", en "un contexto de fuerte control de los medios de comunicación por parte del gobierno estatal" y de "guerra fraticida provocada por los cárteles de la droga". Como habían hecho antes Echeverría y López Portillo en su ofensiva contra *Proceso*, el gobernador Juan Millán "había lanzado una consigna: 'Vamos a matarlos de hambre'".[3]

---

[2] Javier Valdez, *Periodismo escrito con sangre*, Aguilar, México, 2017, pp. 229 y 232.
[3] "¿Quiénes somos?" Texto en *Riodoce*, sin fecha, https://riodoce.mx/quiene-somos

Fracasó. Con *Riodoce* Valdez creció como periodista de investigación, desarrollando un importante grupo de lectores para su columna "Mala Yerba". "Consuman y rolen", solía anunciarla en Twitter, como si fuera un cigarrillo de marihuana. Hizo cuartel en El Guayabo, tomando como oficina la mesa que se halla junto a la puerta de entrada, a la derecha si se ve desde el interior, debajo de la vitrina, con espacio para colocar su característico sombrero panamá. Se trata de un sitio a 100 metros de *Riodoce* que combina un añejo espíritu de cantina — fue abierto en 1953— con sus aspiraciones de ofrecer un espacio familiar. La especialidad es el pollo asado pero los aguachiles hacen temblar los dientes de placer, rebosante de camarones atarantados de tanto chiltepín. Lo anima una colección de personajes —todos amigos de Valdez— entre los que se cuentan Casimira, *La Cacahuatera*; y *El Zurdo*, este último vestido de blanco desde que empezó a servir mesas ahí, hace 41 años y medio: "Llegué en un mes de marzo", dijo, interesado en hacer la precisión.

Siempre cálido y amigable, amigo del rock y del jazz, dado a tocar la batería en fiestas y en bares de confianza, la literatura periodística de Javier abunda en metáforas y en poesía. Su tema es la amargura de quienes tienen pocas esperanzas de que las cosas cambien pronto, aun a tiempo para arreglar sus vidas: gente aplastada por la violencia cotidiana. No obstante cree también que "pocas esperanzas" no es igual a ninguna, y aunque haya que esperar mucho es necesario caminar desde ahora.

En los años ochenta, durante la adolescencia y primera juventud de Valdez, algunos pequeños agricultores de marihuana en Sinaloa empezaron a organizar mejor sus negocios, con el apoyo del gobernador priísta Leopoldo Sánchez Celis. Se trataba de un protegido del mismo Sánchez Celis —Miguel Ángel Félix Gallardo— y de sus socios Rafael Caro Quintero, Ernesto Fonseca y Juan José *El Azul* Esparragoza. Detrás del grupo se encontraba, como importante apoyo, la Dirección Federal de Seguridad, un organismo creado en 1947 para combatir a la oposición política. Los negocios se dieron tan bien que en poco tiempo montaron una gran cadena internacional de contrabando. Cuando aquella generación cayó en la cárcel y sus lugartenientes se disputaron el control, Ismael *El Mayo* Zambada, *El Azul* Esparragoza y Joaquín *El Chapo* Guzmán quedaron al frente de la Federación de Sinaloa, a la que las autoridades dieron fama tras renombrarla Cártel de Sinaloa. Este proceso significó para el estado la consolidación de un poder político, criminal y policial que sometió a la población mediante la violencia, castigando a los líderes sociales con cárcel, desaparición o muerte, reprimiendo las manifestaciones públicas y silenciando la oposición con el miedo que imponían hombres en uniforme y de civil. Los periodistas tenían que trabajar en condiciones de gran peligro, y Javier debía relatar una realidad cada vez más dura: de 397 homicidios en 2007, la cifra se multiplicó por seis en sólo tres años, con 2 mil 397 asesinatos en 2010.

Para Ismael Bojórquez, director de *Riodoce*, el punto de inflexión en el periodismo local se produjo entre 2004 y 2005, con los asesinatos de los reporteros Gregorio Rodríguez y Alfredo Jiménez Mota, a los cuales siguieron José Luis Romero en 2009, Humberto Millán en 2011, y Atilano Román y Antonio Gamboa en 2014. Se impuso el terror y "las casas editoriales más importantes de Sinaloa dieron la instrucción a sus reporteros de no escribir una sola nota que no fuera con datos oficiales. Es decir: abandonaron el trabajo de investigación. Desde 2005, en Sinaloa no se hace un trabajo periodístico relacionado con el narcotráfico. Cuando el tema topa con el asunto del narco, ahí se detienen".

• • •

La casa ocupada de una persona es el campo de juegos de otra. El talón de Aquiles de Joaquín Guzmán Loera, conocido como *El Chapo* por su corta estatura de 1.64 metros, ha sido su atracción por las mujeres. Su expediente judicial indica que tuvo siete matrimonios y 18 hijos. Durante su juicio en Nueva York, en 2019, su esposa actual, Emma Coronel, a quien conoció cuando ella ganó un concurso de belleza en Canelas, Durango, tuvo que escuchar a Lucero Guadalupe Sánchez —conocida como *La Chapodiputada* porque su amante la hizo diputada local del PAN en Sinaloa— testificar que empezó una relación con Joaquín en 2011. Algunas de sus parejas han sido asesinadas por sus enemigos. Por otro lado, si los túneles le han servido al *Chapo* para el contrabando y un gran escape de prisión, las mujeres han sido útiles para quienes lo persiguen: en 2012, en Los Cabos, Baja California, él se marchó cinco minutos antes de que la policía llegara a la mansión donde yacía con una trabajadora sexual; en 2014, lo capturaron cuando estaba en cama con Emma en Mazatlán.

No dejó de tomar riesgos por las damas. Tenía dos sueños lejanos: producir una película sobre su propia vida y tener un romance con la actriz Kate del Castillo. Gracias a esto, el 2 de octubre de 2015, Del Castillo le consiguió al actor de Hollywood Sean Penn una reunión con el jefe criminal, en algún lugar de Sinaloa. En principio se trataba de discutir el proyecto cinematográfico, pero Penn aprovechó para pedirle una entrevista, que hizo después vía digital. De esta forma el actor escribió una historia para la revista *Rolling*

Stone,[4] en primera persona, compartiendo con los lectores su temor de morir o de que le mutilaran el pene, del que se dijo orgulloso. La aventura provocó debate en México y Estados Unidos.

Sean envió las preguntas en inglés por Blackberry; uno de los hombres del *Chapo* las tradujo al español, y él o el jefe mafioso pudieron escoger las que iba a responder, en un video *amateur* grabado con un teléfono móvil. Después, *El Chapo* tendría poder de veto sobre el texto final, pero no lo ejerció. Según *Rolling Stone* "no pidió ningún cambio".

"Yo y cualquier otro periodista hubiéramos aceptado (las exigencias del Chapo) y mucho más para conseguir" esa entrevista, expresó Danny Goldman, de la revista *Vice*. "Cualquiera que diga algo distinto está mintiendo". Daniel Moreno, director de *Animal Político*, admitió que "todos los periodistas sentimos envidia, pero eso no significa necesariamente que la hubiéramos aceptado en las mismas condiciones". El alarde de arrojo que hace el actor en su texto no convenció a muchos. Javier Garza, que dirigió *El Siglo de Torreón* (un periódico atacado varias veces a balazos) escribió que en cuatro estados con fuerte influencia del *Chap*o —Sinaloa, Sonora, Durango y Chihuahua— habían sido asesinados 17 periodistas en 10 años. Por lo que toca a los reporteros mexicanos que tienen la fortuna de conservar la vida, algunos son llevados a eventos donde se les advierte de forma amenazante "sobre lo que los periodistas pueden publicar" y se les hace "una mención muy clara del precio que se paga si hay desobediencia". Muy al contrario, en la comida con carne asada y tequila en la que el capo agasajó a Kate y Sean, los actores tuvieron el privilegio de ir seguros y por voluntad propia.

Es falsa la pretensión de Penn —señala Garza— de que corrió riesgos significativos. "Él pudo viajar por los mismos caminos pero protegido por la misma gente que hacía peligroso que cualquier otro periodista se acercara". Por eso, "si realmente quiere conocer el peligro de cubrir a los cárteles", continúa, "podría conseguirse un trabajo en un periódico de Sinaloa o Durango" al lado de "decenas de valientes reporteros y editores".[5] Sean Penn no hace preguntas que un reportero común hubiera considerado de interés prioritario: quiénes lavan el dinero sucio de la Federación de Sinaloa en Nueva York, quién lo protege en México, hasta dónde se extienden sus redes de corrupción, a cuántos periodistas ha mandado asesinar. León Krauze, conductor de noticieros de

---

[4] "El Chapo Speaks. A secret visit with the most wanted man in the world". Artículo de Sean Penn en *Rolling Stone*, 10 de enero de 2016, https://www.rollingstone.com/politics/politics-news/el-chapo-speaks-40784/

[5] "El 'peligro' de entrevistar al Chapo". Artículo de Javier Garza en *El País*, 13 de enero de 2016, https://elpais.com/internacional/2016/01/12/mexico/1452612563_879167.html

Univision en Los Ángeles, señala en *El Universal* lo que —en lugar de eso— comunicó *El Chapo*, con la mediación de Penn. Se trata de un hombre de familia que quiere a su madrecita, que cuida a sus hijos, que se volvió narco para sobrevivir, que no es violento, que sólo se defiende, que no busca problemas, que es caballeroso, da abrazos de compadre y sonríe casi todo el tiempo. "Un acto perfecto de propaganda", concluye; "un triunfo más".

"Describir la reunión de *El Chapo* y Sean Penn como entrevista es un insulto épico contra los periodistas que murieron en nombre de la verdad", sostuvo Alfredo Corchado, el corresponsal del *Dallas Morning News* que ha tenido que salir de México por amenazas de muerte. El hecho de que el actor se asumiera como periodista frente a un asesino de periodistas, sin preguntarle por los muertos, también generó cuestionamientos entre los colegas estadounidenses. Cuatro semanas antes, el *Washington Post* había publicado una investigación titulada "Censúrate o muere: la muerte de la prensa mexicana en la era de los cárteles de la droga", sobre las zonas de silencio de Tamaulipas. "Mientras Penn bebía tequila con *El Chapo*, esto es lo que les ocurre a los periodistas de verdad", escribió en Twitter Stephen Losey, reportero del *Air Force Times*.

El portal InsightCrime le tuiteó un "F*** you" a Penn, con un texto que enlista sus cinco fallas: que se hizo pasar por periodista sin serlo; que confunde valor con ego; que ajusta al *Chapo* a su propia versión de la realidad, sin mencionar uno solo de sus crímenes; que "no nos dice nada que no sepamos"; y que —finalmente— no se trata de una historia sobre *El Chapo* sino sobre él mismo. "No se sabe de quién es el ego más grande, el del *Chapo* o el de Penn". El actor se comportó como un "ugly American", como lo peor del estereotipo del estadounidense que viaja a otros lugares sin entender que son diferentes, queriendo que todo sea como en su país y reproduciendo prejuicios mientras se siente todo un explorador. Así lo describió Everard Mead, director del Trans-Border Institute de San Diego, al observar que Penn replicó en su visita al capo cada viejo estereotipo. En México tiene que haber tequila y *El Chapo* se lo da; también cervezas, y tras "unas cuantas", dice Penn, ya entiende español; lo que sigue es hacer comparaciones con célebres latinos mafiosos sacados del cine, y se sorprende cuando no ajustan. El semanario *New Yorker* publicó una caricatura en la que dos policías detienen al *Chapo* y le dicen: "Además de las otras acusaciones, usted se dejó utilizar por Sean Penn en sus crímenes contra el periodismo". En Londres, el *Independent* tituló: "¿Qué aprendimos de la entrevista de 11 mil palabras de Sean Penn con *El Chapo*? Cómo no escribir".

En una pieza satírica, la revista *Slate* aseguró que, después de todo, *El Chapo* sí había intentado corregir el artículo de Sean Penn, en una edición de tipo profesional en la que el entrevistado tacha párrafos completos, explicándole al entrevistador que la historia es sobre el gángster magnífico, no sobre el actor metido a periodista. Al final, *El Chapo* termina echando a la basura el artículo completo: "Dudo que hayas entendido ni un poquito de quién soy. Estoy empezando a pensar que tendremos que matar el texto". Para tranquilidad de Sean Penn, *El Chapo* aclara: "Sólo el texto".

•••

Kate del Castillo también le sacó provecho a su aventura, aunque antes había dicho sentirse "traicionada y usada" por Sean Penn. Su vínculo con *El Chapo* empezó cuando Del Castillo le rogó en Twitter que se convirtiera en el salvador de México. En una exitosa miniserie "documental" lanzada en Netflix, en octubre de 2017 —"El día que conocí al *Chapo*. La historia de Kate del Castillo"—, se justifica contrastándolo con la maldad del gobierno: en el pequeño mundo que ella nos presenta, sólo podemos elegir entre el capo sangriento y los políticos corruptos. No hay más. Y ella lo prefiere a él sin ninguna duda, porque si el capo ha cometido crímenes, son los de una víctima de un sistema descompuesto y que —a pesar de todo— se las arregla para comportarse como un perfecto caballero.[6]

Si Penn no se preocupó ni un segundo por la suerte de los periodistas a los que suplantaba, Del Castillo no pensó en las mujeres violadas y asesinadas por órdenes de su héroe, ni en las hijas, esposas y madres e hijas cuyas vidas destruyó. A través de su abogado, Sean Penn denunció que el audiovisual lo ponía en peligro de muerte: "La sangre estará en sus manos si esta película causa algún tipo de daño corporal".[7]

Todo esto ocurría en Hollywood. Mientras tanto en Sinaloa, mil 500 kilómetros al sur sobre la costa del Pacífico, entre la visita de las estrellas a *El Chapo* y el estreno de la miniserie, los homicidios en Sinaloa aumentaron 50%: de mil 89, en 2015, a mil 629, en 2017.

•••

[6] "Kate del Castillo se siente 'traicionada' por Sean Penn". Nota de Elena Reina en *El País*, 5 de febrero de 2016, https://elpais.com/internacional/2016/02/06/mexico/1454718918_272533.html
"El triángulo amoroso de la muerte: Sean Penn, Kate del Castillo y *El Chapo*". Reportaje de Elena Reina en *El País*, 20 de octubre de 2017, https://elpais.com/cultura/2017/10/20/television/1508520591_499489.html
[7] "Sean Penn teme estar en peligro por la emisión del documental 'El Chapo'". Nota en *El País*, 20 de octubre de 2017, https://elpais.com/elpais/2017/10/20/gente/1508509742_831081.html

El público llenó el foro Eduardo Galeano de la Feria del Libro del Zócalo, en la Ciudad de México, para escuchar a Javier Valdez, el periodista que relataba los terrores cotidianos de la vida en Sinaloa. Era el 18 de octubre de 2015 y el encuentro de Kate y Sean con *El Chapo*, ocurrido dos semanas atrás, aún permanecía en secreto. "Entrevistar a los niños, platicar con ellos, recoger esos testimonios fue muy espinoso, fue ubicarme en su nivel, es decir, empequeñecer en términos de estatura, pero engrandecer, porque son grandes ellos", dijo Javier en la presentación de su libro *Huérfanos del narco*, con su sombrero panamá, vestido de negro, balanceándose en una silla demasiado pequeña para acomodar el sobrepeso. "Porque ninguno de ellos, de estos hijos que vieron morir a sus padres, que estaban con ellos en el vehículo, en el estacionamiento de su casa, o que esperan el regreso de sus padres, ninguno me planteó la venganza, ninguno, absolutamente. Todos ellos esperan que sus padres regresen. Y ese ejercicio de esperanza, ese testimonio diáfano, noble, honesto, optimista, tierno, amoroso, es lo que a mí me hizo crecer como reportero y como ser humano".

Luego leyó un fragmento sobre Mirna Nereyda y Las Rastreadoras "Hace apenas unos meses, en la primera mitad de 2014, todavía se jactaba de que eso de personas desaparecidas era un asunto ajeno, distante, que ni siquiera rozaba su vida de tranquilidad y certidumbre, a pesar de los vaivenes económicos. Veía y veía en los periódicos y escuchaba en los noticieros de radio sobre los plantones, las marchas, las protestas de los familiares, en Sinaloa y en el país", pero como tantas otras personas que prefieren desentenderse de la tragedia, Mirna quería sentirse a salvo: "Bendito Dios que tengo a mis hijos. Mis dos hijos. Jóvenes, varones, bien sanos. A mí esto de las desapariciones, de los levantados y ejecutados, no me va a pasar". Sin embargo, "aquí está ahora, entre el monte y las montañas, hurgando en el horizonte las esperanzas y esculcando bajo las nubes para encontrar rastros de su hijo Roberto".

"¿Cómo sobrevive escribiendo sobre estos temas?", le preguntó una mujer del público. "No puedo negar que tengo problemas de salud. Padezco insomnio... y sí, soy llorón. Creo que llorar me sirve, cuando escucho las historias me da mucha tristeza y cuando escribo, también. Me pongo a bailar a solas porque bailo muy mal. Y eso me ayuda. Hago el ridículo pero a solas. Me echo mis tequilas. Voy a terapia. Procuro no enfermarme con eso de que si me están siguiendo, si puedo salir o no puedo salir. Sé que cuando ellos decidan, pueden disponer de uno porque ellos mandan". En México nos estamos acostumbrando a la violencia, siguió el periodista, porque "lo vemos tan cotidiano que no nos espanta, no queremos ver porque no queremos sufrir, porque sufrir es comprometerse, y no queremos comprometernos".

No era su caso. Como tantos otros mexicanos, Javier creía en el valor de su aportación, porque "prefiero asumir la tarea que me toca como periodista en lugar de hacerme pendejo y voltear a otro lado. Yo veo que buena parte del periodismo en este país está besándole las huellas al poder y reproduce el discurso de los poderosos, del gobernador, del alcalde, del jefe de gobierno y del presidente. Yo creo que es cumplir con mi tarea, no es una elección, es mi responsabilidad". Del otro lado, el de la gente común, no encontraba la misma repuesta, sin embargo: "Matan a alguien y no pasa nada, entonces van a venir por nosotros, y nos van a matar, y no va a pasar nada".

Doña María Herrera se hallaba entre el público y recogió el reclamo. Con cuatro hijos desaparecidos la mujer morena, pequeña, de cabello entrecano, era un símbolo de tenacidad para el movimiento nacional de búsqueda: "Yo me pregunto: han matado, han asesinado, han callado a tantos periodistas. ¿Y la sociedad? Seguimos como si nada. Mientras esto siga ocurriendo, nunca vamos a dar con el paradero de nuestros hijos. Y queremos de regreso a Carmen Aristegui. ¡Ayúdenos para que esta mujer regrese a alzar la voz junto con nosotras! ¡Y queremos a todos estos periodistas que están callados, que están asustados porque temen por sus vidas! Necesitamos cuidarlos y protegerlos. Porque nos están callando a muchas voces. Porque ellos son los que están dando a conocer el verdadero vivir de México. Mucha gente no se entera porque está viendo sus novelas, está viendo otras cosas que Televisa y TV Azteca nos ponen para distraernos, para que no veamos la realidad. ¡Pero no esperen hasta que les arrebaten a sus hijos!"

• • •

En febrero de 2017, Javier fue a El Guayabo a encontrarse con un desconocido. Era peligroso: decía representar a *Los Chapitos*, Jesús Alfredo (nacido en 1983) e Iván Archivaldo (1984) Guzmán, los hijos de *El Chapo*. Temeroso y todo, rechazó la petición que le hizo el enviado de los criminales: la de que no se publicara la entrevista que le había hecho a un personero de Dámaso López.

De los dos grandes escapes de prisión que hizo *El Chapo*, el de 2001 en una camioneta de lavandería y el de 2015 por un túnel, Dámaso López lo ayudó en el primero, cuando era subdirector de la cárcel de máxima seguridad de Puente Grande. Así se convirtió en hombre de confianza del jefe criminal. Cuando *El Chapo* fue detenido por tercera ocasión, el 8 de enero de 2016 (cuatro días antes de la publicación del texto de Penn en *Rolling Stone*), y luego extraditado a Estados Unidos, se desató una lucha por la sucesión. En agosto de 2016, *Los Chapitos* fueron secuestrados en Puerto Vallarta y liberados cinco días más tarde, por mediación de *El Mayo* Zambada. La operación había sido realizada por el CJNG, que se expandía sobre territorio de la Federación de Sinaloa, pero en una carta que enviaron a un conductor de radio, *Los Chapitos* acusaron a Dámaso López de haber planeado el ataque.

López envió entonces a un representante a darle una entrevista[8] a Valdez: aseguró que su grupo no tenía que ver con la agresión, y que "Dámaso no puede ser enemigo de los hijos de una persona a la que quiere y aprecia". Insistió: "Todo se soluciona con una buena plática".

Pero *Los Chapitos* no tenían ganas de platicar, ni tampoco de que se conociera públicamente la propuesta de López. A través de intermediarios, "nos pidieron que no escribiéramos la entrevista, les dijimos que no. Nos pidieron comprar (la edición de) el periódico, y les dijimos que no. Nos pidieron que no lo distribuyéramos, les dijimos que no", me contó Ismael Bojórquez, director de *Riodoce*, en sus oficinas de Culiacán. El texto apareció en el número del 20 de febrero de 2017. "Entonces tuvieron que ir a cada tienda, seguir a los distribuidores a 500, 600 tiendas por todo el estado, y a cada una que llegaban, compraban el periódico". De todas maneras, "subimos la entrevista a las redes, a la página web".

Riodoce ya había tenido una elocuente amenaza en 2009, cuando alguien se metió a su sede en la madrugada para arrojar una granada, que explotó debajo de un viejo y sólido escritorio metálico, por lo que el daño fue menor. Nadie reivindicó el atentado: "Cuando has despertado tantas víboras, nunca sabes cuál te picó", redondeó Bojórquez.

Ahora, tras la entrevista, la tensión se incrementó en los días siguientes. En el semanario resolvieron que Javier tenía que marcharse. Carlos Lauría, del Comité para la Protección de Periodistas, le propuso que saliera del país, pero pasaron semanas sin que se tomara la decisión final. El 14 de abril, con su esposa Griselda, sus hijos Tania y Francisco, y algunos amigos, Javier celebró su cumpleaños tocando la batería, y vistiendo una playera que decía: "La vida comienza a los cincuenta".

•••

El crimen se realizó bajo el mismo procedimiento que el del *Choco* Rodríguez: el matón esperó mientras el objetivo subía a su vehículo, lo encendía y esperaba a su hijo de 14 años para llevarlo a la escuela, temprano por la mañana.

---

[8] "'No disparé a los Guzmán y soy amigo del *Mayo* Zambada': Dámaso". Entrevista de Javier Valdez en *Riodoce*, 20 de febrero de 2017, http://riodoce.mx/narcotrafico-2/no-dispare-a-los-guzman-y-soy-amigo-del-mayo-zambada-damaso

Se acercó a la ventanilla y disparó contra su cabeza ocho balas 9 milímetros, con el pulso de un asesino experimentado.

Corresponsal del diario *La Jornada* y fundadora de la Red Libre Periodismo, de la ciudad de Chihuahua, Miroslava Breach, de 53 años, era una reportera dura, perseverante, atrevida. "La podías ver en la sierra, meterse a lugares a donde muchos periodistas no han llegado, incluso a donde la policía no llegaba", me dijo su colaborador Rolando Nájera. Se especializaba en temas sociales: los feminicidios en Ciudad Juárez; las mujeres que buscaban a sus hijas desaparecidas; la destrucción ambiental y la situación de miseria y violencia que sufrían las comunidades indígenas tarahumaras. Además, la corrupción política: investigó extensamente la relación entre miembros del PAN y del PRI con la delincuencia, que ponía candidatos y financiaba sus campañas. "Era una periodista muy incómoda para mucha gente", siguió Nájera, "no sólo para el crimen organizado, también para el gobierno, para los empresarios explotadores".

El gobernador de Chihuahua, Javier Corral (PAN), dio una conferencia de prensa en la que se mostró sumamente impactado, porque conocía bien a Miroslava y dijo que era su amiga: "El crimen no quedará impune. Castigaremos a los culpables". Declaró tres días de luto estatal. Las pesquisas avanzaron con lentitud, entre protestas de los familiares, a quienes —durante un año— la fiscalía estatal les negó acceso a la carpeta de investigación. Eventualmente el caso Breach pasó a formar parte de un enfrentamiento político: el que sostenía el gobernador Corral con el presidente Peña Nieto, en torno a la definición de qué delitos debían quedar en la competencia del fuero local y cuáles en la del nacional. Cuando la fiscalía federal atrajo el asunto, la del estado fue más activa que cuando lo tenía en sus manos, señalando fallas y negligencias.

Poco a poco se fue aclarando el esquema general del crimen: Miroslava descubrió que la banda criminal de Los Salazares impulsaba a uno de los suyos, Juan Salazar, para ser candidato del PRI a la presidencia municipal de Chínipas,[9] una población de la Sierra Tarahumara. La revelación provocó que el grupo criminal decidiera cambiar de candidato, y supusieron que miembros del PAN local estaban detrás de aquella revelación. José Luévano, secretario general del PAN en el estado, le ordenó a Alfredo Piñera —vocero del partido— llamar a Breach para deslindar al presidente municipal de Chínipas, Hugo Schultz, de aquella filtración. Piñera se comunicó con Miroslava y consiguió que ella —que se negó a desvelar sus fuentes— le dijera que no había obtenido su información de miembros del PAN. Pero Piñera grabó la

---

[9] "Impone el crimen organizado candidatos a ediles en Chihuahua". Reportaje de Miroslava Breach en *La Jornada*, 4 de marzo de 2016, https://www.jornada.com.mx/2016/03/04/estados/028n1est

conversación sin conocimiento de la periodista. En seguida le dio el audio a Hugo Schultz, quien a su vez lo entregó a Los Salazares. El jefe de sicarios de la banda, Juan Carlos Moreno *El Larry*, coordinó el crimen, cometido por el tirador Ramón Andrés Zavala, con ayuda del chofer Jaciel Vega.[10]

El 25 de diciembre de 2017, tras la detención de *El Larry* (Zavala fue asesinado, aparentemente por orden de Los Salazares), el secretario de Gobierno del Estado, César Jáuregui, declaró que "no hay nadie por encima de este personaje". El gobernador Corral le dio su respaldo: "Sabemos qué ocurrió, cómo sucedió y quiénes son los autores". En octubre de 2018, la Fiscalía federal solicitó 70 años de prisión para *El Larry*.[11]

Al terminar su periodo como alcalde de Chínipas, Hugo Schultz, a quien Breach había acusado de proteger a Los Salazares[12], fue designado subdirector de la Secretaría de Educación y Deportes del gobierno de Javier Corral, y en marzo de 2018 acudió al Congreso del Estado, como invitado especial, a la comparecencia de su jefe, el secretario Pablo Cuarón. Iba protegido por dos guardaespaldas. No fue investigado.[13]

Alfredo Piñera también fue rehabilitado políticamente: en enero de 2019 lo nombraron vocero del grupo parlamentario del PAN en el Congreso de Chihuahua.[14] No fue investigado.

José Luévano fue secretario particular del gobernador Corral, quien después lo hizo director del Instituto Chihuahuense de Infraestructura Física y Educativa.

La banda de Los Salazares sigue dominando la región de Chínipas, como parte del arreglo político local. Ninguno de sus líderes fue investigado.

Patricia Mayorga, corresponsal de *Proceso* y colega de Miroslava, cuestionó la ausencia de investigación acerca de cómo las bandas criminales utilizan

[10] "El caso de Miroslava Breach confirma el vínculo entre narco y política". Reportaje de Marcela Turati en revista *Proceso*, 30 de diciembre de 2017, https://www.proceso.com.mx/516810/el-caso-de-miroslava-breach-confirma-el-vinculo-entre-narco-y-politica

[11] "Solicitan 70 años de cárcel en caso Miroslava Breach". Nota de Leopoldo Hernández en *El Economista*, 18 de octubre de 2018, https://www.eleconomista.com.mx/politica/Solicitan-70-anos-de-carcel-en-caso-Miroslava-Breach-20181018-0166.html

[12] "Matan en Sonora a presunto asesino material de Miroslava Breach". Nota de la redacción en Agencia Proceso, 22 de diciembre de 2017, https://www.proceso.com.mx/516032/matan-en-sonora-presunto-asesino-material-de-miroslava-breach

[13] "Aparece en el Congreso de Chihuahua ex alcalde implicado en el asesinato de Miroslava Breach". Nota de Marcela Turari en Agencia Proceso, 21 de marzo de 2018, https://www.proceso.com.mx/527072/aparece-en-el-congreso-de-chihuahua-exalcalde-implicado-en-el-asesinato-de-miroslava-breach

[14] "Nombra AN vocero a sujeto señalado de dar al narco grabación de Miroslava". Nota de Rubén Villalpando en *La Jornada*, 9 de enero de 2019, https://www.jornada.com.mx/2019/01/09/politica/012n1pol#

al PRI y al PAN como vehículos electorales, ni siquiera en un caso tan doloroso y relevante como el de Chínipas. Un caso en el que que el único procesado por el asesinato de su amiga será *El Larry*, pues contra los demás no habrá "ni una sanción administrativa".

Mayorga recibió el Premio Internacional a la Libertad de Prensa 2018. Amenazada de muerte tras el crimen de su amiga, prefirió abandonar el país. Hoy vive refugiada en Perú, con su hija adolescente.[15]

• • •

Javier llegó a su medio siglo impactado por el asesinato de Miroslava, ocurrido tres semanas antes de su cumpleaños, el 23 de marzo de 2017, en la capital de Chihuahua.

Fue un mes especialmente brutal para el periodismo mexicano: antes de la periodista, habían matado a los reporteros Cecilio Pineda (en Ciudad Altamirano, Guerrero, el día 3), y a Ricardo Monlui (en Yanga, Veracruz, el 19). Tres más habían sido objeto de atentados: Armando Arrieta fue herido gravemente en Poza Rica, Veracruz; Gilberto Navarro, atropellado intencionalmente por un funcionario municipal en Guanajuato, Guanajuato; y el escolta de Julio Omar Gómez murió al protegerlo de una agresión en Cabo San Lucas, Baja California Sur. Además, un compañero de mi colectivo —Israel Hernández— fue herido con un impacto de bala en la cadera, mientras cubría una pelea de grupos sindicales en Boca del Río, Veracruz. Asimismo, tres colegas de la cadena Al Jazeera fueron interceptados, interrogados y robados por un grupo armado en Navolato, Sinaloa. Todos estos ataques se produjeron en seis estados distintos.

En Twitter, el 5 de marzo, una campaña de bots difundió que "Muere Carmen Aristegui en un acto de cobardía; es acribillada por un comando armado". Para darle mayor credibilidad, falsificaron una captura de pantalla de la cuenta de Joaquín López-Dóriga en la que ofrecía "Mis condolencias para la familia de Carmen Aristegui, quien esta mañana fue asesinada en un acto de cobardía". En el contexto, Carmen tenía más razones que nunca para temer un ataque.

Incluso entre la prensa alineada al régimen se sentía el calor: el subdirector de la revista *Nexos*, Héctor de Mauleón, recibió una serie de amenazas de muerte por Twitter, similares a las que nos estaban enviando a varios más.[16]

---

[15] "Patricia Mayorga, premio... y destierro". Reportaje de Santiago Igartúa en revista *Proceso*, 4 de agosto de 2017, https://www.proceso.com.mx/497553/patricia-mayorga-premio-destierro

[16] "Tres periodistas muertos en marzo... y pudieron ser siete". Artículo de Témoris Grecko en *Aristegui Noticias*, 30 de marzo de 2017, https://aristeguinoticias.com/3003/mexico/tres-periodistas-muertos-en-marzo-y-pudieron-ser-siete/

No obstante, el crecimiento del riesgo —el hecho de que estuviera llegando ya a los sectores menos expuestos— no abrió vías de comunicación entre el periodismo oficialista y el independiente. Aunque el diario *El Universal* denunció varias veces en portada las agresiones contra De Mauleón, sus amigos sentían que faltaba apoyo. "La solidaridad del gremio brilla por su ausencia", acusó el director de *Nexos*, Héctor Aguilar Camín. "¿Y el gremio? Cada quien por su lado", coincidió Carlos Marín, director de *Milenio*. Ninguno de ellos, sin embargo, hizo comentarios respecto a la ola de asesinatos de esos días, a la campaña contra Aristegui y menos a la violencia que en esas mismas semanas sufrían colegas poco conocidos, que no disfrutaban el respaldo de los grandes medios. No los de la capital del país, sino de aquellos estados donde más sangre de reporteros se ha derramado.[17]

Javier solía expresar en Twitter su angustia por la violencia. Lo de Miroslava, no obstante, resultó especialmente doloroso para él porque era su amiga cercana. Con la furia, la amargura y el sentido trágico que daba poder a su literatura, Javier tuiteó: "A Miroslava la mataron por lengua larga. Que nos maten a todos, si esa es la condena de muerte por reportear este infierno. No al silencio".[18]

"¡No se mata la verdad matando periodistas!", coreamos en actos de protesta por todo el territorio nacional. En la manifestación que se realizó en las escalinatas de la catedral de Culiacán, los periodistas colocaron micrófonos, grabadoras, cámaras de foto fija y de video, junto a tres veladoras con los nombres de Ricardo, Cecilio y Miroslava. Valdez fue el encargado de leer ahí el texto acordado para todas las manifestaciones: "No exigimos un trato privilegiado. Sólo las garantías constitucionales para poder seguir haciendo periodismo y ejercer la libertad de expresión sin que nuestra integridad física, psicológica y emocional se vea abatida por la violencia revanchista, porque incomoda lo que narramos, porque a los poderes fácticos y constitucional no le conviene que se sepa la verdad. El 99.5% de los casos (de agresiones) no ha recibido justicia, eso que en este país se ha vuelto una metáfora de evasión".

"Javier también se vio en el espejo de Miroslava", me dijo Ismael Bojórquez. "Por eso sacó ese tweet, que nos maten a todos".

•••

---

[17] "Un periodista amenazado". Artículo de Héctor Aguilar Camín en *Milenio Diario*, 10 de marzo de 2017, https://www.milenio.com/opinion/hector-aguilar-camin/dia-con-dia/un-periodista-amenazado

[18] Tweet de la cuenta @jvrvaldez del 25 de marzo de 2017, https://twitter.com/jvrvaldez/status/845656653563396098

Ismael me ofreció un trago de tequila blanco, de una botella que Javier dejó en su oficina. Era el último sorbo: tardaron meses en terminársela. Les pesaba beber de ella. En general, parecía que no muchas cosas habían cambiado cuando visitamos la sede de *Riodoce*, en Culiacán. En la puerta del cubículo que ocupaba Javier, todavía estaba pegado el letrero que él dejó. Decía:

UNIDAD de investigación

(Unidad por ser uno)

El lunes 15 de mayo de 2017, los editores habían tenido su junta matutina. Al terminar, Ismael Bojórquez se fue al banco. Javier llamó a su esposa, Griselda Triana, para confirmarle que iba a comer con su hijo Francisco. Más tarde, Ismael conducía por Riva Palacio, de regreso al periódico. Antes de cruzar General Iturbe, a dos cuadras de su destino vio un cadáver tirado en mitad de la calle y pensó que era una persona mayor que había sido atropellada. Entonces descubrió el sombrero panamá, en el piso. Y las botas. Dos jóvenes le confirmaron que no había sido un accidente: "Se lo acaban de quebrar". Entonces le dio "la vuelta al cuerpo para verle la cara, era Javier. Una señora había avisado a la oficina que habían matado al periodista de aquí, entonces, las muchachas ya iban para allí".

Filmamos el punto de su muerte, donde dos hombres lo interceptaron, detuvieron su coche, lo obligaron a bajar y lo acribillaron con 12 balazos, a mediodía. Un altar en ese sitio conserva su memoria.

Griselda rememoró esos duros momentos conversando conmigo en la sala de su casa, junto a algunas fotografías de su marido y bajo un óleo en blanco y negro del músico Carlos Santana, admirado por Javier. Bojórquez llamó para informarla del ataque: "Le dije no es cierto, no es cierto, yo acabo de hablar con él. ¿Cómo está? Y empieza a llorar Ismael. Le dije dime cómo está. Y sigue llorando. Entonces le colgué el teléfono". Llegó en minutos al lugar del crimen. Se abrió paso entre la policía. El cuerpo estaba bocabajo, sobre el pavimento, entre los casquillos de bala. La cabeza descansaba sobre el sombrero panamá.

• • •

En medio de la conmoción, del llanto, de la rabia, alguien tiene que ocuparse de la logística. En el gremio periodístico, ya habíamos realizado protestas en casi todos los sitios relevantes. En el Ángel de la Independencia, a las puertas de Palacio Nacional, frente a la Procuraduría General de la República, en representaciones de los estados... ¿qué lugar nos faltaba, en dónde podríamos hacer que nuestra voz fuera escuchada? ¿Para qué serviría? ¿Cómo detener esta maquinaria atroz, que se llevaba a nuestra gente ante la negligencia del Estado mexicano, con su complicidad?

Decidimos acudir a la Secretaría de Gobernación por la tarde del martes. Sobre la pared del edificio proyectamos fotografías de Javier, de sus trabajos, y el video de su discurso en Nueva York, cuando recibió el Premio Internacional de la Libertad de Prensa. Llegó un grupo de vecinos de Pedregales de Coyoacán encabezado por doña Fili, una mujer de la tercera edad, muy pequeña, de rasgos indígenas y piel morena, de talla recia y combativa. Cuando la conocí, en el barrio donde encabeza la lucha desde hace medio siglo, me obsequió un objeto duro envuelto en un paliacate. "A los amigos, las piedras se las regalamos", me dijo; "a los enemigos, se las aventamos". ¡Mejor amigos! Ahora, "hay que gritar justicia, sí", nos decía, "pero sabemos que de ellos —del gobierno— no la vamos a tener". Su gente enarbolaba pancartas con la imagen de Valdez, y algunas antorchas. Se veían hermosas en la creciente oscuridad.

Los asistentes recordaban a nuestros caídos mencionando sus nombres: la lista de este siglo parece interminable. Javier pasó a ocupar el puesto 105, según el recuento de Article 19. El número 32 sólo en el el sexenio de Peña Nieto. Una gran bandera de México (donde el rojo y el verde fueron reemplazados por el negro luctuoso, y con el águila en posición invertida) clausuraba la entrada del complejo administrativo y servía de fondo para los oradores. "No son hechos aislados", advertía un cartel colocado en el piso por voluntarios de Amnistía Internacional, entre veladoras y fotografías de Miroslava y Javier. Se hacía difícil contener el llanto. O más bien no se contenía. Hablaron colegas que habían debido abandonar sus hogares para refugiarse en la capital. También lo hicieron personas que sufrían por otros crímenes: la madre que seguía reclamando la impunidad de los asesinos de su hijo, el muchacho que gritaba "justicia para mi amigo". "¡No se mata la verdad matando periodistas!", coreaba la multitud.

Tres mujeres que habían conocido a Valdez —las tres, ejemplos de fortaleza—, se estremecían por el dolor. Un año y medio antes, María Herrera (quien busca todavía a sus cuatro hijos desparecidos) había respondido a la inquietud expresada por el reportero sinaloense, y le pidió a la sociedad cuidar y proteger a los periodistas. Lo que había sido su temor se había convertido en un hecho para entonces. "Esta sangre que derramó Javier nos salpica a todos nosotros", advirtió. El reportero había sido "ese ser humano que estuvo con nosotros en medio del dolor y del sufrimiento, que entendió al cien esta lucha que hemos llevado a cabo durante años para encontrar la paz, la justicia. Y vemos con mucho dolor, tristeza e indignación que esto no bastó para respetar su vida, y que al llevárselo se llevan parte de nuestro ser. No tengamos miedo, no nos dejemos amedrentar. Con esto nos están diciendo mucho, que le paremos. Pero vamos a seguir con más fuerza, con más ímpetu, porque la muerte de Javier la tenemos que llevar junto a nosotros, porque sigue con nosotros el compañero, el amigo, el hermano".

"Éstas son las palabras de Javier", dijo la periodista Lydia Cacho al comenzar la lectura de un texto de Valdez. "También podría pensarse para qué escribir, para qué salir a buscar la nota, a exponer la vida, si todos tenemos familia, hijos, padres, si tenemos, aunque sea sólo retazos, ilusiones, esperanza, para qué carajos salir al puto miedo, a ver los cuerpos en las carreteras, maniatados, con el plomazo en la cabeza, para qué reportear la manifestación, si los de arriba ordenaron a policías y granaderos que fueran sobre el fotógrafo, sobre el periodista, sobre esa joven reportera que 'cómo chinga la madre', para qué llegar a casa a medianoche a hacer la guardia, a indagar sobre el paradero de aquel estudiante, aquel maestro, el obrero, el migrante, algún día el hermano, la novia, la hija, nuestra jodida sangre. Pero aún así hacerlo, salir al terror y a la cerveza bajo el gruñido del sol, a tomar la foto incómoda y avanzar con la denuncia, a aferrarse de un pellejo de esperanza para crear un poco de conciencia, una arena de sensibilidad, en los ojos y en el alma. Escribir un reportaje, correr por la nota, decir con miedo la verdad, sí, aunque nos acompañe la angustia, decir el nombre y la ocasión, la hora y el motivo, reportear en el abismo, tener un pedazo de voz, lo suficiente para decirle al lector que también esto es la vida".[19]

"¡Justicia, justicia!", reclamó esa pequeña muestra representativa de la nación, la que esa noche no se quedó en casa a comerse tres capítulos de la narcoserie de primavera. "¿Quién es quién, hoy, en Sinaloa? ¿Quién es quién, hoy, en el país? ¿Quiénes son los delincuentes y quiénes son el gobierno? ¿Quiénes son la autoridad y quiénes mandan en serio?" Carmen Aristegui, ya entrada la noche, apuntaba el dedo hacia la élite política. "Javier Valdez y todos los demás y todas las demás que han perdido la vida en este camino, deben significar un motor para nosotros". Aquí Carmen recuperó la consigna que lanzó Javier, que sostuvo en su tweet sobre el asesinato de Miroslava, y que debía prevenir el retroceso y la derrota: "No al silencio. No a la autocensura. No al miedo. Aquí, juntos, tenemos que darnos valor para seguir informando. Para seguir informando, para seguir reportando, para seguir denunciando, para seguir opinando, para decir, decir y decir".

"¡No al silencio!", gritamos todos, "¡no al silencio! ¡No al silencio!"

---

[19] Javier Valdez, *Narcoperiodismo*, Aguilar, México, 2016, pp. 18-19.

•••

El presidente Peña Nieto respondió como quien no entiende o no quiere entender. "Antes de iniciar mi intervención quisiera convocarles para que guardáramos un minuto de silencio por todas las personas, periodistas y defensores de derechos humanos que lamentablemente, en el ejercicio de su tarea, de su lucha, han caído en el cumplimiento de ese deber y de esa tarea a la que se han entregado". El miércoles 17, dos días después del crimen, reunió a embajadores, gobernadores y secretarios del gabinete para prometer otra vez lo ya prometido años atrás. Que la fiscalía de libertad de expresión castigará a quienes atacan la libertad de expresión, que el mecanismo de protección a periodistas va a proteger periodistas, que las instituciones, en general, ahora sí, van a funcionar como instituciones.

"Actuaremos con firmeza y determinación para detener y castigar a los responsables. Una democracia plena requiere que nadie calle su voz". En 2014, cuando trataba de apaciguar las manifestaciones que exigían hallar con vida a los 43 estudiantes desaparecidos en Iguala, Peña Nieto se apropió de una de las consignas de las protestas. "Ayotzinapa somos todos", proclamó. "No se mata la verdad matando periodistas", repitió entonces. Entonces... ¿cómo sí se mata la verdad, señor presidente?

Los reporteros presentes interrumpieron el minuto de silencio con gritos de "¡justicia!" Quienes lo seguían en directo apenas se dieron cuenta: los técnicos cortaron el sonido local.

•••

Padre, ¿dónde estás? Te busco en todas partes, en cada espacio, en cada objeto que palpaste; te busco en mis sueños, pero no te veo. No veo tu cara, tu cuerpo grande y ya desgastado, ya con medio siglo. Medio siglo luchaste por muchos, diste lo que tenías, entregaste lo más humano de ti a nosotros, tus hijos, y a mi hermosa madre.

Francisco Valdez Triana, hijo de Javier

•••

Te puse un altar de muertos.

Tu sombrero (el cual te hurté días después de tu cumpleaños número 50), tu taza personalizada del Guayabo, ¡con café, claro!, tu whiskey derecho, tus libros, música que me regalaste, fotos, mandalas hechas por mí, tus cacahuates, fruta, agua natural, mazapanes y mamuts, pan de muerto, un dominó que siempre fue nuestro juego familiar.

Todo tú, todo por y para ti. Con todo mi amor y mi alma, esperando que te des un buen festín. Te abrazo en la inmensidad <3, nos haces un chingo de falta. Vives siempre en mi corazón.

¡Yo soy tú! Te amo mucho Papá

Día de Muertos, 2017
Tania Valdez Triana, hija de Javier
Tú nunca callaste y nosotros jamás lo haremos

•••

Son 588 días desde que te arrebataron de nuestras vidas.

Fueron muchísimos años junto a ti. Ya nunca compartiremos nuestra comida navideña. No serás quien descorche la botella de vino ni quien inicie el brindis en el que sobraban los halagos y buenos deseos, y donde nos decías lo importantes que éramos en tu vida. Hay güisqui, cacahuates y mandarinas pero ya no estás. Hay demasiado amor por ti pero no te podemos abrazar.

Hay tristeza, dolor y coraje porque deberías estar aquí, pero de una cosa debes estar seguro: no claudicaré, no me rendiré hasta que la justicia nos alcance, Javier.

Noche de Navidad, 2018
Griselda Triana, esposa de Javier

•••

Agotada por la búsqueda y por el calor, Mirna Nereyda también se sabía en peligro. Su rebeldía molestaba y no dejaban de llegarle amenazas. Javier se lo advirtió varias veces. Ella por fin había encontrado a su "tesoro", el 14 de julio de 2017, dos meses antes de nuestra visita. Y aunque nadie le sugirió que allí habían enterrado a su hijo, desaparecido exactamente tres años atrás, ella reconoció "el calcetín, la costilla de Roberto", lo sintió a él. "En cuanto vi el primer pedacito de m'ijo, lo identifiqué, había su esencia, su aroma, él estaba allí, y me metí y escarbé, quería sacar todo lo que pudiera... pero de repente, me salí, no podía trabajar. Me salí y a 10 metros encontré su mano, por ahí tirada. En tres años, ¡imagínate! Por allá, a otros 10 metros, estaba parte de su pie".

"Te buscaré hasta encontrarte", era el lema de su grupo, y lo cumplió. Pero seguía trabajando, hurgaba subterráneos con la varilla que rasca el aroma a cadáver, enterraba la pala, removía lo removido, dejando caer el sudor como lágrimas gruesas. "Hemos encontrado 96 tesoros. De esos, son 41 de la familia (Las Rastreadoras) y los demás son de personas que no estaban en el grupo. Muchas señoras ya han encontrado sus tesoros y siguen trabajando, igual que yo. Seguimos apoyando a las otras señoras. El apoyo moral, más que el físico, es muy importante".

Tampoco se rinden en *Riodoce*. "Además de que nos quitaron a nuestro amigo, nos quitaron la libertad con la que hacíamos nuestro trabajo, con la que salíamos a reportear todos los días. Esa tranquilidad la perdimos completamente", lamentaba la reportera Miriam Ramírez, rodeada de torres de papel, en las oficinas del semanario. Pese a todo, "lo que nos motiva es el amor que le tenemos a Javier, que no estamos dispuestos a que su asesinato quede impune. Ése es el motorcito que nos hace seguir aquí, que nadie haya dicho 'renuncio': es por Javier y por el compromiso que tenemos con la sociedad. Estamos llenos de dolor, estamos llenos de rabia, tenemos miedo pero no nos vamos a callar".

"Javier era como mi Pepe Grillo. Teníamos una relación de que casi todo lo que yo iba a hacer, se lo comentaba a él". Con el sudor escurriendo bajo el sombrero, Mirna Nereyda miraba desde una duna la interminable extensión del árido territorio que le faltaba por rastrear.

Habían enviado los restos de su hijo Roberto al laboratorio y esperaron 40 días, hasta que llegó la confirmación genética de que su instinto materno no le había mentido. "Nunca dije 'a la mejor es'. Siempre dije que era él. Y pues ya está descansando mi hijo, como se lo prometí".

Cuando conoció la noticia, Griselda, la esposa de Javier, llamó a Mirna, "y me dice 'yo sé que Javier allá en el cielo tiene el sombrero en la mano y está bailando, y está diciendo, ¡lo lograste, cabrona, lo lograste!' Y sí es cierto, yo pienso que él está allá arriba y está feliz, porque yo logré mi objetivo, le cumplí la promesa a mi hijo, lo busqué hasta que lo encontré".

ACTUALIZACIÓN DEL CASO VALDEZ

En ambos casos criminales, la rueda de la justicia empezó a moverse tras la salida del gobierno de Peña Nieto.

El 27 de febrero de 2020, Heriberto Picos Barraza, alias *El Koala*, fue sentenciado a 14 años y ocho meses de prisión tras aceptar su responsabilidad en el asesinato. Su cómplice Juan Francisco Picos Barrueta, alias *El Quillo*, rechazó declararse culpable y continúa bajo proceso. El autor intelectual, que según la Fiscalía es Dámaso López Serrano, *El Minilic* —hijo de Dámaso López Núñez, *El Licenciado*—, se entregó a la policía de Estados Unidos y está en proceso ahí, en presunta colaboración con los fiscales, que no consideran el asesinato de Javier Valdez en los cagos en su contra.[20] Su esposa Griselda Triana sigue denunciando la impunidad: "Quiero creer que en algún momento conoceremos la verdad", escribió en Facebook el 15 de marzo de 2020, al cumplirse 34 meses del crimen, "y que paguen los que ordenaron tu muerte".

ACTUALIZACIÓN DEL CASO BREACH

El 18 de marzo de 2020, cinco días antes del tercer aniversario del crimen, Juan Carlos Moreno Ochoa, *El Larry*, fue declarado culpable del asesinato. La fiscalía pide 70 años de prisión. Sin embargo, las organizaciones Reporteros Sin Fronteras y Propuesta Cívica señalan que el presunto autor intelectual, Crispín Salazar, jefe de la banda de Los Salazar, permanece impune, y que no se ha investigado la responsabilidad del director del Instituto Chihuahuense de Infraestructura Física Educativa, José Luévano Rodríguez; del ex alcalde de Chínipas, Hugo Schultz; y del ex vocero del PAN y actual asesor de los diputados de ese partido, Alfredo Piñera.[21]

---

[20] "Sentencian al 'Koala' por el asesinato del periodista Javier Valdez". Nota de la redacción en revista *Proceso*, 27 de febrero de 2020, https://www.proceso.com.mx/619642/sentencian-al-koala-por-el-asesinato-del-periodista-javier-valdez

[21] "Miroslava Breach, a tres años". Artículo de Balbina Flores en *El Sol de México*, 19 de marzo de 2020, https://www.elsoldemexico.com.mx/analisis/miroslava-breach-a-tres-anos-5018818.html)

9

Enrique y la *Gaviota*: terremoto y final

"El que haya 100 periodistas asesinados, yo creo que es en gran parte por culpa de la libertad de prensa, que hoy permite a los periodistas decir cosas que antes no se podían permitir". Mario Vargas Llosa, Premio Cervantes y Premio Nobel de Literatura, le hizo esta declaración a Carmen Aristegui el 19 de marzo de 2018.[1]

Tres meses antes, la organización Reporteros Sin Fronteras había dado a conocer su recuento anual de periodistas asesinados: en 2017, por sexta ocasión consecutiva, Siria ocupó el primer lugar, con 12 víctimas. México había llegado al segundo sitio, con once. Pero aquellas cifras cambiaron de inmediato, por la mañana del día mismo de su publicación. El 19 de diciembre de 2017, Gumaro Pérez —del periódico *La Voz del Sur*— fue asesinado en la escuela de su hijo pequeño, en Acayucan, Veracruz, cuando presenciaba el festival navideño de los alumnos. Pérez se hallaba oficialmente acogido al Mecanismo de Protección a Periodistas y Personas Defensoras de los Derechos Humanos, una de las entidades públicas que Peña Nieto prometió que ahora sí funcionarían bien. De esa forma México empató a Siria, constituyéndose en los países del mundo donde mataron a más periodistas en ese año, por encima de Afganistán (9) e Irak (8).

Pérez ocupó el puesto número 39 entre los comunicadores asesinados desde la toma de posesión de Peña Nieto, el primero de diciembre de 2012. Durante su gobierno, la cifra de homicidios no dejó de crecer: cuatro en 2013, cinco en 2014, siete en 2015, 11 en 2016, 12 en 2017. Siria, Afganistán e Irak tienen líderes abiertamente hostiles al periodismo, administraciones colapsadas, guerras en marcha y falta de control del territorio. ¿Cómo es que puede acompañarlas en esa lista una nación que se presume democrática, institucional, y con autoridades comprometidas en teoría con la defensa de la libertad de expresión?

En la ceremonia tras el asesinato de Javier Valdez, Peña Nieto se dijo amigo de los periodistas, y se montó en su eslogan. Pero el mismo presidente de la República reveló muy pronto la falla que recorre todos los poderes formales y

---

[1] Programa "Aristegui en Vivo", 19 de marzo, 1º36'20", https://youtu.be/5xA6PR8vqnc

fácticos, políticos y económicos, en México. En un país con élites unidas por complicidades voluntarias y/o ineludibles, por un sólido pacto de impunidad, en el que la *omertà* siciliana es el compromiso esperado y exigido, los periodistas que no se someten a las reglas del juego son considerados enemigos. Enemigos de fragilidad expuesta, además: en lugar de darles su protección, el Estado los espía y los acosa.

•••

Los miembros del Grupo San Borja y otras personas insistimos un año para convencer a Carmen Aristegui de buscar una alternativa en internet, fuera de la radio, a donde no le permitirían regresar mientras gobernara Peña Nieto. *Aristegui Noticias* siguió activo, tratando de mantener unido al equipo que despidió MVS en marzo de 2015, pero el noticiero en vivo no se trasladó al portal por la inversión considerable que requeriría en términos de oficinas, equipo, salarios y producción. Y aunque pensábamos que el poderoso tirón mediático de Carmen le permitiría compensar esos gastos (su espacio en MVS era el principal generador de ingresos publicitarios de la estación), ella temía quedar luego atrapada por la presión económica, ser obligada por las circunstancias a vender anuncios y hallarse por ello en riesgo de sacrificar uno de sus valores primordiales: la independencia editorial.

El 15 de marzo de 2016, nos reunió para compartirnos que había decidido emprender el proyecto. Tuvo que enfrentar, sin embargo, no solamente retos empresariales y técnicos, sino también una operación de acoso físico, judicial y cibernético que se intensificó al dar a conocer su intención de volver a transmitir en vivo. Un hostigamiento que alcanzó máxima intensidad alrededor del 14 de noviembre, mientras la conductora se encontraba en Washington para recibir el Premio Knight de Periodismo Internacional, otorgado por el Centro Internacional para Periodistas.

En su discurso, dio cuenta del enrarecimiento del ambiente en los Estados Unidos, a raíz del triunfo electoral del candidato republicano. "Trump ha desatado los peores odios y ha inyectado fuerza al racismo y la xenofobia. Ha abierto la puerta a los peores demonios. Por eso el mundo está sobrecogido y por eso debemos hacer frente, con las herramientas de la democracia y de los derechos humanos, al tiempo que se avecina". Por eso "hoy como nunca es indispensable ejercer un periodismo libre, crítico e independiente. Hoy como nunca debemos hacer valer nuestras libertades".

Su propio caso ejemplificaba las dificultades de mantenerse a la altura: "Antes de llegar a Washington, recibí la noticia sobre la primera sentencia de uno de los varios juicios que han abierto en mi contra, promovidos por los mismos poderes que nos han censurado y nos han echado fuera de la radio mexicana. Un juez me sentencia por 'hacer uso excesivo de la libertad de expresión y de información' al escribir el prólogo del libro *La Casa Blanca de Peña Nieto*". La demanda denunciaba que, en ese texto, Aristegui le había provocado daño moral a la familia Vargas (dueños de MVS) cuando escribió que "lamento el derrumbe moral de Joaquín Vargas y el de sus hermanos, a quienes estimé mucho y sinceramente", porque Joaquín "sucumbió a las componendas del poder".

En México había comenzado un ataque en las redes contra Aristegui: *influencers* como @callodehacha y una gran cantidad de bots difundieron información falsa, para relacionar a la periodista con ciertos empresarios; asimismo posicionaron como tendencia el *hashtag* #LosSecretosDeAristegui, como paraguas para hacer todo tipo de acusaciones sin fundamento, como que ella era un títere del multimillonario Carlos Slim para golpear a Televisa, y lanzaron imágenes con amenazas de muerte.[2]

La señal de ataque fue una agresión física. El 13 de noviembre de 2016 cinco personas ingresaron al edificio de *Aristegui Noticias*, sometieron al guardia, desmontaron puertas y robaron una computadora de la Unidad de Investigaciones Especiales. Para reforzar el acto de intimidación, hicieron una exhibición de impunidad: nueve cámaras de seguridad grabaron las acciones de los sujetos, que miraron directamente a ellas, sin ocultar sus rostros ni denotar preocupación. Se mostraban, así, más allá del alcance de la justicia.[3] La policía no logró o no quiso indentificarlos (el mismo procedimiento fue seguido medio año después, cuando tres hombres entraron a las oficinas de *Proceso* el 21 de mayo de 2017, con el mismo descuido ante el sistema de videovigilancia).

Al día siguiente, en Washington, Carmen concluyó su discurso relacionando lo que ocurría en ambos países, ante peligros comunes. "Para salir de esta crisis profunda en materia de derechos humanos y de pudrición política, se necesita hablar en voz alta, informar con amplitud, oxigenar el debate público y sacudir a la sociedad mexicana. Se necesita periodismo libre e independiente (...) En tiempos de oscurantismo, regresiones autoritarias, into-

---

[2] "Campaña de desprestigio y amenazas contra Carmen Aristegui en redes". Nota en *Aristegui Noticias*, 23 de noviembre de 2016, https://aristeguinoticias.com/2311/mexico/campana-de-desprestigio-y-amenazas-contra-carmen-aristegui-en-redes/

[3] "Allanan redacción de *Aristegui Noticias* y sustraen computadora de Investigaciones Especiales". Nota en *Aristegui Noticias*, 23 de noviembre de 2016, https://aristeguinoticias.com/2311/mexico/allanan-redaccion-de-aristegui-noticias-y-sustraen-computadora-de-investigaciones-especiales/

lerancia e incitación al odio —en tiempos de Donald Trump— celebremos al periodismo y defendamos nuestras libertades".[4]

El 16 de enero de 2017, transcurridos 22 meses desde la expulsión de MVS, el noticiero "Aristegui en vivo" comenzó a transmitir por internet, después de una breve campaña de *spots* con el lema: "¿De verdad creyeron que nos iban a callar?"

• • •

Nuestro documental *Mirar Morir. El Ejército en la noche de Iguala* ganó el Premio Pantalla de Cristal a la Mejor Investigación en Largometraje Documental, una de las cinco nominaciones que había recibido. En la gran pantalla de la Cineteca Nacional, proyectaron mi nombre mientras pasaba a recogerlo. Al regresar a mi asiento, el editor de la película, Damián Mendoza, me dijo que Donald Trump había ganado las elecciones presidenciales. No lo podía creer: todo el día habíamos seguido el proceso y parecía claro que sería vencido. En el estudio de Ojos de Perro nadie comió ni bebió en la fiesta que habíamos preparado con antelación, para celebrar al mismo tiempo su derrota y nuestro reconocimiento. Ni siquiera llegamos a ir. El ánimo se nos fue al piso.

El pasmo creció con los meses: "Periodistas mexicanos a sus colegas de EU: 'Jamás imaginamos que llegaría este día'". Así tituló *PEN America* su entrada del 6 de marzo de 2017. Se refería la publicación a ese día, que parecía imposible, en que los periodistas mexicanos —atribulados permanentemente— devolveríamos a los reporteros estadounidenses algo así como un "pésame", por la situación en la que ahora se hallaban. Trump acababa de iniciar su guerra contra la prensa y 189 comunicadores mexicanos firmamos esta carta, a iniciativa de PEN México:

> A nuestros colegas en los Estados Unidos de América:
>
> En estos tiempos en que la administración del presidente Donald Trump agrede de forma inexorable y sin precedentes a la prensa libre de Estados Unidos, nosotros, periodistas, escritores y editores en México, nos solidarizamos con ustedes y su importante labor.
>
> Durante las últimas décadas en las que gobiernos y bandas criminales han vulnerado en México la libertad de expresión y asesinado a nuestros periodistas, quienes informaban sobre corrupción y violencia, su apoyo desde los Estados

---

[4] "Siguen cortando lenguas: Aristegui al recibir Premio Knight". Nota en *Aristegui Noticias*, 16 de noviembre de 2016, https://aristeguinoticias.com/1611/mexico/siguen-cortando-lenguas-aristegui-al-recibir-premio-knight-video-y-discurso/

Unidos ha sido permanente. De igual manera, en múltiples ocasiones, gracias a las investigaciones y reportajes que ustedes han desarrollado, conocimos en buena medida la verdad de nuestro México. Los exhortamos a continuar con la defensa de la libertad de expresión ya que su sociedad, sus instituciones y sus valores dependen de ella.

En los momentos más oscuros que ha atravesado la prensa en México, ustedes han estado con nosotros y, aunque jamás imaginamos que llegaría el día en que esto ocurriera, hoy correspondemos su respaldo invaluable.[5]

• • •

"Una de cal por las que van de arena": así describimos un acto que ha sido finalmente retribuido, aunque no necesariamente en la misma proporción. El periodista maya Pedro Canché tuvo la oportunidad de dar una de cal, después de tantas que recibió de arena.

Después de darse a la fuga, los ex gobernadores de Veracruz y de Quintana Roo fueron atrapados en el extranjero. El PRI sufría la indignación de los votantes y, ante las elecciones presidenciales de 2018, le urgía convencerlos de su voluntad de castigar a sus militantes ladrones. Javier Duarte estuvo prófugo, oficialmente, desde el 20 de octubre de 2016 hasta el 15 de abril de 2017, cuando fue detenido en Panajachel, Guatemala. Antes de eso, en mayo de 2017 había sido aprehendida también Gina Domínguez, responsable de comprar y castigar a la prensa durante su gobierno. Asimismo fue detenido, en febrero de 2018, su ex secretario de Seguridad Pública Arturo Bermúdez, junto a 30 agentes de la policía veracruzana acusados de formar la Fuerza de Reacción, un escuadrón de la muerte que asesinó al menos a 15 personas.[6] Por lo que respecta a Roberto Borge —oculto desde noviembre de 2016— huyó por 11 países hasta ser capturado en Panamá, en una habitación de mil 500 dólares por noche del Trump Ocean Club International, el 4 de junio de 2017.

Aunque en abril de 2017 el gobierno de Quintana Roo le había ofrecido una disculpa pública a Pedro Canché, por violaciones a sus derechos humanos, su mayor satisfacción tardaría un poco más en llegar. En cuanto supo que Borge había sido encarcelado en la prisión de El Renacer, voló a Panamá

---

[5] "Mexican Journalists To U.S. Colleagues: 'We Never Believed This Day Would Come'". Carta en PEN America, 6 de marzo de 2017, https://pen.org/mexican-journalists-stand-solidarity-us-journalists/

Versión en castellano: https://www.pen-international.org/news/mexican-journalists-stand-in-solidarity-with-us-journalists

[6] "Los escuadrones de la muerte de Veracruz". Reportaje de Jacobo García en *El País*, 24 de febrero de 2018, https://elpais.com/internacional/2018/02/24/mexico/1519432756_158531.html

y le solicitó una entrevista a su abogado. Pero éste, confundiéndolo con otra persona, le ordenó comprarle comida, un suéter y unos *jeans* al reo, y llevárselos al día siguiente. Canché obedeció de inmediato. El 10 de junio, Borge fue al área de visitas esperando ver a su secretario privado, Fabián Vallado. En su lugar encontró a Pedro Canché, el indígena maya que osó retarlo a debatir y al que encerró y quiso hacer asesinar.

El periodista lo narró así:

—Hola, Roberto Borge, soy yo el que vino a visitarlo. Venga acá.

(Borge) trastabilló con la grava suelta. El tipo se pone pálido. Cambian sus facciones. Está sorprendido. No esperaba verme ahí. Aprieta las mandíbulas. El rostro sin afeitar se pone colorado. El gobernador que me puso en la cárcel por sus caprichos de dictador ahí estaba... derrotado.

Nunca lo había visto en persona, ni antes ni después del encarcelamiento al que fui sometido en su gobierno. Nunca le había visto el rostro. Su cara me recordó a Buzz, el personaje del "infinito y más allá" de la caricatura infantil *Toy Story*.

—Vamos a platicar. Esto no es nada personal. Es un trabajo periodístico. Dígame cómo está.

—Yo esperaba a Fabián. No quiero platicar con nadie. Contigo no. ¿Qué haces aquí?

Hay dos guardias que vigilan la interacción de los visitantes y los presos. A ellos se dirige Borge una vez recuperada la compostura. Aún cree tener el mando. Lo soberbio lo tiene a flor de piel.

—Guardias, desalojen al periodista por favor. Manden a desalojar a esta persona.

El guardia a quien se dirigió, un soldado panameño, le dijo:

—Si usted manda a desalojar a sus visitas, entonces no permitiremos que lo visiten. ¿Cómo sabremos qué visitas quiere y cuáles no? Y sabe, señor, aquí a la visita se la respeta. Está en su derecho de no aceptarlo. Pero aquí no desalojamos a nadie.

El Renacer es una prisión de lujo, a la que sólo se accede si uno compra el privilegio. Borge, anotó Canché, contaba con "un colchón cómodo, una pantalla de plasma", en su celda. La misma en la que "pasó 10 años de su vida el general Manuel Antonio Noriega, hasta su muerte, en mayo de 2017", un mes antes. "Es más bien un campo de retiro".

Pero no de placer. Borge tenía deberes, dijo *El Ciervo*, un condenado por asesinato:

—Está cumpliendo con barrer y lavar las celdas del baño y enfermería. Ya hizo amigos ahí y pidió que lo cuidaran.

—¿Y es bueno Roberto con la escoba?

—Sí. Lavar los baños le cuesta, pero está aprendiendo.[7]

• • •

Si el marzo sangriento que vivió el periodismo mexicano no fue capaz de acercar a los distintos sectores del gremio, tampoco lo haría el asesinato de Javier Valdez, a pesar del merecido prestigio que ya tenía en el ámbito internacional.

Los dueños de un nuevo proyecto, llamado *Horizontal*, tenían relación con reporteros independientes, así como con directivos de medios, y propusieron desarrollar una "agenda de discusión inmediata" para el gremio. Se integró así un grupo muy diverso con 57 entidades (colectivos de reporteros, instituciones académicas, medios nuevos y tradicionales, portales web, casas editoriales, *think tanks*, grupos de activistas y organismos internacionales)[8] que convocó el 23 de mayo —ocho días después del crimen— a reunirnos en mesas de trabajo para debatir la emergencia.

A pesar de una convocatoria tan amplia, estaban ausentes los grandes medios de comunicación. Los miembros de *Horizontal* explicaron que el diario *El Universal* había aceptado sumarse al proyecto, pero que después —presumiblemente— concluyeron que no tenían por qué ser seguidores si podían encabezar sus propios foros. Al día siguiente, el desplegado "¡Basta ya!"[9] fue

[7] "Borge grita en El Renacer: 'Guardias, desalojen al periodista'. Nadie le hace caso". Crónica de Pedro Canché en pedrocanche.com, 10 de junio de 2017, https://pedrocanche.com/2017/06/10/borge-grita-en-el-renacer-guardias-desalojen-al-periodista-nadie-le-hace-caso/

[8] Los convocantes son *Horizontal*, Article 19, Fundar, Cencos, FNPI - Fundación Gabriel García Márquez para el Nuevo Periodismo Iberoamericano, Fusion, *The New York Times en Español*, *Aristegui Noticias*, *Animal Político*, *Proceso*, SinEmbargo.MX, Comisión de Derechos Humanos del Distrito Federal (CDHDF), Instituto de Investigaciones Jurídicas, UNAM; Centro de Estudios en Ciencias de la Comunicación, UNAM; Periodismo-Universidad Iberoamericana, Programa PRENDE, Penguin Random House, Editorial Almadía, Vice México, *Noroeste*, Mexicanos Contra la Corrupción y la Impunidad, SocialTIC, HuffPost, Periodismo CIDE, Periodistas de a Pie, Ve por Sinaloa, Ahora, Data4, Data Cívica, Fundación Avina, Sopitas.com, *Gatopardo*, Red en Defensa de los Derechos Digitales, Ojos de Perro *vs.* la Impunidad, Por México Hoy, Democracia Deliberada, Quinto Elemento, Tercera Vía, ILSB, Proyecto Puente, Fotorreporteros MX, Lado B, Observatorio Nacional Ciudadano, Amnistía Internacional, Kaja Negra, Cuadernos Doble Raya, La Pared Noticias, SDP Noticia, LopezDoriga.com, Cuartoscuro, *Noticias de Oaxaca*, Quadratín, *Página 3*, Red Veracruzana de Periodistas, Consorcio para el Diálogo Parlamentario y la Equidad Oaxaca, Universidad Autónoma de Nuevo León, Somos el Medio, Luchadoras, Sala de Prensa, Cátedra Miguel Ángel Granados Chapa, CIMAC, Centro Knight y *El Sur de Acapulco*.

[9] Desplegado "¡Basta ya!". *El Universal*, 24 de mayo de 2017, https://www.eluniversal.com.mx/articulo/nacion/sociedad/2017/05/24/basta-ya-de-violencia-contra-periodistas-desplegado-integro

publicado a plana completa en *El Universal* y en otros diarios, con las firmas de los grupos de televisión, radio, internet y prensa, y la notoria ausencia de Televisa, el principal consorcio. Las diferencias no eran sólo de protagonismo, sino que empezaban en el análisis preliminar de los problemas y proseguían en las ideas fundamentales de lo que había que hacer.

El primer grupo, que se presentó con el *hashtag* #AgendaDePeriodistas, identificó seis elementos que facilitan el uso de la violencia para imponer el silencio: corrupción e ineficiencia de autoridades; inoperancia de mecanismos protección para periodistas; publicidad oficial excesiva y opaca; autocensura de medios locales; desprotección laboral; y falta de involucramiento de dueños y directivos de medios.[10] El segundo se limitaba a denunciar "la ofensiva asesina que han padecido miembros de nuestra comunidad en el ejercicio de su tarea de investigar y difundir las actividades de la criminalidad; entre éstas, la narcodelincuencia en México".

El encuentro de #AgendaDePeriodistas se realizó en el Palacio Postal de la Ciudad de México, al cumplirse un mes del asesinato de Javier Valdez, del 14 al 16 de junio de 2017. Participaron 381 periodistas de 21 de los 32 estados del país, que debatimos en seis mesas de trabajo sobre los riesgos del ejercicio profesional, el combate a la impunidad, los problemas de las organizaciones de defensa de la libertad de expresión, la precariedad de los derechos laborales, y de la aparente desconexión entre la sociedad y la prensa.

Para los empresarios de "¡Basta ya!", en cambio, el fenómeno tenía un solo eje y era el contrabando de drogas ilícitas. Lo coartada de siempre: el problema es el narco, no la corrupción del Estado, la voracidad de las grandes empresas ni el pacto de impunidad. No les interesaba discutir su complicidad con el poder, alimentada por la asignación discrecional de publicidad oficial, ni los bajos salarios y la falta de apoyo a sus empleados. Tampoco aceptaban que la mayor parte de las agresiones no proviene del crimen organizado, sino de servidores y funcionarios públicos. La culpa la tienen los "cárteles", es todo. "Convocaremos en breve a una serie de foros en los que se acordarán las medidas" para enfrentarlo, anunciaron. Pero no organizaron nada ni volvieron a mencionar el asunto.

• • •

El Enrique Peña Nieto impactado por el asesinato de Javier, solidario y comprometido, era otro apenas cinco semanas después. Se mostró ahora enojado,

---

[10] Convocatoria "Violencia contra la prensa". Portal *Horizontal.*, 24 de mayo de 2017, https://horizontal.mx/violencia-contra-la-prensa/

casi indignado por la infamia de periodistas y activistas que denunciaron que su gobierno había intervenido sus teléfonos celulares, incluido el del hijo de Carmen Aristegui, un menor de edad. Exigió que la policía actuara de inmediato, no para investigar las quejas ni para aclarar malentendidos, sino para sancionar a los que dijeron que esa misma policía había violado la ley e invadido su privacidad. Ante la queja de los espiados, lanzó en su contra a los espías.

"'Somos los nuevos enemigos del Estado': el espionaje a activistas y periodistas en México" se tituló el reportaje que llevó el *New York Times* en primera plana, el 19 de junio de 2017. Los reporteros Azam Ahmed y Nicole Perlroth habían seguido la pista que les dio el Centro Pro de Derechos Humanos, así como las investigaciones del Citizen Lab de la Universidad de Toronto, la Red en Defensa de los Derechos Digitales (R3D), Article 19 y SocialTIC, las cuales descubrieron que el gobierno mexicano había invertido 80 millones de dólares en la compra y operación del *software* Pegasus, fabricado por NSO Group. Esta compañía israelí "siempre ha dicho que sus herramientas sólo se utilizan para actividades criminales y terroristas, y que sigue un estricto proceso de investigación para determinar cuáles serán los gobiernos con los que hará negocios y cuáles no, con base en las calificaciones en materia de derechos humanos de cada país". Sin embargo, decía el texto, "según decenas de mensajes examinados por *The New York Times* y analistas forenses independientes, el *software* ha sido utilizado para vigilar a algunas de las personas que han sido más críticas del gobierno, así como a sus familiares".

El hackeo se hizo mediante mensajes que llegaron a los teléfonos móviles de las víctimas, diseñados para inspirar pánico y conseguir un acceso rápido a los celulares. "En el caso de Carmen Aristegui, una de las periodistas más famosas de México, un operador se hizo pasar por un funcionario de la embajada de Estados Unidos en México y le imploró hacer clic en un enlace para resolver un supuesto problema con su visa. La esposa de Pardinas, el activista anticorrupción, recibió un mensaje en el que le ofrecían pruebas de que su marido tenía un amorío". Gracias a esto, a través de Pegasus fue posible "monitorear cualquier detalle de la vida diaria de una persona por medio de su celular: llamadas, mensajes de texto, correos electrónicos, contactos y calendarios. Incluso puede utilizar el micrófono y la cámara de los teléfonos para realizar vigilancia; el teléfono de la persona vigilada se convierte en un micrófono oculto".[11]

En la misma mañana de la publicación del reportaje, 10 de las personas que la investigación identificó como sujetas a esta vigilancia ofrecieron una

---

[11] "'Somos los nuevos enemigos del Estado': el espionaje a activistas y periodistas en México". Reportaje de Azam Ahmed y Nicole Perlroth en *New York Times*, 19 de junio de 2017, https://www.nytimes.com/es/2017/06/19/mexico-pegasus-nso-group-espionaje/

conferencia de prensa, en la que acusaron que "el gobierno usa recursos públicos para espiarnos". Además, R3D informó que habían detectado 76 nuevos intentos de infección.[12] Un día después del asesinato de Javier Valdez, sus compañeros de *Riodoce* recibieron mensajes de que los homicidas habían sido capturados: eran falsos y servían para tomar control de sus móviles.[13] Más tarde se descubrió que también a Griselda Triana, esposa de Javier, le habían enviado mensajes con textos como "PGR asegura que el móvil del asesinato de Valdez fue robarle su automóvil", para que hiciera clic en ligas falsas a *Proceso* y *Animal Político* y tomar control de su teléfono.[14]

Tras la conferencia de prensa, el grupo de afectados por Pegasus fue a la Procuraduría General de República (PGR) a presentar una denuncia formal, firmada por *Aristegui Noticias*, el Instituto Mexicano para la Competitividad, el Centro Pro de Derechos Humanos, así como las organizaciones Mexicanos Contra la Corrupción y la Impunidad, y el Poder del Consumidor, para solicitar la identificación de los responsables del hackeo, pues el espionaje gubernamental es un delito grave que se castiga con seis a 12 años de prisión.

El presidente, sin embargo, giró la orden opuesta, comportándose como si fuera el ofendido, tal como había hecho su esposa Angélica Rivera durante el escándalo de la Casa Blanca: "Resulta muy fácil convocar para que se señale al gobierno como alguien que espía, como una entidad que espía. Nada más falso que eso. Espero que la Procuraduría General de la República, con celeridad, pueda deslindar responsabilidades y espero, al amparo de la ley, pueda aplicarse contra aquellos que han levantado estos falsos señalamientos contra el gobierno".

• • •

Contrariamente a lo ocurrido en el caso Pegasus, Peña Nieto no hizo actos públicos para exigir acciones contra la enorme red de corrupción que fue expuesta por periodistas, dos meses y medio después, bajo el nombre "La estafa maestra". Y no lo hizo a pesar de que su gobierno ya la conocía. Involucraba a

---

[12] "#GobiernoEspía: vigilancia sistemática a periodistas y defensores de derechos humanos en México". Comunicado del 19 de junio de 2017 de R3D, Red en Defensa de los Derechos Digitales en su sitio web, https://r3d.mx/2017/06/19/gobierno-espia/

[13] "Un día después del asesinato del periodista Javier Valdez, sus colegas fueron 'hackeados'". Reportaje de Azan Ahmed en *New York Times*, 27 de noviembre de 2018, https://www.nytimes.com/es/2018/11/27/javier-valdez-riodoce-pegasus/

[14] "Usan Pegasus y sitios falsos de *Animal Político* y *Proceso* para espiar a la viuda de Javier Valdez". Nota de Claudia Altamirano en *Animal Político*, 20 de marzo de 2019, https://www.animalpolitico.com/2019/03/espionaje-griselda-triana-viuda-javier-valdez/

11 dependencias públicas, 128 empresas fantasma, ocho universidades, otras empresas privadas y 50 servidores públicos con lo que fueron desviados —al menos— 400 millones de dólares de los contribuyentes. Se trataba de un sistema que había funcionado durante años y que fue detectado ya en 2010 por los auditores oficiales, sin que las administraciones de Felipe Calderón y de Peña Nieto iniciaran procesos judiciales.

El portal *Animal Político* y el grupo Mexicanos Contra la Corrupción y la Impunidad forzaron, mediante solicitudes de transparencia, a que entidades federales y estatales les entregaran reportes y revisiones de cuentas públicas, realizando además un centenar de entrevistas para armar el rompecabezas de la trama, que publicaron el 5 de septiembre de 2017.[15]

El gobierno contó con una ayuda inesperada, que le permitió contener los daños: la opinión pública se distrajo enseguida, aplastada por la tragedia.

• • •

El carácter de la respuesta ciudadana a los terremotos de septiembre de 2017 quedó sintetizada en una bella portada del semanario *Proceso*: presentaba a una joven menor de 30 años, con gafas, casco de obrero, tapabocas y chaleco, mirando con seguridad al frente y levantando el puño izquierdo (la señal para pedir silencio) en un derrumbe, sobre un fondo desenfocado de rescatistas. La Ciudad de México fue tomada por gente que se podía ver bien representada en ella, aunque tuviera otra edad, otro género, otro oficio, otra identidad sexual. El liderazgo a través del esfuerzo nos unió a todos, abriendo, como indica el titular de la revista, "la opción de renacer".

Nos encantó vernos en aquella imagen, sentirnos en ella, actuar desde ella. Así queríamos que fuera nuestra metrópolis, la que se propone sembrar luces en el cielo emborrascado de la nación, orgullosa de sus resistencias ejemplares, lo mismo ante el berrinche encabritado del México conservador, que ante la patada devastadora de la Mesoamérica fieramente tectónica.

Era una ciudadanía insatisfecha y frustrada por autoridades incompetentes, y que al pasar lo peor de aquella emergencia denunciaba que habían transcurrido 32 años desde el terremoto de 1985, sin que sus gobernantes se hubieran preparado para un nuevo evento de esa naturaleza. La ciudadanía preguntaba airada por qué sus autoridades habían respondido otra vez con torpeza e incompetencia, después de tanto tiempo. Tampoco se habían mos-

---

[15] "La estafa maestra". Minisitio en *Animal Político*, 5 de septiembre de 2017, https://www.animalpolitico.com/estafa-maestra/index.html

trado a la altura los medios de comunicación. Los más grandes, porque su voluntad de servir al poder y no a la sociedad, incluso en las más graves emergencias, seguía inquebrantable; los independientes, debido a la falta de previsión y de recursos. Pero algunos de éstos, al menos, hicieron lo posible por coordinarse, idearon nuevas estrategias de cobertura y pusieron por delante el interés de las víctimas.

Yo tenía 15 años en 1985. Con los chilenos Rodrigo y Andrés Alemany formamos una minibrigada adolescente, dedicada al transporte de cadáveres, alimentos, herramientas: lo que fuera necesario. Aunque identificar lo necesario fue por entonces uno de los principales problemas. Cabe recordar que en esa época no había celulares, tabletas ni internet; la telefonía fija estaba colapsada y la administración del presidente Miguel de la Madrid se preocupaba especialmente por la reacción ciudadana que la había suplido en el rescate. La prensa, la radio y la televisión (con las excepciones de *Proceso* y *La Jornada*) pusieron por delante los intereses del gobierno sobre los de la gente. En suma, no había manera de saber qué hacía falta y dónde se le podía encontrar.

Trabajamos durante seis días a ciegas, preguntando aquí y allá, improvisando. El 25 de septiembre, junto a miles de voluntarios, fuimos expulsados de los sitios de desastre por las autoridades. El régimen intentaba autoprotegerse, pero era demasiado tarde. De allí surgió la movilización social que tres años después fue contenida temporalmente a través del fraude electoral, pero que no se detuvo allí y siguió presionando para reformar al cabo de unos años el sistema político. Todo debía cambiar: el gobierno, la sociedad, los medios. Por muchas razones, entre ellas las catástrofes naturales que eventualmente sacudían al país. Sabíamos que vendrían más terremotos, huracanes, inundaciones y sequías.

Los terremotos del 19 y 20 de septiembre de 1985 —de 8.1 y 6.5 grados en la escala de Richter— fueron devastadores. Aunque no hay acuerdo en las cifras, se calcula que hubo entre tres mil y 20 mil muertos, y 252 edificios colapsados.[16] Nos hallaron, además, sin memoria viva: nadie había tenido la experiencia de algo similar.

Los del 7 y 19 de septiembre de 2017 —de 8.2 y 7.1— fueron también poderosos pero mucho menos dañinos: dejaron 471 muertos y 38 edificios colapsados.[17] Contábamos para entonces con algunas ventajas, respecto de

---

[16] Cfr. *Diario de debates* de la Cámara de Diputados, legislatura LIII, año I, periodo ordinario, fecha 19850924. Número de diario: 23 (L53A1P10N023F19850924.xml).

[17] "Lo que el #19S nos dejó: las víctimas, daños y damnificados en México". Nota de Manu Ureste y Ernesto Aroche en *Animal Político*, 19 de octubre de 2017, https://www.animalpolitico.com/2017/10/cifras-oficiales-sismo-19s/

los que habían ocurrido 32 años atrás. La respuesta social de aquel año había creado una epopeya cívica inspiradora, el cine y la fotografía nos permitían revivir lo ocurrido; ahora teníamos reglamentos estrictos y habíamos tomado precauciones.

A pesar de lo cual, nos dejamos sorprender nuevamente. Las instituciones no habían hecho cumplir estrictamente la normatividad surgida a partir del 85, ni habían construido capacidad de respuesta a la altura de esos desafíos. El presidente Peña Nieto y el jefe del gobierno capitalino, Miguel Ángel Mancera, carecían de mando, credibilidad y determinación. La ciudadanía volvió a dar el ejemplo, saliendo masivamente a hacerse cargo, a rescatar, a improvisar, otra vez a improvisar. Nadie tenía claro qué hacer, dónde podía uno contribuir mejor con su trabajo, qué habilidades o materiales se requerían en cada lugar. Desde hace muchas décadas, los hombres cumplimos con un servicio militar de broma, absolutamente inútil para la defensa nacional y también para la protección civil. A nadie parece habérsele ocurrido que esta nación necesita gente entrenada para responder a los desastres cotidianos, que requerimos un servicio civil que prepare a las chicas y a los chicos en operaciones de primeros auxilios, rescate de personas, logística, liderazgo. Así es que hubo que ingeniárselas, inventar sobre la marcha. Todo lo hicimos desde cero. Admirable. Pero tardío e insuficiente.

No llegamos a tiempo al que estaba desesperado bajo los escombros porque no sabíamos por dónde ir, porque no contábamos con el equipo necesario o porque no había quien supiera manejarlo; porque éramos demasiados aquí y muy pocos allá, porque todos discutíamos nuestras grandes ideas. Demoramos en mandar la ayuda porque nadie elaboró programas de respuesta inmediata; acumulamos miles de latas de leche en polvo en un lugar donde había sólo tres infantes, y mandamos cientos de paquetes de galletas a otro donde necesitaban agua potable.

De manera insólita, teníamos que resistir también a los granaderos que el gobierno capitalino de Miguel Ángel Mancera envió para golpear voluntarios. Cuando los altos funcionarios superaron la parálisis y decidieron recuperar el control, la gente se resistió a entregar lo que había construido, como centros de acopio, albergues y campamentos. Las autoridades decidieron tomar esos lugares por la fuerza. Aunque abundan los testimonios de fraternidad entre policías, soldados y civiles, en las carreteras agentes federales y estatales interceptaron y desviaron camiones cargados de ayuda. Hubo casos de oficiales que amenazaron a los brigadistas con denunciarlos por robo si no cedían los víveres, y empleadas de asistencia que amedrentaron a familias damnificadas con acusaciones de acaparamiento.

La tecnología permitió subsanar progresivamente muchas deficiencias. Profesionales de diversas áreas formaron grupos para atender necesidades específicas, que se vincularon mediante redes. La información oportuna, fidedigna y accesible era vital, ante una formidable marea de noticias falsas, incompletas o inexactas que provocaba confusión, errores y disputas. Ante eso, organizaciones civiles y un par de portales web crearon Verificado 19S. Se trataba de un grupo de activistas, periodistas y programadores dedicado a comprobar los datos que circulaban en redes sociales, para organizarlos y difundirlos bajo una certificación de veracidad, e insertarlos finalmente en un mapa y en una base de datos disponible para todo el público.[18]

Los medios, en general, enfrentaron tareas más allá de sus posibilidades, pero no buscaron alianzas, como habían hecho en otros casos. Algunos de ellos decidieron apoyarse en la gente. *Animal Político* pidió ayuda para ubicar las 228 fatalidades de la Ciudad de México (el #MapaContraElOlvido), gracias a lo cual descubrió casos anómalos, como el de dos personas que murieron aplastadas por una marquesina en la tienda departamental El Palacio de Hierro, ubicada en la calle Durango 230. Sus cuerpos fueron retirados de inmediato para aparecer después sin sus datos de origen,[19] liberando así a la empresa de la responsabilidad respectiva y de la mala imagen. De manera individual, muchos reporteros se vincularon a través de grupos de WhatsApp como "Sismocobertura", en donde intercambiaron información y se brindaron apoyo para enfrentar riesgos, así como para responder a las agresiones provenientes sobre todo de agentes del Estado. Dieron también difusión a las actividades y convocatorias de grupos de personas damnificadas, que de otra forma hubieran encontrado muy difícil lograr un contacto directo con la prensa.

• • •

Lamentablemente, en la sociedad quedó un recuerdo distinto sobre el comportamiento de los medios. El caso Frida Sofía atrapó la atención de la opinión pública, y al resultar una falsificación se convirtió en una vergüenza internacional para el gobierno, para el Grupo Televisa y —por extensión— también para la prensa.

El gobierno de Peña Nieto intentó ganar la batalla de la imagen, controlando la información a través de su aliada Televisa, a cuyas cámaras dio ac-

---

[18] www.verificado19s.org/

[19] "Toño murió en Palacio de Hierro durante el sismo, su familia no recibió ayuda ni para el funeral". Reportaje de Manu Ureste en *Animal Político*, 17 de octubre de 2017, https://www.animalpolitico.com/2017/10/palacio-hierro-victima-sismo/

ceso privilegiado en los sitios de desastre que controlaba. Nadie ha podido establecer hasta ahora cómo se originó el rumor de que una niña de cinco años, de nombre Frida Sofía, había sido detectada en el derrumbe del Colegio Rébsamen, y que cerca de ella había otros cinco niños vivos. En esa escuela primaria del sur de la Ciudad de México fueron rescatados 11 menores, mientras que 19 niños y seis adultos murieron. La reportera de Televisa Danielle Dithurbide tuvo la exclusiva. La Secretaría de Marina, a cargo de las tareas de rescate, no explicó las razones por las cuales se permitió el ingreso solamente a ella y a su equipo. El resto de los periodistas debió conformarse con dar versiones de segunda mano, que recogían de las personas que salían a la calle, desde donde era imposible ver los trabajos.

La cobertura de Dithurbide fue maratónica. Empezó a las 18:00 horas del martes 19, y a las 9:18 del día siguiente ya habían rescatado a todos los sobrevivientes y cadáveres, salvo el de una mujer adulta que había fallecido. La reportera no lo sabía y le dijo al aire al conductor Carlos Loret de Mola que "te puedo confirmar que están teniendo contacto con una niña con vida, le están pasando una manguera para que pueda tomar agua". Frida Sofía atrapó las esperanzas de México y el mundo. En sucesivos reportes a lo largo de toda la jornada, Dithurbide entrevistó a voluntarios que afirmaban haber hablado con la niña, oído voces o escuchado decir su nombre, y a especialistas que aseguraron haber detectado a la niña y a sus compañeros, con perros y con cámaras térmicas. Aseguró también que "el objetivo primordial es rescatar a Frida Sofía, da lo mismo quién la rescate". Por si esto fuera poco, difundió un llamado de la Secretaría de Marina a los padres de la niña, dado que no estaban allí, ni se sabía nada de ellos.

Agolpados en los distintos accesos a la escuela, los reporteros tenían órdenes de averiguar todo lo posible sobre la pequeña, como máxima prioridad y sin precaución alguna. Personajes con cascos de obrero, presuntas madres y maestras, e incluso una mujer que dijo ser la tía de la niña otorgaron declaraciones que fueron transmitidas al público sin filtros. Alguien contó que había tocado la mano de Frida, y alguien más lanzó la buena nueva de que finalmente había sido rescatada, y que se encontraba bien, recibiendo atención médica.

Dos almirantes sostuvieron la historia: "Tenemos identificada a una persona, a una menor, en el segundo piso de lo que fue el edificio colapsado", explicó José Luis Vergara, quien salió a hablar con la prensa; "está con vida pero la situación es muy inestable". Por su lado, Ángel Enrique Sarmiento, subsecretario de Marina, le confirmó a *Milenio* que "han estado hidratándola desde la mañana con agua, a través de una manguera". "¿Hay manera de saber si está tomando el agua?", le preguntó la reportera. "No. La única manera es que está con vida todavía. Le indican que mueva las manos y al menos en el equipo térmico hay movimiento. Físicamente no la ven".

El Colegio Rébsamen era el lugar para hacerse ver, de tal forma que el miércoles 20 por la noche llegaron allí el presidente Peña Nieto y tres de los aspirantes a sucederlo: el secretario de Gobernación, Miguel Ángel Osorio Chong; el de Educación Pública, Aurelio Nuño, y el jefe de Gobierno de la Ciudad de México, Miguel Ángel Mancera. Además del presidente sólo habló Nuño, como responsable de las escuelas, y ambos en exclusiva para Televisa. Nuño aprovechó el momento para aclarar que eran cuatro las personas que permanecían con vida: un profesor y tres alumnos que se habían resguardado bajo una mesa de granito en la cocina del plantel, y que por lo tanto era falso que ya hubieran rescatado a la menor: "Desafortunadamente todavía no, aquí sigue trabajando con mucha precisión el operativo". Reconoció, sin embargo, algo que ya estaba causando inquietud: "No hemos tenido contacto con familiares de quien pudiera ser esta niña (a quien) se ha identificado como Frida Sofía. No hemos podido contactar a los papás ni a algún familiar".

Por la mañana del jueves, cuando se cumplían 24 horas del caso Frida Sofía, Carmen Aristegui transmitió varias entrevistas que cuestionaban la historia del momento: entre ellas las realizadas por Edgardo del Villar, de Telemundo, quien explicó que no había podido hallar "ninguna fuente original u oficial que pudiera confirmar esa historia" (la de Frida). También las de Iván Macías, de Univision, a quien un rescatista le dijo que el área donde supuestamente se encontraba la niña se había desplomado, y que por lo tanto "ya no hay mucho qué hacer". Asimismo las del joven voluntario Dorian Riva, a quien un oficial de policía le había dicho que "todo eso de Frida Sofía y que están intentando rescatar gente no es cierto, que solamente están intentando que el edificio no colapse". Finalmente el testimonio de una mujer identificada como Luz, madre de una alumna, quien aseguró que su esposo había entrado durante esa madrugada y "nunca hubo una niña. Queremos que todos los militares se vayan. Ya no queremos que el gobierno esté aquí".[20]

Sin ninguna explicación Televisa olvidó a Frida Sofía, y empezó a transmitir desde otros puntos de desastre. A las 14:00 horas el almirante Sarmiento aseveró que nunca dijo lo que dijo: "La versión que se sacó con el nombre de una niña, no tenemos conocimiento, nunca tuvimos conocimiento de esa versión, y estamos seguros que no fue una realidad, puesto que se corroboró

---

[20] "Hora por hora: cobertura de una infamia". Nota de *Aristegui Noticias*, 24 de septiembre de 2017, https://aristeguinoticias.com/2409/mexico/hora-por-hora-cobertura-de-una-infamia/

que la totalidad de los niños, desgraciadamente algunos fallecieron, otros están en el hospital, y los demás están sanos y salvos en su casa".

•••

Televisa quedó exhibida. Las redes sociales la acusaron de "montar un *reality show*" y —como pocas veces— reaccionó contra las autoridades tras la aparición del almirante, mediante un comunicado leído alternativamente por los conductores a cargo del tema, Denise Maerker y Loret de Mola. Su tono era duro. "Hemos registrado los cuestionamientos y dudas", admitieron. "Durante toda la transmisión de Noticieros Televisa desde la escuela Enrique Rébsamen, la información que hemos dado a conocer ha sido entregada a nosotros o validada por el mando en turno de la Secretaría de Marina. Incluso nuestro puesto de transmisión ha estado en el mismo sitio de dicho mando". De manera que "cuando informamos que había una persona viva bajo los escombros, cuando informamos que era una niña, cuando informamos que quizás eran tres, cuando informamos que estaban a punto de rescatarla, en síntesis, cada dato en cada paso de la transmisión fue obtenido de la Marina o corroborado con los mandos de esta institución. Nuestro objetivo fue siempre evitar los rumores y la diseminación de información falsa". Por eso "nos sorprende enormemente que el almirante Ángel Enrique Sarmiento, subsecretario de Marina, haya difundido hace unos momentos un cambio radical en la versión que nos había estado proporcionando él mismo de manera directa, y sus colegas. Exigimos a la Secretaría de Marina que informe con claridad por qué el cambio de versión"...

"Nos tiene absolutamente anonadados e indignados", señalaron por su cuenta, más allá del texto escrito. Enumeraron entonces los aspectos que les habían parecido extraños durante el proceso, como el hecho de que no se hubieran presentado en el lugar los padres de la niña; que les hubieran dado información contradictoria sobre su ubicación en distintos pisos, y que el número de niños atrapados variara, todo esto "¡a lo largo de 48 horas!" Les faltó acaso explicar cómo había ocurrido que, con tantas señales contradictorias, nunca le pidieron a Dithurbide corroborar por su cuenta si las inciertas versiones que recibía eran verídicas. Se habían apegado a la regla del viejo periodismo tradicional: ese que no investiga sino que sólo repite lo que dice la autoridad. Desde su puesto privilegiado en el lugar de la noticia, Televisa se había limitado a repetir la versión oficial, para luego —al ser desmentida— reclamar airadamente a la autoridad.

Siete horas más tarde, a las 21:41, la Secretaría de Marina asumió la responsabilidad y los almirantes Vergara y Sarmiento se presentaron ante la prensa. Este último ofreció "a los mexicanos una disculpa, por la información vertida esta tarde, donde afirmé que la Marina no contaba (*sic*) con los detalles de una supuesta menor, sobreviviente en esta tragedia. La información que prevalece hasta este momento, no asegura si se trata de una persona mayor, o de una niña. Sin embargo, debe saber el pueblo mexicano que mientras exista la mínima posibilidad de que haya alguien con vida, lo seguiremos buscando con la misma entrega". Eso también era falso, según los testimonios presentados por Aristegui: no se buscaba ya a ninguna persona, ni menor, ni adulta. No se hallarían tampoco más cuerpos.

• • •

En la opinión pública prevaleció la idea de que se había tratado de un montaje intencional, a cargo del gobierno o de Televisa, o de ambos. O acaso del gobierno y de la prensa en general, con el rostro de Danielle Dithurbide en primer plano.

Diego Salazar, un periodista especializado en medios, llegó a una conclusión distinta a partir de un minucioso análisis de toda la información generada, que incluyó entrevistas con algunos personajes clave. "Televisa no fue la única televisora que convirtió esta historia en una telenovela, ni todos los rescatistas que salieron a declarar eran agentes de alguna entidad estatal o gubernamental. Por supuesto, cabe la posibilidad de que todos esos marinos, militares, civiles y periodistas estuvieran compinchados para engañar a un país entero pero, la verdad, visto el caos informativo y la cantidad de gente que había en el colegio Enrique Rébsamen, resulta bastante difícil de creer".

Frida Sofía fue inventada y agigantada por el descontrol de la Marina en primer lugar, pero también por el desenfreno mediático y la torpeza y el protagonismo de muchas otras personas. Los almirantes, por ejemplo, permitieron que los primeros reportes sobre pruebas térmicas —que requerían una cuidadosa interpretación— les fueran presentados frente a las cámaras, bajo la presión de millones de personas que deseaban buenas noticias: "en una transmisión en vivo y en directo, 'unas temperaturas' se convirtieron en pocos segundos en 'un cuerpo con vida'".

En general, la urgencia de lo inmediato impone al periodista riesgos, de cuyas consecuencias luego no es fácil escapar. Salazar señala que no sólo Televisa cayó en graves errores, sino casi todos los medios presentes, incluido *Aristegui Noticias*, que sólo hasta el segundo día se despegó de la cobertura que realizaba la competencia. "Muchos periodistas y parte del público ven en la transmisión en directo una cima del periodismo", escribió Salazar. "Un error que historias como ésta desnudan. Se piensa que es así porque, posmodernos todos, creemos que la información trabajada por un periodista está mediatizada, y esa mediación supone un obstáculo para conocer la verdad. La cámara transmitiendo en directo y el periodista narrando al mismo tiempo lo que nuestros ojos ven serían así el ejemplo más puro de periodismo no contaminado por la subjetividad humana. Pero, en realidad, es precisamente debido a la mediación que un periodista se da el trabajo y se toma el tiempo de verificar, contextualizar y narrar unos hechos que ha presenciado o reconstruido a partir de testimonios ajenos, que el periodismo puede acercarnos a la verdad. El periodismo en directo es casi un oxímoron. En directo pueden presenciarse y hasta narrarse hechos, pero verificarlos y dotarlos de contexto se hace extremadamente difícil. El directo añade una barrera aún más alta, muchas veces infranqueable, a la de por sí complicada labor de hacer periodismo".

Los rescatistas carecían de experiencia y preparación para manejar situaciones de alto estrés, por lo que no se podía esperar que "mantengan la calma, el orden y además se conviertan en voceros confiables cuando tienen una cámara o un micrófono delante", anota Salazar. Otra cosa ocurre con "profesionales entrenados y experimentados, como se supone que son los altos oficiales de la Marina". Tampoco los medios —desde los reporteros hasta quienes toman las decisiones— mostraron capacidades ni voluntad para resolver una situación como ésta.

Concluye el periodista: "Fue así que una niña inexistente mantuvo en vilo a un país, gracias a la cámara de eco que construyeron unas autoridades irresponsables, que además intentaron luego escurrir el bulto, y unos medios presos de la espectacularidad del directo".[21]

• • •

No se trataba del primer escándalo para Carlos Loret de Mola. Entre otros, el de mayor trascendencia fue resultado de su cercanía con Genaro García Luna, el zar policiaco de los presidentes panistas (fue director de la Agencia Federal de Investigación con Vicente Fox y secretario de Seguridad Pública con Felipe Calderón) que está detenido y sujeto a proceso en Estados Unidos acusado de tráfico de cocaína y de recibir millones de dólares de la Federación de Sinaloa.

García Luna impulsaba su imagen pública realizando golpes espectaculares que eran transmitidos en el espacio de Loret de Mola, varios de ellos

---

[21] "Frida Sofía no estaba ahí o los peligros del periodismo en directo". Artículo de Diego Salazar en ElDiario.es, 21 de octubre de 2017, https://www.eldiario.es/internacional/Frida-Sofia-peligros-periodismo-directo_0_699230273.html

en directo. Las operaciones tendían a coincidir con el horario del programa, las cámaras de Televisa llegaban justo cuando el *show* iba a empezar y, acaso como premio a su perspicacia periodística, recibían acceso privilegiado de inmediato.

En la del 9 de diciembre de 2005, millones de televidentes se estremecieron al presenciar en vivo la captura de una banda peligrosa, la de Los Zodiaco, entre cuyos miembros sanguinarios se encontraba una ciudadana francesa, y la liberación de los secuestrados.

En el video, disponible en YouTube, se ve que después de mostrar los coreografiados movimientos de agentes en actitud de ataque ingresando al jardín de una propiedad, la cámara entra en una caseta donde el supuesto delincuente Israel Vallarta y su pareja, Florence Cassez, son sometidos contra el piso antes de obligarlos a golpes a mostrar sus rostros en cadena nacional y responder a las preguntas del reportero Pablo Reinah, que los hizo "confesar" sus crímenes.[22] Fue uno de cuatro segmentos en los que el "periodista" incriminaba a personas incapaces de defenderse. En los siguientes días, por años, el público mexicano fue "informado" de que la pareja había cometido atrocidades y se generó un fuerte incidente diplomático en el que intervino el presidente francés Nicolás Sarkozy.

En su libro *El teatro del engaño*, la periodista Emanuelle Steels reveló que Eduardo Margolis Sobol, un temido empresario judío que formó un Comité de Seguridad Comunitario, un grupo de inteligencia e intervención armada para proteger a la comunidad judía de Polanco, y que suele proferir amenazas como "voy a desaparecer a tu familia", les cumplió una a Vallarta y Cassez, entregándolos a García Luna para que los encarcelara. El policía los aprovechó para montar otro espectáculo, el de la captura de la banda ficticia de Los Zodiaco.

A quienes el público vio esa mañana en Televisa eran dos personas inocentes que en realidad habían sido detenidas y torturadas el día anterior, y cuyas vidas estaban siendo destruidas en ese instante, en uno de los momentos más vergonzosos del periodismo mexicano, protagonizado por Carlos Loret de Mola desde el estudio de *Primero Noticias*.

"El programa se involucró en esa fabricación, sabiendo", afirmó Juan Manuel Magaña, entonces coordinador de información. "Porque hay un momento en el que, detrás de cámaras, los policías se adentran a la propiedad, y por consigna del programa los regresan. La productora (Azucena Pimentel) los vuelve a alinear, y les dice que esperen hasta que dé la luz verde para

---

[22] "Operativo Caso Cassez Televisa 2005". Video en YouTube, 11 de marzo de 2012, https://youtu.be/XQUoy9Svd_E

transmitir".[23] Por parte de García Luna, los encargados de la puesta en escena eran Luis Cárdenas Palomino, coordinador regional de la Policía Federal, y Javier Garza Palacios, agregado de ese cuerpo en Colombia.

En enero de 2013, necesitado de justificar su papel en el montaje, Loret de Mola se presentó como otra víctima, pues había sido "engañado" por sus colaboradores: "No me alertaron de nada extraño".

Lo desmintió la periodista Laura Barranco, que era parte de su equipo y replicó mostrando el "chat interno" del noticiero en el que les advirtió al conductor y a la productora, Azucena Pimentel Mendoza (hoy directora general de Publicidad y Producción de Presidencia de la República, con AMLO), de que cometían abusos: señaló que no podían "estar contribuyendo a violar los derechos" de los detenidos y que los "liberados" no reconocían a los "secuestradores". "En 13 ocasiones le dije a Loret ¡para ya!" "¡No te calientes, cautín!", fue una de las respuestas. Ante su insistencia, Loret de Mola le puso un alto definitivo: "¿Qué no te ha quedado claro que no te pienso hacer caso? Es nota, fin de la historia".[24]

Cassez y Vallarta fueron procesados bajo acusaciones falsas (ante la negativa de Vallarta a guardar silencio, cinco familiares suyos más fueron torturados y encarcelados en 2012). Aunque Sarkozy logró rescatar a su compatriota en 2013, Israel Vallarta lleva 14 años en prisión y su hermano Mario y Alejandro Cortez Vallarta, ocho años (los otros tres fueron absueltos en 2016 y 2017), sin sentencia.

La defensa ha solicitado que Carlos Loret de Mola declare para explicar el montaje. Pese a que asegura tener la conciencia limpia, el periodista interpuso un amparo que hasta el momento lo ha librado de decir lo que sabe. El 27 de febrero de 2020, un juez desechó el recurso y ordenó que Loret de Mola testificara el 18 de marzo siguiente. No ocurrió. Israel Vallarta contrajo COVID-19 en prisión, en mayo de 2020.

• • •

La ciudad se llama Zamboanga. Está en la punta de la península del mismo nombre, en la isla de Mindanao, en Filipinas. Tuve que marcharme de ahí a

---

[23] "Productora de 'montaje' de Cassez en Televisa no debería laborar con AMLO: Magaña". Entrevista con Carmen Aristegui en *Aristegui Noticias*, 12 de diciembre de 2019, https://aristeguinoticias.com/1212/mexico/productora-de-montaje-de-cassez-en-televisa-no-deberia-laborar-con-amlo-magana/

[24] "'En 13 ocasiones le dije a Loret: ¡Para, ya!' Así fue el montaje en Televisa, contado desde adentro". Reportaje de Guadalupe Fuentes en *Sin Embargo*, 11 de diciembre de 2019, https://www.sinembargo.mx/11-12-2019/3693451

toda prisa porque el clérigo Hadji Gonzales Alonto —del Frente Moro Islámi-co de Liberación— me salvó de un secuestro, pero no podía protegerme más. Desde la ventanilla del avión me sorprendió ver que el aeropuerto recibía a los viajeros con una frase en castellano: "Bienvenidos a la ciudad latina de Asia".

Ahí se habla chavacano, un dialecto del español que se usaba en Méxi-co durante el periodo colonial. Desde la fundación del primer asentamiento español en 1565, y hasta la independencia mexicana, en 1821, Filipinas fue gobernada desde la Ciudad de México, orientó su comercio hacia Acapulco y utilizó las monedas acuñadas en la Nueva España. El padre de la identidad nacional filipina, el poeta José Rizal, escribió sus versos más bellos en espa-ñol, antes de ser colgado por las tropas imperiales en 1896. Se trata del poema "Mi último adiós".

> Y cuando en noche oscura se envuelva el cementerio
> Y solos sólo muertos queden velando allí,
> No turbes su reposo, no turbes el misterio,
> Tal vez acordes oigas de cítara o salterio,
> Soy yo, querida Patria, yo que te canto a ti.

No es ese lenguaje refinado el que escuché en Zamboanga, sin embargo. Los altos jerarcas de la administración, de la Iglesia y de la milicia eran ibéri-cos, distantes del pueblo y a cargo de los recursos necesarios para marcharse, poco a poco, durante la prolongada agonía del imperio. Se quedaron los solda-dos, los frailes, los bajos burócratas reclutados en México. Sobre su forma de hablar se montaron con el tiempo también giros y palabras de las lenguas de Mindanao y de las islas Sulu. Un fenómeno que sin duda encantaría a Mario Vargas Llosa, de quien leía por entonces el *Elogio de la madrastra*, durante el trayecto de 13 horas en autobús desde Cagayán de Oro hasta Zamboanga. Era una forma de sentirme acompañado, aunque no creo que él hubiera querido acompañarme.

Cerca de esta ruta, 29 meses antes —el 23 de noviembre de 2009—, cuando el político Esmael Mangudadato iba a registrar su candidatura a go-bernador, sus rivales del clan Ampatuan decidieron secuestrarlo con su cara-vana. Aunque se equivocaron —pues Mangudadato estaba en otro lugar—, se llevaron a su esposa y a toda su comitiva. A sangre fría asesinaron a las 57 personas. De ellas 37 eran periodistas que iban a cubrir el acto. Violaron a cinco mujeres, cuatro de ellas reporteras. Más tarde Mangudadato ganó los comicios. "El solo hecho de que vayas en este autobús ya es peligroso", me dijo un vendedor de una compañía piramidal de productos naturistas, que insistía en darme la oportunidad de convertirme en "pequeño gran hombre de negocios". "Lo de menos es un secuestro", comentó al hacer una pausa en su esfuerzo filantrópico. "Pueden balacear el vehículo o hacerlo estallar". Zamboanga, las Sulu y todo el oriente de Mindanao permanecían hundidos en la ya larga guerra separatista iniciada por grupos musulmanes. Los secuestros por motivos políticos, religiosos o simplemente criminales eran cosa común, como también en Siria. Yo sabía qué era lo que estaba haciendo. Era muy discreto y sólo la determinación reclutadora de mi interlocutor me reveló como extranjero. No hubo peligro en ese recorrido. Pero lo encontraría más tarde.

A principios de 2012 nadie estaba cubriendo la violencia en la región, ni buscando conocer sus causas, y me parecía importante investigarlo. Todos mis compañeros se hallaban en Medio Oriente. ¿Por qué ignoramos unos conflictos y a otros los impulsamos al centro de la atención mundial?

Ayudar a difundir una problemática dura y poco conocida era una de mis motivaciones. Pero también formaba parte de mi sentimiento de culpa, tan arraigado en aquellos que crecimos en países católicos, aún sin ser religiosos. Las razones que tenemos para reportear la violencia pueden ser tan numerosas y variadas como cada uno de nosotros. Y hace falta admitir que no siempre son afortunadas. La película *A Private War* trata sobre la vida de Marie Colvin, quien se convirtió en un emblema del periodismo de conflicto: carismática, rubia, elegante en medio de la batalla con su parche sobre la cuenca del ojo, que perdió alguna vez cruzando la línea del frente en Sri Lanka. Lindsey Hilsum, su colega y biógrafa, escribió recientemente que lamentaba haber contribuido a la creación de un mito porque "su valentía nunca estuvo en duda, pero su buen juicio tal vez sí". Colvin misma se preguntaba —recuerda Hilsum— "¿qué es valor y qué es una bravata?"[25]

Los periodistas que cubrían los combates en la población de Baba Amr, en Siria, habían sido forzados por los rebeldes a marcharse, ante la severidad de la ofensiva del ejército de Bashar al Assad. Pero Colvin sintió que había abandonado a la gente en riesgo, a los civiles, y decidió volver. Su cadáver quedó ahí junto al del fotógrafo Rémi Ochlik. Y Javier Espinosa, mi colega español, se salvó por poco.

Cuando alguien pregunta qué tanto vale la pena acercarse al fuego, acostumbramos responder que la vida no vale más que la mejor historia y, en todo caso, ¿de qué vale la mejor historia si no vas a vivir para contarla? Marie no la contó. Ni Rémi. Javier estuvo desaparecido unos días hasta que se supo

---

[25] "Marie Colvin – the making of a myth". Artículo de Lindsey Hilsum en *Financial Times*, 5 de febrero de 2019, https://www.ft.com/content/c72c571c-260f-11e9-8ce6-5db4543da632

que había logrado escapar. ¿Y yo? En esos mismos días de febrero de 2012, en mi tercera vuelta al mundo, corría en moto con una bella vietnamita a mi espalda, en la paradisiaca isla de Langkawi, en Malasia... ¿con qué derecho? Entiendo que esta pregunta tiene poco sentido, pero igual te la haces y pesa sobre tu ánimo. Apabullado por el sentido de responsabilidad del periodista, sólo me alivió concluir que —si no iba a correr de vuelta a Siria en ese momento— sí podía sacarle el mayor provecho a mi viaje por Oriente buscando una de esas historias que el mundo ha decidido ignorar. ¿Entendería esto Vargas Llosa? ¿Le importarían unos filipinos de un lugar remoto, o valdrían para él solamente por hablar una curiosidad dialectal? Y si de casualidad me entendiera, y le importaran, ¿se atrevería a venir a verlo con sus propios ojos?

¿Qué mueve al periodista? Los hay muchos de escritorio. O aquellos que sólo salen para grabar lo que dicen los políticos, los empresarios, los deportistas, las figuras de la farándula. Tienen otra dinámica interior. Pero para quienes vamos a pasarla mal, al hambre, a la sed, al frío, al calor, al peligro, los que viajamos siempre con rumbo al miedo: ¿qué nos lleva?

Porque el temor nos sobrecoge. Sólo he conocido libres del miedo a personas muy afectadas por la violencia, que sienten que ya todo da igual. A fines de julio de 2014 —en el camino que recorríamos en coche desde Jerusalén hasta Gaza— con Johan Mathias Sommarström y Eduardo Soteras, la conversación se nos agotó en media hora. Abed, el conductor, nos miraba por el espejo retrovisor con aburrimiento y casi con pena. En La Vie, un restaurante de Ramalá, podríamos reír toda la noche. Pero por lo pronto el desasosiego nos calló. Cada uno pensaba, inmerso en la soledad de su pecho, en la posibilidad de no salir vivo ya de aquella minúscula franja, arrasada diariamente por la fuerza aérea israelí. Lo sientes y algo te grita: ¡Detente!, ¡alto ahí!, ¡da la vuelta!, ¡estás a tiempo!

Y sabes que, cuando salgas, te hallarás solo. Porque no hay crónica que haga sentir de verdad qué es la guerra. Por muchas historias que hayas visto no la conoces —ni mucho menos la entiendes— hasta que la vives. Es mucho peor que todo lo que has imaginado. Aunque eso nadie lo sabe, muchos creen que lo saben, y por aquí y por allá te encuentras presuntos expertos que te explican qué es lo que en realidad viviste y cómo deberías interpretarlo. No te entienden cuando tratas de explicar la experiencia real, personal, porque no cuadra con sus prejuicios y con sus fantasías. Terminas asilándote con tus compañeros, los que tampoco hallaron la manera de comunicarse con los otros. Como un grupo de locos que comparten una extraña realidad particular.

Entre los mexicanos de mi generación, sólo los fotógrafos Javier Manzano y Narciso Contreras podrían compartir conmigo esa desvalijada intimidad.

Pero ellos se quedaron en aquel lado del mundo. Un año después de Gaza, de vuelta en México, las urgencias me impedían comenzar mi proyecto más importante, un documental enfocado en el examen del papel que tuvieron los militares en la desaparición de los 43 estudiantes de la escuela de Ayotzinapa. Una mañana desperté tras soñar que todo estaba listo, que ya no había nada que me impidiera empezar aquel proyecto. Era real, y enfrenté algunas preguntas obvias como por ejemplo cuáles podrían ser las consecuencias para mi equipo, para mi familia, para mis amigos y también para mí. El Ejército mexicano ha dejado muchísimas vidas inocentes en el camino —unas perdidas, otras rotas— y yo convocaba a los míos a jalarle los pelos.

Bajo el agradable sol matutino, di vueltas en la sala hasta que entendí que la cuestión ya estaba más allá de mi control: era mi deber como periodista, como ser humano, y si lo evadía no sería capaz de vivir conmigo mismo. Para muchísimos periodistas el deber es un motor fundamental, y la pasión. Vargas Llosa podría alegar que también la curiosidad, y la aventura, y la adrenalina, incluso la estupidez. No es raro que estos elementos se presenten en distintas combinaciones. Pero le costará aceptar que si pueden o no influir, el sentido del deber es la matriz lingüística, sólida y necesaria, para que tenga validez este riesgoso menjurje dialectal que llamamos caminar de frente hacia donde puedes morir. "Hay más libertad de expresión en México hoy en día que hace 20 años, sin ninguna duda", le dijo Vargas Llosa a Carmen Aristegui en marzo de 2018. Además de los 12 compañeros muertos en 2017, ya habían matado a otros dos en aquel año, mientras se acercaba la elección presidencial. El 13 de enero le había tocado el turno a Carlos Domínguez, y el 5 de febrero a Pamela Montenegro. Después de que el Nobel hizo su comentario, sólo pasaron 48 horas antes de que asesinaran a Leobardo Vázquez, el 21 de marzo.

Los más de 100 crímenes, sostuvo el gran novelista, podían explicarse por el hecho de que los periodistas decíamos ahora cosas que antes no eran permitidas. No lo describió como una responsabilidad de los criminales y de los personajes corruptos que ordenaban matarnos (del feminismo, de la manera más general, escribió que "es el más resuelto enemigo de la literatura":[26] pretender que las sociedades se desarrollen con equidad es quemar libros y ahorcar autores).

Acusar a Vargas Llosa de flojera o de cobardía es una equivocación. Se lanzó sin necesidad a una campaña presidencial —que perdió— en Perú, inscrita en un duro entorno político. En pleno poderío del PRI, en 1990, dijo en un

---

[26] "Nuevas inquisiciones". Artículo de Mario Vargas Llosa en *El País*, 17 de marzo de 2018, https://elpais.com/elpais/2018/03/16/opinion/1521215265_029385.html

foro importante que México era una "dictadura perfecta" por su simulación de democracia, y tuvo que salir del país. No se calla lo que cree que debe decir, pero tampoco se ha ensuciado las manos. Es un dotado investigador, pero no es un hombre dispuesto a vivir del agua sucia y del pan podrido, bajo un techo en ruinas y sobre el piso maloliente, frente a la amenaza del guerrero sangriento y del mosquito infeccioso, al menos por unas horas. Menos durante un plazo largo o por toda la vida. No tiene idea ya no digamos de lo que significa meterse en las fauces del lobo, sino habitar dentro de ellas, como tantos reporteros en las regiones más castigadas de México y del mundo. Este apego profundo al confort es lo que provoca una diferencia básica entre los seres humanos, respecto al entendimiento que adquirimos del mundo.

En la película *Green Book* —de Peter Farrelly, 2018—, situada en los Estados Unidos de John F. Kennedy, Tony Lip, un italiano racista, se ve obligado a servir como chofer de Doc Shirley, un músico negro. El blanco es de clase baja, sabe de la vida y es capaz de entender, de aprender y de adaptarse. Su patrón, en cambio, creció en el refinamiento y en el glamour, por lo que ignora lo que sucede en el fondo de la pirámide social, y es incapaz de comprenderlo o simplemente de prestarle atención. En esto se parece a Vargas Llosa, así como a algunos personajes del periodismo mexicano, que disfrutan estar a la sombra del poder.

Doc, no obstante, escoge salir de su jaula dorada, adentrarse en el mundo dolorosamente real del sur racista, y así logra entender y actuar. Tomó ese riesgo porque —explica uno de sus músicos— no es suficiente ser genio, y para cambiar el corazón de la gente hace falta valor. Valor de largo plazo, quisiera precisar, sostenido, más allá de la oportunidad ocasional. Tras su derrota política Vargas Llosa no se quedó a vivir en el país que quiso gobernar. Se mudó a España para algo más que un breve autoexilio: adquirió la nacionalidad y dejó atrás su patria. Todo lo cual es legítimo pero también contradictorio, si es que antes aparecías como alguien que sabía qué era lo mejor para tus compatriotas. Tan contradictorio como asomarte de tanto en tanto fuera de tu palacio, para decirles a los plebeyos que tienen más libertad de expresión que nunca, y que si los matan no es por culpa de ese sistema que tiene su asiento en las altas esferas del poder político.

Vargas Llosa se fue porque tenía cómo hacerlo: los recursos, las amistades, los privilegios, las residencias europeas. Los periodistas a quienes les da lecciones —como Moisés, Miroslava o Javier— se quedan mientras pueden, a pesar de los riesgos, porque entienden que ése es su deber. Porque si les dicen que los matan por tanta libertad, responden como le gustaba a Javier Valdez: saludando con el dedo medio.

•••

Los sondeos de preferencias electorales fueron objeto de una estrecha vigilancia en el proceso electoral de 2018. En 2012, varias casas encuestadoras fueron acusadas de mentir para consolidar la idea de que Enrique Peña Nieto tenía asegurada la victoria. En 2006, las señalaron por generar la impresión de que el liderazgo de Andrés Manuel López Obrador (AMLO) se desinflaba.

Ahora se dijo que esto último volvería a pasar, que AMLO empezaba su carrera con una ventaja que no podría sostener. En esta ocasión, sin embargo, la aparición de "barómetros electorales" (que valoraban la confianza en las mediciones para establecer una media de todas ellas) permitió a los observadores detectar rápidamente sondeos cuyos números se apartaban extrañamente de los demás. Un ejemplo de esto fue *El Heraldo de México*, un diario cuya edición original desapareció en 2003, y que fue relanzado en 2017 por un grupo de empresarios para apoyar la campaña del PRI. Mediante sus encuestas, *El Heraldo* hizo varios intentos de simular que se daba el punto de inflexión con el que el aspirante priísta, ubicado en tercer lugar, habría ascendido al segundo sitio y adquirido el impulso que le permitiría llegar al primero.

AMLO era sin duda el enemigo a vencer, no sólo por su posición en las encuestas sino porque, en sus dos intentos anteriores, la cúpula político-económica se había unificado en torno a alguno de sus rivales para evitar su victoria. Así habían apoyado al panista Felipe Calderón en 2006, y al priísta Enrique Peña Nieto en 2012. Ahora, sin embargo, no sólo quedaron lejos de alcanzar un consenso, sino que los dos grandes partidos del sistema estaban aquejados por profundas divisiones internas. Así, ex militantes de cada uno de ellos presentaron candidaturas independientes, como en los casos de Margarita Zavala, que abandonó el PAN, y del ex priísta Jaime Rodríguez. Ambas postulaciones contribuyeron a debilitar el voto a favor de los candidatos Ricardo Anaya del PAN, y de José Antonio Meade del PRI.

Aunque se hubieran presentado juntos, hubiesen fracasado. Según el experto en crimen organizado Edgardo Buscaglia, de Columbia University, el impacto del dinero ilegal en la política mexicana suele representar entre 10 y 15 puntos porcentuales[27] del resultado electoral. Para que un candidato con juego limpio pueda ganar y hacer su triunfo efectivo, debe tener una ventaja superior a esa cifra, pues de otra forma el voto comprado lo habrá de superar. AMLO casi siempre se mantuvo arriba y, para sorpresa general, su

---

[27] Edgardo Buscaglia, *Lavado de dinero y corrupción política*, Debate, México, 2015.

ventaja no sólo no se erosionó sino que se incrementó. El Barómetro Electoral Bloomberg, por ejemplo, registró una diferencia de nueve puntos entre AMLO y Anaya el 1 de marzo, que fue aumentando inexorablemente a lo largo de las semanas hasta que —en su última medición antes de la veda legal de encuestas, el 27 de junio— se convirtió en un 2 a 1 a favor de AMLO, con 51.2% frente a 25.5% del panista.[28]

Durante la campaña, López Obrador fue objeto de los mismos ataques que lo dañaron en el pasado: que era un peligro para México; que convertiría al país en una nueva Venezuela; que provocaría una fuga de capitales y la caída de la moneda, y también de otros nuevos, como la especie de que formaba parte de una peligrosa ola mundial de caudillos populistas, y que sería un Donald Trump a la mexicana. No obstante, esta vez demostró ser impermeable ante ellos. "Pueden decir lo que quieran, pero nunca podrán decir que soy incongruente y mucho menos ratero". Con esta frase resumía una parte fundamental de su oferta, la de honestidad a toda prueba, en intenso contraste con la profunda corrupción de la política mexicana.

Logró así sostener su imagen a pesar de que (aunque siempre ha denunciado lo que llama "la mafia del poder") en esta ocasión hizo concesiones que hubieran parecido impensables. Estableció de este modo una política de alianzas con sectores aparentemente antagónicos, como el empresarial, grupo con el cual la campaña obradorista se relacionó a través del también empresario Alfonso Romo, hombre de todas las confianzas del candidato. Asimismo se acercó a fuerzas políticas que antes había rechazado por deshonestas, como a la encabezada por la histórica ex lideresa de los maestros, Elba Esther Gordillo.

Naturalmente, los medios jugaron un papel clave en la disputa. En 2007 se había intentado evitar el dispendio y cancelar a la vez una de las principales vías de corrupción, mediante la prohibición de la venta de espacios de publicidad en radio y televisión a los partidos y candidatos. Para evadir la ley, se construyeron mecanismos de triangulación para promover o golpear a personalidades, temas y plataformas, como la donación oculta o el cobro en efectivo de "paquetes" que incluían coberturas y entrevistas. Esto se facilitaba porque —según un análisis de las primeras planas de seis diarios de circulación nacional durante un año— en promedio 52.4% del contenido se había basado en "dichos", y no en hechos investigados o reportados por el medio. Según el informe "Dinero sobre la mesa", "los medios que dedican ma-

---

[28] "AMLO llega a 51.2% de preferencias electorales en el Barómetro Electoral de Bloomberg". Nota en *Regeneración*, 29 de junio de 2018, https://regeneracion.mx/amlo-llega-a-51-2-de-preferencias-electorales-en-el-barometro-electoral-de-bloomberg/

yor porcentaje de sus primeras planas a 'dichos' son, en varios casos, también los principales beneficiarios de los gastos de comunicación: *El Sol de México* (71%), *Milenio* (68%), *Excélsior* (58%), *La Jornada* (46%), *El Universal* (40%) y *Reforma* (31%)". El reporte identifica que, "después del clientelismo, el pago de cobertura informativa es uno de los rubros donde más gastan las campañas, siempre de forma ilegal, porque se trata de un gasto prohibido por la ley".[29]

Los impresos tenían formas de evitar la vigilancia ejercida por el Instituto Nacional Electoral, a través de la oficina encargada de vigilar sesgos y desequilibrios en las campañas electorales. Según el informe, dicha vigilancia resultaba aun más fácil de burlar en la radio y en la televisión, pues la complicidad con los medios se daba desde mucho tiempo antes de las campañas, mediante el uso del presupuesto público para premiar lealtades y castigar disidencias. El informe "Contar 'lo bueno' cuesta mucho" reveló que, desde 2013 hasta 2016, la administración de Peña Nieto benefició desproporcionadamente a algunos favoritos encabezados por Grupo Televisa, que recibió casi 19% del gasto total en publicidad oficial. Fue seguido por Televisión Azteca (casi 11%), el periódico *Excélsior* (3.6%), Starcom Wordlwide (3%) y Radio Fórmula (2.5). Sólo ocho empresas concentraron la mitad de la inversión en anunciar al gobierno federal en ese lapso.[30] El *New York Times* resumió el panorama en el título de un reportaje de diciembre de 2017, que dio detalles de cómo se aplicaron dos mil millones de dólares de dinero del contribuyente: "Con su enorme presupuesto de publicidad, el gobierno mexicano controla los medios de comunicación".[31]

Este escenario tan favorable a la corrupción de los medios estuvo —no obstante— cerca de verse alterado. Peña Nieto había prometido regular la publicidad oficial en su campaña de 2012, y aceptó incluir la idea como parte de su reforma política de 2014. Sin embargo, aunque quedó como principio constitucional, no fue instrumentada en el corpus de una ley reglamentaria. La organización Article 19 México logró entonces que la Suprema Corte le impusiera un plazo al Congreso —abril de 2018— para elaborar y aprobar la

---

[29] "Dinero bajo la mesa: financiamiento y gasto ilegal de campañas políticas en México". Informe de Mexicanos Contra la Corrupción y la Impunidad, 28 de mayo de 2018, pp. 157-168, https://dinerobajolamesa.org/wp-content/uploads/2018/05/Dinero-Bajo-la-Mesa.-Financiamiento-y-Gasto-Ilegal-de-las-Campa%C3%B1as-en-M%C3%A9xico.pdf

[30] "Contar 'lo bueno' cuesta mucho. El gasto en publicidad oficial del gobierno federal de 2013 a 2016". Informe de Fundar, Centro de Análisis e Investigación, septiembre de 2017, http://fundar.org.mx/mexico/pdf/P.O.2013-2016OK2.pdf

[31] "Con su enorme presupuesto de publicidad, el gobierno mexicano controla los medios de comunicación". Reportaje de Azam Ahmed en *The New York Times*, 25 de diciembre de 2017, https://www.nytimes.com/es/2017/12/25/con-su-enorme-presupuesto-de-publicidad-el-gobierno-mexicano-controla-los-medios-de-comunicacion-pri-pena-nieto/

legislación. A su vez el colectivo #MediosLibres, formado por 85 organizaciones civiles, académicas y empresariales, propuso definir criterios de asignación de publicidad con transparencia, regulación y mecanismos de control.[32] Pero no le hicieron caso. El estatuto que finalmente votaron los legisladores traicionó las expectativas, según denunció el grupo; fue una simulación que "no cumple con los criterios establecidos en la sentencia" y "legaliza las malas prácticas".[33]

Su denuncia tuvo una pobre repercusión, al igual que la de los cinco asesinatos de periodistas en los cinco meses de precampaña y campaña políticas de 2018. La red #RompeElMiedo, que estableció un sistema de monitoreo para proteger a los reporteros en sus coberturas, documentó 388 agresiones, de las que casi la mitad se produjeron en contextos electorales. De este subtotal, los principales agresores fueron integrantes o simpatizantes de partidos (38.9%) y funcionarios públicos (37%).[34]

La libertad de expresión, el derecho de la sociedad a ser informada y la violencia contra la prensa estuvieron tan ausentes de los temas de debate de campaña como la regulación de la publicidad oficial. Los candidatos presidenciales no hablaron de ellos ni una sola vez. El 14 de mayo de 2018 en Culiacán, durante el estreno de nuestro documental *No se mata la verdad*, así como en proyecciones que realizamos en otras ciudades y en la capital del país, participaron periodistas, académicos, miembros de importantes organizaciones de derechos humanos y funcionarios de la ONU, pero los integrantes de los partidos políticos —que igualmente invitamos— estuvieron demasiado ocupados en sus actividades de propaganda.

El 1 de julio, los resultados confirmaron las peores pesadillas del PRI y del PAN: con el 53% de los votos, AMLO venció en todos los estados menos uno, su partido obtuvo mayoría en el Congreso federal y en muchos locales, y alcanzó cinco gubernaturas. El PAN y sus aliados quedaron 30 puntos abajo, con 22 por ciento de la votación. En cuanto al PRI, de haber sido el partido hegemónico durante 71 años, y el oficial en los últimos seis, recogió el peor resultado desde su fundación en 1929: sólo 16 por ciento.

---

[32] "Colectivo #MediosLibres exige al Legislativo atender la regulación de la Publicidad Oficial en tiempo y forma". Comunicado en portal de Article 19 México, 7 de febrero de 2018, https://articulo19.org/colectivo-medioslibres-exige-al-legislativo-atender-la-regulacion-de-la-publicidad-oficial-en-tiempo-y-forma/

[33] "Legislativo incumple con la sentencia de la Suprema Corte sobre regulación de publicidad oficial". Comunicado en portal de Article 19 México, 26 de abril de 2018, https://articulo19.org/legislativo-incumple-con-la-sentencia-de-la-suprema-corte-sobre-regulacion-de-publicidad-oficial/

[34] "Elecciones 2018". Red Rompe El Miedo, 26 de octubre de 2018, https://informaterompeelmiedo.mx/wp-content/uploads/2018/10/RRM-informe-elecciones-2018.pdf

Sin duda las derrotas del PRI y del PAN se debieron a la enorme corrupción, el autoritarismo y la arrogancia con que se habían desempeñado en los sexenios anteriores. La prensa independiente contribuyó decisivamente al conocimiento de aquellos excesos. Investigó y reveló crímenes y fraudes, y acercó a millones de electores a los peores aspectos del sistema político y económico del país. A los mensajeros los siguen matando, pese a todo, casi en silencio. La paradoja es que los profesionales que mueren para abrir los ojos de la sociedad, no son vistos morir por ella.

•••

Durante los seis años de gobierno de Peña Nieto, fueron asesinados 47 periodistas[35] y al menos 161 defensores de los derechos humanos y del medio ambiente.[36] En las condiciones presentes de simulación, engaño e imposición, desde la perspectiva de la autoridad el enemigo lo representan las personas que organizan a las comunidades para resistir las operaciones de explotación y despojo, así como aquellas que las investigan y revelan. Tales son por igual los enemigos de bandas criminales, de empresarios y políticos, de la policía y de las fuerzas armadas, de corporaciones trasnacionales, y en general de un corrupto sistema global de saqueo.

En una conversación en su casa en el barrio capitalino de Coyoacán, el periodista Juan Villoro me dijo que el principal enemigo del periodismo no son los delincuentes conocidos, sino los que temen ser desenmascarados, pues "el ciudadano aparentemente honorable, el que sirve de fachada para el crimen organizado, tiene mucho qué perder si se ventilan estas noticias. La mayor amenaza para el periodista mexicano proviene de gente en apariencia respetable que puede ser descubierta. Empresarios, militares, policías y políticos. Gente con intereses muy claros que no quiere que se sepa que están coludidos con el crimen organizado".

El gobierno "no se investiga a sí mismo", continuó, en la charla que tuvimos en 2016. "En la medida en que el gobierno no hace el análisis de cuáles de sus miembros están coludidos con el narcotráfico, con el crimen organizado, o cuáles de sus vínculos en las empresas o en los cuerpos de seguridad están también implicados en esto; en la medida que no se lleva a cabo esta investigación, que es interna al Estado, y los periodistas toman esta tarea, entonces

---

[35] Tabla de periodistas asesinados desde el año 2000. Página de Article 19 México, https://articulo19.org/periodistasasesinados/

[36] Informe "Desde la Memoria... la esperanza". Red Nacional de Organismos Civiles de Derechos Humanos, 29 de noviembre de 2018, https://redtdt.org.mx/?p=12409

se ponen en la mira. Eso es lo grave. Si el periodista cumple una función que debería cumplir el Estado, entonces cae en riesgo, porque carece de toda protección, y el Estado incluso observa, no sabemos si con beneplácito o no, pero no mete las manos para proteger a los periodistas".

•••

Las estadísticas relativas a los asesinatos de periodistas cambian, según la metodología empleada. La Comisión Nacional de los Derechos Humanos, por ejemplo, contempla 141 periodistas asesinados de 2000 a 2018, en tanto que Article 19 México (en el que yo me baso) indica 121. Una postura —adoptada por la CNDH y otros grupos— sostiene que todos los homicidios de comunicadores deben formar parte del registro, independientemente del motivo. Así no nos debe sorprender que hay ciudadanos que sienten que se hace una distinción indebida a partir de la profesión, como si las vidas de los reporteros tuvieran un valor más alto que las del resto de las personas.

Otros no estamos de acuerdo con ese método. Sostenemos que la sociedad debe poner una atención especial no en los crímenes contra periodistas, sino en los que son cometidos con la intención de evitar que la misma sociedad sea informada, o de castigar a quienes la informaron. Es decir, no porque nos colguemos la etiqueta de periodistas, sino porque somos los ojos, oídos y boca de una sociedad a la que quieren dejar sorda, ciega y muda. A la sociedad le deben importar estos crímenes porque son cometidos sobre ella, contra ella, para privarla de un derecho, el de saber qué pasa. Ésta es la perspectiva de organizaciones como Reporteros Sin Fronteras, el Comité para la Protección de Periodistas y Article 19, que documenta los asesinatos cometidos "en posible relación con su labor periodística"; es decir, cuando la víctima cubría un tema o investigaba un asunto que alguien quiso ocultar con su muerte, o cuando cayó en un incidente directamente derivado de su trabajo. No se mata la verdad matando periodistas.

•••

La revista ¡Hola! llevó en su portada del 7 de febrero de 2019 a una de sus parejas favoritas de la última década, la de Angélica Rivera y Enrique Peña Nieto. Ella, espléndida, bella como princesa, perfectamente maquillada, el teñido rubio brillante, luciendo una delicada blusa roja; y muy amorosa, inclinándose sobre su marido, acariciando su hombro. Él, estadista, apuesto, determinado, en saco impecable y ostentando la banda presidencial sobre el pecho.

Pero la foto era bastante vieja. Había sido tomada en diciembre de 2012, durante la toma de posesión de Peña Nieto al máximo cargo de la República. Era asimismo el momento cumbre de un contrato no solamente matrimonial, sino también de servicios de imagen pública, patrocinado por Televisa. Finalizado el gobierno, seis años más tarde, se acabó también lo demás. "Se separaron en diciembre", anunciaba ahora el titular de ¡Hola! "El ex presidente vive en México con sus tres hijos y la ex primera dama en Estados Unidos con sus hijas".[37] Al día siguiente, con mensajes en sus redes sociales, Rivera confirmó el próximo divorcio. Mientras, Peña Nieto fue retratado en Madrid paseando con Tania Ruiz Eichelmann, una modelo de 31 años. La telenovela había terminado.

A lo largo de su sexenio, Peña Nieto fue objeto constante de burlas porque, se decía, no era él quien había ganado la Presidencia, sino que lo habían escogido como el rostro de una vasta operación para mantener el poder, por su apostura física y a pesar de sus evidentes limitaciones intelectuales.

Esa percepción fue alimentada por un evento bochornoso ocurrido en diciembre de 2011, cuando era candidato. En la Feria Internacional del Libro de Guadalajara, la más importante en lengua castellana, un periodista español le pidió que nombrara las tres obras literarias que más habían influido en su vida. Peña Nieto trastabilló. "Fueron varios libros, algunos, *La silla del águila*, de (Enrique) Krauze...", dijo, atribuyendo a Krauze una obra de Carlos Fuentes. Luego, siguió dando bandazos: "... de ahí, incluso la antítesis de ese libro, las mentiras donde habla de la mentira sobre (soltó una risilla)... me quiero acordar del título del libro... ahí la dejamos en *La silla del águila*, aquí hay unos que leen más, deben acordarse más cuál es...". Después mencionó "algunos pasajes de la Biblia", y se excusó: "La verdad es que cuando leo libros, me pasa que luego no registro del todo el título, me centro más en la lectura, pero más o menos te da una idea de los libros que he leído".[38]

Carlos Fuentes, Premio Cervantes de Literatura y eterno candidato al Nobel, reconoció que Peña Nieto tiene derecho a no leerlo pero no "a ser presidente de México a partir de la ignorancia, eso es lo grave".[39] Más tarde, una investigación de *Aristegui Noticias* descubrió que Peña Nieto había cometido

---

[37] "En ¡HOLA!, Enrique Peña Nieto y Angélica Rivera se separaron en diciembre". Adelanto de portada en revista ¡Hola!, 7 de febrero de 2019, https://mx.hola.com/famosos/2019020725779/angelica-rivera-enrique-pena-nieto-separacion/

[38] "Peña Nieto confunde nombres de libros y escritores en su visita a la FIL". Nota en Expansion.com, 3 de diciembre de 2011, https://expansion.mx/nacional/2011/12/03/pena-nieto-confunde-nombres-de-libros-y-escritores-en-su-visita-a-la-fil

[39] "Peña Nieto es un hombre muy ignorante: Carlos Fuentes". Entrevista para BBC Mundo, 14 de diciembre de 2011, https://www.animalpolitico.com/2011/12/pena-nieto-es-un-hombre-muy-ignorante-carlos-fuentes/

plagio en 197 de los 682 párrafos de su tesis de licenciatura en derecho, incluidos fragmentos de una obra del ex presidente Miguel de la Madrid.[40] "Nadie me puede decir que plagié mi tesis", replicó el alumno copión. "¿Que pude haber mal citado o no algunos de los autores que consulté? Es probable que sí, tendría que aceptar que es un error metodológico, pero no con el ánimo de ninguna manera de haber querido hacer mías las ideas de alguien más". La Universidad Panamericana, la institución propiedad de la orden del Opus Dei que le otorgó el título profesional, reconoció la falta pero se negó a actuar, porque "estamos frente a un acto consumado sobre el que es imposible proceder en ningún sentido". Peña Nieto no dijo más.

Su respuesta, de cualquier forma, se sumó a las "frases célebres" con las que el presidente proveyó de materia prima a los humoristas, que crearon a su vez una gran variedad de cartones, memes y chistes. En la medida en que las encuestas mostraron una abrupta caída en la valoración de su desempeño, reveló su frustración hacia ese juicio generalizado, que él percibía como injusto. "Ya sé que no aplauden"; "tengo claro que no llegué aquí para ganar una medalla por la popularidad"; "a cualquier cosa que ocurra hoy en día, es por la corrupción. Si hay un choque aquí en la esquina, es por la corrupción"; y "quienes les digan que estamos en un país en crisis, crisis es seguramente lo que pueden tener en sus mentes".

La gente no lo vio de la misma manera. Si Peña Nieto llegó a tener una aprobación de 57% en mayo de 2013, una gran cantidad de eventos negativos lo derrumbó hasta un 18% en 2018. La lista de yerros sexenales, en efecto, era muy larga para entonces: los graves casos de violaciones a derechos humanos (Ayotzinapa, Tlatlaya, Apatzingán); los escándalos de corrupción (la Casa Blanca, la estafa maestra, Veracruz, Quintana Roo); el error de haber invitado al entonces candidato Donald Trump a visitar México, así como el llamado "gasolinazo" de enero de 2017, consumaron la peor caída en la aprobación de un mandatario mexicano hasta ese momento.

No se trataba, sin embargo, de un fenómeno limitado al presidente: el descrédito era de todo el sistema político, de los grandes partidos que lo habían sostenido, y de sus aliados menores. El dirigente que durante todo este siglo había planteado reformarlo, describiendo a las cúpulas como la "mafia del poder", y al que habían logrado mantener al margen echando mano de todo tipo de recursos durante 12 años, finalmente se impuso surfeando una ola imparable, a la que la prensa llamó "el tsunami AMLO".

---

[40] "Peña Nieto, de plagiador a presidente". Investigación de la Unidad de Investigaciones Especiales de *Aristegui Noticias*, 21 de agosto de 2016, https://aristeguinoticias.com/2108/mexico/pena-nieto-de-plagiador-a-presidente/

Desde el principio de su sexenio, el eslogan del gobierno de Peña Nieto, —"Mover a México"— había sido reinterpretado por los críticos como "Joder a México". Él se quejó: "No creo que un presidente se levante, ni creo que se ha levantado, pensando (todos los días) cómo joder a México". ¿De verdad? Dos días antes del fin de su mandato, el 28 de noviembre de 2018, Peña Nieto le hizo pasar al país su última vergüenza. Si algunos periodistas e intelectuales habitualmente confrontados habían rechazado juntos la visita de Trump dos años antes, la ocasión volvió a presentarse cuando, a menos de 48 horas de entregar el poder, el presidente Peña Nieto le otorgó la Orden del Águila Azteca a Jared Kushner, yerno de Donald Trump. "Es un acto supremo de humillación y cobardía", tuiteó el historiador conservador Enrique Krauze. "Es el final perfecto para el sexenio", dijo el académico Carlos Bravo Regidor, "una insuperable ilustración de la indignidad de su gobierno respecto a Trump". Sí, la telenovela del sexenio de Enrique Peña Nieto había terminado en desastre.

10

AMLO y la guerra retórica

"A nombre del Estado mexicano, le ofrezco una disculpa pública por la violación a sus derechos humanos, en el marco del ejercicio de su derecho a la libertad de expresión". El gobierno se dirigió así a la periodista Lydia Cacho, a través de Alejandro Encinas, subsecretario de Derechos Humanos.

El acto de contrición debía valer para cinco agravios distintos, precisó el funcionario: violación del derecho a la libertad de expresión; detención arbitraria; tortura como instrumento de investigación; violencia y discriminación en razón de su género; e impunidad y corrupción alentada por las instituciones.

Todo un catálogo de ofensas que se había acumulado a lo largo de 13 años. En su libro *Los demonios del Edén*,[1] de 2005, Lydia Cacho exhibió a una red de explotación sexual de niños que involucraba a 19 funcionarios públicos y empresarios, encabezada por el libanés Jean Succar Kuri. La organización contaba asimismo con la protección de importantes políticos ligados al empresario Kamel Nacif, como los priístas Miguel Ángel Yunes y Emilio Gamboa Patrón. Nacif demandó a Cacho por difamación, no en Cancún —donde residía la investigadora y operaba la red de prostitución— sino a mil 200 kilómetros de ahí, en Puebla, donde contaba con el apoyo del gobernador Mario Marín. En diciembre de 2005, una decena de agentes poblanos secuestró a Cacho en Cancún y la trasladó cruzando cinco estados durante 20 horas, con violencia y malos tratos, a un penal de Puebla, en donde algunas presas tenían la instrucción de violarla con un palo: la salvó la determinación de dos celadoras que la encerraron en la enfermería para protegerla.

El periódico *La Jornada* publicó los audios de unas conversaciones telefónicas entre el gobernador Marín y Nacif (que halaga al primero con expresiones como "mi góber precioso" y "tú eres el héroe de esta película"), así como entre el empresario y otras personas, en las que —con lenguaje misógino— discuten los detalles de cómo avanzaba el complot para "darle un pinche

---

[1] Lydia Cacho, *Los demonios del Edén*, De Bolsillo, México, 2005.

coscorrón a esta vieja cabrona".[2] Todo esto con la ayuda de distintos aliados entre jueces, fiscales y medios de comunicación, entre los que destaca Andrés Becerril, de *Milenio Diario*, quien fue grabado en una comprometedora conversación con Nacif. "La voy a dejar loca, hasta que la señora pida paz", le dijo el pederasta, a lo que el reportero respondió: "Está bien. Usted sabe, lo que usted me diga". El papel de Becerril en la trama era actuar como vocero de Nacif, publicando artículos donde intentaba defender la versión del empresario.[3] Y aunque perdió el empleo cuando se difundió su papel en la trama criminal, fue rescatado inmediatamente por el periódico *Excélsior*, que por 14 años le ha permitido continuar ejerciendo la profesión.

En noviembre de 2007, por seis votos a cuatro, la Suprema Corte de Justicia de la Nación reconoció que en el caso se presentaron actos indebidos y algunas violaciones de garantías contra Lydia Cacho, pero concluyó que no fueron graves y que no merecían un pronunciamiento del tribunal. Lo que había sucedido en realidad era que el "góber precioso" había movilizado a la cúpula del PRI, la cual presionó a los magistrados para obtener una resolución favorable.[4] Tuvo que pasar más de una década para que la balanza de la justicia se empezara a equilibrar. En julio de 2018, el Comité de Derechos Humanos de la ONU emitió una resolución que exigió al Estado mexicano reparar el daño a la periodista, procesar a los responsables de las violaciones cometidas, y derogar los delitos de difamación y calumnias en los códigos penales estatales. En ese momento, aunque el PRI había sido derrotado días atrás, Peña Nieto todavía estaba en el poder.

La ceremonia de "reconocimiento público de responsabilidad del Estado mexicano y disculpa pública" fue realizada por el nuevo gobierno de Andrés Manuel López Obrador, el 11 de enero de 2019, a seis semanas de su toma de posesión, en presencia de altos funcionarios de la ONU, del embajador mexicano ante el organismo mundial y de la directora de Article 19, representante legal de Cacho. La nueva secretaria de Gobernación, Olga Sánchez Cordero —quien en 2007 había votado en contra de Lydia Cacho en la Suprema

---

[2] "'Mi góber, tú eres el héroe': Kamel Nacif a Mario Marín". Nota de Blanche Petrich en *La Jornada*, 14 de febrero de 2006, https://www.jornada.com.mx/2006/02/14/index.php?section=politica&article=005n1pol.

[3] *Idem*.

"Demandará a la activista Lydia Cacho y que pedirá varios millones de dólares porque lo convirtió en la 'comidilla' de mucha gente". Nota de Andrés Becerril en *Milenio Diario*, 22 de diciembre de 2015, Borrada de Milenio.com pero reproducida en Mujeres en Red. https://www.jornada.com.mx/2006/02/14/index.php?section=politica&article=005n1pol y http://www.mujeresenred.net/spip.php?article430

[4] "La impunidad ya tiene carta blanca en México". Artículo de Francesc Relea en *El País*, 6 de diciembre de 2007, https://elpais.com/diario/2007/12/06/internacional/1196895614_850215.html

Corte— anunció cambios profundos en la institución, tradicionalmente encargada de contener a los medios. "Este acto representa el inicio de una política de Estado comprometida con quien se dedica a informar. Nunca más en esta Secretaría de Gobernación la censura va a tener cabida".

"Esta grabación fue exhibida ante la Suprema Corte de Justicia, todas las grabaciones", dijo Lydia tras hacernos volver a escuchar al "góber precioso" y a Kamel Nacif burlándose de ella. En su momento, aquel despliegue de vulgaridad no había sido suficiente para que la entonces magistrada reconociera que el abuso era grave. Pero Cacho no buscó el reproche personal, valorando en cambio "la batalla más grande que he dado en mi vida" en la construcción de un futuro para el país, porque "este gobierno tiene la responsabilidad de utilizar los próximos seis años para crear un verdadero Estado de derecho. Esto sólo será posible si los líderes en cada área del Estado asumen que deben admitir la verdad y no crear realidades alternativas y complacientes".

"Mi generación —tengo 55 años— llegó a los periódicos bajo las burlas misóginas, el hostigamiento y el acoso. Nos dijeron que el periodismo era cosa de hombres; que los derechos humanos eran sensiblería femenina; que las voces de la niñez no pertenecían a las páginas de los periódicos. Ese logro nadie podrá arrebatárnoslo. Ni torturadas, ni perseguidas habremos de someternos a la narrativa del periodismo corrupto, mentiroso, machista y complaciente del poder patriarcal. Las mujeres llegamos para cambiar la historia de este país".

• • •

Desde el principio, la administración de López Obrador se comprometió a cambiar la relación del Poder Ejecutivo con la prensa. Anunció el fin de la censura y la plena vigencia de la libertad de expresión, que emplearía en publicidad oficial la mitad de lo que gastó Peña Nieto y que brindaría apoyo a pequeños medios con enfoque social, indígena y comunitario. También nombró a nuevos directivos de los medios públicos, incluidos algunos comprometidos con la democratización de la prensa, como Aleida Calleja, en el Instituto Mexicano de la Radio, y Gabriel Sosa Plata, en Radio Educación; Armando Casas, en el Canal 22 de televisión; y Jenaro Villamil, en el Sistema Público de Radiodifusión (es muy distinto el caso de Sanjuana Martínez en Notimex, la agencia de noticias del Estado, en el que nos detendremos brevemente en el siguiente capítulo). Insistió en que tendrían independencia editorial y que servirán a la ciudadanía, no al gobierno.

El estilo de comunicación del presidente es radicalmente distinto al de sus antecesores. Cada día, a las siete de la mañana, estelariza el acto que se ha popularizado como La Mañanera, y que se transmite en directo por televisión e internet. En sus primeros 365 días de gobierno, AMLO dio 252 conferencias de prensa, con una duración promedio de 95 minutos,[5] probablemente más que todos los presidentes mexicanos juntos.

Cuando fue jefe de Gobierno del Distrito Federal (hoy Ciudad de México), López Obrador también daba ruedas diarias, a las seis de la mañana. De esta forma, con frecuencia lograba condicionar, influir o imponer la agenda del día, local y nacional, para disgusto de su enemigo, el presidente Vicente Fox.

Ahora ya no es el pequeño rival cuyos *jabs* alcanzaban la mandíbula del grandulón. Creció para convertirse en el mayor del barrio y no tiene contrincantes de consideración. A pesar del cambio de posición, recuperó la antigua práctica que le rindió tan buenos réditos.

Ahora, en mejores condiciones: en el pasado, dependía de lo que los medios quisieran escoger e interpretar de sus mensajes para que llegaran a la gente. Como es normal en espacios informativos con tiempo y soporte limitados, seleccionaban la parte de la alocución que ellos consideraban relevante, no siempre la que a AMLO le interesaba, y era común que algunos introdujeran algún tipo de distorsión. Internet le abrió el canal para saltar por encima de ellos: cientos de miles y a veces millones de personas miran La Mañanera en directo, y ésta queda en línea para quienes la buscan después.

Su discurso completo pasa intacto, sin mediación, con la autoridad de un Poder Ejecutivo que no ha dejado de tener un peso imperial en la sociedad y con la legitimidad de quien resistió la opresión del sistema hasta sobrepasarlo. Fija la temática cotidiana, condiciona el debate en redes sociales, marchita los periódicos impresos cuando acaban de salir a circulación y mantiene en jaque constante a los noticieros matutinos de televisión, radio e internet, que si no están muy atentos, dan novedades que ya son vejedades.

Sus rivales no están contentos. Utiliza el espacio tanto en clave propositiva como reactiva, para ejercer lo que reivindica como "mi derecho de réplica", ha insistido una y otra vez: "Me tengo que defender porque hay quienes no quieren que se transforme el país, porque quieren mantener el *statu quo*, quieren mantener el régimen de corrupción. A esos me les enfrento, respetando su derecho a disentir". Pero rara vez se dirige a sus rivales formales. No tienen talla para él. La periodista Gabriela Warkentin escribe que "no recuerdo haber visto tan pasmada a la oposición como ahora. Ni a todos aquellos sectores que sienten que una aplanadora les pasó por encima. Pasmados,

---

[5] "Conferencias matutinas". Infografía núm. 16 de Spin. Taller de Comunicación Política, http://www.spintcp.com/conferenciapresidente/infografia-16/

enojados, asustados. Y, por ende, mudos. O insignificantes: desde la trinchera de la sorpresa enfadada, no han podido articular una narrativa que siquiera compita en atención con la dominante". Si el desastre electoral de los partidos derrotados fue un golpe contundente, el efecto se alarga en el tiempo por el poder de imposición de tópicos de La Mañanera.

En lugar de pelearse con políticos, a quienes nunca nombra, lo hace con los medios de comunicación, sus *sparrings* elegidos. El favorito es *Reforma*, un diario que se beneficia de estos intercambios porque le dan prestigio como figura, más que como portavoz, de una oposición radical al proyecto lopezobradorista. Pero el presidente tiene para todos, incluidos los reporteros que le hacen preguntas que no le gustan, y que resuelve con un regaño ahí mismo, frente a su público de millones; con una larga perorata evasiva; o con un llano "yo tengo otros datos", aunque le estén mostrando las cifras dadas por su propia administración.

Según el portal de chequeo de datos Verificado.com.mx, de diciembre de 2018 a febrero de 2020, el presidente emitió 889 frases sujetas a comprobación, de las que 50.5% resultaron verdaderas, 24.5% engañosas y 24% falsas, y faltaba 1% por resolver.[6]

Por el otro lado, AMLO compensa su ocupación permanente del centro del escenario con una transparencia jamás conocida en la institucionalidad mexicana, en un país en el que los jefes de Estado jamás debatieron, ni siquiera con los legisladores en la tribuna. Ningún jefe de prensa presidencial permitía cuestionamientos periodísticos sin filtrar, rara vez dejaba pasar preguntas de no alineados —siempre tras negociación—, destacaba por escasa la cercanía con los reporteros y los inusuales intercambios ingeniosos se resecaban en la escenificación (aunque Fox y Peña Nieto eran manantiales de humor involuntario). Las pocas ocasiones en que el presidente concedía conferencias estaban minuciosamente controladas.

No es que López Obrador se exponga sin protecciones ante la jauría. La primera línea de defensa está formada por un grupo de personas con canales de YouTube, al que el presidente —no hay moderador— les suele dar la oportunidad de hacer preguntas vacuas que envuelven en tres frases de elogio al presidente y que complementan con ataques directos a la prensa opositora y a la independiente (más peticiones personales y promociones de productos y servicios). Destaca Carlos Pozos, quien se presenta como enviado del medio *Lord Molécula Oficial*, y que durante abril de 2020 fue el participante al que

---

[6] "Solo la mitad de lo dicho por AMLO en las Mañaneras, es verdad". Resumen de Deyra Guerrero en Verificado.com.mx, 3 de marzo de 2020, https://verificado.com.mx/mitad-verdad-amlo-mananeras/

más intervenciones le concedió AMLO, por delante de Luis Méndez, de la agencia oficial Notimex, según la consultora Spin.

De cualquier forma, no es inusual que acepte preguntas críticas o con nivel de dificultad. Y otro valor en alta estima es que se suela hacer acompañar de secretarios y subsecretarios de Estado, directores y más funcionarios para que informen sobre diversos asuntos y respondan ante los medios, en un ambiente que no controlan, porque no es su oficina de comunicación la que organiza el evento y su jefe, López Obrador, está de pie, a un lado, observando su desempeño.

En general, resulta difícil adaptarse a las nuevas prácticas. Los periodistas no están acostumbrados a interpelar al Ejecutivo frente a una audiencia masiva. El público, que nunca había observado de cerca la actividad mundana del gremio ni conoce de procedimientos periodísticos, juzga de inmediato y con dureza la calidad de sus intervenciones que además, como veremos más adelante, al tocar el tema de la pandemia del coronavirus, suelen ser de bajo nivel. Los simpatizantes del presidente interpretan como ataques las preguntas más sencillas. En redes sociales organizan campañas de linchamiento, acusando de militancia derechista incluso a las reporteras con más amplia trayectoria de defensa de los derechos humanos.

Por su parte, algunos políticos, intelectuales y activistas se sienten agredidos constantemente. La réplica del gobernante puede ser normal en tradiciones que gustan del debate cuerpo a cuerpo, como la británica, pero desconcierta y preocupa en la mexicana, delicada en las formas y acostumbrada a que el presidente se mantenga en las nubes, por encima de los mortales. Irrita y a veces asusta que López Obrador suela utilizar apodos como *fifís* ("Yo no inventé lo de fifí, se usó para caracterizar a quienes se opusieron al presidente Madero. Los fifís fueron los que quemaron la casa de los Madero, fueron los que hicieron una celebración en las calles cuando los militares asesinaron atrozmente a Gustavo Madero", dijo AMLO el 26 de marzo de 2019. "¿Qué son los fifís? Pues son fantoches, conservadores, sabelotodos, hipócritas, doble cara"),[7] y calificativos como *conservadores* para referirse a quienes critican o rechazan sus planes y decisiones, incluida parte de la prensa. No faltan quienes encuentran en estos comportamientos la evidencia de que, como habían advertido, AMLO eventualmente demostrará ser una especie de Hugo Chávez intolerante y represor.

Para otros, no se trata más que de los pataleos de quienes siempre fueron interlocutores privilegiados del régimen —beneficiarios de su dádivas— y

---

[7] "AMLO dice que él no inventó el término *fifí*". Video en canal *El Universal*, https://www.youtube.com/watch?v=XOxpjQOzI2I

ahora se sienten desplazados. En *Proceso*, el caricaturista Hernández resumió esta percepción cuando un grupo de personalidades, cercanas al PRI y al PAN y encabezadas por el gobernador de Chihuahua, Javier Corral, publicó una carta en la que le anuncia al presidente su intención de contrabalancearlo. En su cartón, dos hombres comentan las noticias del periódico:

—¿Quiénes son los que quieren ser contrapeso al nuevo gobierno?
—Los que fueron bisagra del gobierno anterior.

• • •

A sus 26 años, Juan Aguirre Abdó hizo uno de los anuncios esperados en el ocaso del gobierno de Peña Nieto: que su Grupo Radio Centro retransmitiría el noticiero en vivo de Carmen Aristegui con un "margen de libertad absoluto, dado que el contenido va a ser generado desde el mismo estudio desde donde se está generando. Nosotros lo que estamos haciendo con esta alianza es tomar la señal". Era el 30 de septiembre de 2018. Su padre y todavía presidente de la compañía, Francisco Aguirre, es un empresario que no ha dudado en recurrir a métodos duros y siempre se ha proclamado fiel al PRI. Pero Juan, como director del grupo, logró convencer a Carmen de que el viejo respetará su decisión de renovar el carácter de la cadena en la frecuencia 97.7 FM, incluyendo la línea editorial. En octubre de 2019, al lanzar el canal de televisión *La Octava*, también les abrió espacios a periodistas reconocidos por sus posturas críticas hacia el poder como Julio Hernández *Astillero* (*La Jornada*), Ricardo Raphael (Canal Once), Álvaro Delgado (*Proceso*) y Alejandro Páez (*Sin Embargo*).

Estos movimientos fueron a contracorriente de una serie de decisiones tomadas por varios de los principales medios de comunicación, en la que predominaron los grandes despidos y reducciones de operaciones, atribuibles a la crisis general de la industria de medios de comunicación, a reconfiguraciones de negocios y a que la política del nuevo gobierno sobre publicidad oficial aplicó en 2019 un recorte de 40% sobre el gasto de la administración anterior, disminuyéndola a 2 mil 500 millones de pesos, y la redirigió con nuevos criterios que, se aseguró, no tendrían carácter político.

Los privilegiados del viejo régimen vieron caer los montos de sus contratos con el gobierno federal: Grupo Nexos (98.6%), Rack Star (98.5%), Tik (97%), Grupo Expansión (90%), Eje Central (88%), Notmusa (87%), Organización Editorial Mexicana (85%), MVS (80%), Televisa (77.8%), Grupo Imagen (72%), Televisión Azteca (70%), *El Heraldo* (70%), *El Universal* (65%) y Grupo Fórmula (40%).

En cambio, medios que fueron maltratados bajo Peña Nieto con nada o muy poca publicidad oficial, en 2019 tuvieron mejor suerte: *Reforma* (49 millones de pesos), *Proceso* (15 millones) y *Aristegui Noticias* y *Contralínea* (alrededor de cuatro millones).

Esto no los puso, de cualquier forma, en una situación de privilegio respecto de sus competidores: en 2019, por ejemplo, Televisa le vendió al gobierno de AMLO anuncios por 303 millones de pesos, Televisión Azteca por 284 millones, Grupo Imagen por 141 millones, *El Universal* por 68 millones y Organización Editorial Mexicana por 23 millones.

Hubo algunas excepciones notorias. *La Jornada* y *Milenio* tuvieron suerte en el viejo régimen y en el nuevo: la primera obtuvo contratos federales por 94 millones de pesos en 2018 y por 200 millones en 2019, con lo que más que dobló sus ventas; el segundo las incrementó en 67%, de 36 millones a 61 millones.

También brilló en el firmamento la buena fortuna de periódicos locales de Tabasco, el estado donde nació López Obrador, que en 2018 no le vendieron nada al gobierno federal pero en 2019 recibieron cantidades que compiten con las que fluyeron a los impresos nacionales y dejan enanas a las de *Proceso* y *Aristegui Noticias*: 46 millones para *Por Esto!* y 42 millones para *Tabasco Hoy*.[8]

A nivel individual, se vieron perjudicados varios de los periodistas con mayor presencia en televisión y radio, propietarios o socios de empresas a los que el Ejecutivo federal con Peña Nieto y muchos gobiernos estatales y partidos políticos les dieron contratos importantes, siempre a cargo del presupuesto público.

El caso más destacado es el de Joaquín López-Dóriga, cuyas compañías Ankla Comunicación, Plataforma Digital Joaquín López-Dóriga, Astron Publicidad y Premium Digital Group obtuvieron contratos por 290 millones de pesos, a lo largo del sexenio, por la comercialización de espacios que tenían al conductor como titular.

Esta información es parte de un expediente de 780 páginas sobre las relaciones comerciales entre el gobierno de Enrique Peña Nieto y 43 empresas y medios de comunicación vinculados a periodistas y columnistas, que obtuvo la reportera Nancy Flores, de la revista *Contralínea*, tras conseguir la protección del Instituto Nacional de Transparencia.[9]

---

[8] "La 4T cerró a medias la llave de la publicidad oficial". Reportaje de Mathieu Tourliere en revista *Proceso* núm. 2267, 12 de abril de 2020.

[9] "Presidencia entrega documentos de relación comercial del gobierno de Peña con periodistas". Investigación de Nancy Flores en revista *Contralínea*, 23 de febrero de 2020, https://www.contralinea.com.mx/archivo-revista/2020/02/23/presidencia-entrega-documentos-de-relacion-comercial-del-gobierno-de-pena-con-periodistas/

De esta forma fue documentado un secreto a voces: que las opiniones de muchos periodistas se maquilan al gusto del cliente. Por ejemplo, una propuesta publicitaria de Ankla Comunicación para la Secretaría de Hacienda ofertaba "comentarios o cápsulas de Joaquín López-Dóriga" dentro de los programas radiofónicos de Óscar Mario Beteta, Ciro Gómez Leyva y el del mismo López-Dóriga en Grupo Fórmula, a un costo rebajado para este "cliente muy importante" de 73 mil 500 pesos más IVA. Igualmente, ponían a disposición "controles remotos" (transmisiones de programas fuera de estudio) del noticiario "en el lugar y fecha que ustedes elijan", por 1 millón 500 mil pesos más IVA. La emisión de los miércoles costaba más, 1 millón 800 mil pesos más IVA, porque era una mesa con otros participantes a quienes también había que pagarles, Roy Campos, René Casados y José Fonseca.

La reportera obtuvo la declaración de una representante de las empresas de López-Dóriga, Teresa Pérez Romo, quien confirmó que la voz del conductor no estaba sólo a disposición del gobierno, sino de quien quisiera comprarla, como "Banamex, Banorte, HSBC, Aeroméxico" y "varios clientes que también aparecen en la página de internet, con los cuales también hemos facturado".

Otros damnificados en esta sequía de contratos gubernamentales fueron Mario Beteta (74 millones de pesos a lo largo del sexenio pasado para Comentaristas y Asociados), Enrique Krauze (61 millones para Editorial Clío y 34 millones para Editorial Vuelta), Beatriz Pagés (59 millones para Editorial Cruzada), Pablo Hiriart (22 millones para Comunicación Extensa), el *youtuber* conocido como Callo de Hacha (21 millones para Comunicaciones Estratégicas Newlink), Jorge Fernández Menéndez (20 millones para Rayuela Editores) y Ricardo Alemán (28 millones para Comunícalo).

No son los únicos pero los destaco porque, con Carlos Marín, Carlos Loret de Mola y Víctor Trujillo, *Brozo*, se convirtieron en críticos de última hora que se dicen perseguidos. Además de contratos, algunos perdieron espacios en el reordenamiento provocado por la crisis de la industria mediática y el deseo empresarial de acomodarse a las nuevas condiciones, prescindiendo de ciertos enemigos de López Obrador (en *Milenio*, Marín fue reemplazado por un profesional progresista de la nueva generación, Oscar Cedillo).

Hasta el momento, no hay ninguna acusación fundamentada de que funcionarios del nuevo gobierno hayan pedido el alejamiento o la censura de algún periodista. Pero estas personas, que en el pasado fueron impasiblemente ajenos a la persecución física, laboral y fiscal que sufrieron tantos periodistas, que en algunas ocasiones se sumaron al linchamiento o a la justificación de la violencia, que vieron morir a muchos sin que eso entibiara sus millonarias relaciones con el poder, ahora parecen haber decidido pasar facturas políticas por su mal momento, y de paso lavarse la cara poniéndose un disfraz de independencia de pensamiento y de compromiso con la sociedad, de mártires de un régimen dictatorial embozado.

Uno de los ejemplos claros es el de un golpeador del viejo régimen que, además de los contratos federales de publicidad, los obtenía de varios gobiernos estatales,[10] Ricardo Alemán.

Durante la campaña electoral de 2018, en redes circuló un meme que decía: "A John Lennon lo mató un fan. A Versace lo mató un fan. A Selena la mató un fan. A ver a qué hora, chairos". El término *chairos* es usado despectivamente para designar a las personas de izquierda, y de esta forma se sugería que los fans de López Obrador debían asesinarlo. Alemán le dio *retweet* con el mensaje: "Ahí les hablan".[11]

Mientras el *hashtag* #NoAlPeriodismoSicario se volvía tendencia, intelectuales y políticos de izquierda y derecha condenaron lo que calificaron como llamado a matar a un candidato presidencial. "Lo que escribió Ricardo Alemán se llama apología del delito", describió Santiago Nieto, ex fiscal para delitos electorales. Alemán replicó asegurando que sólo había hecho "una advertencia" contra posibles atentados, "una llamada de atención". No le creyeron y a partir de ahí comenzó a perder los espacios que tenía en *Milenio Diario*, *Foro TV* (de Televisa) y el medio público Canal Once. Semanas después, Alemán denunció una supuesta amenaza contra su vida por parte de AMLO, de la que no presentó evidencias y de la que no volvió a hablar: "Señor Andrés, si me está usted siguiendo y ordenó que me persigan, señor presidente electo, pues usted va a ser responsable si me pasa algo. Mañana que tal si amanezco así 'colgadito'".[12]

Al proseguir los reacomodos en los medios, Alemán intentó presentarlos como golpes ordenados por el nuevo gobierno, sin aportar pruebas. En diciembre de 2018, por ejemplo, el periodista Carlos Loret renunció a su programa en Radio Centro porque le asignaron su espacio a Julio *Astillero*; a Loret le ofrecieron otro, que rechazó. Alemán atribuyó también ese movimiento al

[10] "Estos son los 16 responsables de financiar a Ricardo Alemán desde el gobierno federal". Reportaje de Maurizio Montes de Oca en BuzzFeed News. 7 de mayo de 2018. https://www.buzzfeed.com/mx/mauriziomontesdeoca/ricardo-aleman-contratos-gobierno-federal

[11] "El periodista Ricardo Alemán sugiere en tuit asesinar a AMLO y desata oleada de críticas y condena generalizada". Nota de Jenaro Villamil en Proceso.com. 6 de mayo de 2018. https://www.proceso.com.mx/533026/el-periodista-ricardo-aleman-sugiere-en-tuit-asesinar-a-amlo-y-desata-oleada-de-criticas-y-condena-generalizada

[12] "La nueva pelea de Ricardo Alemán contra AMLO: lo acusa de espiarlo". Nota en *Huffington Post MX*, 26 de julio de 2018, https://www.huffingtonpost.com.mx/2018/07/26/la-nueva-pelea-de-ricardo-aleman-contra-amlo-lo-acusa-de-espiarlo_a_23490496/

presidente y —como si tuviera algún tipo de liderazgo o buena reputación profesional— lanzó una convocatoria al gremio: "Hoy van por todos los críticos, uno a uno! Y empresas entregarán cabezas para salvar el pellejo! No nos quedemos callados! Es momento de estar unidos, piénsenlo!"[13]

• • •

Otra empresa damnificada es Capital Media, con la que tengo una breve historia. En el verano de 2003, mientras trabajaba en la tesis doctoral en Madrid, recibí una llamada de Salvador Frausto: "Te invitamos a ser el editor de la sección internacional de la revista de Gabriel García Márquez". No esperé a saber a cuánto ascendería mi sueldo, di la respuesta inmediata que cualquiera hubiera dado: "¿Cuándo tengo que estar en México?" El semanario *Cambio*, hermano menor del que había en Colombia, iba a tener una segunda época después de un naufragio. Abrenuncio, la empresa colombiana de la que era parte el Nobel de Literatura, sería socia minoritaria de Contendencia, de la mexicana Aìdeé Reséndiz Martínez. Llegué ese septiembre a disfrutar nueve meses fascinantes en los que José Ramón Huerta, Mariela Gómez, Gisela Vázquez, Mary Carmen Ambriz, Frausto y yo nos reuníamos cada lunes con el Gabo para discutir los temas de la semana y recibir sus orientaciones. Desde el primer día, me llamó *El Venezolano* porque superé la prueba de conocimientos, enfocada en el país de Bolívar, que por sorpresa me aplicó.

El proyecto nunca estuvo cerca de la viabilidad financiera. Varios tuvimos la impresión de que Reséndiz trataba de utilizar el nombre del Gabo para promover otros intereses. Él era escritor y periodista, no empresario, y posiblemente fue engañado. Cerraron la revista el 26 de mayo de 2004 sin pagarnos sueldos ni algún tipo de liquidación. La totalidad de los trabajadores interpusimos una demanda laboral. El compañero Alejandro Lelo de Larrea era uno de los más indignados y organizó buena parte de la documentación. Al paso de los años, ganamos el juicio.

Pero no había quién pagara porque Reséndiz había declarado la quiebra de la empresa, sin dar cuenta del destino de la cantidad millonaria que recibió por la venta del cabezal "Cambio" a Mac Ediciones. Ésta era propiedad de los Maccise, una familia del PRI del Estado de México que se preparaba para participar en el asalto al poder del Grupo Atlacomulco encabezado por su gobernador, Enrique Peña Nieto. Compraron Radio Capital y algunos pequeños

---

[13] "Ricardo Alemán convoca a periodistas a unirse contra 'censura' de AMLO". Nota en *Nación 321*, 4 de diciembre de 2018, https://www.nacion321.com/ciudadanos/ricardo-aleman-convoca-a-periodistas-a-unirse-contra-censura-de-amlo

periódicos para formar Capital Media, bajo la conducción de Raúl Sánchez Carrillo. Aunque no les faltaba dinero, relanzaron la revista *Cambio* sin reconocer los derechos de los empleados. Pero compraron a uno: Lelo de Larrea, quien conocía los detalles de nuestra estrategia legal; nos traicionó para ser recompensado como nuevo director de *Cambio*.

Lelo de Larrea no duró mucho, lo desecharon. Pero por varios años, el nombre de García Márquez siguió siendo usado por los Maccise. El lector incauto pensaba que en el contenido de la revista *Cambio* de alguna forma estaba la mano del pobre Gabo, aunque él ya no tenía vínculo alguno y padecía el avance de la enfermedad que nos lo quitó. Varias personas me dijeron que vendían artículos con promesas falsas: "Me va a entrevistar García Márquez", presumió un empresario.

Capital Media y los Maccise multiplicaron sus negocios hasta alcanzar talla nacional bajo la presidencia de Peña Nieto, con portales de internet especializados y locales, nuevas cabeceras y un canal de televisión por cable, Efekto TV. Perdieron el trato privilegiado en el nuevo gobierno, según los datos obtenidos por Tourliere: en conjunto, cuatro de sus compañías (Capital Media, Canal Capital, Grupo Radiodifusor Capital y Reporte Índigo) recibieron contratos por 79 millones de pesos en 2018, frente a cinco millones y medio en 2019.

• • •

Si la democracia crea cultura con la práctica cotidiana, en México no la ha habido más que en la superficie. Habituada al uso patrimonial del poder, la derecha en sus distintas expresiones nunca ha tolerado la crítica periodística más allá de la conveniencia de las formas. Esto se pudo ver en los gestos de un Peña Nieto presidente que censuró a Aristegui y reaccionó violentamente contra quienes denunciaron que su gobierno los espiaba.

En la izquierda tampoco existe una noción democrática del papel de los medios. En principio porque durante un siglo fue castigada por lo que suele llamarse —con justicia— la "prensa vendida", que siempre fue predominante entre los lectores. Buena parte de la sociedad no ha tenido un aprendizaje que le permita diferenciar entre esa prensa habitual y el periodismo crítico o independiente.

Incluso entre los sectores que sí son capaces de hacer esa distinción, tampoco se entiende o se acepta el papel que deben desempeñar estos medios. Bajo el principio de que el enemigo de mi enemigo es mi amigo, se interpreta que la crítica al poder de los grupos hegemónicos o la cobertura de sectores vulnerables y de sus movimientos de resistencia convierten a los periodistas en aliados incondicionales, voceros o propagandistas dispuestos a proyectar su interpretación de la realidad. El concepto de *prensa crítica* es transportado al de prensa orgánica o instrumental para los movimientos sociales y políticos de la izquierda, especialmente la que llegó al poder.

La decepción provoca reacciones agresivas, instantáneas y poco meditadas de rechazo y descalificación, porque no se asume el papel vital de la crítica en los procesos democráticos. La trayectoria entera de un periodista o de un medio de comunicación es echada a la basura en el momento en que se aprecia una disonancia. Desde los primeros meses del nuevo gobierno, el impacto de las maniobras de descrédito fue magnificado por la construcción de sistemas como el de la #RedAMLOve, en el que (según reveló un informe del grupo de análisis digital igna_lab,) bots, semibots y *trolls* se coordinan para atacar a quienes, a partir de datos inconexos, identifican como críticos del gobierno.[14]

Del 53% de la votación que obtuvo en la elección de julio, el presidente elevó su popularidad hasta niveles inéditos, con un consenso de encuestas de alrededor de 80% al cumplir los 100 días de gobierno, el 10 de marzo de 2019. Esto tuvo consecuencias diversas, entre las que está la intensificación de la presión social contra los medios que mantienen una actitud crítica, tanto en la derecha como entre aquellos que desde la izquierda se rehusaron a alinearse al gobierno. De nuevo la revista *Proceso* sirve como caso emblemático: si era preferida por sectores informados de los votantes de AMLO, los más fervorosos entre ellos esperaban que se convirtiera en portavoz del nuevo gobierno (considerando además que Julio Scherer Ibarra, primogénito del fundador, es el consejero jurídico del presidente). El semanario, no obstante, se empeñó en marcar distancia: la decepción del amloísmo fue grande y además genuina, a pesar de que *Proceso*, desde su nacimiento bajo el presidencialismo autoritario, buscó y desarrolló su sentido del ser en la oposición al presidente, en sostenerse como el pequeño faro de crítica e independencia que iluminaba lo que ocultaba bajo la falda un poder con vocación absolutista. Como el del PRI en sus épocas doradas. O el de López Obrador y su popularidad avasalladora.

Cuatro semanas antes de la toma de posesión de AMLO, en la edición de su cuadragésimo segundo aniversario, el semanario llevó a su portada un primer plano del entonces presidente electo, con gesto adusto y aspecto envejecido, titulándolo "El fantasma del fracaso". El mal augurio no se sostenía

---

[14] Informe "Democracia, libertad de expresión y esfera digital. Análisis de tendencias y tipologías en Twitter. El caso de #RedAMLOVE". Publicado en el sitio de signa_lab, 28 de febrero de 2019, https://signalab.iteso.mx/informes/informe_redamlove.html

en un sólido reportaje ni en un documentado análisis, sino que se extraía de las opiniones de un entrevistado que sólo era citado en páginas interiores: el abogado constitucionalista Diego Valadés.

Varios integrantes de la redacción manifestaron su desacuerdo, no con la intención de recordarle a AMLO que *Proceso* no había dejado de ser *Proceso*, y que lo sobreviviría a él como lo había hecho con los ocho presidentes anteriores, sino con la forma en que se envió el mensaje, que para algunos pareció descuidada.

Fuera de las oficinas de la revista, la primera en reaccionar fue la esposa de López Obrador, la historiadora Beatriz Gutiérrez. Mediante un *tweet* descalificó las cuatro décadas de independencia de *Proceso* y señaló a quien, desde su perspectiva, se reveló como opositor: "Todavía no toma posesión y (AMLO) ya está 'solo' y a punto del 'fracaso'. El conservadurismo, de izquierda o de derecha, nubla el juicio y da pie a conjeturas fantasiosas. Los extremos pueden tocarse y abrazarse. Bienvenida la pluralidad y el debate. Lo bueno es el desenmascaramiento".

"O sea, doña Beatriz, a @lopezobrador_ ni con el pétalo de una rosa", respondió el director, Rafael Rodríguez. "@revistaproceso es fiel a su historia y a la herencia de Julio Scherer García, a quien bien conoció usted: libres ante el poder y ante quienes aspiran a ejercerlo. Ni de izquierda ni de derecha. Solo libres".[15]

AMLO decidió continuar la polémica en un video de siete minutos de duración, en el que se refirió a "una revista" que describió como "sensacionalista y amarillista", en la que "quisieran estarnos cuestionando y que nos quedáramos callados y no, no va a ser así. Tenemos que debatir de manera respetuosa, pero debemos tener diálogo circular y tiene que haber libertades plenas y para todos, para el que critica en los medios y el que es criticado, que tenga derecho a la réplica, y lo voy a ejercer siempre, es el derecho y que nadie se sienta ofendido, lo voy a hacer de manera respetuosa".[16]

La respuesta presidencial abrió la puerta para que el semanario tratara de convertir el error en oportunidad, de insistir en sus principios y —ya encarrerados— comprometer a AMLO. Publicó un comunicado que inicia con una cita de Scherer: "La diferencia entre *Proceso* y otros medios es que, en la revista, si acertamos, si nos equivocamos, somos nosotros. No hay nadie, nadie,

---

[15] "La 'bronca' entre Beatriz Gutiérrez y el director de *Proceso* por portada de AMLO". Nota en *Nación321*, 5 de noviembre de 2018, https://www.nacion321.com/gobierno/la-bronca-entre-beatriz-gutierrez-y-el-director-de-proceso-por-portada-de-amlo

[16] Video "Empezamos la semana bien y de buenas" de Andrés Manuel López Obrador en su canal de YouTube, 5 de noviembre de 2018, https://www.youtube.com/watch?v=ZUF5VkcS8lc

que nos dicte, que nos obligue a publicar una sola palabra". El texto, después de rechazar el "vituperio, indigno de un hombre de Estado", recordó que el medio "nunca le ha negado el derecho de réplica a nadie. Hemos decidido tomarle la palabra al presidente electo: que exista el diálogo. Como periodistas que somos, ateniéndonos a las reglas del oficio, le solicitamos formalmente una entrevista con *Proceso*, con plena libertad para ambas partes".[17]

El vocero de AMLO, Jesús Ramírez Cuevas, descartó el encuentro. En la agenda del presidente, sostuvo, no había programada "ninguna entrevista en estos momentos en algún medio". Pero la hubo muy pronto, o las hubo, pues López Obrador aceptó conversar en televisión con presentadores de dos de los medios tradicionales que más lo habían atacado: Televisión Azteca y Milenio TV.

También lo hizo con uno de los independientes: *Aristegui Noticias*. Si parecía que el presidente había dado un elegante bofetón a sus críticos de *Proceso*, acaso haya pensado después que no fue tan buena idea. Con la simpatía con la que hace caer a los más avezados, Carmen Aristegui logró enredarlo. Ya que las consultas populares se han convertido en uno de sus instrumentos de gobierno, la periodista le sacó el compromiso de llevar a votación pública tres temas que él hubiera preferido evadir: si debía o no formar un consejo asesor con los hombres más ricos del país; si el gobierno debía o no buscar juicios por corrupción contra los últimos cinco ex presidentes; y si debía o no promover la creación de una guardia nacional.[18]

Como fecha de realización, AMLO aceptó el 21 de marzo de 2019. Para ese día, en efecto, el consejo de empresarios era una realidad y la Guardia Nacional había sido aprobada por el Congreso. Sólo quedaba la delicada encuesta sobre el juicio a sus antecesores, pero AMLO no volvió a hablar del asunto.

• • •

Proceso siguió haciendo su trabajo y el presidente continuó expresando su disgusto, como ilustra este diálogo con el periodista Arturo Rodríguez García, en julio de 2019:

AMLO: Estamos viviendo una etapa nueva, porque ahora sí hay más periodismo de investigación. Porque pasó de noche el periodo neoliberal, todo el periodo

---

[17] "Presidente electo, le tomamos la palabra". Comunicado en proceso.com.mx, 6 de noviembre de 2018, https://www.proceso.com.mx/558449/presidente-electo-le-tomamos-la-palabra

[18] Video "#AMLOenAristeguiNoticias" en el canal de YouTube del portal, 21 de noviembre de 2018, https://youtu.be/eSxM-iuGh70

de saqueo, de pillaje. Ahí están en falta los medios, con todo respeto. Guardaron silencio cómplice. Seguramente hubieron honrosas excepciones. Padecieron de persecución, de censura. Me preocupa el asunto de José Gutiérrez Vivó, lo desterraron (...) La revista *Proceso*, por ejemplo, no se portó bien con nosotros. No es ningún reproche.

RODRÍGUEZ: No es papel de los medios, presidente, portarse bien con alguien.

AMLO: No, pero estamos buscando la transformación y todos los buenos periodistas de la historia siempre han apostado a las transformaciones.

RODRÍGUEZ: Los periodistas militantes sí, presidente.

AMLO: Es una visión distinta, sí, pero (Francisco) Zarco estuvo en las filas del movimiento liberal y los Flores Magón también.

RODRÍGUEZ: Son 150 años de distancia, presidente.

AMLO: Los periodistas mejores que ha habido en la historia de México, los de la República Restaurada, todos tomaron partido. Y es que es muy cómodo decir 'yo soy independiente' o 'el periodismo no tiene por qué tomar partido' o apostar a la transformación. Es nada más analizar la realidad, criticar la realidad, pero no transformarla.

RODRÍGUEZ: Es informar, presidente.

AMLO: Sí, pero a veces ni eso. Es editorializar para afectar las transformaciones.

RODRÍGUEZ: Editorializar es también tomar partido. O sea, usted pide que editorialicen nada más a favor de usted.

AMLO: Para conservar, no para transformar, o sea, que es lo que se ha hecho en el caso de *Proceso*, mucho en ese sentido, por eso lo leo poco ya desde que falleció don Julio Scherer, al que admiraba mucho, pero ése es otro asunto. Qué bueno que podamos debatir así.

RODRÍGUEZ: A sus órdenes.[19]

• • •

Durante la segunda mitad del sexenio de Peña Nieto, se instaló como tema noticioso el conflicto en torno al llamado *huachicol*. Esta palabra coloquial, que servía para denominar las bebidas adulteradas, ahora se utilizaba también para referirse a la gasolina y otros hidrocarburos robados a Pemex.

De acuerdo con las autoridades —cuya información era reproducida acríticamente por la prensa— los huachicoleros eran gente de extracción humilde que formaba bandas dedicadas a perforar oleoductos y "ordeñar" el combus-

---

[19] "Debate en la conferencia de López Obrador con Arturo Rodríguez de *Proceso*". Video en canal de YouTube "Personajes México", 22 de julio de 2019, https://youtu.be/L1pj6Akl52o

tible. La protección y el respaldo de las pequeñas comunidades rurales de los alrededores, en estados como Puebla y Tlaxcala, los hacía capaces de resistir eficazmente los operativos de unidades policiacas y militares, provocándoles bajas o rodeándolas con población civil, a fin de impedir su actuación. El problema crecía al punto de volverse una amenaza a la seguridad nacional. Las pandillas de huachicoleros se transformaban en nuevos cárteles, o se ligaban a los grupos ya establecidos del narcotráfico.

En suma, estábamos frente a un fenómeno extremadamente difícil de combatir, que nos afectaba a todos en la medida en que lo hurtado era la propia riqueza nacional, y que demandaba por eso mismo la intervención directa del Estado. En las pantallas de televisión, esta urgencia era enfatizada por la espectacularidad de los tiroteos y por las grandes explosiones de ductos, derivadas de las batallas entre huachicoleros y fuerzas del Estado.

Por lo que toca a Pemex, la petrolera estatal, era una compañía construida con aportaciones de mexicanos ricos y pobres tras la nacionalización de la industria petrolera en 1938. Desde 1982, sin embargo, comenzó a ser desmantelada por los gobiernos neoliberales y ese proceso se había acelerado en 2013, con la reforma energética impulsada por el presidente Peña Nieto. Se había permitido entonces la participación de empresas privadas en condiciones desventajosas para Pemex.

Pero la operación contra la empresa iba mucho más allá. A lo largo de tres gruesos libros,[20] la periodista Ana Lilia Pérez reveló con detalle cómo altos funcionarios públicos, en combinación con redes de empresarios, los partidos PRI y PAN y el sindicato de trabajadores petroleros, provocaron la decadencia de la infraestructura petrolera; la caída en actividades de exploración y producción; el despilfarro de los recursos; los desvíos millonarios hacia campañas políticas y bolsillos privados; y la inexplicable "mudanza" de la firma hacia 10 paraísos fiscales, a través de 40 "compañías privadas" de su propiedad.

Se trataba de la mayor empresa gubernamental de América Latina, con activos por 415 mil millones de dólares e ingresos brutos por 390 mil millones de dólares en 2012. En todo tiempo, establecer quién la encabezará ha representado una de las decisiones más importantes de un gobernante. Pérez documentó la participación de asociados y familiares de los ex presidentes Vicente Fox, Felipe Calderón y Enrique Peña Nieto en estas redes de

---

[20] Libros de Ana Lilia Pérez sobre Pemex: *Camisas azules, manos negras. El saqueo de Pemex desde Los Pinos*, Grijalbo, México, 2010; *El Cártel Negro. Cómo el crimen organizado se ha apoderado de Pemex*, Grijalbo, 2011; *Pemex RIP. Vida y asesinato de la principal empresa mexicana*, Grijalbo, 2017.

corrupción. Las amenazas contra su vida la obligaron a refugiarse en Alemania en 2012.[21]

El huachicol y los huachicoleros, con su folclor rústico, eran lo de menos, reveló la periodista. La tajada del león del robo de combustibles no se la llevaban los improvisados que recogían gasolina en cubetas y se la llevaban en camionetas *pick up*. El verdadero saqueo se producía dentro de las refinerías, de las que entraban y salían diariamente ejércitos de camiones cisterna o pipas, con pleno conocimiento de todos los que allí trabajaban, desde los encargados de seguridad hasta los sucesivos directores de Pemex en los gobiernos del PRI y del PAN.

El robo de hidrocarburos no se llevaba a cabo solamente en tierra. Con base en informes de inteligencia de la Armada de México, Ana Lilia Pérez mostró que en aguas muy vigiladas del Golfo de México, unos 90 buque-tanques funcionaban como "ordeñadores náuticos" que robaban el combustible en puertos o directamente en las plataformas petroleras. "Operan con una estructura logística bien organizada que incluye la participación de personal de Pemex, armadores, compañías navieras, capitanes de barco, jefes de máquinas y tripulaciones expertas".[22]

Pérez recibió el trato que suele darse a los periodistas de investigación en México: descalificaciones, menosprecio y silencio en los grandes medios. Eso cambió en enero de 2019, cuando Ana Lilia pasó a ser una de las especialistas más buscadas para hablar en televisión, radio, prensa e internet. El día 6, un mes después de haber tomado posesión de la presidencia, AMLO declaró en Tijuana: "Desde el gobierno del presidente Fox, se tenía hasta contabilizado el robo en Hacienda, ya sabían que había que descontar, en aquel entonces, alrededor de 10 mil millones (de pesos; 530 millones de dólares) por robo de combustible. Pero ahora llegó a más de 60 mil millones (3 mil 200 millones de dólares). Es de sentido común: ¿cómo va a ser huachicoleo si estamos hablando de que hace 30 días se robaban más de mil pipas diarias de 15 mil litros cada pipa? ¿Cómo distribuyen toda esa gasolina robada? Había una actitud de complicidad plena al interior de Pemex y eso es lo que estamos corrigiendo. Hace dos días, de robarse mil 100 pipas, logramos que bajara a 36 pipas".

[21] "Periodista mexicana vive en exilio tras denunciar corrupción en Pemex: Entrevista con Ana Lilia Pérez". Entrevista de Tania Lara en el *blog* Periodismo en las Américas del Knight Center for Journalism in the Americas, 3 de abril de 2013, https://knightcenter.utexas.edu/es/blog/00-13419-periodista-mexicana-vive-en-exilio-tras-denuncion-corrupcion-en-pemex-entrevista-con-a

[22] "Así operan los 'huachicoleros' del Golfo de México". Investigación de Ana Lilia Pérez en *Newsweek en Español*, 22 de octubre de 2018, https://newsweekespanol.com/2018/10/huachicoleros-pemex-golfo-mexico/

No mencionó nombres, además de Fox. Sólo habló de "intereses creados", "muy poderosos". Pero tres días más tarde, en La Mañanera, afinó el tiro: "Era una especie de tolerancia, algo pactado o que se daba por hecho desde tiempo atrás; estamos hablando de tres sexenios", dijo. "Tolerancia, vamos a decirlo así, de todos; omisión. Lo sabían todos, desde Fox; ¿quién le siguió? Calderón, ¡todos!"

El presidente había ordenado terminar de golpe con el robo. Esto obligó a cerrar ductos, puertos, refinerías, así como la red de venta del combustible saqueado: cientos de gasolinerías compraban el producto ilegalmente, al igual que fábricas y empresas. En amplias regiones del país, que incluían la capital y otras grandes ciudades, la gasolina faltó durante dos semanas. Los particulares esperaban horas, a veces días, para llenar sus tanques. Otros gobiernos hubieran sido derribados por la ira popular. Cinco encuestadoras que preguntaron sobre esta estrategia detectaron niveles de aprobación desusados en México: desde el 65% hasta el 89 por ciento.[23]

• • •

El número de tomas clandestinas de combustible detectadas por Pemex empezó a crecer desde el año 2000, pero fue con Peña Nieto cuando alcanzó niveles de escándalo.

Durante el sexenio de Vicente Fox se mantuvieron casi al mismo nivel, con 131 en 2001 y 136 en 2006. Con Felipe Calderón se multiplicaron 12 veces: llegaron a mil 635 en 2012. Finalmente, las 12 mil 581 tomas clandestinas con las que terminó el gobierno de Peña Nieto multiplicaron por ocho las de Calderón y por 92 las de Fox al cierre de su mandato.[24]

Si para los dos primeros presidentes del siglo se trataba de un asunto manejable, para Peña Nieto se convirtió en un asunto insostenible ante la opinión pública. Y empezaron a "informarnos" sobre el "nuevo" mal de los huachicoleros. En realidad, apenas la quinta parte del daño económico por concepto de robo de combustible era atribuible a ellos. Como saldo preliminar de 2018, dicho delito provocó pérdidas por 66 mil millones de pesos (3 mil 300 millones de dólares), según informó el presidente López Obrador

[23] "La mayoría de los mexicanos respalda el #PlanVsHuachicol de AMLO: encuestas". Nota en *ADN Político*, 14 de enero de 2019, https://adnpolitico.com/mexico/2019/01/14/la-mayoria-de-los-mexicanos-respalda-el-planvshuachicol-de-amlo-encuestas

[24] Gráfica "La ordeña ilegal por sexenios". Incluida en "Así creció la ordeña ilegal de combustible con Fox, Calderón y Peña Nieto", nota de Arturo Solís en *Forbes México*, 11 de enero de 2019, https://www.forbes.com.mx/asi-crecio-la-ordena-ilegal-de-combustible-con-fox-calderon-y-pena-nieto/

el 27 de diciembre de ese año. Del total del saqueo, "sólo el 20% se da con la ordeña de ductos, que es una especie de pantalla. La mayor parte tiene que ver con un plan que se opera con la complicidad de autoridades y una red de distribución".

El cambio de régimen descarriló la maniobra para crear otro enemigo nacional formidable, los huachicoleros, frente al que todos presuntamente teníamos que unirnos, bajo el liderazgo del gobierno y sin mirar al mar, donde los buques pirata recibían atención privilegiada a nivel de plataforma petrolera. La jugada, que ahora podemos ver con mayor claridad, nos sirve para echarle una mirada al modelo en el que se basó: el de los cárteles y la mitología del narcotráfico.

• • •

En un país que pasó 30 años inmerso en la envolvente retórica del "combate al narcotráfico" —12 de ellos en fase oficial de "guerra contra el narco"—, y siempre frustrado porque las operaciones criminales aumentaban en lugar de ser interrumpidas, parece un atrevimiento que algunos académicos y periodistas insistan en afirmar que "los cárteles no existen" y en evidenciar "los mitos del narcotráfico". Sobre todo para quienes viven en los lugares más afligidos por la violencia. El ejemplo del huachicol puede ayudar a entender de qué hablamos.

Los grupos delincuenciales, grandes y pequeños, no se daban a sí mismos el título de "cártel", salvo últimamente, en la medida en que el uso machacón de la palabra ha permeado también a las organizaciones criminales. El que algunas hayan adoptado el término *cártel* complica esta crítica, pero asimismo es reveladora del éxito de este artilugio ideológico. Un cártel es una alianza de proveedores creada para eliminar la competencia y determinar de manera unilateral los precios de un producto u otras condiciones de comercialización. Resulta evidente que las organizaciones de traficantes de drogas hacen lo contrario, pues mantienen entre sí una competencia feroz.

El término fue introducido por fiscales del estado de Florida a principios de los ochenta, cuando iniciaron procesos judiciales contra las organizaciones colombianas autodenominadas Los Extraditables y Los Caballeros de Cali, a las que los funcionarios presentaron simplemente como Cártel de Medellín y Cártel de Cali. "Los cárteles no existen", le dijo un abogado de los de Medellín, Gustavo Salazar, al periodista británico Ioan Grillo. "Lo que hay es una colección de traficantes de droga. Algunas veces ellos trabajan juntos, otras no. Los fiscales estadounidenses los llaman 'cárteles' para hacer más fáciles sus casos. Todo es parte del juego".[25] En 1985, cuando el grupo denominado La Federación saltó a las primeras planas tras el asesinato del agente de la DEA Enrique Camarena, fue llamado por esa agencia Cártel de Guadalajara. Las autoridades mexicanas y los medios simplemente repitieron lo que les decían.

Aunque el concepto de *cártel* no correspondía al fenómeno de las bandas de contrabandistas, la palabra les sirvió a los fiscales para atribuirles una capacidad de organización superior y una naturaleza atemorizante. En esa época, las seis letras de *cártel* eran casi un eslogan con un peso enorme en la opinión pública; causaban pavor. Entre 1973 y 1985, Estados Unidos y los países industrializados pasaron por una serie de crisis del petróleo, con los precios por barril saltando desde los 10 dólares hasta más de 60, con impacto inmediato en lo que el consumidor pagaba por llenar el tanque de su coche y en la economía en general, que cayó en recesión.

El gran villano que golpeó sensiblemente el "estilo de vida americano" y el ingenuo optimismo del país, por primera vez desde la Segunda Guerra Mundial, era la Organización de Países Exportadores de Petróleo: un cártel de verdad. El Cártel.

Eso es justamente lo que puede hacer un cártel: conspirar para dominar el mercado. Los fiscales floridanos no solamente lograron convencer a los jurados de que declararan culpables a los procesados, con el argumento de que representaban una enorme amenaza para la nación, sino que sentaron las bases de una batería simbólica con un poderío mercantil apabullante. La palabra *cártel* se convirtió así en un *best-seller* político y comercial, al sintetizar una mitología fascinante, la del narcotráfico. Y construyeron también un poderoso argumento de política exterior.

El tema de las drogas ilegales solía ser tratado como un problema de adicción (de salud pública) o de contrabando (de seguridad pública), y pocos veían en él una amenaza a la seguridad nacional, hasta que Richard Nixon le asignó ese carácter a principios de los años setenta. En los ochenta, cuando el tráfico ilegal de drogas cambió su estatus al de asunto de seguridad nacional, el neoliberalismo halló otra herramienta para imponer su agenda en América Latina, con una visión securitarista que cristalizó en el llamado Consenso de Washington de 1989. El combate al narcotráfico se convirtió así en una prioridad continental, y la estrategia se plasmó a nivel binacional en el Plan Colombia (1999) y, para México, la Iniciativa Mérida (2007).

---

[25] Ioan Grillo, *El Narco. Inside Mexico's Criminal Insurgency*, Bloomsbury Press, Nueva York, 2011, p. 61.

•••

Académicos como Luis Astorga (Universidad Nacional Autónoma de México), Fernando Escalante (El Colegio de México), Guadalupe Correa-Cabrera (George Mason University, Rice University) y Oswaldo Zavala (City University of New York), así como periodistas independientes como la canadiense Dawn Paley, el italiano Federico Mastrogiovanni y los mexicanos Ignacio Alvarado y Carlos Fazio —entre otros— han tratado de explicar la manera en que las políticas económicas y de seguridad de Estados Unidos han provocado el terror en países como México y Colombia.

No hay un consenso en aspectos clave; por ejemplo, acerca de si el nivel de violencia es producto de un plan calculado deliberadamente por ciertos grandes grupos de poder, o si es un fenómeno que se nos ha salido a todos de las manos y que distintos grupos de poder han ido manipulando sobre la marcha. En todo caso "la interacción de políticas y discursos diseñados en Washington y en México", apunta el académico Luis Astorga, "con los hechos sobre el terreno, procesos económicos y esquemas delincuenciales, más los innumerables gestos de improvisación y ajuste que realizan a lo largo de las décadas una variedad de actores, han producido una realidad favorable para cierto tipo de negocios con impactos sociales muy fuertes, en la que las resistencias presentes o potenciales son neutralizadas o combatidas mediante una violencia permitida".[26]

No hablamos de una entidad monolítica capaz de activar y coordinar perfectamente todos sus recursos, en todas las ocasiones. Tanto en los Estados Unidos como en México, el Estado, la iniciativa privada y la política están conformados por facciones que responden a intereses a veces compartidos, a veces contradictorios, que se alían o contraponen según la ocasión. Intereses que no necesitan asociarse de manera explícita para reforzar objetivos mutuos, si éstos coinciden de por sí, y que están expuestos también a significativas influencias exteriores: a veces poderes internacionales como Rusia o China, o a líderes populares al frente de coaliciones capaces de penetrar los blindajes del sistema, como en el caso de AMLO.

Como reflexiona Correa-Cabrera, aunque "no existen suficientes evidencias todavía para corroborar teorías relacionadas o para afirmar que todo esto fue premeditado", es posible identificar "relaciones inequívocas entre actores y eventos", y señalar que entre "los principales ganadores (potenciales) de la

---

[26] Luis Astorga, *Seguridad, narcotraficantes y militares. El poder y la sombra*, Tusquets, México, 2007, p. 273.

guerra de México se encuentran las grandes compañías energéticas y de seguridad", instituciones financieras y el complejo de seguridad fronteriza/militar-industrial de Estados Unidos. La desestabilización, el desplazamiento y el control de territorios por parte de actores armados (grupos criminales, paramilitares y fuerzas armadas regulares) han estado beneficiando —o van a beneficiar grandemente— a estos actores privados transnacionales". La periodista canadiense Dawn Paley identifica también entre los triunfadores a las facciones dominantes del poder estatal, a las fuerzas armadas y al sistema penitenciario, por un lado; y por el otro a las industrias de manufacturas y del transporte. Paley incluye asimismo a empresas como WalMart,[27] que de esta forma (y mediante la entrega sistemática de sobornos, como demostraron los periodistas David Barstow y Alejandra Xanic)[28] pueden doblegar regulaciones legales y resistencias civiles, con el fin de ocupar extensos terrenos en puntos de alto valor comercial.

En el reverso de la moneda, señala Correa-Cabrera, "en general, los principales perdedores en la guerra civil moderna de México parecen ser la industria petrolera nacional y las personas más vulnerables del país: aquellos que no tienen los recursos para huir o defenderse a sí mismos de la extorsión, los secuestros y otras formas de brutalidad perpetradas por grupos criminales, paramilitares y fuerzas gubernamentales. Sus espacios están siendo ocupados por empresas privadas, principalmente transnacionales y muy poderosas. Los desplazamientos forzados, las desapariciones masivas y la militarización en lugares clave del país han vaciado las tierras estratégicas y las han dejado disponibles para futuras inversiones, muchas de ellas en el sector energético. Al mismo tiempo, la guerra en México —como cualquier otra guerra en el mundo— se ha vuelto un gran negocio para los actores privados que brindan servicios de seguridad al gobierno, a empresarios e, incluso, a grupos criminales".[29]

Los académicos y periodistas mencionados han observado que, en México, los mayores índices de violencia se registran en áreas que no necesariamente destacan en la producción o transporte de drogas ilegales, pero que sí son de interés por otras razones: porque hay gas (Cuenca de Burgos en Tamaulipas y Coahuila); oro (Tierra Caliente, Guerrero); petróleo (Tamaulipas y Veracruz); maquiladoras (Ciudad Juárez, frontera de Tamaulipas); megaproyectos (Chihuahua, Coahuila), etcétera.

---

[27] Dawn Paley, *Drug War Capitalism*, AK Press, Oakland, 2014, pp. 16 y 117.

[28] "How Wal-Mart Used Payoffs to Get Its Way in Mexico". Reportaje de David Barstow y Alejandra Xanic en *New York Times*, 18 de diciembre de 2012, https://www.nytimes.com/2012/12/18/business/walmart-bribes-teotihuacan.html

[29] Guadalupe Correa-Cabrera, *Los Zetas Inc.: Criminal Corporations, Energy, and Civil War in Mexico*, University of Texas Press, 2017, pp. 266, 271, 272 y 276.

Todo esto no es algo inusual, raro o anómalo. En realidad, es una expresión regional contemporánea de la tendencia epocal destructiva del capitalismo que Walter Benjamin ya identificó en el contexto de la Segunda Guerra Mundial, que el fin de la contienda no detuvo sino que recaracterizó en un formalismo económico liberal. En palabras de Luis Arizmendi, "Benjamin desoculta el entrecruzamiento del 'progreso' tecnoeconómico del capitalismo con una creciente devastación desplegada mediante violencia político-destructiva, como una fuerza implacable que conduce al Estado de Excepción como la 'regla'".[30]

Al lanzar su "guerra contra el narco", Felipe Calderón sacó al Ejército a las calles de manera excepcional, justificando un Estado de excepción en el asedio del narco —materializado en nuestro imaginario por una poderosa mitología— que la intervención militar debía enfrentar y resolver en poco tiempo para regresar a los cuarteles. Pero desde 2006, el Estado de excepción es regla.

• • •

Cuestionar el mito del narcotráfico no equivale a negar su existencia, es mostrar que no es como nos lo pintan y que de hecho no es el mayor problema de México, como nos han querido hacer creer: funciona más bien como una pantalla o cortina de humo. Afirmar que los cárteles no existen no es tratar de convencer a quienes sufren cada día bajo las organizaciones criminales de que están en su imaginación. Es argumentar que no funcionan de la manera en que se nos ha asegurado, ni se dedican solamente a lo que nos han dicho; es desvelar también que el Estado tiene los recursos para imponerse sobre ellas, y que aunque la decisión y ejecución de abrazarlas o estrangularlas es el resultado de complejos juegos de equilibrios de facciones, está dentro de sus capacidades.

La mitología del narcotráfico ha servido para sustentar el Estado de excepción permanente, instalando en el imaginario colectivo ideas clave como las siguientes:

- Las organizaciones criminales son "cárteles" cuya actividad exclusiva o principal es el narcotráfico.
- El narcotráfico es un poder casi invencible, en México y a nivel global.
- Si el narcotráfico está del lado enemigo, el lado contrario es el de todos los demás, donde estamos nosotros y el Estado que nos va a proteger.

---

[30] Luis Arizmendi, "Walter Benjamin. La dialéctica de la modernidad entre los prismas del nazifascismo y la utopía", en Luis Arizmendi (coord.), *Walter Benjamin: la dialéctica de la modernidad y sus prismas*, Rosa Luxemburg Stiftung, México, 2018, p. 10.

- Por lo tanto debemos apoyar al Estado, y con urgencia, porque está en riesgo de derrota o captura por los "cárteles".
- Los funcionarios corruptos son excepciones, el Estado se encuentra esencialmente limpio.
- Las matanzas se deben sólo a supuestas "guerras entre cárteles", no a la violencia de las autoridades; la mayor parte de la gente que muere con violencia no era inocente, sino que tenía vínculos criminales.
- Para protegernos, el Estado debe gastar todo lo necesario, desplegar sus fuerzas como considere mejor y ser defendido ante las inevitables acusaciones por crímenes, abusos y violaciones de derechos humanos.
- La corrupción dentro del Estado es un mal secundario que puede esperar a ser atendido.

Así como el fantasma de los huachicoleros estaba siendo introducido para distraernos, y para que no viéramos que la mayor parte del saqueo era organizado por altos ejecutivos dentro de Pemex, los mitos del narcotráfico han funcionado para convencernos de que éste es el mayor peligro para la seguridad del país, la prioridad indiscutible. Así es posible ocultar proyectos más nocivos, como la entrega masiva de territorios y recursos en todo el país a empresas nacionales y extranjeras. Dichos proyectos están destinados a la extracción de minerales e hidrocarburos; explotación forestal y agropecuaria; apropiación de cuencas acuíferas y generación de energía eléctrica,; así como al desarrollo de macroproyectos y a la construcción de gasoductos y oleoductos,[31] afectando no solamente nuestros recursos naturales sino también el medio ambiente y los modos de vida de comunidades humanas. Comunidades que en aras de tales emprendimientos privados deben ser sometidas, neutralizadas o expulsadas. "La concepción de un enemigo permanente permite justificar acciones que de otro modo resultarían ilegales e incluso inmorales", sostiene Oswaldo Zavala.[32]

Sólo con la presencia de El Enemigo es posible justificar el Estado de excepción, pues sirve para diversos propósitos:

- Generar miedo.
- Ocultar las expresiones que el crimen organizado tiene dentro del Estado.

---

[31] "El país, una gigantesca concesión". Reportaje de Matthieu Tourliere en revista *Proceso*, 23 de agosto de 2017, https://www.proceso.com.mx/500030/pais-una-gigantesca-concesion-mapas
[32] Oswaldo Zavala, *Los cárteles no existen. Narcotráfico y cultura en México*, Malpaso, México, 2018.

- Justificar las estrategias violentas del Estado, como son el despliegue y el uso de la fuerza, los abusos y las violaciones a los derechos humanos, las tácticas de tierra arrasada y de letalidad máxima (disparar antes de preguntar, no hacer prisioneros, como se vio en Tlatlaya).
- Construir simbólicamente a El Enemigo, pues el policía, el soldado y el civil entienden que hay un villano —el "narco", el "sicario", el "huachicolero", entre otros— al que hay que combatir a muerte y sin piedad, y que se infiltra o disimula entre la sociedad, lo que lo hace más peligroso. Por principio, se asume que todos los muertos o desaparecidos estaban ligados al crimen, directa o indirectamente.
- Asumir las "bajas colaterales". Es decir, si muere un inocente, se toma como un sacrificio, inevitable y necesario, por el bienestar general.
- Justificar la intervención de Washington en los asuntos internos (a través de planes de "ayuda" como la Iniciativa Mérida), así como las alianzas, negociaciones y cesiones que hace el gobierno mexicano.
- Explicar los fracasos o la inacción ante un *enemigo* supuestamente superior e imbatible.
- Expulsar o someter poblaciones y grupos mediante la violencia (criminal, policiaca, militar), abriendo territorios a la explotación intensiva de sus recursos naturales, o domesticando a los habitantes de las ciudades, que acceden a trabajar con bajos salarios y derechos laborales limitados, para maquiladoras y otras industrias.

• • •

El desplazamiento de poblaciones tiene dimensiones masivas. Los gobiernos anteriores intentaron ocultarlo y ha salido a la luz poco a poco, gracias al esfuerzo de las víctimas y a la decisión del nuevo régimen de destapar el problema. Era imposible esconder una realidad de estas dimensiones: casi nueve millones de personas (8 726 375) tuvieron que abandonar sus hogares o sus lugares de residencia a causa de la inseguridad, en algún momento entre 2011 y 2017, concluye un informe de la Comisión Mexicana de Defensa y Promoción de los Derechos Humanos.[33]

---

[33] "Entre la invisibilidad y el abandono: un acercamiento cualitativo al desplazamiento interno forzado en México". Informe de la Comisión Mexicana de Defensa y Promoción de los Derechos Humanos, febrero de 2019, http://www.cmdpdh.org/publicaciones-pdf/cmdpdh-entre-la-invisibilidad-y-el-abandono-un-acercamiento-cualitativo-al-desplazamiento-interno-forzado-en-mexico.pdf

Era necesario escapar para sobrevivir. Muchas de ellas podrían haber incrementado todavía más las dos listas del horror: la de homicidios dolosos (103 mil con Calderón y 125 mil con Peña Nieto),[34] y la de desaparecidos (40 mil).[35] La población expulsada tiene que ir a algún lado. Una parte trata de emigrar a Estados Unidos, donde figuras como Donald Trump la culpan de un problema que ella no creó, del que es una víctima, del que Washington es en gran parte responsable.

En ese país, la exageración de la amenaza del narcotráfico se utiliza también para fortalecer la imagen del presidente y de otros políticos, quienes anuncian grandes medidas destinadas a proteger a la población en peligro, y para justificar el desvío del gasto público, que en lugar de atender problemas urgentes va a enriquecer al complejo militar-industrial, entre cuyos beneficiarios están las empresas de armamento y construcción, así como los contratistas de seguridad, muchas de las cuales tienen negocios en México.

• • •

En realidad, las organizaciones criminales se dedican a muchas actividades, desde el secuestro y la extorsión hasta la tala forestal y la minería ilegales, el robo de minerales, la trata de mujeres o el tráfico de personas, pasando por servicios de protección paramilitar a grandes empresas y, por supuesto, la apropiación del presupuesto público y el control de los contratos gubernamentales. De esto último ofrece abundantes ejemplos el gobierno de Peña Nieto, cuyos altos funcionarios se sirvieron con la cuchara grande.

El narcotráfico, frecuentemente, no es su principal actividad delictiva. Por lo demás, esos grupos no actúan con independencia ni del Estado (sus líderes se mueven en él o están asociados con individuos dentro del mismo), ni del mundo empresarial (poseen, proveen, compran o sirven a compañías privadas).

El control efectivo de un Estado en extremo corrompido es uno de los más grandes problemas del reformador honesto. Aunque en su retórica México cambió con su arribo al poder, el presidente López Obrador ha tenido enormes dificultades para movilizar las maquinarias públicas, falto como está de

---

[34] "Termina el sexenio con 125 mil muertos". Nota en *Reforma*, 22 de noviembre de 2018. Replicada en *El Diario de Juárez*, https://diario.mx/Nacional/2018-11-22_067a7472/termina-el-sexenio-con-125-mil-muertos/

[35] "Hay más de 40 mil desaparecidos y 36 mil muertos sin identificar en México, reconoce Gobernación". Nota en *Animal Político*, 17 de enero de 2019, https://www.animalpolitico.com/2019/01/40-mil-desaparecidos-mexico-victimas-sin-identificar/

cuadros preparados que reemplacen a los antiguos. Su visión declarada de que prefiere que sus funcionarios tengan 90% de honestidad y 10% de experiencia y no a la inversa, como si honestidad y experiencia fueran mutuamente excluyentes, tropieza con la realidad de que muchas áreas del aparato burocrático operan mal o permanecen bajo el control efectivo de los viejos poderes.

Especialmente en seguridad pública: el presidente ha comprobado lo común que es que tu propio puño te golpee en la cara, como se vio en tiempo real y con especial dramatismo en el espectacular y humillante sitio a Culiacán con el que *El Mayo* Zambada rescató a Ovidio Guzmán, hijo de *El Chapo*, quien había sido capturado por el Ejército, el 17 de octubre de 2019. Es difícil limpiar estructuras plagadas de criminales si el nuevo proyecto tuvo que asociarse con algunos de ellos para poder empezar. Además, en sistemas divididos en varios niveles de administración como México, el crimen opera desde los municipios, los estados y el complejo organigrama de la federación: las escobas no llegan a todos los rincones.

El Estado es demasiado grande y complejo para que los poderes que actúan dentro de él, tanto los que cuentan con legitimidad institucional como la multitud de poderes fácticos y criminales, puedan dominarlo en soledad. Más allá del terreno electoral, construyen coaliciones para controlar partes del Estado. El secreto no radica solamente en la voluntad del presidente, sino en su capacidad de movilizar esas partes —por convencimiento o coerción— para concentrar y enfocar los recursos del Estado. Ahí radica el poder para someter o contener a las organizaciones corruptas y a sus liderazgos criminales.

• • •

Casos como el del colombiano Pablo Escobar, la figura del narcotráfico más emblemática antes de *El Chapo* Guzmán, dan muestra de que el Estado puede imponerse. Escobar se sabía vulnerable ante un Estado muy superior en fuerza. Por eso su grupo no se llamaba Cártel de Medellín, como fue presentado, ni Los Magníficos de Antioquia, sino Los Extraditables. No tomaron el nombre a partir del negocio ni de sus aspiraciones de gloria, sino de su condición de gente que temía ser arrestada y extraditada a los Estados Unidos.

Las organizaciones criminales no compran la voluntad del Estado, sólo consiguen contenerla y moldearla, en tanto puedan generar beneficios para las facciones con mayor influencia dentro de él. Escobar hizo tantas negociaciones con el gobierno como pudo, al grado de que aceptó ir a la cárcel a cambio de construirla él mismo, a su gusto. Luego escapó. Eventualmente, dentro del Estado crecieron las tendencias que estaban en su contra y fue eliminado.

La historia de *El Chapo* Guzmán no es muy distinta: fue detenido sin un solo disparo en 1993; pasó el gobierno priísta de Zedillo en prisión; escapó a mes y medio de que llegó Vicente Fox, del PAN, en 2001; pasó las dos presidencias panistas en libertad hasta que lo atraparon —de nuevo sin tiros— a principios de 2014, cuando el PRI tenía un año de haber regresado, abriendo el espacio para el privilegiado crecimiento del CJNG; *El Chapo* volvió a huir en 2015; fue herido en un intento de captura; malvivió unos meses en la sierra hasta caer de nuevo en 2016 (ahora sí con violencia: cinco muertos y seis heridos de su guardia), todavía con el PRI, para ser extraditado a Estados Unidos en 2017; finalmente, fue procesado en Nueva York, en un juicio a modo de *reality show*, y declarado culpable en 2019.

Los medios convirtieron a *El Chapo* en una figura extraordinaria: el enemigo número uno, el controlador supremo cuyos tentáculos de vicio, poder y crimen se extendían por todos los continentes. La Drug Enforcement Administration o DEA —una entidad cuyo presupuesto depende de la peligrosidad de sus enemigos— lo describió como "el mayor capo de la droga que haya habido" y "el padrino del mundo de la droga", por encima de Escobar.[36] Hasta 2019, el sitio en línea Forbes.com lo presentó como "CEO del Cártel de Sinaloa", y entre 2009 y 2012 lo incluyó en su lista de las personas más acaudaladas del mundo, con más de mil millones de dólares[37] en su haber. Aunque *Forbes* nunca aclaró la forma en que llegó a determinar esa cantidad, la estimación de los fiscales federales sobre la riqueza del capo mexicano sobrepasó por mucho la del portal de negocios, cuando —durante el juicio del criminal en Nueva York— se propusieron confiscarle la cantidad de 14 mil millones de dólares.[38]

En sus mejores tiempos, la Federación de Sinaloa tuvo al menos tres cabezas, socios que acordaban entre sí en un plano de igualdad. Eran *El Azul* Esparragoza, *El Mayo* Zambada y *El Chapo* Guzmán. De *El Mayo* no se conoce el paradero ni que en este siglo se haya montado una operación para detenerlo. De *El Azul*, ni siquiera se sabe si está vivo.

El Chapo es el mediático, el espectacular, el que suena en todo el mundo; el que se casó con una reina de belleza y convirtió a su amante en diputada

---

[36] "Joaquin Guzman Has Become The Biggest Drug Lord Ever". Nota de Nathan Vardi en Forbes.com, 15 de junio de 2011, https://www.forbes.com/sites/nathanvardi/2011/06/15/joaquin-guzman-has-become-the-biggest-drug-lord-ever/#739169123606

[37] "#67 Joaquin Guzman Loera". Lista de multimillonarios de *Forbes* 2013, https://www.forbes.com/profile/joaquin-guzman-loera/#252e3a606778

[38] "Does Mexican Drug Lord El Chapo Guzmán Have The $14 Billion The U.S. Wants From Him?" Artículo de Dolia Estévez en Forbes.com, 25 de enero de 2017, https://www.forbes.com/sites/doliaestevez/2017/01/25/does-mexican-drug-lord-el-chapo-guzman-have-the-14-billion-the-u-s-wants-from-him/#2713f0f6669b

estatal; el que romancea con actrices de telenovela e invita a sus dominios a actores de Hollywood; el que ha sido encarcelado tres veces; el que ha pasado largas temporadas escondiéndose de la policía, escapando por el drenaje, arrastrándose entre matorrales, cactus y alambre de púas. Es el único cuyos flirteos en BlackBerry fueron interceptados por la policía y filtrados a los medios de comunicación.

La empresa israelí NSO Group no acepta que su sistema Pegasus ha sido utilizado para espiar a mexicanos inocentes, pero su arma de ventas más poderosa —el éxito que presume en la prensa y ante clientes de todo el mundo— es que *El Chapo* cayó gracias a su *malware*. Shalev Julio y Tami Shachar (CEO y presidenta de NSO Group, respectivamente) han declarado que Pegasus fue utilizado para que los móviles de *El Chapo* estuvieran siempre bajo control, por las autoridades mexicanas, desde finales de 2011 hasta su captura definitiva en 2016. No sólo en sus periodos de libertad, sino cuando estaba en la prisión de alta seguridad de El Altiplano, usando teléfonos que él creía indetectados.[39]

Para *El Azul, El Mayo* y los otros capos de la Federación de Sinaloa, *El Chapo* no sólo era un jefe que tenía dificultades para recibir información, conversar, acordar y dar órdenes; de hecho era un riesgo directo para la seguridad de las operaciones y de sus socios. La suerte del narco dandi dependía de sus relaciones con fuerzas dentro del Estado, y estas fuerzas a su vez estaban en competencia interna con otras, ganando o perdiendo influencia dentro de las escaleras del poder político y administrativo. De ese modo, no resulta extraño que lo hayan detenido tres veces cuando esa resolución se tomó, y que dos veces más —por decisiones del mismo tipo— lo hayan dejado escapar. Finalmente lo entregaron a Estados Unidos cuando proteger al fugitivo se hizo insostenible para el gobierno de Peña Nieto, que tenía graves cuestionamientos por sus fracasos en seguridad pública. ¿Podía ser el CEO del Cártel de Sinaloa, el gran jefe? ¿Estaba realmente burlando al Estado o desde el Estado lo usaron y lo desecharon cuando llegó el momento?

• • •

---

[39] "How Mexican drug baron El Chapo was brought down by technology made in Israel". Reportaje de Ronen Bergman en *Ynet News*, 10 de enero de 2019, https://www.ynetnews.com/articles/0,7340,L-5444330,00.html

"CEO of Israeli spyware-maker NSO on fighting terror, Khashoggi murder, and Saudi Arabia". Entrevistas con Lesley Stahl en CBS News. Programa transmitido el 24 de marzo de 2019, https://www.cbsnews.com/amp/news/interview-with-ceo-of-nso-group-israeli-spyware-maker-on-fighting-terror-khashoggi-murder-and-saudi-arabia-60-minutes/

Las organizaciones criminales en el mundo suelen actuar manteniendo una separación clara entre sus dos ramas: la militar, que puede ser identificada, atacada y reprimida, y la económica, que es enorme y más difícil de abordar. En México se tomó la decisión de combatirlas sólo a través de arrestos y represión, dejando intactas las estructuras económicas. En 2013, cuando uno de los grandes narcotraficantes de los años ochenta —Rafael Caro Quintero— fue liberado por una insólita resolución de un juez; el criminal salió de prisión para retomar el control de cientos de propiedades y empresas adquiridas con recursos ilícitos.[40] En los 28 años que pasó encerrado, las autoridades no las habían tocado. Tampoco se ha golpeado el corazón económico de *El Chapo* y los 14 mil millones de dólares que le atribuye la DEA.

En noviembre de 2018, al presentar el Plan Nacional de Paz y Seguridad del gobierno de AMLO, la persona designada para encabezar la Secretaría de Seguridad Pública —Alfonso Durazo— adelantó algunos comentarios acerca de la reforma de la Unidad de Inteligencia Financiera. Según él, la UID se había "concentrado en detectar la evasión fiscal pero no ha dado un solo golpe capaz de debilitar o colapsar las finanzas del crimen organizado, ni ha logrado reducir el lavado de dinero, cuyo monto anual se estima en 30 mil millones de dólares".[41]

Con verdadera voluntad de combatir el narcotráfico, un paso natural sería impedir el traslado, lavado y ocultamiento de las ganancias. El sistema financiero internacional depende en parte de este importante flujo de recursos, y estimula a su vez el crimen. Sin la posibilidad de acumular el producto para gastarlo después, no tendría sentido delinquir y matar personas. El saber popular dice que quien hace la ley, hace también la forma de burlarla. Las décadas de discurso contra el blanqueo de capitales han tenido tan poco éxito, como las mismas décadas gastadas en el esfuerzo inútil de acabar con la producción y el contrabando de drogas.

De acuerdo con reportes de la ONU, en Estados Unidos, Canadá y Europa se queda la mayor parte de las ganancias de la venta de droga en el mundo, que sólo en el caso de la cocaína representa 70% de los 72 mil millones de dólares traficados en 2011. Los grupos del narcotráfico de México obtuvieron en 2009 ganancias de hasta 40 mil millones de dólares, las cuales terminan en paraísos fiscales, como demostró la investigación periodística de los *Pa-*

---

[40] "Las empresas fantasma de los Caro Quintero". Reportaje de Laura Castellanos en *El Universal*, 30 de septiembre de 2013, http://archivo.eluniversal.com.mx/nacion-mexico/2013/impreso/las-empresas-fantasma-de-los-caro-quintero-209569.html

[41] "Cinco claves del plan nacional de seguridad de López Obrador". Nota de D. M. Pérez en *El País*, 16 de noviembre de 2018, https://elpais.com/internacional/2018/11/15/actualidad/1542253846_996482.html

nama Papers. Sirven para "ocultar ganancias de enriquecimiento ilícito de funcionarios y capos narcos", según la Procuradora General de la Nación de Argentina, Alejandra Gils Carbó, y gracias a ellos, esa "economía ilegal empezó a estar relacionada con la economía legítima".[42]

Acceder a información relativa a los fondos que ocultan criminales y delincuentes en paraísos fiscales es extremadamente difícil. Uno de los pocos ejemplos que han trascendido es el de Rudolf Elmer, jefe de operaciones en el Caribe del banco suizo Julius Baer, quien filtró documentos que parecen indicar que esa entidad creó empresas fantasma para esconder fortunas de dictadores y de criminales. Entre éstos se incluye a uno de los personajes más siniestros de las últimas décadas en México: el general Mario Arturo Acosta Chaparro. El abanico criminal del militar es sorprendente: agente de la Dirección Federal de Seguridad, informante del FBI, condenado por narcotráfico y responsable además de la guerra sucia en el estado de Guerrero en los años setenta, cuando personalmente asesinó a muchos prisioneros y ordenó los llamados "vuelos de la muerte", donde una cantidad indeterminada de presos políticos fueron arrojados al Océano Pacífico.

El banco Julius Baer no fue investigado por esto, pero sí el filtrador, a quien la justicia suiza sometió a dos procesos por violación del secreto bancario, de los que salió finalmente exonerado. Tampoco se ejerció acción legal sobre los fondos ilegales —millonarios— de Acosta Chaparro: el portal WikiLeaks sospecha que los sigue manejando su familia. Ni siquiera el gobierno mexicano tomó medidas: el banco empezó a operar en el país en 2015.[43] El caso fue presentado en el documental *Una filtración en el paraíso. El hombre que quiso destruir el secreto bancario* (2016), de David Leloup.[44]

En realidad, el Estado mexicano no había querido tocar el dinero. Lo robado o ilegalmente adquirido, en manos del delincuente lo deja. Esto es una elocuente evidencia de complicidad.

En marzo de 2020, Santiago Nieto Castillo, titular de la Unidad de Inteligencia Financiera, se presentó en La Mañanera junto a AMLO para dar un balance de su trabajo: el bloqueo de más de 12 mil cuentas bancarias, por un monto total de 4 mil 554 millones de pesos y 52 millones de dólares; la presen-

---

[42] "Las *offshore* se usan para ocultar ganancias de enriquecimiento ilícito de funcionarios y narcos". Entrevista con Alejandra Gils Carbó en Perfil.com, 30 de julio de 2017. https://www.perfil.com/noticias/periodismopuro/gils-carbo-panama-papers-y-sociedades-offshore.phtml

[43] "Bank Julius Baer millions of USD in trust for Mexican mass murderer and drug trafficker Arturo Acosta Chapparo, 1998". Entrada en WikiLeaks, 23 de febrero de 2009, https://wikileaks.org/wiki/Bank_Julius_Baer_millions_of_USD_in_trust_for_Mexican_mass_murderer_and_drug_trafficker_Arturo_Acosta_Chapparo,_1998

[44] Tráiler, https://youtu.be/flYyKBJHHHc

tación de 160 denuncias en 2019 y 20 en el año corriente; el aseguramiento de 321 mil millones de pesos en depósitos; y 98 vistas a autoridades. "La fiesta se acabó", dijo. A final de sexenio, se verá si efectivamente logró destruir el festival mexicano de la impunidad.

• • •

No pocos han denunciado la notable propensión de los medios a hacer del narcotráfico un tema romántico, reproducido incesamente a través de narcocorridos, narconovelas, narcocine, narcoseries de televisión, narcoloquesea: la clave del éxito está en utilizar sin límites ni escrúpulos el redituable prefijo *narco*. Se ha creado un atractivo arquetipo que explota el aventurerismo y el heroísmo trágico; estigmatiza a los sectores de la población a partir de los cuales describe a los criminales; y refuerza la idea de que los cárteles conforman un enemigo todopoderoso, que a veces contamina al Estado pero que a final de cuentas es distinto a él. De esta forma se reproducen y se refuerzan los mitos del narcotráfico.

En la mayoría de los casos —con honrosas excepciones—, el periodismo no ha sido más cuidadoso que la literatura o el cine de ficción. "La invención de un enemigo monolítico, organizado de manera jerárquica, con una racionalidad burocrática y económica, que domina todas las fases del negocio y está por lo tanto en posición de controlar el mercado y los precios fascinó a políticos, policías y periodistas. Algunos académicos, poco rigurosos y condescendientes, también cayeron en el embrujo de los nuevos mitos", escribió el académico Luis Astorga. "Los periodistas rara vez mantienen un distanciamiento crítico frente a las versiones político-policiacas, y a algunos hasta les da por mezclar datos duros con historias producto de sus particulares fantasías literarias".[45]

Se trata de una rendición profesional. "Para ser periodista hace falta una base cultural importante, mucha práctica, y también mucha ética", escribió Gabriel García Márquez. "Hay tantos malos periodistas que cuando no tienen noticias, se las inventan". Pero el periodismo es o puede ser también un interesado directo en despejar las cortinas de humo de estas narrativas embusteras; lo empujan a ello sus obligaciones fundamentales con la sociedad, además de un sentido elemental de supervivencia. La ironía es que una gran parte del periodismo —especialmente el de los medios tradicionales con mayores recursos— ha funcionado como un engrane importante en la maquinaria del engaño. Son estos medios los que han renunciado desde mucho

---

[45] Astorga, *op. cit.*, pp. 276 y 283.

tiempo atrás a la crítica y a la investigación, como un efecto visible de su vergonzosa pero rentable docilidad. "Al privilegiar unas categorías y esquemas de percepción sobre otros sin ningún distanciamiento crítico, so pretexto de la objetividad de la información, se asume la misma posición política, ética y estética de quienes los adoptan", sostiene Astorga.

Hay un trabajo periodístico más literario, sin embargo, que tiene influencia en sectores formadores de opinión pública, y que con frecuencia reproduce el discurso oficial de manera inconsciente, incluso desde una presunta perspectiva crítica, como explica Oswaldo Zavala en su reciente libro *Los cárteles no existen*.

Con las herramientas de su formación como doctor en literatura comparada, y apoyándose en su experiencia como reportero en Ciudad Juárez, Zavala analiza la obra de cuatro exponentes del periodismo narrativo mexicano (Anabel Hernández, Diego Enrique Osorno, Alejandro Almazán y Sergio González Rodríguez), cuyas obras "mantienen formalmente el legado de la crónica modernista, el impulso combativo del periodismo mexicano de la segunda mitad del siglo xx, y los recursos literarios del *new journalism* estadounidense, pero excluyendo la dimensión política y el rigor periodístico de esos precedentes".

La intención de estos autores no es alinearse con el poder, precisa Zavala, pero terminan reforzando al poder porque tienen un problema central, "se trata de textos dependientes de fuentes oficiales que hacen circular una narrativa configurada y diseminada originalmente desde múltiples agencias y voceros de Estado, asimilada acríticamente por la gran mayoría de los medios de comunicación y reiterada después por los campos de producción cultural, sobre todo por la televisión, el cine, la música y la literatura". Además, recogen acríticamente el lenguaje de la policía: "escribimos *narcotraficante*, *sicario*, *plaza*, *guerra* y *cártel*, y con esas palabras reaparece de inmediato el mismo universo de violencia, corrupción y poder". Así, estos trabajos terminan siendo un "objeto configurado políticamente por discursos oficiales y no como resultado de una reflexión periodística independiente", que de entrada se limita "al análisis de los supuestos cárteles como el principal factor de criminalidad, dejando por fuera la histórica relación entre la clase política y el crimen organizado".

Por falta de capacidad profesional o por intereses ajenos al periodismo, la prensa mexicana legitima el discurso oficial mediante su dócil reproducción. El caso Ayotzinapa provee muchos ejemplos, como el de la polémica sobre el testimonio del detenido Gilberto López Astudillo, acusado de ordenar que quemaran a los 43 desaparecidos de Ayotzinapa. A lo largo de 2015 y 2016, cuando la Procuraduría General de la República insistía en su "verdad histórica", periodistas que suelen *copiarypegar* expedientes oficiales aunque presumen de ser críticos del sistema judicial, como Héctor Aguilar Camín y Héctor de Mauleón, de la revista *Nexos*, daban por hecho que las conclusiones de la PGR eran verosímiles, a pesar de que sabían muy bien que en esa institución eran práctica común abusos como la fabricación, destrucción y maltrato de pruebas, y arrancar testimonios bajo tortura. Por lo menos, dado su conocimiento de esas suciedades, deberían haber mostrado un poco de escepticismo, pero se esforzaron por convencer de que se trataba de un ejercicio correcto y eficaz de investigación ministerial.

En relación con una cuestionada declaración clave para la versión de la PGR, Aguilar Camín sentenció: "Quien crea que el incendio del basurero es científicamente imposible tendrá que dudar de la confesión de Gildardo López Astudillo". De Mauleón, por su parte, se hizo cómplice de torturadores al encargarse del trabajo sucio de lavar su crimen ante la opinión pública, narrando el interrogatorio de López Astudillo con la seguridad de quien estuvo presente: "Aunque se le dijo que podía reservarse su derecho a declarar, habló durante 12 horas en presencia de su defensor", quien habría constatado que su cliente había "recibido buen trato y se había velado por su salud", y "confesó ante el Ministerio Público lo mismo que le achacaba *El Cepillo*, lo mismo que aseguraban presuntos sicarios como *El Pato* y *El Chereje*: que ordenó el 'levantón', la ejecución e incineración de los normalistas, y que ordenó no dejar rastro de ellos". Lo publicó en *El Universal*, el 21 de septiembre de 2015.

Para su infortunio, justo a un lado de su columna, el periódico había publicado la nota que revelaba que De Mauleón estaba mintiendo: el comisionado nacional de Seguridad Pública, Renato Sales, explicó a los medios que Gildardo López, en su declaración, "acepta los hechos que no lo incriminan, pero las pruebas del expediente son suficientes como para asegurar que efectivamente tiene una participación. No se incriminó". De Mauleón tardó tres días en reconocer que "el dato, recogido aquí, era incorrecto", pero no ofreció explicaciones de cómo obtuvo la información, por qué la publicó sin haberla verificado, por qué aseguró que habían tratado bien a un hombre al que habían brutalizado, ni qué medidas tomaría para no volverlo a hacer.[46]

---

[46] "La verdad de 'El Gil'". Columna de Héctor de Mauleón en *El Universal*, 21 de septiembre de 2015. "Existen pruebas suficientes contra 'El Gil': Sales". Nota de Dennis A. García en *El Universal*, 21 de septiembre de 2015. "El narco de Iguala que olvidamos". Columna de Héctor de Mauleón en *El Universal*, 24 de septiembre de 2015, http://www.eluniversal.com.mx/entrada-de-opinion/columna/hector-de-mauleon/nacion/2015/09/21/la-verdad-de-el-gil ; http://www.eluniversal.com.mx/articulo/nacion/seguridad/2015/09/21/existen-pruebas-suficientes-contra-el-gil-sales; http://www.eluniversal.com.mx/entrada-de-opinion/columna/hector-de-mauleon/nacion/2015/09/24/el-narco-de-iguala-que-olvidamos

El 3 de septiembre de 2019, el juez desestimó 81 pruebas presentadas por el fiscal porque fueron recabadas de manera ilegal y absolvió a López Astudillo. Con él, sumaron 44 los detenidos que fueron torturados, según fue determinado por organismos como el Alto Comisionado de las Naciones Unidas para los Derechos Humanos, y luego liberados por violaciones procedimentales. Cuando el montaje se cayó y sus operadores empezaron a ser investigados, ni De Mauleón ni Aguilar Camín consideraron necesario rectificar.

En realidad, en países como México, tomar las informaciones policiales como evidencia de la verdad requiere un ejercicio de fe, más insostenible aun en quienes conocen los vicios y las deficiencias de las autoridades.

Hace falta creer que:

- informan sobre algo que es posible calcular con certeza y que saben cómo hacerlo;
- que cuentan con los instrumentos, el personal capacitado y el financiamiento para hacerlo;
- que han empleado esos recursos con eficacia, sin desvíos ni errores;
- que en el diseño del estudio, la recopilación de datos y la metodología de procesamiento, en la selección de datos a difundir y el orden y la forma de presentación, así como en el momento escogido para publicarlos y el medio de preferencia, no tuvieron otra intencionalidad que la de cumplir con el deber;
- y que lo que dijeron que se hizo se haya efectivamente hecho y no sea una fabricación, burda o cuidadosa.

La reproducción automática de versiones oficiales mal o bien sustentadas como si fueran la verdad rompe la metodología básica de la profesión, y produce una despolitización de los datos y los hechos, una neutralización del periodismo.

Hace falta precisar esto sobre la prensa mexicana común, aunque el análisis de Zavala se enfoca en periodistas literarios a los que sí interesa cuestionar al Estado. Regreso a él: "No pretendo afirmar que no haya un trasfondo político en la crónica del narco sino que su voluntad crítica aparece de inicio neutralizada por la influencia del discurso oficial sobre el tráfico de drogas. Al enfocarse narrativamente en los reductos de la violencia atribuida a una lucha permanente entre cárteles, los cronistas examinan superficialmente la violenta e ilegal política de seguridad emprendida por el poder oficial". Como ruta hacia adelante, Zavala propone que el periodismo lleve "hasta sus últimas consecuencias" la crítica puntual a la estrategia implementada por gobiernos como el de Enrique Peña Nieto (Zavala publicó este libro en 2018), la de sostener el discurso no en el interés nacional sino para servir a "una política internacional demarcada por y para los intereses particulares de la clase gobernante mexicana y la rapiña de los conglomerados trasnacionales".

Esto sería, prosigue el académico, "pensar políticamente desde el periodismo", lo que puede "hacer visible y criticar el monopolio de la violencia simbólica y real de Estado. El periodismo puede significar el mundo global y las tensiones de representación propias del neoliberalismo, pero no podrá aspirar a una verdadera disidencia política hasta que no se deshaga de la hegemonía del discurso oficial sobre el crimen organizado. La mayoría de nuestros novelistas no está a la altura de ese reto. Nuestro periodismo no puede permitirse el mismo fracaso". [47]

• • •

En un sistema en el que la opinión pública advierte cómo le ocultan sistemáticamente grandes cantidades de información, la presencia de una narrativa hegemónica determina la interpretación general de los asuntos misteriosos. Dos ejemplos. En 1994, durante un periodo traumático para México, aún predominaba una visión política de los hechos que fue característica de la Guerra Fría. Dos figuras de primer nivel —el candidato priísta a la presidencia, Luis Donaldo Colosio, y el coordinador de los diputados del PRI, José Francisco Ruiz Massieu— fueron asesinadas en crímenes cuya explicación oficial no es más que el encubrimiento de los hechos verdaderos. También dio sus primeros golpes el hasta entonces desconocido Ejército Zapatista de Liberación Nacional, tan repentina y espectacularmente que para algunos resultó inverosímil que las autoridades no lo hubieran detectado con antelación. Un año que fue vendido anticipadamente por la propaganda oficial como el de la entrada de México al club de los países ricos, con la entrada en vigor del Tratado de Libre Comercio de América del Norte, se cerró en diciembre con el desplome del país en una crisis económica que —en lo siguientes 13 meses— borró un 14% de su producto interno bruto.

Las versiones oficiales de aquellos asesinatos no fueron tomadas en serio, ni dentro del gobierno ni fuera de él. Tampoco se dijo que "el narco" fuera responsable de los homicidios, de la guerrilla ni de la caída del peso. Las especulaciones siempre se dirigieron hacia pugnas internas en la élite política, relacionadas con la disputa por la candidatura priísta, y a la renuencia del

---

[47] Zavala, *op. cit.*, pp. 56, 58, 60, 61 y 75.

presidente Salinas a dejar en definitiva el poder a su propio elegido. Una década después, sin embargo, ya todas las culpas se achacaban por costumbre a una entidad sin forma definida pero muy temible: "el narco".

El 21 de septiembre de 2005, el secretario de Seguridad Pública del presidente Vicente Fox, Ramón Martín Huerta, murió en un "accidente" porque su helicóptero "se cayó". El 11 de noviembre de 2011, lo mismo ocurrió presuntamente con el titular de Gobernación de Felipe Calderón, Francisco Blake Mora, quien había suplido en el cargo al también accidentado Juan Camilo Mouriño, primera opción de Calderón para sucederlo en la Presidencia. La forma en que Mouriño falleció —o lo mataron— impactó a la nación. El Learjet 45 en el que volaba el secretario de Gobernación se estrelló, sin que los pilotos hubieran reportado problemas, sobre los coches que transitaban por el Paseo de la Reforma, la avenida más famosa y bella de la capital de la República.

En los tres casos, la policía explicó los incidentes con enredadas argumentaciones técnicas que a nadie convencieron. Las especulaciones, como correspondía a la nueva narrativa dominante, atribuyeron la responsabilidad "al narco", que presuntamente había "enviado un fuerte mensaje" al presidente de turno, dando "un golpe en la mesa". Los cárteles todopoderosos sometían al Estado. Se perdía de vista que la violencia criminal es una de las formas en que se expresan las pugnas de facciones, dentro del Estado.

•••

El embrujo comercial e intelectual de las palabras narco y cártel no se quedan en México, es claro. La reproducción de estos lugares comunes se da también profusamente en los Estados Unidos y en otros países, con el mismo efecto de asustar, impresionar, abrir mercados y fortalecer la narrativa gubernamental.

Un ejemplo elocuente es un premiado documental del cineasta Matthew Heineman, Cartel Land, de 2015. Compara —estableciendo paralelismos que sólo él comprende— la experiencia de vigilantes de Arizona, aficionados a la violencia y orgullosos de su racismo, con la de pobladores pobres de Michoacán que se levantan contra la dominación brutal de criminales y gobierno. No entendió el problema. Ni siquiera percibió en México más que poderosos narcotraficantes y víctimas inermes, en un infierno sin salida. Como lo vio en televisión.

•••

"Ya no hay guerra contra el narco". Una señal significativa de que el nuevo presidente López Obrador está rompiendo con políticas de sus predecesores es esta frase, que pronunció el 1 de febrero de 2019 y con la que —más que aclarar sus propósitos— generó desconcierto. Estaba aniquilando de un plumazo el edificio ideológico que sostuvo un Estado de excepción de 12 años. Tal como ocurre cuando decimos "los cárteles no existen", después de décadas de escuchar la repetición sin fin del discurso dominante, el público se preguntó: ¿de qué nos está hablando ahora?

Para aumentar la confusión, las declaraciones de AMLO se enmarcaban en el debate de uno de sus proyectos más polémicos. En campaña se pronunció por desmilitarizar la seguridad pública y regresar a los soldados a los cuarteles. No obstante, ya como presidente electo ordenó crear una Guardia Nacional integrada mayoritariamente por miembros de las fuerzas armadas, y bajo control de la Secretaría de la Defensa Nacional. Una coalición de organizaciones civiles que articuló la lucha contra la política de seguridad de Peña Nieto —llamada Seguridad Sin Guerra—, así como miembros de la oposición, e incluso algunos militantes del partido del presidente, denunciaron la aparente contradicción y rechazaron el plan con vehemencia.

El 21 de febrero el Senado aprobó la iniciativa por unanimidad, y Seguridad Sin Guerra emitió un comunicado en el que validaba de manera sorpresiva el texto final, al tiempo en que celebraba la disposición al diálogo del gobierno. Los senadores del partido oficial hicieron concesiones clave para asegurar el carácter civil de la nueva corporación, así como el apego a los derechos humanos, con un cambio de enfoque doctrinario. Se demostraba así la intención de iniciar una reforma profunda del Estado, para limpiarlo de la corrupción y de la impunidad que han propiciado la violencia. Y sin embargo: ¿no nos estarían dando gato por liebre? Se entiende que no se pueda crear una policía nueva en un par de meses, y que no es posible confiar en las del *ancien régime*. Pero, ¿es distinto acaso con los militares, después de Tlatlaya y de Ayotzinapa? ¿No terminaron ellos legalizando los abusos y la impunidad?

El problema de fondo es que dentro del Estado mexicano arraigó un Estado de excepción permanente, fundado en el discurso de la guerra contra el narcotráfico. La militarización es su forma más reciente, la forma pero no su contenido, el cual no depende de los generales sino del Poder Ejecutivo. Se trata de una doctrina presentada a los soldados como una "guerra", en la cual las tropas no van propiamente a proteger a los ciudadanos, sino a enfrentar a un enemigo construido de manera simbólica.

Suelo utilizar como ejemplo el caso Ayotzinapa. Los alumnos de esa escuela —desde su fundación hace ya 90 años— se constituyeron como un bastión de resistencia contra la salvaje oligarquía local, pero son desacreditados sistemáticamente por las élites y los medios de comunicación, y presentados como elementos antisociales bajo el término despectivo de *ayotzinapos*. De esa forma son construidos simbólicamente como un enemigo. Tras los ataques sufridos en septiembre de 2014, los civiles armados, los policías de distintas corporaciones y los soldados no se refirieron a ellos como personas o estudiantes, sino como "ayotzinapos", con lo cual adoptaron de modo inconsciente un discurso ideológico destinado a subhumanizarlos. Entre los factores que explican el nivel de violencia ejercido, está el hecho de que los criminales no esperaban que se produjera una reacción de rechazo tan grande a nivel nacional e internacional, pues no creían estar actuando contra ciudadanos con derechos, sino contra bichos despreciados por la sociedad. Quizá creían estar haciéndole incluso un favor.

Esto es visible también, y con mayor claridad, en la retórica del gobierno de Calderón, mantenida más tarde por el de Peña Nieto. La nación fue convocada a luchar contra los "narcos", a eliminarlos porque la amenazaban, y el Ejército se ocupó de ello como se lo ordenaron. Por eso —como ya hemos visto— el índice de homicidios, que venía a la baja, no sólo no continuó su descenso sino que revirtió la tendencia. Pronto se habían multiplicado las muertes violentas, a partir de una retórica guerrera que nos convirtió a todos en posibles enemigos.

De la matanza de Tlatlaya sólo fue excepcional el hecho de haber sido descubierto por periodistas, pero en sí misma únicamente revela una práctica habitual: la de no tomar prisioneros, y recurrir a la ejecución extrajudicial. El Centro Pro de Derechos Humanos descubrió que las órdenes de combate a la delincuencia —transmitidas a los efectivos en Tlatlaya— indicaban que "las tropas deberán operar en la noche en forma masiva y en el día reducir la actividad a fin de abatir delincuentes en horas de oscuridad, ya que el mayor número de delitos se comete en ese horario".[48] Los voceros militares se dedicaron a discutir semánticamente la palabra *abatir*, para convencer de que no siempre significa "matar", en lugar de responder a la pregunta de si ésas son las órdenes básicas que tienen las unidades en tareas de seguridad pública.

En su investigación "Cadena de Mando", Daniela Rea, Mónica González y Pablo Ferri entrevistaron a soldados que revelaron que su entrenamiento pretendió enseñarlos a "distinguir" civiles de "sicarios", a partir de su "len-

---

[48] Orden General de Operaciones de la Base de Operaciones "San Antonio del Rosario" y la subsecuente Orden de Relevo y Designación de Mando del Teniente de Infantería Ezequiel Rodríguez Martínez, de fechas 11 de junio de 2014. Informe del Centro Pro de Derechos Humanos, 2 de julio de 2015, https://aristeguinoticias.com/0207/mexico/operacion-dragon-hubo-orden-militar-de-abatir-civiles-previo-a-tlatlaya-informe-completo/

guaje corporal y algunas señas". No fueron pues preparados para tratar con personas posiblemente inocentes, sino para "erradicar a los traidores" bajo una lógica de "que no lloren en mi casa, que lloren en la de él". De esta manera, en los enfrentamientos registrados entre 2006 y 2014, por cada militar caído murieron otras 19 personas.[49] Si en la guerra moderna un combatiente promedio tiene mayores posibilidades de herir que de matar, las estadísticas indican que en México el fenómeno es totalmente opuesto: el Ejército mexicano tiene una relación de 8 a 1; es decir, que mata a ocho individuos por cada uno que hiere. El promedio de la Marina es de 30 a uno.[50]

En contraste, la recién aprobada Ley de la Guardia Nacional establece que la doctrina policial estará basada "en el servicio a la sociedad, la disciplina, el respeto a los derechos humanos, al imperio de la ley, al mando superior y en lo conducente a la perspectiva de género". Esto coincide con el cambio de discurso del nuevo gobierno. La secretaria de Gobernación planteó despenalizar la producción y el consumo de la mariguana y de la amapola con fines medicinales, mientras que el de Seguridad y Protección Ciudadana planteó "pasar de un concepto militar de combate a la violencia, a uno consistente en construir la paz a partir de garantizar empleo, salud, bienestar y educación". Rechazaron así el dogma de que enfrentamos una emergencia de seguridad nacional, considerando en cambio al tráfico y consumo de drogas como problemas de salud y seguridad pública. Este replanteamiento debería bajar hasta el nivel de la acción cotidiana en todo el territorio nacional, de forma que policías y soldados no busquen a enemigos qué "abatir" en la oscuridad, sino a ciudadanos que tal vez están cometiendo un delito y deben ser presentados ante un juez, o que posiblemente son inocentes y es ilegal presumir que son culpables.

La Guardia Nacional fue creada en tiempo récord, integrando en ella a miembros de la Policía Federal, que así fue disuelta, y a miembros de las fuerzas armadas; es decir, tanto efectivos que provienen directamente de un cuerpo en extremo corrupto como personal entrenado bajo las cuestionadas prácticas militares de los sexenios anteriores. Tal premura no anticipaba una ruta tranquila. Hasta abril de 2020, no obstante, las denuncias de abusos de derechos humanos en contra de la GN que se habían presentado mantenían

---

[49] Investigación "Cadena de Mando". Daniela Rea, Mónica González y Pablo Ferri, junio de 2016, http://cadenademando.org/

[50] "Índice de letalidad 2008-2014: Disminuyen los enfrentamientos, misma letalidad, aumenta la opacidad". Investigación de Carlos Silva Forné (IIJ-UNAM), Catalina Pérez Correa (CIDE) y Rodrigo Gutiérrez Rivas (IIJ-UNAM). Portal del Centro de Investigación y Docencia Económicas, 7 de julio de 2015, https://www.cide.edu/saladeprensa/documento-indice-de-letalidad-2008-2014-disminuyen-los-enfrentamientos-misma-letalidad-aumenta-laopacidad/

un carácter puntual, limitado. No había masacres ni violaciones masivas como las que abundaron en los sexenios anteriores.

Es cierto y preocupante que López Obrador les ha estado cediendo parcelas de poder a las fuerzas armadas, en la seguridad y también en la economía. Si lo hubiera hecho cualquier otro presidente, la izquierda se le hubiera lanzado al cuello. Pero con AMLO, sus simpatizantes lo ven todo muy bien. Quizás algunos valoran la conveniencia de tenerlas de su lado, como quedó elocuentemente claro durante una serie de motines de cientos de policías federales que rechazaban su integración a la Guardia Nacional, y que bloquearon y amenazaron con tomar instalaciones estratégicas como el Aeropuerto Internacional de la Ciudad de México. Fue alarmante y hay que preguntarse cómo sería si, en lugar de policías, tuviéramos soldados y marinos en esa actitud. Existe una vulnerabilidad real del poder civil, una amenaza potencial para la viabilidad misma del Estado democrático que es indispensable resolver, neutralizando la capacidad militar de presionar y chantajear a las instituciones. Esto no ocurrirá nunca si el gobierno no dispone de una fuerza civil confiable, honesta y capaz de asumir la protección de la ciudadanía sin el tutelaje de los generales. Se propone desarrollarla antes del anunciado retorno del Ejército a los cuarteles, en marzo de 2024.

No se puede asumir, en todo caso, que el origen del problema es la idea misma de recurrir al Ejército. En Estados Unidos, el movimiento Black Lives Matter y cientos de ciudadanos con cámaras han puesto en evidencia que cuerpos policiacos bien entrenados son muy peligrosos para las sociedades que deberían proteger, cuando actúan bajo doctrinas que privilegian la violencia. Esto sucede porque identifican al ciudadano como una amenaza potencial, especialmente en los casos de las minorías negra y latina. Para acabar con la lógica de guerra tiene sentido declarar el fin de la guerra, una guerra que —inventada como construcción narrativa— adquiere por ello el carácter de una profecía autocumplida, pero que puede también ser combatida mediante un cambio de percepciones, respaldado por un uso cuidadoso del lenguaje y una cobertura mediática profesional, que se aleje del servilismo, la flojera y la estigmatización.

Es necesario tomar distancia crítica de algunos conceptos que nos fueron impuestos. Repetir sin pensar que estábamos en *guerra* contra *narcos* y *huachicoleros* alimentó un ambiente en el que la sociedad se creyó en guerra. Cualquiera de nosotros podía ser abatido al ser tomado por narco, huachicolero o ayotzinapo, y se asumía que las víctimas inocentes se merecían ese destino porque seguramente eran narcos o huachicoleros. "Las guerras siempre empiezan mucho antes de que se oiga el primer disparo; comienzan con un cambio del vocabulario en los medios", escribió Ryszard Kapuściński. Cambiando el vocabulario, podemos ayudar a enterrar la guerra.

•••

El lenguaje, naturalmente, sólo es una de las partes del nuevo régimen. Otras son sus figuras, y algunas generan preocupaciones y dudas sobre las facturas que está pagando AMLO para poder gobernar y en qué medida se convertirán en obstáculo en su lucha contra la corrupción y el pacto de impunidad. Entre ellas, la de más sucio pasado es Manuel Bartlett, designado por el presidente para hacerse cargo de la Comisión Federal de Electricidad o CFE. Aunque se dijo que este abogado y político de 83 años tiene un profundo conocimiento de las industrias energéticas mexicanas, nadie ha podido explicar cómo podría compensar su presencia el enorme costo político que le transfiere a un régimen que aspira a ser ejemplo de integridad y de renovación, y entre cuyos simpatizantes se encuentran muchas víctimas directas del paso de Bartlett por el poder.

El asunto más controvertido en torno a la figura de Bartlett fue que éste encabezó en el pasado otra CFE —la Comisión Federal Electoral—, un organismo gubernamental desacreditado y luego desaparecido, por su vergonzoso papel en el ya legendario fraude electoral de 1988. Un fraude que le dio la presidencia de la República al candidato priísta, Carlos Salinas de Gortari, en contra del sufragio mayoritario de los votantes, que habían apoyado al candidato progresista Cuauhtémoc Cárdenas. La imposición provocó que el cambio deseado entonces fuese aplazado 30 años, con el inmenso costo humano que le acarreó al país la hegemonía neoliberal. Ahora, con la decisión de incorporarlo al nuevo proyecto, muchos añejos críticos de Bartlett se convirtieron en sus defensores, con el insólito argumento de que él no tuvo responsabilidad en el fraude porque sólo cumplía las órdenes del presidente De la Madrid y del sucesor Salinas.

Que se describa a Bartlett como soldado raso sin capacidad de decisión es un salto mortal de tres vueltas hacia atrás. Como funcionario, se construyó la fama de duro y temible, particularmente durante el periodo 1982-1988, cuando fue secretario de Gobernación. Quedó entonces a cargo del control político del país, y tomó e implementó las decisiones más crueles. Durante aquel violento sexenio, todos y cada uno de los actos de represión y violencia estatal fueron generados o por lo menos aprobados en el Palacio de Cobián, del que era el barón y el más siniestro habitante. La historia de sus fechorías es extensa. Para efectos de este libro, valen dos relativas a la libertad de expresión.

El 30 de mayo de 1984, el columnista político más importante del país, Manuel Buendía, fue asesinado; los temas que investigaba eran todos delicados: la intervención de la CIA y de la Iglesia católica en la política nacional, y el por entonces novedoso auge del narcotráfico. Aunque la ley ordenaba que el ministerio público se hiciera cargo de la investigación, durante el funeral del periodista el presidente De la Madrid ordenó que se encargara de ello el jefe de la Dirección Federal de Seguridad (DFS), José Antonio Zorrilla. El mismo personaje que, cinco años después, sería condenado a 29 años de prisión por ordenar el asesinato de Buendía.

Pero esto último sólo ocurrió después de que De la Madrid y Bartlett dejaran sus puestos. Mientras los ocuparon, Zorrilla estuvo fuera del alcance de la justicia. Su DFS espiaba, perseguía, torturaba y asesinaba a opositores políticos dedicados al narcotráfico y a otras actividades criminales. Sus agentes introdujeron el cultivo de amapola a la sierra del estado de Guerrero, que hoy produce el 42% de la heroína del continente americano. Asimismo dieron protección a los capos de la Federación de Sinaloa (que las autoridades llamaron Cártel de Guadalajara) hasta que mediante el hondureño Juan Ramón Matta Ballesteros, policías y delincuentes se involucraron en la operación de la CIA para vender crack en California. Esto generó una epidemia de adicciones entre la población negra, pero también generó recursos con los cuales fue posible financiar la guerra contra el gobierno sandinista en Nicaragua.

Fue en ese contexto que algunos sicarios del sinaloense Rafael Caro Quintero torturaron y asesinaron a un agente de la DEA, Enrique *Kiki* Camarena, en febrero de 1985. La versión oficial atribuye su muerte a una venganza por los golpes que Camarena le dio al negocio ilegal, pero Phil Jordan —ex director del Centro de Inteligencia de El Paso (EPIC)—; Hector Berrellez —ex agente de la DEA—, y Tosh Plumlee —ex piloto de la CIA— sostienen otra versión. Según ellos, a raíz de que Camarena descubrió el nexo con la Contra nicaragüense, la CIA ordenó el homicidio, ejecutado por un cubano que había participado en la invasión de Bahía de Cochinos de 1961, y más tarde en el asesinato de Ernesto *Che* Guevara, en Bolivia, en 1967. Su nombre: Félix Ismael Rodríguez.

Berrellez afirma que fue él mismo "quien dirigió la investigación de la muerte de Camarena. Durante esta investigación descubrimos que algunos efectivos de una agencia de inteligencia de Estados Unidos, infiltrados en la DFS, participaron también en el secuestro de Camarena. Dos testigos identificaron a Félix Ismael Rodríguez. Ellos eran de la DFS y nos dijeron que incluso él (Rodríguez) se había identificado como 'inteligencia norteamericana'".

Plumlee asegura que, tras el crimen, él mismo trasladó a Caro Quintero a Costa Rica porque era "un protegido" de la Casa Blanca.[51]

En todo caso, el escándalo creció tanto que fue imposible ocultar la participación de la DFS en el crimen, y el presidente De la Madrid ordenó cerrar la agencia. Zorrilla había dejado la dirección de la DFS meses antes. No había sido imputado por el caso Buendía, y ni siquiera investigado: intentaron protegerlo con una candidatura a diputado. Aunque el escándalo Camarena hizo olvidar más o menos el escándalo Buendía, a Zorrilla le permitieron salir del país y desaparecer de la escena pública por cuatro años, sin molestarlo. En 1989, fue aprehendido y juzgado por el asesinato del periodista.

Así como Bartlett quiere convencer ahora de que en el fraude electoral de 1988 sólo fue un dedicado servidor público, incapaz de cuestionar las órdenes del presidente, también asegura que no sabía nada de los múltiples crímenes de la DFS. Esto a pesar de que esa dirección era un pilar de la Secretaría de Gobernación, y de que él mismo —como titular de ese ministerio— era el jefe directo de Zorrilla. En 2002 el periodista Miguel Ángel Granados Chapa (cofundador de *Proceso*) escribió: "No hay señal que lo vincule legalmente con el crimen. Pero (...) no se puede ignorar que un subordinado de Bartlett, el jefe de la policía política, está en prisión desde 1989, sentenciado por la autoría intelectual de ese crimen. El secretario de Gobernación tenía plena autoridad sobre la Dirección Federal de Seguridad, a la que pertenecía Zorrilla y a la que pertenecían quienes fueron condenados directamente por el crimen o encubrirlo. Con gesto de señorito a quien ofenden los malos olores y lo muestra arrugando la nariz, el presidente Miguel de la Madrid le dijo a Bartlett que no quería tener nada que ver con la policía política, y la puso entera, poderosa, en manos de su amigo. Buendía fue asesinado quizás por haber descubierto los nexos de Zorrilla y el narcotráfico. ¿Bartlett, su jefe, los ignoraba? Sí al parecer en 1984, no en 1985. Zorrilla permaneció en el cargo ocho meses después de ultimar a Buendía. Y no se le despidió ignomiosamente: se le hizo candidato a diputado. Y cuando, tras el homicidio del agente norteamericano Enrique Camarena, quedó clara la complicidad de la DFS con sus asesinos, Zorrilla sólo perdió la candidatura pero no la libertad. Y sólo fue preso cuando Bartlett no era ya secretario de Gobernación".[52]

---

[51] "A Camarena lo ejecutó la CIA, no Caro Quintero". Reportaje de Luis Chaparro y J. Jesús Esquivel en revista *Proceso*, 12 de octubre de 2013, https://www.proceso.com.mx/355283

"US intelligence assets in Mexico reportedly tied to murdered DEA agent". Reportaje de William La Jeunesse en *FoxNews*, 10 de octubre de 2013, https://www.foxnews.com/politics/us-intelligence-assets-in-mexico-reportedly-tied-to-murdered-dea-agent

[52] Miguel Ángel Granados Chapa, *Buendía. El primer asesinato de la narcopolítica en México*, Grijalbo, México, 2013, p. 241.

• • •

José Antonio Zorrilla fue a visitar a Scherer y a Leñero, por cortesía de su jefe, Manuel Bartlett. Corría noviembre de 1983. Quería pedirles un favor. Dos sobrinos del secretario de Gobernación, hijos de su hermana, que se habían ido a vivir a una comunidad religiosa en Venezuela, habían sido secuestrados por la policía de ese país y enviados ilegalmente a México, a petición de Bartlett. Enrique Maza conoció la historia y elaboró el reportaje. Zorrilla llamó a Julio Scherer para ofrecerle dinero a cambio de cancelar la publicación. Ante la negativa, el director del organismo policiaco más violento del país se desplazó personalmente a las oficinas de la revista. Sus agentes tomaron la calle, otro ocupó la entrada y uno más —"el gigante"— se apostó afuera de la oficina del director.

Incapaz de doblegar a Scherer, Zorrilla pidió hablar con Vicente Leñero, quien reconstruyó el diálogo:[53]

—¿Sabe lo que les pasa a ustedes? Son como este vaso —filosofó—: caminan rectos, rectos, pero no se dan cuenta de que la realidad se tuerce, como la mesa... ¿y qué pasa?

Zorrilla había llevado el vaso hasta el límite donde la mesa ovalada empezaba a curvarse. Lo impulsó un poco más, en línea recta, y el vaso cayó con el estrépito de un pequeño vaso que se triza en el suelo y derrama el contenido de la cocacola.

—¿Se da cuenta? —me preguntó.

—Sí —dije—, ya entendí.

Zorrilla se inclinó para recoger una porción del vaso roto y lo puso de nuevo en la mesa. Sonrió. Parecía satisfecho con su parábola. Dijo, después de un silencio:

—¿Usted tiene cuatro hijas, verdad?

—Sí, señor.

—Cuatro hijas a las que quiere muchísimo.

—Muchísimo, señor Zorrilla.

—No deje que les pase nada, señor Leñero... ¿Por qué no convence de una buena vez a Julio y terminamos con esto? Hágame ese favor.

---

[53] "Bartlett-Zorrilla: La intimidación a *Proceso* y la parábola del vaso". Artículo de Vicente Leñero en revista *Proceso*. Publicado en revista *Luvina* el verano de 2006. Recogido en proceso. com.mx el 6 de agosto de 2018, https://www.proceso.com.mx/545815/bartlett-zorrilla-la-intimi-dacion-a-proceso-y-la-parabola-del-vaso

Leñero salió a hablar con Scherer:

—No, Julio, no se vale. Este cabrón y el cabrón de Bartlett no se andan con mama-das. Yo me la he jugado contigo desde el golpe a *Excélsior* por cosas importantes, pero por los pinches sobrinitos de Bartlett de plano no, no vale la pena. Yo ahí sí me rajo. Este amigo va...

Ambos periodistas reconocieron tiempo después, en textos distintos, lo que fue una derrota para *Proceso*. Scherer asumió el golpe:

—Tú ganas, José Antonio. No vamos a publicar el reportaje.

11

Feminismo y pandemia: el periodismo contra la pared... Y el presidente

Los primeros meses del año 2020 trajeron dos nuevos grandes retos que forzaron a la sociedad a tomar postura, y de los que, en general, casi todos los actores salieron muy mal parados, entre ellos los medios de información.

El primero fue la insurgencia feminista, que alcanzó el protagonismo global a fines de 2019, energizada por la intervención artística "El violador eres tú", de Las Tesis, una colectiva chilena, que cuestiona al Estado, el *establishment* y los hombres agresivos o indiferentes por ser cómplices de las violencias machistas. Fue un éxito instantáneo, con su replicación en pocos días por grupos de mujeres en todo el mundo, de Buenos Aires a San Petersburgo, de Estambul a Sidney y de Nairobi a Vancouver, y representaciones en el Zócalo de Ciudad de México que pueden haber sido las más concurridas, el 29 de noviembre de 2019.

Mientras en China empezaba a sacudirse la pandemia que detendría el mundo, la crisis de feminicidios era el tema central de enero y febrero, en la ruta hacia el Día Internacional de la Mujer, el 8 de marzo. El nuevo régimen de la Cuarta Transformación marcó hitos sustantivos en temas de equidad de género, con paridad casi exacta de 50% en las cámaras del Congreso de la Unión y en el gabinete presidencial, un discurso oficial favorable al feminismo y figuras destacadas como la secretaria de Gobernación Olga Sánchez Cordero, la joven secretaria del Trabajo, Luisa María Alcalde, y la jefa de Gobierno de Ciudad de México, Claudia Sheinbaum.

Desde la perspectiva del presidente, su administración enviaba un mensaje político claro y sólido de compromiso feminista, y no había motivos para el descontento. Desconocía, sin embargo, que las expectativas de cambio veloz eran mucho más altas que las que ofrecía su gobierno en los hechos; que en el feminismo mexicano las voces más sonoras eran las de corrientes fundamentalmente anti *establishment*, que lo veían a él como nuevo patriarca del mismo *establishment* de siempre; y que el discurso no era suficiente para dejar de lado que, en la calle y en la casa, a las mujeres las mataban al mismo ritmo que con el *ancien régime*, y no había perspectivas creíbles de cambio.

López Obrador pudo haber abanderado la incuestionable exigencia de alto a los feminicidios. En sus manos y las de sus ministras estaba lanzar una gran campaña nacional que educara a la población para convertirla en apoyo fundamental de las mujeres, al tiempo en que reformaba el sistema judicial y los cuerpos policiacos para erradicar el machismo que prevalece en ellos y garantizar protección efectiva a las mujeres. Sin embargo, ante la incomprensión del fenómeno, cometió un error muy grave: identificar al movimiento feminista del momento como un artilugio desplegado en su contra por sus enemigos: "De repente, los conservadores se disfrazan de feministas", declaró el 6 de marzo; "muy raro, porque vieron que era una posibilidad de atacar, cuando nosotros siempre hemos defendido los derechos de las mujeres".

Su sentido de la oportunidad se había dormido. Sólo estaba tomando nota de una parte de las evidencias, las que detectaba su olfato de autodefensa. Percibía, con acierto, que actores políticos y grupos de interés que siempre habían actuado para preservar el sistema machista, ahora se manifestaban con fervor en contra de los feminicidios.

Y la derecha, efectivamente, supo ver que AMLO abría grietas por las que se podía colar. Desde su derrota electoral, el pasmo del que fue arrasado, las pugnas y rivalidades internas y una enorme fragmentación le impedían desarrollar una oposición consistente, más allá de la denuncia puntual y desenfocada. Tras año y medio en el marasmo, la primera ocasión importante que vio de generar un discurso común para golpear duro al presidente surgió de donde no lo esperaba: del feminismo.

Los movimientos de mujeres habían cerrado el diafragma sobre su argumento más inapelable e incontrovertible, el que tenía mayor eco en la sociedad. Lo hicieron tan bien que los grupos conservadores y neoliberales pudieron asumirlo y repetirlo sin morderse la lengua: ¿quién puede estar a favor de matar mujeres?

Lograron lavarse la cara, ganar legitimidad y dotarse de *punch* político —para utilizarlo contra AMLO— sin tener que comprometerse con ninguna otra causa de la lucha feminista: nada de derechos reproductivos o sexuales; cero diversidad, ¿eso qué tiene que ver?; ni hablar de darles las mismas oportunidades de promoción a las mujeres, de pagarles lo mismo que a sus compañeros.

Como el 8 de marzo era domingo y se impuso la idea de hacer un paro de labores, que destacara la importancia de la participación femenina en la vida económica mediante su ausencia, se separaron la marcha de protesta del Día de la Mujer, que no cambió de fecha, y se planteó la huelga de una jornada para el lunes.

Los arzobispos de la Iglesia católica, las más grandes empresas, la Confederación Patronal de la República Mexicana, el Consejo Mexicano de Negocios (le acaban de quitar "de Hombres de Negocios" al nombre, porque de 60 miembros, cuatro son mujeres), PRI, PAN, el ex presidente Felipe Calderón y otros pudieron montarse en la gran ola feminista sin pagar ningún costo, porque la agenda completa se quedó el domingo, relegada, y ellos se sumaron con fanfarrias al #UnDíaSinMujeres del lunes, contra los feminicidios. Ni siquiera tuvieron costos económicos: les concedieron a sus empleadas permiso para hacer huelga, y les pidieron a sus empleados que fueran solidarios con ellas realizando su trabajo. La empresa no pierde.

Ni cambia: los patrones pudieron despedir a sus empleadas el viernes, con una gran sonrisa porque estaban con su causa, y recibirlas de nuevo el martes con las mismas condiciones opresivas de trabajo, la desigualdad, los malos salarios, los contratos basura, las malas prestaciones... el acoso sexual. Todo igual.

Los medios de comunicación tradicionales también "apoyaron". En los canales de Televisa, las presentadoras desaparecieron para dejar que los hombres se amontonaran en los programas de cocina, dieran el horóscopo y se mataran de la risa porque se sentían ridículos haciendo cosas que, en su costumbre, son "de mujeres".

De igual forma, se trataba de la simulación. No sólo porque la mujer seguiría siendo sexualmente explotada en pantallas y en privado, también porque en sus cotidianos espectáculos de sensacionalismo seguirían violando los derechos de las mujeres víctimas.

El diario *La Prensa*, el impreso que por décadas ha disfrutado de mayor circulación en México y que despliega en los puntos de venta callejeros sus portadas e interiores chorreantes de sangre, con titulares que algunos consideran "ingeniosos" burlándose de lo ocurrido a una persona a la que acaban de torturar y asesinar, realizó una cobertura exhaustiva de la marcha del domingo y el paro del lunes, destacando las demandas y la indignación en la presencia femenina y el impacto en su ausencia.

Estaba tratando de mostrar arrepentimiento. En pleno auge del movimiento, *La Prensa* fue individualizada por las feministas cuando publicó en gran despliegue fotografías del cuerpo de Ingrid Escamilla, de 25 años, mutilado por su pareja, Francisco Robledo, el 9 de febrero. "Descarnada", fue el titular. El 12, cientos de mujeres protestaron con violencia moderada frente a las oficinas del periódico. Dos días después, *La Prensa* colocó en portada, con la palabra COMPROMISO en letras enormes, un artículo de ocho párrafos en el que hace afirmaciones como "contamos lo que otros callan", "aportamos a esta sociedad que sigue negando que la violencia y los riesgos son parte de la realidad", "les damos voz a ese tipo de problemas que nos lastiman".

Trataban de atribuirle un sentido social a su mercadería del dolor. Su compromiso no fue renunciar a ese método de ventas, que en todo caso es la esencia de su oferta editorial, sino algo tan vago como que "revisaremos" los criterios y "nos acercaremos a actores sociales que aporten ideas y que validen cada decisión que tomemos".[1]

Alrededor del texto, ordenaron una selección de ocho portadas para demostrar que consistentemente han combatido el acoso y la violencia machista. Pero miles, miles de portadas publicadas a lo largo de su historia los desmienten: ¿quién puede hacer el cálculo de cuántos cuerpos de mujeres asesinadas han sido exhibidos en condiciones indignas en la portada de *La Prensa*?

• • •

La manifestación contra el diario *La Prensa* fue contra los medios en general, no sólo sobre ese periódico, porque, en palabras de la antropóloga Rita Segato, "cuántas veces se mata a una misma mujer en la pantalla de la televisión. Se glamoriza en el sentido de que se transforma en un espectáculo (...) Cuando se informa, se informa para atraer espectadores y por lo tanto se produce un espectáculo del crimen, y ahí ese crimen se va a promover".

"Aunque al agresor se le muestre como un monstruo", continúa Segato, "es un monstruo potente y para muchos hombres la posición de mostrar potencia es una meta. Entonces el monstruo potente es éticamente criticado, es inmoral, pero a pesar de eso es mostrado como un protagonista de una historia y un protagonista potente de una historia. Y eso es convocante para algunos hombres, por eso se repite".

Por esa razón, la feminista argentina pide "un debate entre editores, profesores de comunicación, dueños de periódicos, dueños de canales de televisión, psicólogos sociales. Un debate mucho mayor sobre cómo se muestran estos fenómenos a la sociedad, de manera de informar sin promover, sin contagiar. Debe haber información, sólo que está mal dada porque está como espectáculo".[2]

---

[1] "Compromiso". Artículo editorial en *La Prensa*, 14 de febrero de 2020, https://www.la-prensa.com.mx/mexico/la-prensa-refrenda-su-compromiso-con-los-lectores-4834399.html

[2] "Rita Segato: 'Los femicidios se repiten porque se muestran como un espectáculo'". Entrevista con Ailín Trepiana en portal lmneuquen.com, https://www.lmneuquen.com/rita-segato-los-femicidios-se-repiten-porque-se-muestran-como-un-espectaculo-n649114

• • •

Dos de los medios que se dijeron "más comprometidos" con el paro de mujeres, *El Economista* y *El Universal*, no tienen a una sola mujer en sus directorios, denunció el grupo Periodistas Unidas Mexicanas (PUM). Una revisión de los puestos directivos que 19 impresos y tres portales (no se explica el criterio de selección) publican en internet, halló que de un total de 280 cargos, sólo un 22% son ocupados por mujeres. Sólo en dos de 22 cabeceras hay paridad de género, *Sin Embargo* y *Récord*, y en otros dos hay predominancia femenina, *Noroeste* (57%) y *Animal Político* (60%).[3]

En marzo de 2019, durante uno de los momentos de auge del movimiento #MeToo de denuncia de agresores sexuales, PUM entrevistó a 392 trabajadoras de medios periodísticos mexicanos y obtuvo los siguientes datos: 73% ha sufrido acoso, hostigamiento o agresiones sexuales; 63% identifica como agresores a sus compañeros; 49%, a sus jefes directos; y 43%, a sus fuentes de información. A pesar de lo cual, cinco de cada seis entrevistadas dijeron que en sus empresas no hay protocolos o mecanismos para protegerlas.[4]

Específicamente sobre #MeToo, las administradoras de la cuenta de Twitter @PeriodistasPUM reportaron haber publicado —del 23 de marzo al 10 de abril de 2019— 250 denuncias contra 197 periodistas hombres, entre los que 12 tuvieron de tres a cinco señalamientos.[5] "El acoso y el hostigamiento sexual no son violencias entre particulares, es (una violencia) estructural", concluyó PUM. "Las empresas tienen la obligación y la responsabilidad social de garantizar espacios laborales libres de violencia y discriminación".

• • •

La pandemia de la COVID-19, que tuvo en México como día uno (el de los primeros cien casos registrados y el primer fallecimiento relacionado) el 18 de marzo de 2020, exhibió la pésima preparación del periodismo nacional. No hay forma de evadirlo: mostró que AMLO y su oposición comparten la visión decimonónica de la prensa, que sigue siendo por sobre todas las cosas reflejo

---

[3] Tweet con gráfico de @periodistasPUM, 12 de marzo de 2020.

[4] "ACOSODATA: Termómetro del acoso sexual contra las mujeres en medios periodísticos". Comunicado 1 de Periodistas Unidas Mexicanas, 7 de marzo de 2019, https://mailchi.mp/5d0e7f-c75bb7/periodistaspum_acosodata1

[5] Tweet de Periodistas Unidas Mexicanas en la cuenta @PeriodistasPUM, 12 de abril de 2019, https://twitter.com/PeriodistasPUM/status/1116676150502338560

dócil de la sociedad política (tanto de la que ahora se atrinchera recién llegada al poder como de la que fue desacomodada y acribilla desde fuera) y que prevalece el interés político sobre el informativo; que su actualización al siglo xxı es lamentable porque se queda en priorizar el espectáculo sobre el servicio; y que —de manera dolorosa— ha sido incapaz de superar su muy bajo nivel ya no sólo de interpretación, sino de entendimiento.

Como crisis global, sacó a la luz deficiencias en todas las áreas y en todo el mundo. Y a nivel de gremios periodísticos en otros países, hay que buscar con cuidado para encontrar uno que haya sabido responder adecuadamente al reto.

En México, de cualquier forma, fue muy duro porque quedó claro que no existe algo que se pueda describir con rigor como periodismo especializado en salud, aunque algunos buenos profesionales se inscriban de manera individual en él. Las revistas llamadas "médicas" se dedican a la promoción publicitaria y los grandes medios de información arrojan "salud" a una bolsa de temas considerados *soft* como educación, trabajo y medio ambiente, cuya cobertura diaria le asignan a alguno de los reporteros menos favorecidos de la redacción, que por la tarde debe llegar con una docena de notas escritas al vapor, para ver cuál deciden publicarle en un rincón de interiores.

Este reportero será uno de los peor pagados en un prolongado contexto de precarización profesional. En el siglo xx, había veteranos y redacciones que se enorgullecían de incorporar jóvenes para formarlos y hacerlos crecer. En el xxı ya es raro. Los egresados recientes son incorporados mediante esquemas de explotación disfrazados de buena obra social, llamados "prácticas profesionales" (en España los llaman "becarios" porque reciben sueldos por debajo del mínimo legal), que utilizan y desechan empleados antes de que adquieran derechos laborales. De esta forma, sirven para mantener deprimidos los salarios de sus compañeros contratados. Con suerte, algunos, muy pocos, serán seleccionados de entre la multitud de descarte para incorporarlos a los niveles inferiores de la escala reporteril.

Su experiencia, sin embargo, seguirá siendo pobre. En un ambiente mediático en el que la mayoría de los usuarios de internet busca la satisfacción efímera y salta de imagen en imagen en segundos, sin comprometer su atención en un contenido de mayor extensión y profundidad, y en el que la publicidad impresa desaparece y la digital difícilmente cubre los costos de hacer buen periodismo, los medios tienen que competir con una ferocidad apabullante por cada clic al tiempo en que comprimen los gastos que les cuesta ganarlo. El periodista, reducido —o más bien microrreducido— a generador de contenidos, debe cobrar muy poco por publicar mucho, y mientras menos conocimientos o experiencia tenga, aspirará a cobrar menos y se resignará mejor a sufrir abusos. Muchos creen que sí, que les están dando una oportunidad.

"El periodista es un océano de sabiduría con un centímetro de profundidad": esta frase de Indro Montanelli (pero que yo creía de Borges, ¡hay que verificar!) no ha conducido a corregir el problema, que se ha agravado con internet (y nosotros, ingenuos, que supusimos que la veloz y amplísima disponibilidad de datos mejoraría el periodismo y democratizaría la sociedad). Hoy más que nunca, el periodista tiene que escribir sobre muchos temas de los que sabe muy poco.

Hace muchos años, pasé una vergüenza con Jonathan Heath, entonces analista en jefe de HSBC y ahora vicepresidente del Banco de México. Un editor de la revista *Expansión* me pidió elaborar un pronóstico económico del año siguiente. ¿Por qué a mí? Ni idea, pero no he dejado de ser el entusiasta de todo y tomé el tema. Cuando lo entrevisté, Heath me explicaba cosas hasta que se cansó: "No sabes de lo que te hablo, ¿verdad?" Vergüenza. Lo admití, me disculpé y fui a decirle al editor que muchas gracias. El periodismo es escribir bien, sí, pero también conocer muy bien el tema que trabajas para poder investigarlo y hacer preguntas y entender lo que te responden y ser capaz de ordenar los datos y sintetizarlos y presentarlos de una manera que pueda ser comprensible y útil para el público, ese público que además no es todo El Público, sino un segmento que debes tener bien ubicado para averiguar qué información necesita.

El problema, un problema muy grave, es que de las escuelas de comunicación y periodismo no salimos sabiendo lo suficiente de los temas a los que queremos dedicarnos. En realidad, apenas sabemos nada. Por aquella época, entrevisté a Luis H. Álvarez, un senador panista muy polémico al que yo le tenía admiración porque, como presidente municipal de la ciudad de Chihuahua (antes de aliarse con el PRI de Salinas), había encabezado una huelga de hambre en protesta por los fraudes del PRI. Llegué a su oficina, me vio joven y se dedicó a burlarse de mí. Me faltaron herramientas para vencer sus *bluffs* y artimañas. En este caso, su maltrato hizo evidente su juego. ¿Qué pasa cuando te quieren engañar con cortesías y lisonjas, como hacen los buenos manipuladores? Si no sabes de economía, ¿cómo detectas que el que te habla en términos de ortodoxia o heterodoxia quiere que asumas que la Biblia fue escrita en Chicago? Si no sabes de historia, ¿cómo reconoces si el que te pone de ejemplo la Europa de entreguerras está exagerando o no los paralelismos? Si no sabes de salud, ¿cómo evitas que te convenzan de que los coronavirus no mutan naturalmente sino sólo en laboratorio?

Uno de los aciertos que el presidente López Obrador ha presumido más, y esta vez con razón, es que permite que los expertos en salud conduzcan la respuesta a la crisis de salud. Esta decisión fue amplificando su impacto positivo, además, porque el científico escogido para representar la estrategia nacional de respuesta a la pandemia resultó ser un antes desconocido y ahora súbitamente popular gran comunicador, Hugo López-Gatell, subsecretario de Prevención y Promoción de la Salud, doctor en epidemiología por la Johns Hopkins University (una de las líderes mundiales en la respuesta a la pandemia de la COVID-19) y fogueado en la epidemia de influenza porcina de 2009.

Desde el 28 de febrero de 2020, de lunes a domingo, a las 19:00 horas, conduce lo que él en broma llama "la nocturnera", un informe del estado de la epidemia en el que responde a las preguntas de la prensa. Y lo hace con un estilo que contrasta con el de AMLO: pone cuidado en reconocer y apreciar a sus interlocutores, rara vez asume una provocación o un ataque, maneja un cuidado lenguaje incluyente, explica cada asunto con claridad, detalle y buen ritmo, repite siempre que es necesario y sólo cuando lo es, y transmite la serenidad y la armonía que le hace falta a una sociedad bajo amenaza.

Sobresale su paciencia. Una paciencia que parece más larga que la peor cuarentena de la historia. Una paciencia cuya dimensión crece mientras más torpes, mal intencionadas o distraídas sean las preguntas que le hacen los periodistas, mientras más se hace evidente la conciencia que algunos de ellos tienen de que las conferencias en directo son un *show* y se desesperen por protagonizar sus 15 segundos de luces, cámara y acción (hay algunas excepciones de buena reportería, escasas y opacadas por la multitud). Una paciencia mucho mayor que la del público mexicano, también atravesado por una polarización política que barre con conciencias y principios universales, que empezó a mirar más allá de los bien vestidos presentadores de televisión para conocer en las mañaneras a los periodistas de calle —los desfavorecidos por sus medios— en confrontación con el presidente, y se inclinó por castigar sin miramientos tanto sus agresiones como sus más pequeños errores, ahora tenía angustia, incertidumbre y miedo; el público que en las nuevas nocturneras pudo observar a una industria de medios desvestida en sus reporteros malpagados y sin preparación, casi todos incapaces de llevar dignamente la responsabilidad más importante que les haya ofrecido su carrera, la de informar en estado de emergencia global.

El error del público es individualizar la precariedad en los reporteros. Los reporteros son precarizados por una industria que es al mismo tiempo voraz, mezquina, arrogante y temerosa, y desvergonzadamente parcial. La industria mediática.

•••

Cuando el líder de la oposición derechista portuguesa, Rui Rio, le ofreció su respaldo al primer ministro socialista António Costa durante la pandemia, un observador extraterrestre podría haber supuesto que es lo normal en un planeta en el que avanza un virus asesino. "Yo no estoy cooperando con el Partido Socialista, estoy cooperando con el gobierno de Portugal, en nombre de Portugal. Es Portugal el que está en el punto de mira", sostuvo Rio al desearle "coraje, nervios de acero y mucha suerte" a Costa, porque "su suerte es nuestra suerte".

Pero al continuar su viaje, en cualquier dirección, nuestro alienígena se habría llevado una dura sorpresa: el cierre de filas frente al enemigo común no está siendo la norma sino la excepción. Ante la emergencia, lo que políticos y grupos de poder en numerosos países están viendo no es la necesidad de sumar esfuerzos para salvar vidas y limitar el daño económico, sino una oportunidad para sacar provecho propio, caiga quien caiga.

En estos días, al concluir abril de 2020, en Ciudad de México se observa que hasta cierto punto se está relajando el seguimiento de la política de distancia social. El gobierno de López Obrador ha reiterado su compromiso de no imponerla de manera represiva: si en Colombia salir a la calle se penaliza con multas y cárcel; si en Perú el Congreso les dio licencia para matar a las fuerzas de seguridad (permanente, más allá de esta emergencia); si en Filipinas, el presidente Duterte les pidió a sus soldados y policías que disparen contra los infractores de la cuarentena, en México se diseñó una estrategia basada en la suspensión de clases y actividades económicas no esenciales, en el cierre de lugares de reunión y en apelar a la responsabilidad de los ciudadanos, y que toma en cuenta que la mayor parte de la población vive al día y no puede ser puesta entre la espada y la pared del enciérrate a morir de hambre o te cazo afuera.

La colaboración voluntaria de la sociedad es fundamental para contener la expansión del coronavirus SARS-COV-2. Las medidas de confinamiento, por consecuencia, tienen que ser aplicadas con un afinado sentido de los tiempos: si entran tarde, las infecciones se salen de control; pero si entran muy pronto, se produce lo que López-Gatell llama "fatiga social": el hambre obliga a la gente a salir o lo hace el aburrimiento; tal vez la angustia, acaso la violencia que incrementa la convivencia forzada.

El gobierno lanzó la Jornada Nacional de Sana Distancia, su paquete de medidas de prevención de contagios, el 24 de marzo. Por un mes, había estado bajo el fuego de personalidades y grupos de oposición que exigían a voces la cuarentena inmediata, total e impuesta por la fuerza pública. Como argumento, se utilizaban escalofriantes imágenes que se sentían cercanas, porque provenían de países europeos donde la epidemia estaba fuera de control, pero que en realidad todavía eran lejanas porque allá el proceso tenía al menos seis semanas de adelanto sobre el de México.

Al terminar de escribir este libro, llevamos seis semanas de distanciamiento social, la gente ya se está cansando y muchos están en la calle. Si López-Gatell hubiera cedido ante las presiones, llevaríamos 11 semanas. Y de momento, si no hay cambios en los planes, nos faltan por lo menos cuatro semanas.

El ángulo de ataque cambió después. Ahora se acusa a las autoridades de mentirle a la sociedad en tiempos críticos. Se dice que se minimizan los casos de COVID-19, que se ocultan las muertes que causan. ¿Por qué serviría eso a un gobierno que hace esfuerzos por hacerle entender a la población las dimensiones de la amenaza? No necesitan explicarlo: explotan el miedo, la desconfianza, la ignorancia.

Hugo López-Gatell se ha convertido en la figura a destruir, precisamente porque informa, genera confianza y combate el miedo.

En los últimos 20 años, se han popularizado columnas sin firma ("Bajo Reserva", "Templo Mayor", "Trascendidos") que coleccionan chismes, rumores, piezas de información mezcladas con exageraciones o simplemente mentiras, y cuyos autores violan diariamente desde el anonimato los principios básicos del periodismo. Las usan para enviar mensajes, golpear y difamar, sin vergüenza. López-Gatell es ahora uno de sus temas favoritos. Pero también lo llevan a los titulares, identificándolo o aludiéndolo. En una de las raras ocasiones en las que el subsecretario de Salud ha señalado acciones dolosas y a sus autores, habló en entrevista con John Ackerman, en TV UNAM, del ochocolumnas del diario *Reforma* del 21 de marzo, que dice "Burocracia frena pruebas; crece virus": López-Gatell lo acusó de "fomentar una expectativa pública de que México no está haciendo pruebas (...) cuando en ningún momento hemos intentado suprimir la información", pues "la falta de transparencia es un error".[6]

En su afán de demostrar que las autoridades de Salud traicionan a la sociedad, algunos medios han cometido lo que parecen honestas grandes equivocaciones. Por ejemplo, *El Diario de Juárez* (Manuel E. Aguirre es el director general desde febrero de 2018, cuando su antecesora Rocío Gallegos renunció

---

[6] "Diálogos por la democracia con John Ackerman y Hugo López-Gatell". Entrevista en canal de YouTube de TV UNAM, 5 de abril de 2020.

por su "creencia de que el periodismo no debe estar cerca ni al servicio del poder", y fundó el portal *La Verdad Juárez*), que recibió varias fotografías en las que aparecen unas bolsas negras en un lugar cerrado, y aceptó sin hacerse preguntas todo lo que le dijeron: que lo que contenían las bolsas eran cuerpos; que esos cuerpos eran de víctimas de COVID-19; que eran parte de un total de 80 fallecidos (contra la cifra oficial de 16 en la ciudad, en ese momento); que la imagen correspondía a la morgue de un hospital local; y que era reciente. No hicieron el menor intento de verificación. Sus editores estaban tan convencidos que llevaron el asunto a su ochocolumnas: "Prueban con fotos muertes por COVID", dice su titular del 14 de abril; y tan orgullosos que le pusieron la marca de agua del periódico a la gran foto en primera plana, para que nadie se la fuera a robar.

Pero la imagen era del mes anterior; había sido publicada por muchos medios, como comprobó fácilmente quien hizo la búsqueda en Google; correspondía a Ecuador; y ya había sido utilizada en otros países para engañar incautos.

Las autoridades de salud desmintieron de inmediato y el gobernador de Chihuahua, el panista Javier Corral, que sostiene una pelea pública con ese periódico, de inmediato utilizó el incidente para darle algunos golpes. En Ciudad de México, la Secretaría de Gobernación anunció un procedimiento de sanciones.

En lugar de presentar su renuncia, el director de *El Diario de Juárez* quiso huir hacia adelante: en un texto breve publicado en la primera plana del día siguiente, descargó la culpa en el eslabón más débil, una periodista, y en el duende de la redacción: "Una reportera de *El Diario* hizo eco de la denuncia sin someter a la necesaria comprobación la autenticidad de una de las fotos. Esta imagen pasó engañosamente por otras instancias en el proceso de edición y correspondiente publicación". De manera que no hay editor de fotografía que garantice la calidad de las imágenes; no hay editor de cierre, ni siquiera un director que se haga responsable de la portada. Y en *El Diario de Juárez*, las fotos cobran vida y engañan al pasar por los procesos editoriales.[7]

• • •

Ante la debilidad de la oposición partidista, como el PAN y el Movimiento Ciudadano (que pidieron destituir a López-Gatell), y la falta de peso político de gobernadores descontentos (el jalisciense Enrique Alfaro llamó "traidor a la

---

[7] Portadas de *El Diario de Juárez*, 14 y 15 de abril de 2020.

patria" a López-Gatell porque "está impidiendo que las pruebas —para detectar COVID-19— entren a México"), el activismo antigubernamental quedó en manos de dirigentes empresariales, particularmente en las de Gustavo de Hoyos, líder de la Confederación Patronal de la República Mexicana (Coparmex).

Los hombres más ricos de México, Carlos Slim y Ricardo Salinas Pliego, sin embargo, siguen apoyando al presidente.

Aunque Salinas Pliego lo hace a su manera, desarrollando su propia campaña de sabotaje a la estrategia contra la pandemia, aunque en dirección totalmente opuesta a la de De Hoyos y sus aliados: si éstos auguraban el desastre porque la cuarentena demoraba en llegar, Salinas Pliego se opone totalmente a ella y ha ordenado que sus empresas desobedezcan las medidas de distanciamiento social.

En una reunión con puestos medios y altos de sus múltiples empresas, en la que el video difundido por Grupo Salinas muestra que no había cubrebocas ni separación entre las personas, el 24 de marzo, dio un discurso en el que aceptó que "este virus existe, sin duda, pero no es de alta letalidad, debemos olvidarnos de la ecuación equivocada que virus es igual a muerte: no es cierto"; de manera inusual, mostró su preocupación por la gente más pobre que "dejará de generar ingresos hoy y mañana simplemente no tiene qué comer"; lamentó que "hoy estamos mal, las calles vacías, todo cerrado, escuelas vacías, hoteles vacíos, restaurantes vacíos, esto no puede ser, la vida tiene que continuar" y justificó su rechazo a la suspensión de actividades económicas no esenciales: "Parece que no moriremos por coronavirus, pero sí vamos a morir de hambre".[8]

Grupo Salinas tiene "110 mil colaboradores", según dice su dueño en Twitter, o 70 mil, según cálculos periodísticos. Está formado por Televisión Azteca, Banco Azteca, la cadena de más de cuatro mil tiendas Elektra, las mueblerías Salinas y Rocha, Seguros Azteca, Afore Azteca, el servicio de cable Total Play, Purpose Financial, Punto Casa de Bolsa, Italika y Totalsec. El periodista Mathieu Tourliere, de *Proceso*, reportó que hay varios casos de infección de COVID-19 entre el personal, y al menos uno falleció, César Manuel Álvarez Ignacio, el 14 de abril.

En una reunión sostenida ese mismo día, Juan Carlos Arroyo, director de Banca Digital de Banco Azteca, informó a un centenar de trabajadores de la presencia de infecciones y dijo que "se vale estar nervioso, éste es el primero de muchos casos (de COVID-19) que vamos a tener", y Raybel Baza de la Cruz,

---

[8] "Salinas Pliego genera polémica con discurso". Nota de la redacción en *Reporte Índigo*, 25 de marzo de 2020, https://www.reporteindigo.com/reporte/salinas-pliego-genera-polemica-con-discurso-no-moriremos-de-coronavirus-sino-de-hambre/

gerente de Nómina y Pagos, reconoció que "quién va a morir y cuándo va a morir, no lo sabemos, pero hay un montón de casos. Tú vienes a trabajar porque tienes que venir a trabajar y te gusta, tienes que llevar sustento a tu casa", según se escucha en una grabación obtenida por *Animal Político*. Después Arturo Mercado Virgen, titular del área de Protección Civil de Banco Azteca, explicó que si se detecta un caso de infección, se va a monitorear a esa persona, aunque "no es que no estemos preocupados por el resto de la gente, pero si me dicen: 'es que él estaba alrededor de cinco (compañeros)', y los otros cinco, son 25, por cinco, pues ya es todo el piso, por cinco, pues ya es toda la torre, entonces ya nos tendríamos que haber ido todos". A final de cuentas, "el control sobre la muerte no lo tenemos", así que "encomendémonos a Dios que no nos va a pasar a nosotros".

Empleados a título anónimo le dijeron a Tourliere que, como única medida de prevención, han colocado recipientes de gel antibacterial en las oficinas, pero la distancia entre los trabajadores llega a ser menor a 50 centímetros. Guadalupe Fuentes, del portal *Sin Embargo*, obtuvo el testimonio de una empleada que refirió que, a pesar del deceso del compañero por COVID-19, "nos seguían diciendo 'no entren en pánico, hay que seguir trabajando, hay mucho jabón y mucho gel'".

El 26 de abril, murió de COVID-19 Rodolfo Huvy Cruz Juárez, estudiante de 30 años que trabajaba en un *call center* de cobranzas de Elektra en Ciudad de México. Como maniobra de distracción, la empresa Staff E&I comunicó que era su empleado, sin mencionar su centro laboral. Se trata de una de las compañías de *outsourcing* que Grupo Salinas utiliza para evadir impuestos y no adquirir obligaciones con sus empleados. En un video publicado en Facebook, compañeros universitarios de Cruz Juárez exhibieron el engaño y llamaron a otros alumnos que "se encuentran laborando en este momento para Grupo Salinas y en cualquier otra empresa que expone su salud o su vida, a denunciar", porque "nuestras vidas valen más que sus ganancias".[9]

Las tiendas Elektra se mantienen abiertas aunque venden electrodomésticos y electrónica, no productos esenciales. Con Banco Azteca, están orientadas a atender a sectores de bajos ingresos. Su promoción de los "abonos chiquitos" invita a tomar deudas a un alto interés, que pronto duplican el costo del objeto adquirido. En un *tweet*, Salinas Pliego aseguró que "el aislamiento general NO es útil para contener la epidemia, pero sí afecta gravemente a los más necesitados y a los que menos tienen". Pero es a los que menos

---

[9] Video en Facebook del 29 de abril de 2020, https://www.facebook.com/tklibera/posts/10218108668093835

tienen a quienes sus cobradores persiguen sin pausa, hasta en medio de la crisis sanitaria y económica. Las llamadas que hacen los empleados de su *call center* han pasado de un promedio de un minuto de duración a entre siete y 15 porque los deudores tratan de explicar la situación extremadamente difícil en que los ha puesto la pandemia, y piden más tiempo para pagar, le explicaron a Tourliere: "La gente habla llorando y los agentes contestan llorando. Nos dicen: 'tengo para frijoles y sopa, entonces le pago o como, es uno o lo otro'... hay gente que está renunciando, que está colapsando". No hay piedad: apoyados por un *software* diseñado para acentuar la presión, los operadores tienen instrucciones de sostener un acoso constante.[10]

Y de pasar del teléfono a las visitas físicas: una persona que conozco, a finales de abril, me dijo que ha tenido discusiones a gritos en su casa y en la calle con un hombre en motocicleta que lo sigue, insulta y amenaza para que pague 400 pesos.

Desde el gobierno, empezaron a llegar avisos: se procedería contra las empresas que realizan actividades no esenciales y se negaban a suspender actividades. Además, ante grupos privados que exigen apoyos económicos oficiales y suspensión de pagos de impuestos, AMLO replicó que lo que deberían hacer es pagar enormes cantidades que le adeudan al fisco. Salinas Pliego se ha negado a cubrir unos 30 mil millones de pesos que le debe a la hacienda pública.

Por las noches del 15, 16 y 17 de abril, cada emisión del segundo telenoticiero de mayor audiencia en el país, *Hechos* de Televisión Azteca, contuvo piezas destinadas a destruir la imagen de López-Gatell ante su audiencia de 800 mil hogares. El clímax fue el viernes 17: una nota de Carolina Rocha sostuvo que "Hugo López-Gatell acentuó la fuerte división que hay en México"; en otra, Juan Francisco Rocha afirmó que el subsecretario "ha engañado a México"; y Gerardo Sedano reportó que "ante las falsedades y contradicciones de Hugo López-Gatell, hay gobiernos que ya no lo toman en cuenta". Finalmente, el titular del programa, Javier Alatorre, redondeó el mensaje: "Sus cifras y sus conferencias ya se volvieron irrelevantes. Es más, se lo decimos con todas sus palabras, ya no le haga caso a Hugo López-Gatell".[11]

---

[10] "Grupo Salinas: oficinas de alto riesgo". Reportaje de Mathieu Tourliere en *Proceso*, 25 de abril de 2020; "Habrá más contagios, pero den gracias que tienen trabajo: directivos a trabajadores de Grupo Salinas". Reportaje de Zedryk Raziel en *Animal Político*, 21 de abril de 2020; "Son más de 4 casos y un muerto. Azteca y Elektra 'tranquilizan' a los empleados: 'Hay gel y jabón'". Reportaje de Guadalupe Fuentes en *Sin Embargo*, 22 de abril de 2020.

[11] Videos en cuatro *tweets* de @AztecaNoticias del 17 de abril de 2020: https://twitter.com/aztecanoticias/status/1251360133076172803; https://twitter.com/aztecanoticias/status/1251368154082742272;https://twitter.com/aztecanoticias/status/1251363374971183106;https://twitter.com/aztecanoticias/status/1251365356259749889

En la camada de recién egresados de la carrera de comunicación que entró a Televisión Azteca, a fines de 1994, estábamos varios ex activistas estudiantiles que un año antes habíamos participado en protestas contra la manipulación informativa de los noticieros de Televisa. La compañía pública Imevisión, con dos cadenas nacionales, había sido la principal televisora pública. El presidente Salinas de Gortari la había renombrado Televisión Azteca y la acababa de vender a precio de ganga junto a cientos de empresas del Estado.

El comprador era Ricardo Salinas Pliego, de quien se sabía poco más que era un vendedor de electrodomésticos. Con cuatro cadenas nacionales, Televisa era un monopolio de facto en la televisión privada y parecía sano que tuviera al menos un rival. ¿Cómo podría éste convertirse en una competencia digna? Creí que tenía que ganar audiencia haciendo el buen periodismo en el que Televisa nunca tuvo interés. Rotunda equivocación: TV Azteca habría de conquistar puntos de *rating* apelando al morbo y el escándalo, combinando el sensacionalismo con la defensa del régimen político y económico.

Pero eso quedaría claro después. En ese momento, Isabel Díaz, una periodista formada en Miami, asumió la Dirección General de Noticias con una apuesta por la profesionalización, y buscó renovar la viciada planta de reporteros contratando a jóvenes sin mañas.

Lo disfruté mucho. Por ejemplo, hice mi primer gran ridículo. En mi tesis, dediqué un capítulo a la deshonestidad en el periodismo y toqué el tema del *chayote*, el soborno para comprar noticias favorables. Quería que me ofrecieran *chayote*, lo ansiaba, para poder rechazarlo. Un día se produjo un accidente mortal en el parque de diversiones Reino Aventura (hoy Six Flags), las autoridades de Tlalpan actuaron con negligencia y, para evitar que diera cuenta de ello, el jefe de relaciones públicas de la compañía me quiso convencer con un regalo. Al salir a pantalla, lo denuncié conteniendo mi emoción y di el nombre del nefasto corruptor. Regresé a casa esa noche, mi familia me esperaba, yo estaba orgulloso. Mi hermano y mis primos adolescentes estaban tan entusiasmados como yo cuando me rogaron que les obsequiara el embute: eran "pases mágicos" para los juegos. Mi gran *chayote*.

De cualquier forma, por algunas semanas gocé de plena libertad. Me esforcé por mostrarme riguroso al abordar los temas de mi orden del día. Mi trabajo de mayor impacto, por el que me felicitaron y recibí invitaciones de madres para conocer a sus hijas, fue el del primer bebé del año 1995. Ahí aprendí dos cosas. Una es que la tele crea la realidad. No tenía que esforzarme en averiguar en qué parte del país nacía justo el primer bebé, "el primer bebé del año será el que tú digas", me dijo mi jefe, y me mandó al hospital más cercano. La segunda es que ese poder tiene límites: puedes abordar asuntos vitales pero en última instancia el público valora lo que lo conmueve. Nadie se acordó de las notas que más me importaron pero 10 años después me seguían hablando de mi adorable reportaje sobre el bebé.

Una noche, al llegar al estudio, una mujer que no conocía se acercó a preguntarme el tema de mi nota. La oposición pedía juicio para el ya ex presidente Salinas. Poco tiempo después, Salinas sería perseguido por su sucesor Zedillo, pero todavía era intocable. La mujer me ordenó tratar otro asunto, me negué, me castigó.

Por esos días, Salinas Pliego le ordenó a su locutor estrella, Javier Alatorre, que entrevistara durante tres noches seguidas a un ideólogo de economía para tontos, Luis Pazos, activista del desmantelamiento del Estado. Mi sanción fue obligarme a responder las llamadas de los televidentes. Hablé con personas que me insultaban por exigir la venta de la empresa pública más valorada de la nación, Petróleos Mexicanos. Tenía que tragarme sus ofensas sin poder decirles que compartía su punto de vista. Y recibí elogios de mujeres que casi con lágrimas me daban las gracias por haber invitado a tan brillante expositor. Eso sí dolía. Estaba anotando los comentarios de una de ellas cuando Pazos se acercó, por detrás de mí, a espiar lo que escribía. En el auricular, yo escuchaba "amo al señor Luis Pazos"; en el papel, mi lápiz transcribía "Pazos es un asco".

Volví a desobedecer y volví a pagar por ello. Esta vez me enviaron con un camarógrafo a cubrir un evento privado de Salinas Pliego. No sé con qué objeto, no nos pidieron hacer nada, sólo observamos. El patrón había invitado a sus compañeros de generación de una maestría en negocios que hizo en la Universidad de Tulane, casi todos ellos orientales, para que conocieran el poder que había adquirido: con gráficas, les mostró que los periódicos mexicanos contaban poco, pues nueve de cada 10 personas se informaban por la televisión. Sin comentarles que Televisa todavía controlaba cuatro quintas partes del pastel, proclamó: "Los mexicanos piensan lo que yo les digo".

Había endurecido la línea editorial. En febrero de 1995, durante una inesperada ofensiva gubernamental contra la zona de control zapatista en Chiapas, Alatorre viajó en helicópteros militares, entrevistó a militares y grabó actividades de militares. No mostró a un solo guerrillero. Ni mencionó sus razones o perspectivas. Presenté cartas a Isabel Díaz, pidiendo equilibrio informativo. Ella las ignoraba, creo que para evitarme problemas. Pero seguía recibiendo las atenciones de mi censora personal, Leonarda Reyes (quien años después fundó un Centro de Periodismo y Ética Pública para defender la libertad de expresión). Anuncié que me marchaba. Mi jefe de información, Antonio López de la Iglesia, me encerró en una oficina para regañarme: la crisis económica de 1995 estaba a todo vapor y "las calles están llenas de periodistas desempleados. Te pagamos bien, te hacemos famoso y lo quieres tirar a la basura, ¿eres tonto?" La inocencia se me había caído, no podía quedarme ahí.

Poco después de mi partida, Salinas Pliego se reunió con la redacción. No sé si la publicación de mi carta de renuncia en *Proceso*, en el número 965 del 1 de mayo de 1995, tuvo algo qué ver o si nunca supo de ella. Como fuere, comentó las críticas internas a la línea editorial y, según me dijo un ex compañero, cerró su mensaje elocuentemente, con algo así como: yo me compré este canal, con él hago lo que quiero y al que no le guste, que se compre el suyo.

•••

Las grandes privatizaciones ordenadas por Carlos Salinas de Gortari (1988-94) han estado siempre bajo sospecha de haber sido realizadas como asociaciones ocultas de su familia, a través de su hermano mayor Raúl Salinas, con los ganadores de las licitaciones. Nunca se hizo alguna investigación oficial para aclarar los aspectos opacos.

En julio de 1993, Ricardo Salinas Pliego, heredero de una acaudalada familia de Monterrey, ganó el concurso por un paquete de medios públicos que incluía Televisión Azteca, la Compañía Operadora de Teatros y los Estudios América, por el que pagó 645 millones de dólares. Siempre negó que hubiera tenido trato de favor de las autoridades o relaciones de negocios con Raúl Salinas de Gortari, el hermano del presidente a cargo de las operaciones subterráneas. "Creo que es un chisme muy sabroso para todos el andar comentando ¡oye, ya sabes que Ricardo Salinas es socio de Raúl Salinas!", le dijo al diario *Reforma*. "Pues qué buen chisme ¿no? Porque, bueno, eso no es cierto".

Fue desmentido por el propio Raúl Salinas. "Yo ordené varias transferencias", declaró el 20 de marzo de 1996, cuando enfrentaba un proceso por enriquecimiento ilícito en Suiza; "el total llegó al orden de 29 millones de dólares o quizá 30 y el propósito era para que Ricardo Salinas lo invirtiera en negocios". Con la confianza de socios de corazón: "El dinero se transfirió a la cuenta de Silverstar porque así me lo pidió verbalmente Ricardo Salinas y no fue necesario ningún documento para esa transferencia. La palabra de Ricardo Salinas fue suficiente".

La Policía Federal suiza comprobó transferencias por 29 millones de dólares entre el 30 de junio de 1993, 18 días antes de que Salinas Pliego ganara la subasta de medios públicos, y el mes de septiembre, de acuerdo con la documentación obtenida por el periodista Ignacio Rodríguez Reyna, de *Reforma*. Además del Citibank, de Nueva York, entre los bancos suizos involucrados está Julius Baer, el mismo que ocultó la fortuna del general torturador y narcotraficante Acosta Chaparro.

"La sospecha de algunos investigadores", indica Rodríguez Reyna, "es que (los recursos) fueron canalizados a la compra de Televisión Azteca".[12]

• • •

Salinas Pliego es un hombre convencido de que puede hacer lo que quiere y los escrúpulos son para personas de un nivel inferior. Otro ejemplo de esto fue su captura de una tercera señal para su conglomerado de medios, CNI Canal 40, el proyecto en el que Gómez Leyva, Denise Maerker y otros profesionales entonces jóvenes, a mediados de los noventa, forjaban el mejor periodismo investigativo que se había hecho para la televisión mexicana. El empresario Lorenzo Servitje, como conté antes, castigó el reportaje sobre el pederasta fundador de los Legionarios de Cristo, Marcial Maciel, organizando un boicot publicitario que erosionó la estructura financiera del Canal 40. Debilitado, el dueño, Javier Moreno Valle, entró en un acuerdo comercial con Televisión Azteca, del que se retiró por considerarlo abusivo. Salinas Pliego inició un acoso judicial que se tornó violento el 27 de diciembre de 2002, en plena temporada vacacional, con la toma de la antena transmisora del Canal 40 por un grupo armado que sometió y amenazó de muerte a los ingenieros que la operaban. Preguntado sobre si iba a intervenir en defensa del canal, el entonces presidente Fox soltó una de las frases por las que es recordado: "¿Y yo por qué?" Eventualmente, Moreno Valle fue incapaz de pagar deudas, los trabajadores se fueron a huelga y Salinas Pliego se apoderó de los activos y la señal, por la que hoy transmite bajo el nombre ADN 40.

Un agresivo equipo de abogados es una de las herramientas con las que Salinas Pliego se ha abierto camino. En octubre de 2019, por ejemplo, demandó a *Proceso* y tres periodistas (Rafael Rodríguez Castañeda, director; Homero Campa, subdirector, y Mathieu Tourliere, reportero) por el "daño moral" que la habría causado el texto titulado "Salinas Pliego, el magnate que movió los hilos de la estafa Pemex-Fertinal", sobre la multimillonaria compra fraudulenta de una empresa inservible por parte de Pemex. La revista aseguró que la investigación de Tourliere "arrojó indicios sobre los vínculos del magnate con una

---

[12] "Revela Raúl negocios con dueño de TV Azteca". Reportaje de Ignacio Rodríguez Reyna en *Reforma*, 28 de junio de 1996.

red de sociedades *offshore* que tuvieron acciones de Grupo Fertinal entre 2006 y 2016; también mostró cómo empleados de Grupo Salinas ocuparon puestos clave en la empresa, mientras Banco Azteca se convirtió en su 'tesorería'".[13]

Todos en los negocios y la política en México saben que Salinas Pliego es peligroso como enemigo y también como amigo. "Me equivoqué de socio, Ciro", admitió Moreno Valle en una entrevista. López Obrador, sin embargo, consideró aceptable el riesgo no sólo de tenerlo cerca, sino también de entregarle el control de posiciones e instrumentos clave de su proyecto.

Desde la toma de posesión de AMLO, Salinas Pliego es el único de los multimillonarios mexicanos que ha mejorado posición en la lista *Forbes*, e incluso en 2020 rebasó a Germán Larrea para tomar el puesto del segundo mexicano más rico, con 12 mil 900 millones de dólares al 10 de marzo (sus movimientos contra el confinamiento podrían ser en parte explicados por la crisis, que le ha hecho perder mucho dinero: al 17 de abril, *Forbes* lo tasaba en 11 mil 400 millones de dólares).

Televisión Azteca ha perdido en publicidad oficial pero el Grupo Salinas se ha visto ampliamente compensado. Salinas Pliego sugirió la formación y fue incluido en el Consejo Asesor Empresarial del presidente (el mismo que AMLO se comprometió con Carmen Aristegui a poner a consulta, lo que no cumplió). Jorge Mendoza Sánchez, hijo de Jorge Mendoza Garza, vicepresidente de Televisión Azteca, fue designado director del Banco Nacional de Obras Públicas. Esteban Moctezuma, quien fuera un prometedor político del PRI en los noventa, se convirtió después en empleado de Salinas Pliego como presidente de su Fundación Azteca, hasta que López Obrador lo nombró secretario de Educación Pública. Su dependencia le otorgó a Seguros Azteca el contrato de 50 millones de dólares por el aseguramiento de sus bienes patrimoniales, carga y embarcaciones, semovientes y flora. En Ciudad de México, por tres millones de dólares aseguró por accidentes callejeros a policías y funcionarios. También en la capital, Total Play, la división de telefonía e internet, obtuvo la gestión de los sistemas de videovigilancia de Ciudad de México, por 40 millones de dólares.

Lo más delicado para AMLO, no obstante, es que en enero de 2019, a semanas de tomar posesión, hizo la entrega a dedo, sin licitación de por medio, de la gestión de unos 12 mil millones de dólares destinados a sus programas sociales, que son los pilares de su compromiso axial de mejorar la calidad de vida de quienes siempre fueron mantenidos en la miseria por el viejo régi-

---

[13] La revista explica los argumentos del demandante y su propia réplica en el texto "Caso Pemex-Fertinal: Ricardo Salinas y Banco Azteca demandan a *Proceso* por 'daño moral'", publicado el 21 de octubre de 2019, https://www.proceso.com.mx/603544/caso-pemex-fertinal-ricardo-salinas-y-banco-azteca-demandan-a-proceso-por-dano-moral

men. Banco Azteca emite y opera las Tarjetas Bienestar que utilizan los beneficiarios del sistema de apoyos a familias pobres, personas de la tercera edad, estudiantes y becarios del programa Jóvenes Construyendo el Futuro.

Un atraso, obstáculo o entorpecimiento "accidental" en la dispersión de estos recursos puede condenar al hambre a millones de personas, provocar caos social y destruir políticamente a López Obrador. Salinas Pliego sabe dónde les duele a sus amigos.

•••

Los enemigos de *Proceso* —de siempre o del momento— en los últimos años utilizan a la familia Scherer como herramienta para golpearlo. El esposo de la más joven de sus nueve hijos, María, presidenta del Consejo de Administración, es Juan Ignacio Zavala, ex funcionario del PAN y hermano de Margarita Zavala, casada con el ex presidente Felipe Calderón, ex candidata presidencial independiente en 2018 y ahora cofundadora del partido México Libre. Esta relación es utilizada para denunciar que *Proceso* es panista o calderonista.

Por el lado contrario, el primogénito y cabeza de la familia desde que murió su padre, el 7 de enero de 2015, es Julio Scherer Ibarra, quien ocupa uno de los cargos de mayor poder en el gobierno, el de consejero jurídico del presidente de la República: en su escritorio se diseñan los contratos, los decretos y las iniciativas de ley de la Cuarta Transformación. Esto sirve para asegurar que *Proceso* tarde o temprano se convertirá en portavoz oficioso del régimen.

El 31 de enero de 2020, tras 20 años como director, Rafael Rodríguez Castañeda se retiró. Entre los periodistas Álvaro Delgado, Homero Campa y Jorge Carrasco, el Consejo de Administración eligió a este último para encabezar la revista, con el apoyo fundamental de la familia Scherer.

La primera edición bajo su pleno control fue la del 9 de febrero. El editorial anuncia que "una nueva generación asume la dirección de *Proceso*, formada en la convicción de que el periodismo no se agota en el mero relato de los acontecimientos y que su papel es contribuir a las libertades democráticas". Algunos se preguntaron si esto anticipaba un papel militante. Por razones económicas y en algunos casos políticas, prescindió de decenas de colaboradores de muchos años, incluyéndome. Sin reconocimiento ni cortesías.

•••

Otro recurso popular es la reivindicación del mismo fundador para atacar a *Proceso*. Desde su fallecimiento, abundan los expertos en Scherer que afirman que el semanario no está a la altura de Scherer, que decayó, que el viejo maestro se avergonzaría.

Proceso ha cometido errores, algunos importantes, no se trata de elevarla a los aires de la pureza. Lleva 42 años en la línea de fuego editorial, sometida a la tensión y la urgencia de tiempos cada vez más duros, y sin duda está sujeta al debate y a la crítica. No le teme a ello, es parte de su espíritu. Fui uno de los que consideró equivocado llevar la declaración de Diego Valadés sobre AMLO —"El fantasma del fracaso"— a la portada como si fuera una noticia y no una opinión.

López Obrador, no obstante, sólo quiso repetir el ya viejo truco, como se verá párrafos adelante. El truco de los que se equivocan porque hablan de Scherer sin conocerlo, aprovechando que está muerto, y no saben que Scherer habla por sí mismo.

Las portadas de *Proceso* no son diseñadas para dejar a nadie tranquilo. Si no hay reacciones, algo se hizo mal. Scherer las defendió en mayo de 2003 (mientras Estados Unidos descubría que vencer a Sadam no era controlar Irak), al recibir el Reconocimiento a la Trayectoria que le concedía el Consejo Ciudadano del Premio Nacional de Periodismo. Sostuvo en su discurso:

> El mundo se ha endurecido y pienso que el periodismo habrá de endurecerse para mantenerse fiel a la realidad, su espejo insobornable. Si los ríos se enrojecen y se extienden los valles poblados de cadáveres víctimas del hambre y la enfermedad, así habrá que contarlo con la imagen y la palabra. Muchos no lo consideran así. En estos días he escuchado censuras por la manera como *Proceso* hizo sentir el escalofrío que nos llegó desde Irak. Cito un ejemplo:

> Mis compañeros fijaron en la portada de la revista un cuadro bello y terrible. Se trata de una niña que parece soñar, apacible el rostro, pero su cuerpo está incompleto. Sin los pies, las piernas inútiles llevan metafóricamente a la pesadilla.

> Personas cercanas, algunas muy queridas, me dijeron que nos entregábamos al morbo, a la seducción del horror, a la enfermedad amarilla. El mundo es más que "eso", reclamó una de ellas. Por supuesto que el mundo es más que "eso", repuse. Es el amor con mayúsculas, la sensualidad también con mayúsculas, la creación incesante, el bienestar ganado a pulso, la dicha que anda por ahí y habrá que atraparla, la muerte benévola. Pero subrayé que en el momento de la masacre en Irak, el mundo era sólo "eso", la niña cercenada.

> Traje a cuento la inocencia de un pequeño judío polaco que levanta los brazos frente a los ss de Hitler; recordé a la vietnamita que huye del napalm, desnu-

do su cuerpo infantil y desnudo su pavor. Argumenté que fotografías cómo éstas caracterizan una época y que a la criatura de nuestra portada le estaba reservado igual destino.

Al concluir, Scherer criticó que el entonces presidente Fox "se excede en su confianza por el embrujo de la televisión. Me duele decirlo: un gobierno que se valora por su imagen, es un gobierno frívolo. Pesadas tareas nos esperan a los periodistas. Ésta es nuestra pasión".[14]

• • •

Andrés Manuel López Obrador estaba más molesto con la prensa que de costumbre, en La Mañanera del lunes 27 de abril, cuando la pandemia estaba empezando su etapa más infecciosa.

No era porque, a pesar de que la sociedad se empezaba a cansar y era difícil convencerla de quedarse en casa, Ricardo Salinas Pliego se mantenía inamovible en su postura de desobedecerlo abiertamente y mantener activos a 70 mil empleados, abiertas más de cuatro mil tiendas y ocupadas altas torres corporativas, convirtiéndolas en focos activos de infección. No era porque, 10 días antes, Salinas Pliego lo había desafiado de manera abierta a través de Javier Alatorre, bombardeando sin ambigüedades la estrategia nacional de defensa frente a la COVID-19 mediante la difamación de su rostro visible, Hugo López-Gatell. "Este desacato es particularmente grave y constituye un llamado a la desobediencia civil. Cuestión que debe ser revertida y sancionada de inmediato", tuiteó el diputado Porfirio Muñoz Ledo, de Morena; "el gobierno tiene el deber de mantener, hasta donde tope, el orden legal para que no se desintegre la autoridad".

Esto era indispensable para el veterano reformador del Estado, no para Andrés Manuel López Obrador.

Al principio de la conferencia, la secretaria del Trabajo, Luisa María Alcalde, exhibió a varias empresas que no habían suspendido actividades, como Coppel, con el mismo giro comercial que Elektra. Pero de Elektra no se dijo nada. En días anteriores, se había anunciado el procedimiento contra *El Diario de Juárez* por publicar una foto falsa, y varios medios se habían llevado directas críticas presidenciales. Televisión Azteca flotaba por los cielos, encima de los medios terrenales. La reacción del presidente de la República, al día

---

[14] "Scherer: Tiempos de zozobra". Discurso de Julio Scherer en *Proceso*, 7 de enero de 2015, https://www.proceso.com.mx/392389/scherer-tiempos-de-zozobra

siguiente del asalto verbal de Javier Alatorre, fue reducir el problema sólo a él, el mensajero: como si no supiera que toda la información de *Hechos* durante esa semana se dedicó a llamar mentiroso al subsecretario de Salud, a acusarlo de engañar a México, a recomendarle al público que lo ignorara; como si Salinas Pliego no hubiera dejado bien clara su postura contra las medidas de distancia social; como si Javier Alatorre fuera un periodista con independencia editorial, y no un locutor títere de su patrón. AMLO habló de "mi amigo Javier" y para él sólo tuvo comprensión, disculpa y cariño, pues "cometió un error, todo cometemos errores, pero es una buena persona".

A Salinas Pliego no lo quiso tocar ni con el pétalo de mencionar su nombre.

Resultó que sí tenía palabras duras, no obstante. Las que reservaba para la revista *Proceso*. Frente a la prensa que había acudido y a las decenas o cientos de miles de espectadores, exhibió en una pantalla, a gran tamaño, la portada de la edición de esa semana, que muestra a tres hombres en traje de protección personal introduciendo lo que parece un cuerpo, envuelto en una bolsa blanca de plástico, en un crematorio. El titular dice: "Fase 3. La pesadilla". Encima del cabezal, un cintillo reza: "Grupo Salinas: indolencias del amigo del presidente".

El reportaje principal, de la periodista Neldy San Martín, narra el dolor de familiares que de pronto dejan de ver a sus seres queridos afectados por COVID-19 cuando los ingresan al hospital, no vuelven a salir, no hay comunicación con ellos, mueren en soledad y son enviados a incinerar sin rituales ni posibilidad de ser despedidos. Una pesadilla.[15]

López Obrador no aclaró qué le molestaba más, el titular o el cintillo: "Vi una portada de una revista ayer, una revista, ¿será cierto?, de una revista, *Proceso*. Si viviera don Julio (Scherer), se volvería a morir (...) Se enojan mucho conmigo, pero siempre digo lo que pienso y también lo digo con todo respeto, es *Alarma!* (una publicación desaparecida que usaba portadas ensangrentadas como gancho de venta). Y me van a decir que es censura. No, y ofrezco disculpas, pero no lo puedo omitir. Ahora sí, rienda suelta al análisis. Está bien, es libertad de expresión por encima de todo, sin escrúpulos morales, sin ética".[16]

---

[15] "La posposición del duelo por el coronavirus". Reportaje de Neldy San Martín en *Proceso*, 25 de abril de 2020, https://www.proceso.com.mx/627357/posposicion-duelo-coronavirus

[16] Versión estenográfica de la conferencia de prensa matutina del presidente Andrés Manuel López Obrador, 27 de abril de 2020, https://lopezobrador.org.mx/2020/04/27/version-estenografica-de-la-conferencia-de-prensa-matutina-del-presidente-andres-manuel-lopez-obrador-308/

• • •

Cinco días antes, en otra conferencia, AMLO dejó más claro que nunca su concepto del periodismo, y ni *Proceso* ni muchos medios de comunicación le van a dar el que él quiere (a menos que compre a los que se quieren dejar comprar, pero ya ha dicho que no).

Desde su punto de vista, el mejor periodismo que se ha hecho en México es el del periodo de la República Restaurada del presidente Benito Juárez, y después, el de la Revolución, entre 1867 y 1919. Mencionó a Francisco Zarco, Filomeno Mata, Daniel Cabrera, los hermanos Flores Magón y Paulino Martínez.

Ese concepto del periodismo no es el que tenemos ahora, el de investigar al poder para servir a la sociedad. Todos sus referentes fueron militantes de una causa, desde el poder o contra el poder pero siempre en aras de un proyecto de poder, y que se servían de las publicaciones periódicas para promover sus ideas, no para informar. En este libro no he querido presentar una definición de periodismo porque hay muchas formas de entenderlo y sin duda, la que tiene López Obrador es una de ellas.

Pero no estamos hablando de lo mismo.

"No hay en México un periodismo profesional, independiente, no digo objetivo porque eso es muy difícil, la objetividad es algo muy relativo; pero ético, estamos muy lejos de eso. Es parte de la decadencia que se produjo".

Para el presidente, los buenos periodistas no agotan los dedos de una mano: "A nosotros nos defienden creo que tres, y estoy hablando de periodistas". Enlistó a Federico Arreola (de SDP Noticias, ex director de *Milenio*), Enrique Galván Ochoa y Pedro Miguel (ambos de *La Jornada*). E hizo un añadido: "Hay un articulista inteligente también, incluso no podría decir que de izquierda, pero sí buen analista político, que se mete más a entender lo que está pasando y lo que somos, uno que escribe en *El País*, Jorge Zepeda Patterson, pero hasta ahí. Yo creo que los voy a perjudicar porque los estoy mencionando".

"Entonces, ¿usted considera que el buen periodismo es el que defiende a su gobierno?", le preguntó la reportera Dalila Escobar. "Claro que no", respondió el mandatario. "Lo que tenemos ahora es un periodismo muy cercano al poder, sobre todo al poder económico, y muy distante del pueblo. Es un periodismo de la élite".

"Hay muchos periodistas honestos, aplicados en su labor, que no se venden en todo el país, nada más que usted no los conoce", replicó la sonorense Reyna Haydee Ramírez; "incluso en los grandes medios, hay gente que trata de hacer su trabajo a pesar de las indicaciones que dan a veces los jefes o los dueños". Más adelante, cuestionó al presidente: "Pareciera que usted mide con doble vara a los medios porque acabamos de ver cómo un conductor de TV Azteca llama a no hacer caso y usted dice que hizo daño, pero poquito". Y cerró: "¿Cómo es posible que se le estén dando contratos, que se les esté ayudando de una o de otra manera cuando tienen tantas deudas con la sociedad?"

"Sí hicimos nosotros nuestro planteamiento y yo mencioné que fue un error el de Alatorre y que lo consideraba mi amigo y que fue irreflexivo y que todos cometemos errores", contestó López Obrador. Ramírez insistió: "Entonces, ¿no hay privilegios para TV Azteca o para el Grupo Salinas?" "Para nadie", reviró AMLO. "Lo que pasa es que... Es como dar a conocer los nombres de los 15 (grandes deudores de impuestos). No sólo es un asunto legal, es un asunto que tiene que ver con no humillar a nadie, porque podrán ser muy fuertes económicamente, pero los ponemos aquí y les afecta, les afecta no sólo en su prestigio, les afecta en la bolsa".[17]

· · ·

"En algo tiene razón López Obrador", concedió en un artículo Jorge Zepeda Patterson, el autor de dos biografías breves de AMLO a quien el presidente le reconoce que "se mete más a entender". "La prensa y el quehacer periodístico no pasan por su mejor momento", pues "no hemos podido sustraernos al espíritu partisano" y "en la polarización hemos perdido todos, pero sobre todo el buen periodismo, entendido como aquel que permite construir una opinión pública más informada y con mejor criterio para entender los puntos de vista de una sociedad con tantas verdades y realidades contrapuestas como la nuestra". Aunque "el quehacer periodístico y el análisis deberían ser un contrapeso a la narrativa de odio", en realidad "no importa qué haga el presidente o deje de hacer, se convierte en munición implacable en manos de la gran mayoría de los comunicadores y, al mismo tiempo, en motivo de alabanza de aquellos que lo defienden a ultranza. No hay posibilidad de diálogo".

Sin embargo, continúa Zepeda, "lo que (AMLO) no parece darse cuenta es que él mismo ha contribuido a ello. Utilizar la tribuna presidencial para exhibir a los periodistas que lo critican ha profundizado esta polarización partisana en la que sólo caben amigos o enemigos. Decretó cuáles eran los malos periodistas y acto seguido mencionó que sólo se salvan los que lo defienden. Nunca se percató de lo extraño de su formulación. Por definición un periodis-

---

[17] Versión estenográfica de la conferencia de prensa matutina del presidente Andrés Manuel López Obrador, 22 de abril de 2020, https://lopezobrador.org.mx/2020/04/22/version-estenografica-de-la-conferencia-de-prensa-matutina-del-presidente-andres-manuel-lopez-obrador-305/

ta profesional tendría que aspirar a la reflexión y la investigación imparcial, no a la defensa del soberano".

Por eso, sugirió: "Me parece que el país ganaría mucho si el presidente dejara de microgestionar las columnas y los titulares de cada día, como si fueran el juicio de la historia sobre su gobierno. En verdad, los periodistas no tenemos esa importancia, las decisiones que tome el presidente sobre el destino del país, en cambio, sí que la tienen. Los resultados serán su mejor y única defensa, no el uso de su derecho a réplica, como él la llama".

Cerró con un señalamiento necesario: "La caracterización del periodismo actual como una etapa oscura se lleva entre las patas, por omisión, el heroico ejercicio profesional de tantos colegas que han caído muertos por el siempre hecho de hacer un periodismo incómodo para los poderosos (...) No puede hacerse ningún balance de nuestro gremio sin considerar la enorme valentía de los muchos que se juegan la vida directamente en la trinchera".[18]

• • •

A *Proceso* le aparecieron defensores desde casamatas poco usuales pero previsibles: algunos francotiradores que siempre trataron de cazarla se pusieron camisa de civil sobre la de camuflaje para condenar el abuso verbal de López Obrador. Cuestión de prioridades: odian más al hombre que a la revista. Contra ella volverán después.

• • •

Uno de los mayores envenenamientos durante la crisis de salud fue informativo. Jenaro Villamil, director del Sistema Público de Radiodifusión del Estado Mexicano (SPR), definió la "infodemia" como una sobreabundancia de información falsa, maliciosa o con medias verdades sobre la pandemia, con su rápida propagación a través de Twitter, Facebook, WhatsApp, Instagram y YouTube. El presidente señaló que la *infodemia* es parte de una operación organizada y acusó a las megaempresas de redes sociales de beneficiarse económicamente de ello.

En WhatsApp, apuntó Villamil, circulan audios y videos alterados con el objeto de generar desconfianza social y miedo. "Así escuchamos el audio de una señora que dice que la Secretaría de Marina va a rociar el virus en

---

[18] "Periodistas malos y periodistas buenos". Artículo de Jorge Zepeda Patterson en *Sin Embargo*, 26 de abril de 2020, https://www.sinembargo.mx/26-04-2020/3774640)

las noches", ejemplificó. Se trata de generar percepciones negativas, pánico y desconfianza social contra personas que viven o atienden la enfermedad. "El ataque a personal sanitario no es casual, tiene que ver con esta estrategia de criminalizar, señalar o alimentar los prejuicios para que la responsabilidad del coronavirus sea de un ente profesional o de alguien".

También se busca desestabilizar la estrategia de salud. En varias ofensivas, decenas de bots compartieron textos idénticos o similares tratando de instalar la idea de que las autoridades estaban ocultando los muertos por COVID-19.

Las guerras de bots, en las que propietarios de granjas de falsos usuarios hacen fortunas cobrando por atacar o defender un tema o figura (un día podríamos descubrir que el mismo negociante trabaja para bandos opuestos y se mata de la risa elaborando estrategias para hacerlos gastar más en sus falsas batallas), tenían tiempo enfangando las redes, especialmente Twitter, pero el ruido se hizo más intenso con la pandemia: algunos opositores ven la oportunidad de derribar a los que ocupan el poder, éstos se atrincheran y todos siguen engordando a los dueños de los bots.

El presidente resintió que en lo que él llama "benditas redes sociales" lo estuvieran atacando y acusó a sus críticos de ser bots. Ese día —5 de mayo—, un análisis del sitio @LoQueSigue mostró que la réplica #NoSoyBot, de usuarios que se reivindicaban como personas reales, estaba sostenida principalmente por bots. Y como es normal, más de la mitad de las cuentas de la contraofensiva pro gobiernista eran también bots.

Hasta ese momento, AMLO parecía ignorar que una parte considerable de los usuarios que combaten a sus críticos en redes son falsos.

"Si algún funcionario del gobierno federal está metido en estos ataques a periodistas, ¿usted lo va a separar del cargo?", preguntó el reportero Irving Pineda, el 1 de noviembre de 2019. "De inmediato, de inmediato", respondió López Obrador. "Hasta me extraña porque, de verdad, no creo que se haya hecho. Creo que fue la reacción de la gente".

Seis meses después, el 12 de mayo de 2020, Sanjuana Martínez, directora de Notimex, fue acusada de usar bots para atacar a periodistas.

Su gestión al frente de la agencia de noticias del gobierno ha sido escabrosa. Por un lado, sigue siendo el instrumento de propaganda de baja calidad utilizado por administraciones del PRI y del PAN. Por el otro, ella argumenta en su favor, y con razón, que al llegar encontró un cubil de corruptos, con escandalosas fugas de dinero y un sindicato mafioso que pronto logró descabezar y desbandar. Despidió a muchos empleados pero, como la diosa Kali que una vez que empieza a cortar cabezas ya no sabe parar, pronto echó a toda la gente que ella misma había traído al llegar. Manuel Ortiz, ex director de Noticias

Internacionales, declaró que Martínez le había pedido correr al coordinador de fotografía, Alejandro Meléndez, tras ver en redes sociales una imagen en la que aparece junto a la periodista Marcela Turati, a quien considera su enemiga. Ortiz se negó (y después también fue despedido). Se formó un nuevo sindicato que el 21 de febrero de 2020 inició una huelga que continuaba más de dos meses después, al cierre de este libro.

Martínez tiene varias acusaciones anteriores por amenazas y difamación, con frecuencia a través de bots en redes. Esta vez, Signa_Lab, laboratorio de innovación tecnológica del Instituto Tecnológico de Estudios Superiores de Occidente, Article 19 y *Aristegui Noticias* se unieron para verificar las denuncias de tácticas similares mediante análisis de relaciones de cuentas y de ataques selectivos en Twitter y la toma de una decena de testimonios.

De acuerdo con esta investigación, Martínez, a través de uno de sus directores, Erick Muñiz (a quien en 2016, cuando él era corresponsal de *La Jornada* en Monterrey, entrevisté para el documental y este libro), les pidió a sus colaboradores que, desde sus cuentas personales y formando redes de bots, atacaran a la revista *Proceso* (por publicar el reportaje "Caos en Notimex" y con una línea de ataque predefinida: "No se hubiera publicado en tiempos de Julio Scherer porque no es riguroso") y a periodistas que habían hecho comentarios desfavorables, como Dolia Estévez, Lydia Cacho, Anabel Hernández, Blanche Petrich, Carmen Aristegui, Marcela Turati y Guadalupe Lizárraga (llama la atención que todas sean mujeres). También inventaron acusaciones de agresión sexual de tres periodistas (para llamar mi atención, me etiquetaron en varios *tweets* con fotos de Alejandro Meléndez bajo letras rojas grandes que dicen "VIOLADOR") contra dos de sus compañeras (ellas niegan que haya existido alguna agresión y denuncian que involucrarlas en una mentira y publicar su nombre expone su seguridad) y llegaron a exhibir en redes sociales fotos del bebé de Manuel Ortiz, con mensajes insultantes. La dos cuentas principales de ataque, @OverflowLucio y @SandyWong21, "tienen una vinculación fuerte con cuentas de las más activas ligadas a la #RedAMLO", según Signa_Lab.[19]

En uso de su derecho de réplica, Martínez dio una declaración de 22 minutos en el programa *Aristegui en Vivo*, en la que contra acusó a los denunciantes, señalando a Ortiz por haber tenido dos empleos públicos al mismo

---

[19] "Directiva de Notimex ataca periodistas y organiza campañas de desprestigio en redes sociales". Alerta de Article 19 del 12 de mayo de 2019; "Ataques selectivos: estrategias de desprestigio y descalificación. El caso de ex periodistas de Notimex". Análisis de Signa_Lab del 12 de mayo de 2020, https://articulo19.org/directiva-de-notimex-ataca-periodistas-y-organiza-campanas-de-desprestigio-en-redes-sociales/; https://signalab.mx/2020/05/08/ataques-selectivos/

tiempo (era profesor en la UNAM pero funcionarios de la Facultad dieron fe de que había dejado la posición antes de entrar a Notimex), a otros por los supuestos abusos sexuales y a todos por corrupción, y negó cualquier uso de bots.

Al cierre de este libro, se acumulan denuncias y pruebas contra Sanjuana Martínez, tanto relativas a su periodo en la agencia como a años anteriores, y las redes sociales están plagadas por legiones de bots y *trolls* —muchos de ellos ligados a la #RedAMLO— posicionando *hashtags* en las tendencias de Twitter, que atacan sobre todo a Carmen Aristegui, acusándola de "morder la mano que te quitó el bozal" y de estar "al servicio de intereses de ultraderecha y del extranjero". ¿Quién les paga y de qué presupuesto proviene ese dinero?

El periodista niño que seguimos siendo

El periodismo, la libertad de expresión y el derecho de la sociedad a la información están bajo ataque a nivel global. En lo que parece ser un periodo de reflujo político, social y cultural, tras la ola humanista que levantó en Occidente la barbarie de la Segunda Guerra Mundial, pululan déspotas de todos los colores, desde Trump, Bolsonaro, Ortega y Maduro en América hasta los neofascismos europeos, y más allá los Erdogan, Bin Salmán, Al Sisi, Putin y Xi. La policía en las calles ha dejado de distinguir entre quienes queman los coches y los que toman las fotos; los servicios de inteligencia tienen a la prensa entre sus principales objetivos, y las cárceles de allá y de allí se llenan de reporteros. Incluso en países de la Unión Europea asesinan periodistas; los criminales se salen con la suya y —ante el avance de la impunidad— la gente tiene que exigir justicia a gritos en las plazas. En España, el gobierno socialista de Pedro Sánchez, con 23 meses en el poder (desde el 2 de junio de 2018), no ha movido un dedo para derogar la ley mordaza —aprobada por la administración derechista que lo antecedió—, la cual se emplea para sancionar a quien fotografíe o grabe a la policía, aunque esté golpeando a ciudadanos pacíficos. El gobierno mexicano de Peña Nieto no era el único entre las autocelebradas "democracias" donde las autoridades violan principios democráticos elementales acorralando periodistas.

Para que la prensa pueda cumplir con su deber de servir a la sociedad, y protegerse frente al poder, debe recuperar el respaldo de la sociedad. Un apoyo que en buena medida ha perdido porque no siempre se enfocó en servir a la sociedad, sino al mismo poder que la compra, la persigue y la somete. Podría decirse que una buena parte de la prensa ha estado cumpliendo el papel que tiene la intelectualidad orgánica. "Los lacayos del poder son intelectuales orgánicamente corruptos", escribió el periodista Ricardo Raphael, haciendo eco de Gramsci. "Cometen asociación delictuosa en contra del tesoro público porque viven de él y amarran su lengua con él, porque luchan desesperadamente por ser consejeros del príncipe, porque no tienen el coraje para decir la verdad y, sobre todo, porque no agregan valor social". Esto fue evidente durante los gobiernos del PRI, el PAN y sucedáneos. ¿Con AMLO no está ocurriendo algo similar, aunque con características propias?

Se exige a la prensa crítica, por otro lado, lealtad a los movimientos sociales, bajo la presunción de que éstos son incuestionablemente justos e incorruptibles. Pero la incondicionalidad no sólo traiciona el deber del periodista hacia la sociedad en general, sino también hacia esos mismos movimientos, que en ningún caso (como en ningún lugar y momento de la historia) son absolutamente impermeables a la corrupción y a las equivocaciones. "Los voceros de la sociedad política son repetidores, propagandistas, maquiladores del lugar común", prosigue Raphael. "Son los gritones condescendientes de las pasiones más bajas, viven desinteresados del rigor, la responsabilidad y las consecuencias de sus actos".

Si el movimiento popular de AMLO tiene posibilidades de avanzar hacia la Cuarta Transformación que ha abanderado, sólo podrá hacerlo con una prensa crítica que investigue y revele las insuficiencias, las ineptitudes, las negligencias, los abusos, los excesos y las traiciones. Nadie puede pretender que está inmunizado de antemano, menos cuando se ha incluido en ese proyecto a una figura como la de Manuel Bartlett, y aceptado alianzas con figuras cuestionables como los caciques magisterial, Elba Esther Gordillo, y minero, Napoléon Gómez Urrutia, y el empresario Salinas Pliego. Quienes declaran que toda crítica es golpeo bajo, o muestran que su discurso contra el autoritarismo les resultaba conveniente sólo desde la oposición, no entienden que únicamente la investigación y la crítica podrán ayudar a mantener o corregir el rumbo del nuevo proyecto, para eventualmente evadir el fracaso.

Si no les importa descarrilarla, por lo contrario, pueden preferir la otra encarnación de la intelectualidad orgánica, el intelectual imperial que, dice Raphael, "es un verdadero peligro cuando las épocas mudan de vestimenta. Nuevamente en términos de Gramsci, entre un bloque histórico y otro, cabe temer que los más cínicos luzcan su peor oportunismo: 'El viejo mundo se muere. El nuevo tarda en aparecer. Y en ese claroscuro surgen los monstruos'".[1]

• • •

Bernardo Torres hace video y foto en otro de los estados más peligrosos para el periodismo, Guerrero. Hay que cuidarse de una gran cantidad de bandas criminales y de cuerpos policiacos entregados al crimen; de una variedad de grupos de "autodefensa" que fueron capturados por delincuentes, o directa-

---

[1] "El intelectual imperial". Artículo de Ricardo Raphael en revista *Proceso*, 7 de abril de 2019.

mente creados para darle una cobertura "ciudadana" a los actos de delincuentes; de un pelotón de organizaciones sociales y de policías comunitarias que no se sienten representadas en la prensa a su gusto; de cacicazgos violentos y compañías mineras con protección paramilitar; y de empresarios, políticos y funcionarios públicos que no entienden de libertad de expresión, solamente de la compra de voluntades y de la destrucción del que no se vende.

El 24 de noviembre de 2016, una docena de reporteros quedó atrapada en el fuego cruzado de dos milicias de "autodefensas": la Unión de Pueblos y Organizaciones del Estado de Guerrero (UPOEG), y el Frente Unido para la Seguridad y el Desarrollo del Estado de Guerrro (FUSDEG). Ambas organizaciones son responsables de asesinatos e incluso de masacres (como la cometida por la FUSDEG, que acabó con la vida de nueve hombres en la aldea de Xolapa, el 6 de junio de 2015; entrevistamos a las viudas que recogían a sus difuntos mientras un cadáver seguía abandonado en el fango).

Una semana después del combate, Bernardo Torres nos llevó a miembros de Ojos de Perro al punto de la carretera, cerca de Tierra Colorada, donde él y sus compañeros tuvieron que parapetarse detrás de una camioneta *pick up* y transmitieron el enfrentamiento en vivo, con las balas pegando cerca de ellos mientras gritaban "¡prensa, somos prensa!" Desde el primer encuentro a las seis de la mañana hasta que terminó el último, a las cuatro de la tarde, no intervinieron las policías estatal y federal, ni el Ejército ni la Marina, aunque todos participaban dentro del operativo conjunto de seguridad en el estado. Permitieron el combate, en el que murió al menos un hombre y varios fueron heridos. "Como a 500 metros estaban unas patrullas acá adelante pero no, no se metían", me comentó Joaquina Nava, dueña de un humilde comedor cercano. "Pensamos que le habían dado a un periodista porque oíamos que gritaban y creímos que le habían dado, pero nosotros no nos podíamos asomar porque estábamos tirados en el suelo, no nos asomábamos por miedo. La policía nunca llegó".

"Sí, el comandante del FUSDEG, que llegó a reforzar a sus compañeros, nos comentó al día siguiente", recordó Torres, "que él traía un arma que dispara en ráfaga. Nos dijo: 'Cuando vi la camioneta, yo iba agarrar e iba a rafaguearlos, a los que estaban ahí; yo ya iba con todo. Pero alcancé a ver unos logos en la camioneta y me detuve. Y después también observé que había cámaras, que levantaban las cámaras. Y ya fue cuando les dije a mis compañeros que dejaran de disparar para que se salieran. Pero de no haber sido por eso, yo los hubiera rafagueado, los hubiera matado'".

Los periodistas en Guerrero, como en Veracruz, Oaxaca y otras regiones, tratan de moverse en grupo por seguridad, pero también para compartir gastos porque sus salarios son sumamente bajos, y los costos de la cobertura corren por su cuenta. Los mejores sueldos alcanzan los ocho mil pesos mensuales (350 dólares), pero las agencias de noticias no pagan más de tres mil pesos (140 dólares), con una exigencia de cuatro notas al día; explica Bernardo Torres: "Con el *boom* de las redes sociales, ya no sólo te piden nota, te piden fotos y video. Por el mismo salario. Y no te dan equipo para trabajar. Cámara, teléfono, vehículos, gasolina: todo lo pones de tu bolsa". El problema se hizo visible a raíz de la campaña #QueremosVivoAGoyo, motivada por la desaparición y el asesinato de Gregorio Jiménez cerca de la ciudad petrolera de Coatzacoalcos, Veracruz, en febrero de 2014. Por la cobertura de las actividades criminales que le costaron la vida, Jiménez ganaba de 20 a 45 pesos (de 1.10 a 2.5 dólares) por nota publicada en pequeños medios locales.[2]

Una de las réplicas que ha recibido la crítica hacia la reproducción inercial de los mitos del narcotráfico es que pareciera que a esos reporteros que se juegan la vida diariamente, por unos pocos pesos, se les exigiese también hacer la reflexión académica de las universidades, necesaria para liberarse de las redes del discurso oficial. Las precarias condiciones de subsistencia son uno de los mayores obstáculos que enfrenta el periodismo. En las ciudades grandes se paga más, pero no mejor, pues el costo de la vida es mayor. Los *freelancers*, por nuestra parte, hemos visto que en los últimos 10 a 15 años las tarifas por pieza han caído, en lugar de mantener el ritmo de la inflación.

Si bien hasta ahora el gobierno federal ha dejado de utilizar el presupuesto oficial bajo una lógica de zanahoria y garrote, todavía hará falta que eso se traslade a los niveles estatal y municipal. Los medios tendrán que aprender a vivir de otras fuentes de ingresos, de publicidad privada, de sus lectores y seguidores, y de otras fórmulas. No hay otra vía a la independencia editorial.

La reordenación de los medios está cerrando muchos, muchos espacios: la pandemia provocó nuevas olas de despedidos y recortes salariales. En cambio, son muy pocos los que se abren… pero algunos se abren. Hay que tomarlos, a menos que se tenga vocación de monje asceta, que enflaquece en soledad nutriéndose de verdades que no comunica a nadie más. México puede beneficiarse de un periodismo más diverso, en lugar de confinar las voces críticas a los rincones, como hicieron las élites en el pasado reciente y lejano. Es necesario que haya de todo. El diario *Reforma* nombró como director editorial a Juan Pardinas —uno de los activistas espiados con Pegasus en el gobierno anterior— para confirmarse como vocero de un sector del empresariado en

<hr />

[2] "Gregorio Jiménez y las zonas de silencio". Artículo de Emiliano Ruiz Parra en *El País*, 20 de febrero de 2014, https://elpais.com/internacional/2014/02/21/actualidad/1392946040_854222.html

campaña abierta contra AMLO, para abrazar una estrategia de oposición sin cuartel. Es válido y apegado a la libertad de expresión, aunque es una pena que en este nuevo giro, la familia Junco haya decidido prescindir del periodismo que construyó el prestigio del medio y que es necesario para hacer la narrativa crítica eficaz del nuevo régimen, y recurrir en cambio al juego sucio del titular infiel al contenido, el de la exageración y la media verdad, como se reveló especialmente en la crisis de la COVID-19.

AMLO elige adversarios. Los encuentra entre medios, empresarios e intelectuales. Como otros líderes, utiliza la tensión para mantener movilizados a sus simpatizantes. Su inmensa popularidad le da blindaje. Desde las barricadas de bots que dicen jugar a favor del presidente, lanzan ofensivas en redes que —enarbolando el exitoso prefijo— hacen ejercicios de "originalidad" al atacar con *hashtags* como #NarcoReforma, que fueron acompañados de amenazas de muerte contra el director del diario. En Estados Unidos, esto sonará como eco de Donald Trump y sus diatribas cotidianas sobre los "fracasados" *New York Times*, CNN y *Washington Post*.

La comparación sólo llega hasta ahí. En sus "mañaneras", AMLO a veces evade, apabulla, distrae, y su "yo tengo otros datos" entró con jonrón a la parrilla nacional del cinismo humorístico, pero hay una brecha considerable entre él y Trump, un abusador sistemático y mentiroso. El ocupante de la Casa Blanca pide al pueblo actuar contra la "prensa traidora"; el de Palacio Nacional insiste en que "somos libres" y se protegerá la libertad de expresión. Entre Washington y Mar-al-Lago, uno mantiene una distancia cósmica con el pueblo al que gobierna; entre su departamento en Palacio Nacional y los lugares del país que recorre cada semana, el otro se transporta en clase turista y conversa y se hace *selfies* con los viajeros que se le acercan, e incluso acepta reclamos de desafectos. Es verdad que es testarudo y no se puede esperar que cambie: vamos a tener que acostumbrarnos al nuevo estilo presidencial de replicar personalmente las opiniones e informaciones inconvenientes, con fundamento o no. Si nos incomoda lo que sentimos como una presión indebida sobre nosotros, nuestra opción es realizar un mejor trabajo periodístico en lugar de seguirle el juego.

Es posible, de hecho, que le estemos poniendo a este asunto más atención de la que merece, siendo que los temas urgentes para el gremio son la violencia contra los comunicadores, las malas condiciones de trabajo, la corrupción y los mecanismos de censura; tales elementos configuran la verdadera represión contra las libertades de expresión y de pensamiento.

En el peor momento de la historia del periodismo en México —los seis meses que fueron desde marzo hasta agosto de 2017— mataron a 10 periodistas; atentaron contra tres; hirieron de bala a uno más; retuvieron a un equipo de televisión extranjero en Sinaloa; y una multitud organizada atacó, secuestró y robó a siete reporteros en Guerrero.

Lo anterior no se puede repetir, pero hay signos alarmantes. En 16 meses desde que AMLO tomó posesión hasta marzo de 2020, mataron a 12 periodistas. Con 10 reporteros caídos, el año 2019 está en línea con las cifras de 2006, 2008 y 2010, y apenas debajo de los peores periodos de la historia reciente del periodismo, 2017 y 2018, con 12 y 11 asesinados, respectivamente, según la estadística de Article 19. Enrique Peña Nieto tenía un discurso impoluto, casi siempre todo lo que decía era lo correcto, en palabras muy presidenciales, como gusta en un país de formalismos. Las prácticas de su gobierno eran diametralmente opuestas. Yo creo que la retórica de López Obrador, aunque incomode a algunos, sería mucho mejor valorada si las cosas sobre el terreno mejoraran para el periodismo. Un presidente rijoso que protege la libertad de expresión —garantizando el ejercicio seguro del periodismo— será siempre muchas veces mejor que uno que domina el arte de la simulación y facilita la impunidad y las agresiones. Se marchó el segundo sin que termine de llegar el primero, sin embargo. ¿Cuánto tenemos que esperar para que se ponga un alto a los crímenes contra periodistas, y se reduzca la violencia contra la población, que no ha bajado de los máximos históricos a los que llegó en el gobierno previo?

El 2019 parecía un año bello para Lydia Cacho. Después de que, el 11 de enero, el Estado le pidió disculpas, el 11 de abril un juez dictó órdenes de aprehensión contra hombres que se creyeron todopoderosos, amparados por un arraigado pacto de impunidad, el ex gobernador Mario Marín, los empresarios Kamel Nacif y Juan Nakad, y los ex jefes policiacos Adolfo Karam y Julián Sánchez. Pero sólo este último ha sido arrestado. El 21 de julio de 2019, la periodista recibió más amenazas de muerte y sufrió un robo: desconocidos entraron a su casa y robaron una *laptop*, una grabadora, tres cámaras, varias tarjetas de memoria y 10 discos duros que contenían información sobre casos de abuso sexual. En Puebla, Marín fue visto en mítines públicos del PRI, a pesar de que la policía lo busca.

Lydia tuvo que marcharse al extranjero. Al exilio, donde seguía en mayo de 2020, mientras sus agresores están en libertad e impunes.

• • •

La desmesura de la corrupción en los últimos años empequeñece de algún modo los resultados del periodismo de investigación. Los medios que tenían recursos económicos y humanos para emprender grandes proyectos, se mostraron más interesados en congraciarse con el gobierno que en revelar ante la gente las malas andanzas del mismo. La inmensa tarea quedó a cargo entonces de colectivos de reporteros, fundaciones, medios independientes y periodistas *freelance*.

Aunque la obtención de reconocimientos no es el objetivo primario de un periodista, sin duda son útiles para consolidar y difundir el trabajo crítico de un grupo minoritario, que avanza siempre a contracorriente de grandes obstáculos. Periodistas que desarrollaron sus proyectos de manera autónoma, como parte de un colectivo o apoyados por una fundación, o como *freelancers* que lograron colocar su trabajo en un medio tradicional, representantes de los mejores propósitos de este oficio, fueron reconocidos en las principales categorías de los Premios Nacionales de Periodismo correspondientes al sexenio de Peña Nieto. Así, en las seis ceremonias de 2013 a 2018 (son entregados el año siguiente), fueron premiados seis en la categoría de reportaje de investigación; cinco en la de crónica; cuatro en la de entrevista; tres en la de fotografía; y dos en la de noticia.

Mirar atrás para valorar los aciertos del periodismo independiente no es banal. Como tampoco lo es considerar que, a partir de esta tarea colectiva, millones de ciudadanos pudieron tomar decisiones informadas y emitir su voto críticamente. Advertir esto es importante porque, a través de la mirada del corto plazo, podríamos considerar que el periodismo profesional no ha causado efecto alguno, ni ha salvado la vida de nadie, ni protegido a alguna comunidad en peligro.

Durante los años que recorrimos el territorio mexicano, buscando testimonios para nuestro documental, los miembros del equipo de Ojos de Perro pudimos constatar las duras condiciones laborales, económicas y de inseguridad que padecen los periodistas y sus colaboradores cercanos. Les preguntamos por qué siguen haciendo periodismo, qué es lo que los inspira, a qué etéreas rocas se aferran. Sus respuestas deberían alentar a los que seguimos aún en esta ruta, o a los que estudian actualmente el oficio, así como orientar los pasos de aquellos que se preguntan si deben ingresar o no en la carrera periodística.

Antes que verse a sí mismo como un escritor de ficción, García Márquez se asumía como reportero: "Considero que mi primera y única vocación es el periodismo. Nunca empecé siendo periodista por casualidad —como mucha gente— o por necesidad, o por azar: empecé siendo periodista porque lo que quería era ser periodista". Quienes tuvimos la fortuna de trabajar con él, disfrutamos su sencillez de maestro y amigo por muy Premio Nobel que fuera, y comprobamos en su ejemplo de viejo más hermoso del mundo que uno puede ser leal a sí mismo hasta el final.

"Ésta es una profesión muy exigente", advirtió Kapuściński. "Todas lo son, pero la nuestra de manera particular. El motivo es que nosotros convivimos con ella 24 horas al día. No podemos cerrar nuestra oficina a las cuatro de la tarde y ocuparnos de otras actividades. Éste es un trabajo que ocupa toda nuestra vida, no hay otro modo de ejercitarlo".

No cualquier persona tiene leña para ser periodista. Ésta es una profesión de gente profundamente apasionada. Pero quienes sienten en la piel las nervadura de la madera, y en la espina dorsal la fortaleza del tronco, los que sudan verde savia de curiosidad y se sostienen con las vigas de la resiliencia, aquellos que miran al sol con la tenacidad del deber y penetran la tierra con las raíces de la persistencia, para así renovar la atmósfera con el fresco oxígeno de la información, descubrirán que es su naturaleza arbórea la que los empuja al periodismo y que fuera de él, serán incapaces de florecer y polinizar las praderas saqueadas que la humanidad habrá de reforestar. En los párrafos que siguen podrán reconocerse.

• • •

¿Por qué hacer periodismo?

Mi hermano decía que es mostrarle a la gente la verdad, la realidad, no esconderle, que ellos sepan dónde estamos, qué pasa, qué es lo que realmente ocurre. Yo afortunadamente estoy cubierta o rodeada por buenos periodistas, o al menos de los que yo considero buenos periodistas. No de los periodistas que se venden.

Patricia Espinosa, hermana de Rubén
Ciudad de México

La importancia de un periodista es que son tus ojos en otro lado y de otra manera; es la oportunidad que tú tienes de ver la situación, de ver a tu alrededor con ojos distintos, de una manera que el gobierno, a lo mejor, no quiere.

Jorge Sánchez, hijo de Moisés
Medellín, Veracruz

Dice Michael Ignatieff que cuando la democracia falla, cuando el equilibrio de poderes falla, cuando el Congreso no es capaz de amarrarle las manos, de fiscalizar al presidente, cuando el Poder Judicial es comparsa en los conflictos, hay otras dos instituciones de la democracia que deben ser subsidiarias y entrar al quite: los medios de comunicación y los ciudadanos. Si van unidos creo que mucho mejor. Los medios nos tenemos que preguntar: ¿qué tanto estamos más del lado de los ciudadanos o del lado del poder político?

Adrián López, director del diario *Noroeste*
Culiacán, Sinaloa

Por definición, el periodismo de investigación siempre va a ser incómodo al poder, no importa la ideología del partido en el que esté.

Daniel Lizárraga, ex jefe de la Unidad de Investigación de Carmen Aristegui
Ciudad de México

Hay alguien que está haciendo noticias para nosotros y no todas tienen el mismo valor. Debemos discriminar entre ellas y debemos defender a aquellos medios que están dándonos noticias que se acercan a la verdad. Esta búsqueda de la verdad es una tarea colectiva, que la gente tiene que respaldar, tiene que diagnosticar y distinguir dónde hay gente que está trabajando para mí y debo apoyarla y defenderla.

Juan Villoro, escritor y periodista
Ciudad de México

Si la gente no para, si la gente se levanta para ir a trabajar, los periodistas no podemos dejar de hacer nuestro trabajo. Los juarenses nos están diciendo qué tenemos que hacer. Ellos salen, con miedo, con temor, con precaución, pero salen y continúan su vida.

Rocío Gallegos, Red de Periodistas de Juárez
Ciudad Juárez, Chihuahua

Solamente sobrevivimos los que amamos esta profesión y nacemos para ello.

Isaín Mandujano, *Chiapas Paralelo*
Tuxtla Gutiérrez, Chiapas

Es muy satisfactorio cuando das a conocer una problemática, se resuelve a su favor y la gente queda totalmente agradecida; creo que es uno de los mejores premios que puedes recibir porque te sientes parte de ellos. A nosotros, como oaxaqueños, siempre nos motiva mucho el territorio, la cultura, el dar, y esa gente que te da es la que menos tiene. Eso es lo que se agradece; dices: "valió la pena". Esta profesión es una de las mejores elecciones de mi vida.

Pedro Matías, corresponsal de *Proceso*
Oaxaca, Oaxaca

Me siento feliz. Me gusta cuando tengo logros. Eso es lo que te llena el alma, te llena ese sabor de que algo hice bueno para alguien. Aunque, digamos, atrás de ti existe un sinfín de problemas que tú no puedes resolver como reportero, tus problemas como reportero. Pero sí pudiste resolver los problemas de la ciudadanía.

Periodista anónimo del centro-sur del estado de Tamaulipas

Esto me apasiona, el haber trabajado con personas como Jesús Blancornelas, como Francisco Javier Ortiz Franco, que fueron mis maestros en el periodismo, que nos impregnaron de esa hambre por el periodismo de investigación. Es una experiencia que nos ha fortalecido mucho. Nos ha dolido mucho, la hemos padecido mucho, pero nos ha marcado en nuestras vidas. No me arrepiento de nada, lo volvería hacer.

Adela Navarro, codirectora de semanario *Zeta*
Tijuana, Baja California

—¿La Adela Navarro de hoy podría pararse frente a la Adela Navarro de 21 años, cuando empezó a trabajar en *Zeta*, y sonreír tranquila?
—Y decirle vete por ahí. Sí.

Quería que Adela me dijera esto último por una vieja inquietud: la congruencia ética a lo largo de la vida. Cuando yo era estudiante, admiraba a tres de los periodistas que he mencionado en este libro y que, junto a otros, encarnan la prensa vendida. Carlos Marín documentó el funcionamiento de los escuadrones de la muerte del gobierno del PRI en su época más temible. Ricardo Alemán desmenuzó los mecanismos de la corrupción en el periodismo e hizo algunas de las más deliciosas y reveladoras crónicas del Congreso. Ciro Gómez Leyva desenmascaró en televisión la violenta pederastia del poderoso fundador y "padre" de la Legión de Cristo, Marcial Maciel, y enfrentó con sus compañeros las devastadoras represalias, desencadenadas por Lorenzo

Servitje, uno de los empresarios más ricos de México. Además, Gómez Leyva le dedicó su tesis de licenciatura a mi padre, Roberto: "Para Grecko, quien me introdujo a una vida que no dejaré. Ésta es una prueba de ello, conste". El libro lleva este epígrafe de Sartre: "La relación de fuerzas se ha invertido, la descolonización está en camino; lo único que pueden intentar nuestros mercenarios es retrasar su realización".

Gómez Leyva tenía entonces 25 años. ¿Qué pensaba él —y por extensión, Marín y Alemán— sobre los mercenarios en el periodismo? ¿Cuál era la vida que no iba a dejar? ¿La de la congruencia profesional y ética? ¿La del compromiso social? ¿Qué les dirían ellos tres, hoy, al Ciro de 25 años, al Carlos, al Ricardo, entonces llenos de talento, esforzados y valientes? ¿Podrían verlos a los ojos y esperar, sinceramente, que sus *yo* de juventud les dijeran que su esperanza era convertirse en lo que son ahora?

¿O los evitarían, temiendo que los muchachos les escupieran a la cara porque este trío representa todo eso contra lo que un estudiante de periodismo debe luchar?

En 1999, Salvador Frausto, Alejandro Olmos, otra persona y yo nos reunimos con Ricardo Alemán en un feo bar de Insurgentes Sur que se llama o llamaba La Vitrola. Al final de la noche, a esa hora en que el alcohol resucita la honestidad o desboca el cinismo, Alemán nos dijo: "Muy pronto ni siquiera van a querer decir que me conocen". No entendimos que nos anunciaba el giro definitivo de su vida, en que el adulto de las amarguras decide traicionarse y convertirse en uno de los que, según escribió Pablo Neruda, "se retratan en el espejo del mundo y su rostro no es hermoso ni para ellos mismos".

• • •

Los periodistas jóvenes que pretendan lanzarse derecho a los brazos del poder, los que vean la profesión como una vía rápida hacia el usufructo de la mentira, lo más probable es que sean usados y desechados, pañuelos lanzados con mocos al bote del baño, pues uno de los placeres del poder es corromper a los honestos. No encuentra gozo en ser servido por los siempre serviles, sino en la sumisión de los que tenían agallas. No entiende el goce sin pillaje. No nos confundamos: hemos tenido pérdidas: Alemán, Ciro e incluso Marín —a pesar de sus trucos— tenían credibilidad y eran respetados por nosotros, los de la generación siguiente, en los duros años noventa. Chuparlos con todo éxito fue parte del intento por destruir nuestras esperanzas y sueños, de mostrarnos un falso destino inescapable, de hacernos creer que sólo los tontos se sostienen en el profesionalismo y la honestidad. Y he visto a varios de mis coetáneos caer en la trampa. Probablemente, muchos jóvenes verán también a algunos de los suyos.

¿Qué les pasó? Los desvergonzados recurrirán al cliché de que el que a los 20 años no es idealista, no tiene corazón, pero el que lo sigue siendo a los 40, no tiene cerebro. Es el discurso de quienes de alguna forma tienen que justificarse por la falta de amor a sus propios sueños. Un amigo me dijo que, además del dinero, los sedujo el poder. No estuve de acuerdo. Que el político, el policía o el militar decidan qué información darte, si ésta va a salir completa, o parcial o totalmente manipulada, cuando ellos quieran y para que se publique como ellos deseen, indica que el poder no lo tienes tú, como periodista, sino ellos. No haces periodismo, de hecho, sólo copias y pegas, eres un correveidile con buen coche. Es la metamorfosis de quienes pasan, como me dijo la periodista Yoloxóchitl Casas, de vacas sagradas a bueyes del poder.

El poder específico del periodista es el de oponerse ante los poderes político y económico; el de obtener la información que tales poderes quieren ocultar, y publicarla; es el de ganarles cada batalla particular, exhibiéndolos ante la sociedad, y —de esta forma— sirviendo a esta a través del oficio. El poder del periodista es impedir que el poder lo convierta en su buey, obligándolo a arar rectamente, ante los ojos de la gente reunida en el ágora del llamado a cuentas.

• • •

Recordar al joven idealista que fuimos —al niño que hemos cuidado de ahogarse en abatimiento— debe ser útil al momento de revisarnos, de diagnosticar nuestra ruta, de volver a calibrar el balance entre nuestros sueños y nuestras capacidades. Si nos importa cuidar la infancia de nuestra memoria, ¿qué hacer con la niñez que tenemos hoy en nuestro mundo, expuesta a amenazas mayores que las que nos tocó enfrentar nosotros, a violencia, abuso, hambre, ignorancia, a la destrucción de las condiciones necesarias para la vida humana?

Lydia Cacho se preocupó por las niñas y los niños explotados sexualmente por Jean Succar Kuri y sus socios, y sufrió represalias que pudieron terminar con su vida. La periodista exige justicia, no venganza. Su postura representa la mía y la de tantas y tantos colegas que no nos rendimos ante el hostigamiento de partidos como el PRI y el PAN, y que acudimos al amanecer del nuevo régimen con la esperanza de dar la noticia de grandes cambios positivos, pero también con la plena intención de seguir trabajando para revelar lo que el poder (históricamente fiel a su naturaleza corrosiva) trata de esconderle a la sociedad. "Yo he perdonado a mis torturadores, no porque sea una buena persona ni porque el presidente nos pida a todas y todos que los perdonemos", declaró Lydia al final de su discurso, tras la disculpa que le ofreció el Estado mexicano. "Los he perdonado porque no permití jamás, como me enseñó mi madre, que colonizaran ni mi cuerpo ni mi espíritu. Porque he asumido la responsabilidad informada de demostrar que, en México, ninguna mujer, ninguna niña, debe sentirse culpable de señalar a los perpetradores de la tortura sexual. Son ellos, y no nosotras, quienes deben sentir vergüenza de sus actos. Por todas las niñas que sueñan con un país en el que pueden caminar libremente sin miedo a ser violentadas, por mis colegas asesinadas y asesinados en el campo de batalla del periodismo, seguimos y seguiremos".

Las y los que podemos abrazar honestamente a las niñas y los niños que fuimos; explicarles que hemos alcanzado a hacer tanto como hemos podido, fieles a la línea de nuestros sueños, sin traicionarnos; tranquilizarlos prometiéndoles que no nos rendimos ni dejamos de luchar; y sentir que nos perdonan las fallas y preservan la esperanza en nosotros, tomamos ejemplo en los que cayeron —de Siria a México— y en los que resisten y permanecen apasionados por el periodismo —los personajes de este libro—, con la privilegiada oportunidad de contribuir que nos ofrece nuestro trabajo.

Las niñas y los niños que hoy son deben darnos motivo y sentido de urgencia a los que no hemos renunciado a colaborar en la reconstrucción del planeta. Para que no se avergüencen de nosotros al hacer el registro de las ruinas, nos toca redoblar la apuesta. Por los que lucharon por ganarnos libertad de expresión y abrirnos espacios. Por los que siguen estando vivos en sus investigaciones e historias, imbuyéndose en nuestros dedos al teclear y apretar el disparador de la cámara, animándonos porque cada caída es impulso para el siguiente paso. Por quienes enfrentan, a lápiz y lente, la ofensiva contra el derecho de la sociedad a ser informada, en todo el mundo.

"Aunque se sufra como un perro, no hay mejor oficio que el periodismo", dijo García Márquez. No nos callarán. El periodismo va.

Ciudad de México, 13 de mayo de 2020

Fuentes directas

Este libro se basa principalmente en las experiencias directas del autor y en entrevistas que sostuvo con las siguiente personas:

Adrián López. *Diario del Noroeste* (Ciudad de México, 26 de octubre de 2016).

Adela Navarro. Semanario *Zeta* (Tijuana, Baja California, 24 de noviembre de 2016).

Agustín Chávez. Ex interno de la cárcel municipal (Carrillo Puerto, Quintana Roo, 13 de diciembre de 2016).

Alejandra Guillén (Ciudad de México, 17 de agosto de 2019).

Alicia Blanco. Esposa de Pedro Tamayo (Tierra Blanca, Veracruz, 3 de enero de 2017).

Ana Lilia Pérez. Periodista (Ciudad de México, 28 de septiembre de 2019).

Fotógrafo anónimo (Ciudad de México, 26 de julio 26 de 2016).

Arantxa Arcos. Periodista (Ciudad de México, 29 de enero de 2016).

Aurelio Fernández. *La Jornada de Oriente* (Ciudad de México, 19 de abril de 2015).

Bernardo Torres. Periodista (Tierra Colorada, Guerrero, 3 de diciembre de 2016).

Blanche Petrich. *La Jornada* (Ciudad de México, 19 de abril de 2015).

Carlos Bravo Regidor. Periodismo CIDE (Ciudad de México, 30 de julio de 2018).

Carmen Aristegui. *Aristegui Noticias* (Ciudad de México, 13 de abril de 2017).

Daniel Lizárraga. Mexicanos Contra la Corrupción y la Impunidad (Ciudad de México, 19 de enero de 2017).

Daniela Rea. Periodista (Ciudad de México, 28 de julio de 2019).

Edgardo Buscaglia. International Law & Economics of Development Centre (Ciudad de México, 6 de octubre de 2018).

Edison Lanza. Relator de Libertad de Expresión de la Comisión Interamericana de Derechos Humanos (Washington, D. C., 27 de mayo de 2016).

Elsa Pastor. Abogada de la familia Olmos (Huajuapan de León, Oaxaca, 5 de enero de 2017).

Enrique Juárez. Editor de *El Mañana* (lugar protegido, noviembre de 2016).

Erick Muñiz. Corresponsal de *La Jornada* (Monterrey, Nuevo León, 19 de noviembre de 2016).

Ericka Olmos. Hermana de Salvador Olmos (Huajuapan de León, Oaxaca, 5 de enero de 2017).

Ernesto Ledesma. Rompeviento TV (Ciudad de México, 12 de marzo de 2017).

Gabriel Macotela. Escultor (Ciudad de México, 19 de abril de 2015).

Gabriela Minjares. Red de Periodistas de Juárez (Ciudad Juárez, Chihuahua, 23 de noviembre de 2016).

Griselda Triana. Esposa de Javier Valdez (Culiacán, Sinaloa, 5 de septiembre de 2017, y Ciudad de México, 4 de mayo de 2019).

Guillermo Briseño. Músico (Ciudad de México, 19 de abril de 2015).

Isaí Lara. Semanario *Zeta* (Tijuana, Baja California, 24 de noviembre de 2016).

Isaín Mandujano. *Chiapas Paralelo* (Chiapa de Corzo, Chiapas, 11 de noviembre de 2016).

Ismael Bojórquez. *Riodoce* (Culiacán, Sinaloa, 7 de septiembre de 2017).

Israel Hernández. Red Veracruzana de Periodistas (Veracruz, Veracruz, 2 de enero de 2016).

Itzamná Ponce. Pareja de Rubén Espinosa (Ciudad de México, 26 de julio de 2016).

Javier Garza. International Center for Journalists (Ciudad de México, 26 de octubre de 2016).

Jesús Ramírez Cuevas. Coordinador de Comunicación Social de la Presidencia de la República (Ciudad de México, 29 de septiembre de 2018).

Jorge Sánchez. Hijo de Moisés Sánchez (Medellín, Veracruz, 28 y 29 de abril de 2015; Medellín y Xalapa, Veracruz, 2 y 3 de enero de 2016; Medellín, Veracruz, 2 de enero de 2017).

Juan David Castilla. Periodista (Ciudad de México, 29 de enero de 2016).

Juan Villoro. Escritor y periodista (Ciudad de México, 26 de marzo de 2017).

Jorge Meléndez. Periodistas Unidos (Ciudad de México, 10 de noviembre de 2018).

Justin Dupuy. FUNDAR. Centro de Análisis e Investigación (Ciudad de México, 26 de febrero de 2017, y 4 de agosto de 2018).

Karen Cota. Periodista (Ciudad de México, 14 de septiembre de 2019).

Leopoldo Maldonado. Article 19 México (Ciudad de México, 18 de enero de 2017, y 28 de julio de 2018).

Lorenzo Meyer. Historiador (Ciudad de México, 19 de abril de 2015).

Lucy Sosa. *El Diario de Juárez* (Ciudad Juárez, Chihuahua, 22 de noviembre de 2016).

Luis Alberto Cedillo. Corresponsal *Proceso* (Monterrey, Nuevo León, 19 de noviembre de 2016).

Lydiette Carrión. Periodista (Ciudad de México, 21 de septiembre de 2019).

Mael Vallejo. *Washington Post* (Ciudad de México, 23 de agosto de 2019).

Marcela Turati. Periodista (Ciudad de México, 17 de agosto de 2019).

Marco Lara Klahr. Instituto de Justicia Procesal Penal (Ciudad de México, 18 de abril de 2020).

Mardonio Carballo. Poeta (Ciudad de México, 19 de abril de 2015).

Mathieu Tourleure. Periodista (Ciudad de México, 11 de abril de 2020).

Melva Frutos. Red de Periodistas del Noreste (Monterrey, Nuevo León, 19 de noviembre de 2016).

Miguel Turriza. Periodista (Reynosa, Tamaulipas, 20 de noviembre de 2016).

Míriam Ramírez. *Riodoce* (Culiacán, Sinaloa, 7 de septiembre de 2017).

Myrna Nereyda Medina. Rastreadora (Los Mochis, Sinaloa, septiembre 6, 2017).

Nashieli Ramírez. Comisión de Derechos Humanos de la Ciudad de México (Ciudad de México, 14 de julio de 2018).

Noé Zavaleta. Corresponsal *Proceso* (Xalapa, Veracruz, 3 de enero de 2016; Ciudad de México, 11 de agosto de 2016, y 18 de abril de 2019).

Norma Madero. *Luces del Siglo* (Cancún, Quintana Roo, 14 de diciembre de 2016).

Norma Trujillo. *La Jornada Veracruz* (Xalapa, Veracruz, 3 de enero de 2016).

Oswaldo Zavala. City University of New York (Ciudad de México, 6 de abril de 2019).

Pablo Ferri. *El País* (Ciudad de México, 28 de julio de 2019).

Patricia Espinosa. Hermana de Rubén Espinosa (Ciudad de México, 26 de julio de 2016).

Patricia Mayorga. Periodista (Ciudad de México, 12 de octubre de 2018, y 7 de septiembre de 2019).

Pedro Canché. Periodista (Carrillo Puerto, Quintana Roo, 13 de diciembre de 2016).

Pedro Matías. Corresponsal *Proceso* (Oaxaca, Oaxaca, 4 de enero de 2016).

Rafael Pineda *Rapé*. Monero (Ciudad de México, 19 de abril de 2015).

Rafael Rodríguez Castañeda. Revista *Proceso* (Ciudad de México, 20 de noviembre de 2016).

Raziel Roldán. Videoperiodista (Ciudad de México, 29 de enero de 2016).

Ricardo González. Article 19 UK (Ciudad de México, 18 de enero de 2017).

Ricardo Raphael. Periodista (Ciudad de México, 26 de julio de 2018).

Rigoberto Martínez. CNTE (Huajuapan de León, Oaxaca, 5 de enero de 2017).

Rocío Gallegos. *El Diario de Juárez* (Ciudad Juárez, Chihuahua, 22 de noviembre de 2016).

Roger Martínez. Periodista (Ciudad de México, 29 de enero de 2016).

También se usaron entrevistas realizadas por miembros del equipo de Ojos de Perro *vs.* la Impunidad:

Periodista anónimo del centro y sur de Tamaulipas (lugar protegido, febrero de 2017, por Juan Castro Gessner).

Jaime Armendáriz. Red Periodismo Libre (Chihuahua, Chihuahua, 4 de septiembre de 2017, por Coizta Grecko).

Noé Zavaleta. Periodista (Ciudad de México, 2 de agosto de 2015, por Laurence Cuvillier).

Rolando Nájera. Colaborador de Miroslava Breach (Chihuahua, Chihuahua, 2 de septiembre de 2017, por Coizta Grecko).

Rubén Espinosa. Fotoperiodista (Xalapa, Veracruz, 28 de abril de 2015, por Laurence Cuvillier).

Agradecimientos

Agradezco en primer lugar a los que abrieron el camino para todas y todos nosotros, y a quienes cayeron en la lucha por la libertad de expresión y por el derecho de la sociedad a ser informada. A Jim, Moisés, Rubén, Nadia, Miroslava, Javier, Gary Webb, Daphne Caruana Galizia, Jamal Kashoggi, los 12 de *Charlie Hebdo* y tantos más.

A los colegas que viven bajo amenaza; a los familiares, amigos y compañeros de las víctimas que tuvieron la valentía de darnos sus testimonios; al Colectivo Voz Alterna, la Red de Periodistas de Juárez, la Red Libre Periodismo de Chihuahua, la Red de Periodistas del Noreste, la Red de Periodistas Veracruzanos, la Red de Periodistas Guerrerenses y Chiapas Paralelo.

Por supuesto, a mi banda ladradora de Ojos de Perro contra la Impunidad; en particular, a los miembros del equipo con el que viajé por México: Juanfe Castro Gessner, Coizta Grecko, Yuli Rodríguez, Juanjo Rodríguez, Thalía Güido, Luis Alberto Castillo, Humberto Ibarra y Laurence Cuvillier. A Gabriela Retes, editora crítica e indispensable de *No se mata la verdad*. También a la Red por la Libertad de Expresión Contra la Violencia a Comunicadores, Cuadernos Doble Raya, a Frontline Freelance Register y Frontline Freelance Mexico.

A las y los compas de Rory Peck Trust, Sebastian Junger y su RISC, Article 19 México, la Red de Periodistas de a Pie, Comité para la Protección de Periodistas, Reporteros Sin Fronteras, Marcela Turati y nuestra banda de Articulación de Periodistas, PEN Club México, Fotorreporteros MX Derecho a Informar y a los entusiastas jóvenes de la Asamblea de Trabajadores de los Medios de Comunicación #TenemosQueHablar.

A mi traductora y amiga Diane Stockwell, a mi editor Edgar Krauss y la gente de HarperCollins que entró a buscarle pies y cabeza a este libro.

A mis editores y consejeros editoriales, grandes cómplices del camino: Gabriel García Márquez (QEPD), Óscar Hinojosa (QEPD), Carlos Pedroza, Homero Campa, Salvador Frausto, Ben Woodward, Beatriz Rivas, Eileen Truax, Mael Vallejo, Iván Carrillo, Alberto Bello, Fernanda González, Enrique Murillo,

Alejandro Pérez Utrera, Marta López, Manuel Martínez Torres, Hugo Martínez Téllez, Javier Martínez Staines, Miriam Mabel Martínez.

A Martín Caparrós, con quien tallereé el capítulo sobre Moisés Sánchez, y a la Fundación Gabriel García Márquez para el Nuevo Periodismo Iberoamericano, que me becó para tomar el Taller de Libros Periodísticos de Caparrós, en 2017.

Agradecimientos vitales a mis mayores que nos dejaron entre abril de 2019 y abril de 2020: Armando Vega-Gil, amigo, compañero y provocador de felicidad; Gabriel Retes, inconforme creativo hasta el extremo; Ramón Córdoba, a quien no llegué a entregarle la novela que me pidió; y Ángel Torres Marini, por aquellas discusiones sin destino. A mis extrañados Martín, Carlos y Pita *in memoriam*.

Y como siempre, a Beatriz y Roberto, culpables en jefe de todas mis vagancias.

TÉMORIS GRECKO es un periodista, politólogo, documentalista y viajero mexicano que ha hecho reportajes e investigaciones en 94 países y territorios y completado tres vueltas al mundo. Su programa de entrevistas *Diametral* pasa los sábados por TV UNAM, la televisora de la Universidad Nacional Autónoma de México. Transmite programas en vivo y grabados desde su canal de YouTube. Es colaborador de *Emeequis, Aristegui Noticias, The Washington Post, Opinión* y otros medios. Ha publicado seis libros: en castellano *Ayotzinapa. Mentira histórica; Canás. Francotiradores de la Siria rebelde; La ola verde. La revolución de 2009 en Irán; Asante, África* y *El vocero de Dios;* en inglés: *Killing The Story.* Ha escrito, producido y conducido tres películas documentales: los largometrajes *Mirar Morir. El Ejército en la noche de Iguala* (2015; gratis en youtu.be/p97O9TuNeno) y *No se mata la verdad* (2018; disponible gratuitamente para proyecciones comunitarias y académicas sin fines de lucro, tráiler en youtu.be/ywvbpW2KKjo), y el cortometraje *Mirar Morir. Addendum* (2020; gratis en youtu.be/hyXr8LkufJA). Es miembro fundador de Ojos de Perro *vs.* la Impunidad (ojosdeperro.org), la Red por la Libertad de Expresión Contra la Violencia a Comunicadores, Frontline Freelance Register y Frontline Freelance México. Ha obtenido reconocimientos como el Premio Eurostars de Narrativa de Viajes, el LASA Award of Merit in Film y el Premio Pantalla de Cristal a la Mejor Investigación en Cine Documental.

temoris.org
YouTube.com/temorisgrecko
fb.me/temoris
fb.me/TemorisGrecko (in English)
instagram.com/temoris
twitter.com/temoris

Printed in the USA
CPSIA information can be obtained
at www.ICGtesting.com
JSHW030021190823
46861JS00005B/125